现代物流管理系列教材

现代物流配送管理
（修订本）

刘云霞　主　编
王富忠　彭鸿广　副主编

清华大学出版社
北京交通大学出版社
·北京·

内容简介

本书紧密结合当前配送领域涉及的主要理论、方法和技术,内容全面、结构完整、严谨务实、方便教学是编写本书的主要目的和初衷。

本书主要从 6 个方面来进行阐述,分别为配送概述、配送作业流程、配送中心、配送中心实务、流通加工和配送信息技术。本书注重配送相关内容的完整性,与配送相关的定量和定性方法都尽量以实例的形式表现出来,并侧重微观,尽量站在企业的角度来阐述问题;在撰写的过程中注重理论和实践的结合,因此在编写案例的过程中,力图把案例和理论联系起来,在设计案例问题时尝试进行归纳,联系理论使之具有可操作性和一般性。

本书可作为物流工程、物流管理、工业工程和交通运输等专业本科生的教学用书,也可以作为物流、工商企业从业人员及相关专业人员的参考用书。

本书封面贴有清华大学出版社防伪标签,无标签者不得销售。
版权所有,侵权必究。侵权举报电话: 010-62782989　13501256678　13801310933

图书在版编目(CIP)数据

现代物流配送管理／刘云霞主编. ——修订本. ——北京: 清华大学出版社; 北京交通大学出版社, 2009.7 (2022.8 修订)
(现代物流管理系列教材)
ISBN 978-7-81123-654-5

Ⅰ. 现… Ⅱ. 刘… Ⅲ. 物流-物资管理-高等学校-教材 Ⅳ. F252

中国版本图书馆 CIP 数据核字(2009)第 109415 号

现代物流配送管理
XIANDAI WULIU PEISONG GUANLI

责任编辑:	张利军
出版发行:	清华大学出版社　邮编: 100084　电话: 010-62776969　http://www.tup.com.cn
	北京交通大学出版社　邮编: 100044　电话: 010-51686414　http://press.bjtu.edu.cn
印　刷　者:	北京时代华都印刷有限公司
经　　　销:	全国新华书店
开　　　本:	185 mm×230 mm　印张: 20.25　字数: 460 千字
版 印 次:	2022 年 8 月第 1 版第 1 次修订　2022 年 8 月第 7 次印刷
定　　　价:	49.00 元

本书如有质量问题,请向北京交通大学出版社质监组反映。对您的意见和批评,我们表示欢迎和感谢。
投诉电话: 010-51686043, 51686008; 传真: 010-62225406; E-mail: press@bjtu.edu.cn。

《现代物流管理系列教材》编委会

成 员 名 单

主　任：徐寿波（中国工程院院士、中国物流与采购联合会首届专家委员会委员）

副主任：张文杰（中国物流学会副会长、博士生导师）

　　　　　詹荷生（中国物资流通学会物流技术经济委员会常务理事、博士生导师）

　　　　　鞠颂东（中国物流学会理事、博士生导师）

　　　　　汝宜红（中国物流学会常务理事、博士生导师）

　　　　　王耀球（中国物流与采购联合会常务理事、博士生导师）

编委会成员（以姓氏笔画为序）：

　　　　王耀球　田　源　兰洪杰　汝宜红　林自葵　张文杰

　　　　张可明　徐寿波　徐　杰　詹荷生　鞠颂东

总 序

随着经济全球化进程的加快及我国加入WTO，我国企业面对的市场竞争环境更加严峻。在产品供应链运作的全过程中，现代物流管理能够通过对物流活动的有效整合与控制，实现整个供应链上的供应商、制造商、分销商及最终用户的价值最优化。因此，现代物流管理逐渐成为我国企业管理者和决策者所重视的课题，而现代物流管理方法和技术的普及与教育，就成为企业管理者、教育工作者的共同职责。

北京交通大学经济管理学院物流科学研究所，是我国最早从事物流管理理论研究和专业教育的教育与科研团体，目前已经具有国家教育部正式批准的博士、硕士及本科培养资质。近年来，除了为我国各级政府、企业提供了大量的物流管理课题研究与咨询外，还在现代物流教育领域辛勤耕耘，并取得了丰硕的教育成果，尤其在物流管理本科教育教学领域为国家教育部培训了大量的物流管理专业的师资，而且自行开发的"物流学系列课程"获得了"北京市高等教育精品课程"的称号。

秋天是收获的季节。奉献给读者的就是在北京交通大学经济管理学院物流科学研究所各位老师多年科研与教学工作成果的基础上，为适应我国物流管理与运作领域的需要而编写的适于高等教育和职业培训的系列教材。本系列教材将现代物流的管理理论与方法较为全面系统地介绍给读者，注重基本知识、操作方法和技术应用，是适用于高等学校、高等学校自学考试、企业培训的教材，也可供广大物流从业人员自学参考。

通过对效益与效率的追求获得企业未来价值的最大化，是企业管理的永恒主题。随着企业的管理方法与技术的不断创新，同现代物流已经走过的历程一样，物流管理必然还将发生更加深刻的变化。作为我国优秀的物流教育工作群体，我们将不断地将先进的物流管理方法与技术通过出版书籍的方式展现给所有的物流教育工作者及从事物流工作的人们。让我们共同努力为我国物流管理理论与方法的进步，为我国物流管理水平的进一步提升做出贡献。

本套教材的编写过程中，得到了北京交通大学出版社、北京交通大学远程与继续教育学院及北京交通大学经济管理学院相关专家与学者的鼎力支持，没有他们，这套教材不可能如此顺利地出版，本系列教材的编委会代表所有作者在此表示深深的感谢。

编委会
于北京交通大学红果园
2021 年初秋

前 言

物流作为一门科学引入我国30多年来，物流相关行业在我国得到了快速发展，各行各业对物流给予了足够的重视，这既是经济全球化不断深入发展及我国经济日益融入世界经济体系的大势所趋，也是社会各界迫切要求实现我国流通产业现代化的集中体现。目前，外国物流配送企业已经开始大举进入我国，并凭借其实力向我国物流业提出了挑战。实践证明，配送是高效的物流形式，随着企业生产方式的专业化和人们生活方式的个性化，高效的配送管理变得更加迫切。

国内关于物流配送管理的书籍不断问世，其中超过半数以上是面向高职高专的学生使用的，面向物流工程和物流管理本科生的教材较少。鉴于此，编者参考了大量的国内外教材、书籍、期刊和网站，编写了本书，在此特向这些文献的作者表示深深的感谢。

本书集中论述了不同研究对象的配送作业流程、配送模式的选择、配送中心选址的定量和定性方法、库存管理的保管方法和库存控制基本策略、不同形式的配送线路确定方法等，同时还对配送的包装和流通加工环节及配送涉及的重要信息技术的用途、种类和适用范围进行了介绍，从而保证了配送相关内容的完整性。本书每章均配有思考题和案例分析题，其中最大的特点是在案例内容的选择和编排上，尽量选择读者熟知的、通俗易懂或典型的案例，而且在编排上尽量与章节内容有较强的关联性，在案例内容和问题设计上尽量和所学的理论联系起来，使学习者加强对理论的理解，加强比较分析，强调通用性。

通过本书的学习，读者能够掌握配送的基本管理理论和方法，熟悉配送业务各环节的作业管理，能够掌握定性和定量相结合的分析方法，并对典型行业的配送特点及管理方法有一定的了解，具备较强的案例分析能力。

本书可作为物流工程、物流管理、工业工程和交通运输等专业的教学用书，也可以作为物流、工商企业从业人员及相关专业人员的参考用书。

本书共分6章，由浙江科技学院经济管理学院刘云霞、王富忠、彭鸿广共同编写，其中第1~4章由刘云霞编写，第5章由王富忠编写，第6章由彭鸿广编写，第2章的第3个案例、第5章的第1个和第3个案例由王富忠和刘云霞共同编写，其余案例均由刘云霞编写。

由于编者水平有限，书中疏漏之处在所难免，敬请广大读者批评、指正。

编　者

2022年8月

目 录

第1章 配送概述 (1)
1.1 配送的基本概念与发展 (1)
1.1.1 配送的基本概念 (1)
1.1.2 配送的发展 (3)
1.1.3 配送的现状 (5)
1.2 配送的特点及意义 (8)
1.2.1 配送与物流的关系 (8)
1.2.2 配送与运输的关系 (9)
1.2.3 配送与其他环节的关系 (9)
1.2.4 配送与送货的关系 (10)
1.2.5 配送的意义 (11)
1.3 配送的类型 (13)
1.3.1 按配送组织者的不同分类 (13)
1.3.2 按配送时间及数量的不同分类 (15)
1.3.3 按配送商品种类及数量的不同分类 (17)
1.3.4 按配送经营形式的不同分类 (17)
1.3.5 按配送加工程度的不同分类 (19)
1.3.6 按配送企业专业化程度的不同分类 (19)
1.4 配送与电子商务 (20)
1.4.1 配送与电子商务的关系 (20)
1.4.2 电子商务下的物流配送 (22)
1.5 配送的模式 (24)
1.5.1 配送的作业目标 (24)
1.5.2 配送的组织结构模式 (26)
1.5.3 配送的运行模式 (28)
思考与案例分析 (34)

第2章 配送作业流程 (41)
2.1 配送作业系统 (41)

2.1.1　配送的一般作业 …………………………………………………… (41)
　　2.1.2　配送的特殊作业 …………………………………………………… (42)
2.2　配送作业的内容 ……………………………………………………………… (43)
　　2.2.1　订单处理作业 ……………………………………………………… (43)
　　2.2.2　进货作业 …………………………………………………………… (47)
　　2.2.3　储存作业 …………………………………………………………… (49)
　　2.2.4　分拣作业 …………………………………………………………… (66)
　　2.2.5　流通加工作业 ……………………………………………………… (73)
　　2.2.6　装卸搬运作业 ……………………………………………………… (73)
　　2.2.7　送货作业 …………………………………………………………… (81)
2.3　配送作业的流程 ……………………………………………………………… (85)
　　2.3.1　配送的一般作业流程 ……………………………………………… (85)
　　2.3.2　生产资料的配送作业流程 ………………………………………… (85)
　　2.3.3　生活资料的配送作业流程 ………………………………………… (90)
　　2.3.4　特殊行业的配送作业流程 ………………………………………… (92)
思考与案例分析 …………………………………………………………………… (117)

第3章　配送中心 ……………………………………………………………… (126)

3.1　配送中心概述 ………………………………………………………………… (126)
　　3.1.1　配送中心的形成和发展 …………………………………………… (126)
　　3.1.2　配送中心的含义 …………………………………………………… (128)
　　3.1.3　配送中心的地位和功能 …………………………………………… (130)
　　3.1.4　配送中心的分类 …………………………………………………… (132)
3.2　配送中心规划 ………………………………………………………………… (134)
　　3.2.1　配送中心的结构 …………………………………………………… (134)
　　3.2.2　配送中心的建设 …………………………………………………… (137)
　　3.2.3　配送中心的类型决策 ……………………………………………… (139)
　　3.2.4　配送中心的规模决策 ……………………………………………… (140)
3.3　配送中心选址 ………………………………………………………………… (144)
　　3.3.1　配送中心选址的原则 ……………………………………………… (144)
　　3.3.2　影响配送中心选址的因素 ………………………………………… (145)
　　3.3.3　配送中心选址的方法 ……………………………………………… (146)
思考与案例分析 …………………………………………………………………… (161)

第4章 配送中心实务 (169)

4.1 配送中心的订单管理 (169)
4.1.1 配送中心订单处理概述 (169)
4.1.2 配送中心订单处理方法 (171)

4.2 配送中心的库存管理 (178)
4.2.1 库存的重要性 (178)
4.2.2 库存管理概述 (179)
4.2.3 库存管理的方法 (181)

4.3 配送中心的运输管理 (193)
4.3.1 运输的功能和原理 (193)
4.3.2 运输管理概述 (194)
4.3.3 运输管理的方法 (196)

4.4 配送中心的成本管理 (218)
4.4.1 配送成本概述 (218)
4.4.2 配送成本的核算方法 (221)
4.4.3 配送服务与配送成本 (225)

思考与案例分析 (231)

第5章 流通加工 (235)

5.1 包装概述 (235)
5.1.1 包装在物流中的地位和作用 (235)
5.1.2 包装的定义和功能 (236)
5.1.3 包装的种类 (238)
5.1.4 包装标记与包装标志 (241)

5.2 包装合理化 (242)
5.2.1 合理选择包装技法的原则 (242)
5.2.2 物流包装技法的分类 (243)
5.2.3 包装技法与包装机械 (245)
5.2.4 包装管理 (252)
5.2.5 包装合理化概述 (255)

5.3 流通加工概述 (256)
5.3.1 流通加工的概念 (256)
5.3.2 流通加工的地位和作用 (257)
5.3.3 流通加工的产生 (259)
5.3.4 流通加工的类型 (260)

5.3.5 流通加工的目的和内容 …………………………………………… (261)
5.4 流通加工合理化 ………………………………………………………… (262)
5.4.1 流通加工的方法 ………………………………………………… (262)
5.4.2 流通加工的管理 ………………………………………………… (266)
5.4.3 不合理流通加工的形式 ………………………………………… (268)
5.4.4 流通加工合理化概述 …………………………………………… (269)
思考与案例分析 …………………………………………………………… (270)

第6章 配送信息技术 …………………………………………………… (275)
6.1 自动识别技术 …………………………………………………………… (275)
6.1.1 条形码技术 ……………………………………………………… (275)
6.1.2 射频识别技术 …………………………………………………… (283)
6.2 自动跟踪和监控技术 …………………………………………………… (288)
6.2.1 全球定位系统 …………………………………………………… (288)
6.2.2 地理信息系统 …………………………………………………… (290)
6.2.3 全球移动通信系统 ……………………………………………… (292)
6.3 自动补货订货技术 ……………………………………………………… (293)
6.3.1 电子数据交换系统 ……………………………………………… (293)
6.3.2 销售时点系统 …………………………………………………… (301)
6.3.3 电子订货系统 …………………………………………………… (303)
思考与案例分析 …………………………………………………………… (305)

参考文献 ……………………………………………………………………… (311)

第 1 章 配送概述

1.1 配送的基本概念与发展

1.1.1 配送的基本概念

配送作为物流的一个主体功能要素,随着生产方式的变化和消费者个性化的发展,其重要性越来越明显,受到越来越多企业的关注。由于配送包含物流的几乎所有功能要素,从某种意义上说,配送属于物流的一个缩影。

配送通常是对英文"Delivery"的意译,也有人认为是"Distribution"的意译。目前,由于人们对配送概念的理解侧重点不同,因而在给配送下定义和表述其内涵时,尚无统一标准,不同的国家不同的学者从不同的角度对配送有不同的定义。日本和美国对于配送的定义主要有以下表述。

(1) 1985 年《日本工业标准(JIS)物流用语》对配送的定义是:"把货物从物流据点送至收货人的交货行为。"

(2) 1991 年日本日通研究所编写的《物流手册》对配送的解释为:"面向城市和区域范围内,对需要者进行的运输。"

(3) 日本文部省审定的物流培训教材中对配送的定义为:"最终将物品按指定时间安全准确交货的输送活动。"

(4) 日本物流协会和能源协会出版的《物流战略和革新事例——面向 21 世纪战略物流的挑战》一书对配送的定义为:"从中央仓库或小型供货点送货到顾客处的发送货物活动。"

(5) 日本菊池康在《物流管理》一书中认为配送是"短距离、小批量的运输"。

(6) 美国唐纳德等在《物流管理供应链过程的一体化》一书中认为:"实物配送这一领域涉及将制成品交给顾客的运输,其过程可以使顾客服务的时间和空间需求成为营销的一个整体部分。"

我国学者在学习、引进国外物流科学时直接使用了日本的"配送"这个词语,但与此同时,又对配送的概念、性质和内涵作出了新的解释,提出了配送的内涵包含"配"和

"送"两种活动,对配送的概念有了较全面的理解和认识。关于对配送内涵的认识,主要表现在两个方面。

1. 从经济学资源配置的角度理解配送的内涵

从经济学资源配置的角度,对配送在社会再生产过程中的位置和配送的本质行为予以表述:配送是以现代送货形式实现资源的最终配置的经济活动。这个概念的内涵概括了以下4点。

(1) 根据经济学家的理论认识,配送是资源配置的一部分,因而是经济体制的一种形式。

(2) 配送的资源配置作用是"最终配置",因而是接近顾客的配置。接近顾客是经营战略至关重要的内容。美国兰德公司对《财富》杂志所列的 500 家大公司的一项调查表明:"经营战略和接近顾客至关重要",证明了这种配置方式的重要性。

(3) 配送的主要经济活动是送货,这里面强调现代送货,表述了和我国旧式送货的区别,其区别以"现代"两字概括,即现代生产力、劳动手段支撑的,依靠科技进步的,实现"配"和"送"有机结合的一种方式。

(4) 配送在社会再生产过程中的位置是处于接近用户的那一段流通领域,因而有其局限性。配送是一种重要的方式,有其战略价值,但是它并不能解决流通领域的所有问题。

2. 从配送实施形态的角度理解配送的内涵

从配送的实施形态方面来理解配送的内涵,配送是指按用户的订货要求,在配送中心或其他物流节点进行货物配备,并以最合理方式送交用户。这个概念的内容概括了以下6点。

(1) 整个概念描述了接近用户资源配置的全过程。

(2) 配送的实质是送货。配送是一种送货,但和一般的送货有所区别。一般的送货可以是一种偶然的行为,而配送却是一种固定的形态,甚至是一种有确定组织、确定渠道,有一套装备和管理力量、技术力量,有一套制度的体制形式。所以,配送是高水平的送货形式。

(3) 配送是一种"中转"形式。配送是从物流节点至用户的一种特殊送货形式。从送货功能看,其特殊性表现为:从事送货的是专职流通企业,而不是生产企业;配送是"中转"型送货,而一般送货尤其从工厂至用户的送货往往是直达型;一般送货是生产什么送什么,配送则是企业需要什么送什么。所以,要做到需要什么送什么,就必须在一定中转环节筹集这种需要,从而使配送必然以中转的形式出现。当然,广义上,许多人也将非中转型送货纳入配送的范围,将配送的外延从中转扩大到非中转,仅以"送"为标志来划分配送的外延,也是有一定道理的。

(4) 配送是"配"和"送"有机结合的形式。配送与一般送货的重要区别在于,配送利用有效的分拣、配货等理货工作,使送货达到一定的规模,以利用规模优势取得较低的送货成本。如果不进行分拣、配货,有一件运一件,需要一点送一点,这就会大大增加动力消耗，使送货并不优于取货。所以，要想追求整个配送的优势，分拣、配货等项工作是必不可少的。

（5）配送以用户要求为出发点。在定义中强调"按用户的订货要求"明确了用户的主导地位。配送是从用户的利益出发、按用户的要求进行的一种活动，因此在观念上必须明确"用户第一"、"质量第一"。配送企业的地位是服务地位而不是主导地位，因此不能从本企业的利益出发而应从用户的利益出发，要在满足用户利益的基础上取得本企业的利益。更重要的是，不能利用配送损伤或控制用户，不能利用配送作为部门分割、行业分割、割据市场的手段。

（6）概念中"以最合理方式"的提法是基于这样一种考虑：过分强调"按用户的订货要求"是不妥的，用户要求受用户本身的局限，有时会损失自我或双方的利益。对于配送者讲，必须以"要求"为据，但是不能盲目，应该追求合理性，进而指导用户，实现共同受益的商业原则。这个问题近些年国外的研究著作也常提到。

根据原国家技术监督局颁布的中华人民共和国国家标准《物流术语》（GB/T 18354—2001），配送是指："在经济合理区域范围内，根据用户的要求，对物品进行拣选、加工、包装、分割、组配等作业，并按时送达指定地点的物流活动。"这一定义比较全面地描述了配送的内容、功能、目的和范围。从该概念之中，可以比较清楚地看到配送所具有的内涵。

（1）配送的范围。根据配送的商品品种、价值、客户分布不同，范围应该有差异。

（2）配送的目的。满足用户的要求，但不同的用户其要求是不一样的，因此配送应具有灵活性。

（3）配送的功能。拣选、加工、包装、分割、组配等作业，是为了达到用户的要求，在降低配送成本的前提下采取的手段，因此功能应根据需要设置，并要考虑其是否具有附加价值。

（4）配送的要求。按时送达，体现了配送的服务性质。

（5）配送的本质。物流活动，体现了配送属于物流的范畴。

1.1.2 配送的发展

1. 配送的产生

配送作为一种新型的物流手段，产生的原因主要可以总结为以下3个方面。

（1）供求不平衡，导致企业竞争加剧。在人类社会中，生产力是最活跃的因素，特别是人们称之为"第一生产力"的科学技术尤为活跃。科学技术的不断创新，生产力的不断发展，一方面提高了劳动生产率，从而使社会上的物质财富日渐增多，导致市场需求处在供大于求的状态，另一方面则扩大了社会分工，促进了生产方式的变革，最终将社会生产推上了专业化、社会化和现代化的发展轨道。第二次世界大战以后，某些工业基础比较好的国家率先摈弃了小生产方式，建立起了社会化大生产体制，发展了市场经济。

（2）物流运作存在问题。日本在第二次世界大战后，经济高速增长，但随之也出现了物流分散、流通落后的问题，严重阻碍了生产进一步发展。分散的物流使流通机构庞杂。当时，日本曾做过的一项调查表明，由于社会上自备车辆多、道路拥挤及停车时间长，使企业收集和发送货物的效率明显下降。但是如果减少企业自备车辆，就意味着企业运输能力的减弱。为了保证企业生产和销售的顺利开展，需要依赖社会的运输力和仓储力，但这不是单个企业单独能够解决的。因此，日本政府在筹划建立物流中心和物流基地"节点"的同时，还积极推行了"共同配送制度"。经过不断变革，一种被日本实业界称为"配送"的物流体制便应运而生了。

（3）消费者观念发生了变化。由于经济的快速发展和增长，发达国家的产业界发生了一些变化：① 普遍采用新型的生产方式，据资料介绍，在经济高速增长时期，"即时生产方式"逐步取代了传统的作业方式，"弹性生产系统"一度得到了推广；② 生产者和需求者对物流服务日益重视，对物流服务的要求日趋提高。与此相联系，就物流运动而言，不但要求提高它的社会化、专业化程度，从而降低生产成本，增加企业利润，而且要求它以合理的方式运作，较好地适应生产和市场需求变化的需要。在这种形势下，物流合理化随即被列入了人们的议事日程，并且成了物流业发展的方向。而配送也是在这样的背景下被带动发展起来的。

2. 配送的发展

配送是随着市场成长的一种必然的市场行为，是伴随着生产的发展而发展起来的。回顾历史，我们可以看到，配送的发展大体上经历了3个阶段，即萌芽阶段、发育阶段和成熟阶段。

1）萌芽阶段

配送的雏形最早出现于20世纪60年代初期。在这个时期，物流运动中的一般性送货开始向备货、送货一体化方向转化。从形态上看，初期的配送只是一种粗放型的活动，范围很小，规模不大。在这个阶段，企业开展配送活动的主要目的是为了促进产品销售和提高市场占有率。因此，在发展初期，配送主要是以促销手段的职能来发挥作用的，此时的配送效率较低，只是无意识的进行配装、配载，体现的是一种偶然性的行为。

2）发育阶段

20世纪60年代中期至80年代，随着经济发展速度的加快，以及货物运输量的急剧增加和商品市场竞争的日趋激烈，配送在一些发达国家得到进一步的发展。在这个时期，一些发达国家的企业相继调整了仓库结构，组建或设立了配送组织（配送中心），普遍开展了货物配装、配载及送货上门活动。这期间，不但配送的货物种类日渐增多（除了种类繁多的服装、食品、药品、旅游用品等日用品类的消费资料之外，还包括不少生产资料产品），而且配送的范围也在不断扩大，此时开始有意识地降低配送成本，在企业内部考虑配装、配载及送货活动，开始和其他企业合作，实行"共同配送"，建立比较完善的配送体系。

3）成熟阶段

20世纪80年代以后，配送已演变为以高新技术为支持手段的系列化、多功能的供货活动。其具体表现如下。

（1）配送区域进一步扩大。近几年，实施配送制的国家已不再限于发达国家，许多发展中国家（如中国等）也按照流通社会化的要求实行了配送制，并且积极开展配送活动。

（2）劳动手段日益先进。技术不断更新是成熟阶段配送活动的一个重要特征。进入20世纪80年代以后，发达国家在开展配送活动的过程中，普遍采用了诸如自动分拣、光电识别、条形码等先进技术，并且建立了配套的体系和配备了先进的设备（如无人搬运车、分拣机等），由此大大提高了配送作业效率。

（3）配送的集约化程度明显提高。随着市场竞争日趋激烈及企业兼并速度的明显加快，配送组织的数量在逐步减少，但其总体实力和经营规模却与日俱增，配送的集约化程度不断提高。由于配送组织相对集中，故配送系统处理货物的能力有了很大的提高。

（4）配送方式日趋多样化。进入20世纪80年代以后，由于经济发展的外部环境发生了变化，不但配送规模和配送活动的范围明显在扩大，而且配送作业方式（或形式）也逐渐多了起来。在配送实践中，除了存在独立配送、直达配送等一般配送形式以外，人们又推出了许多新的配送方式，如"共同配送"、"即时配送"、"交货代理配送"等。

1.1.3 配送的现状

1. 全球现代物流配送的发展现状

配送最早产生于发达的资本主义国家，随着国际交往的日益增加和经济全球化趋势的不断加强，这种先进的物流方式才逐步在其他国家和地区推行起来。发达国家的物流方式已经成为了制造商和经销商普遍接受和采用的物流方式，而且还在迅速发展，主要表现在以下几个方面。

（1）配送的规模日趋扩大，配送中心的数量明显增加。近几十年来，随着经济的迅速发展和产品产量及消费量的急剧增长，在发达国家，配送的规模及范围也在同步扩大。据统计，在许多产品的供货总量中，通过配送方式到达经营者或用户手中的比例高达50%～90%，服装、食品、家电等产品就属于这种情况。同时，配送的品种也不断增加，采用配送方式向需求者供货的产品不仅包括一些轻工业产品，比如药品、服装、食品等，而且一些原材料的供应也采用了这种方式。

从配送的活动范围来看，随着道路交通等基础设施的不断改善和日趋完善，一些发达国家的配送服务已延伸到了省际和国际。比如，荷兰的"国际物流中心"就利用其庞大的配送网络和先进的物流技术、物流设备，能够在很短的时间内将货物运送到欧盟成员国的用户手中，使得配送活动超越了城市和地区的界限。

发达国家配送规模日益扩大的另一个重要标志是配送中心的数量明显增多。

（2）配送技术和设备更加先进。由于发达国家物流设备的更新周期比较短，因此其配送技术和设备非常先进。目前，在发达国家配送业务中主要采用的新技术有：条形码标识技术、自动存货和补货技术、自动分拣技术等。同时，发达国家的很多配送中心建立了自动化的配送系统，包括由计算机控制的自动处理系统和数控分拣系统等，大大提高了配送的效率。据调查，发达国家的许多配送中心在接到用户订单或要货通知单的 24 h 之内就可将大批的货物配备好，仅用 2～3 天的时间就可以把货物送到数百公里之外的用户指定的接货点。

（3）配送方式多样化。为了适应实际的需要，发达国家的配送企业正采取多种方式向需求者配送货物。例如"转承包配送"方式，即配送中心接到订单之后，将销售和配送货物的任务转交给其他专业公司去完成。这种配送方式可以发挥承包企业专业化程度高的优势，更好地完成供货任务；可以减轻本配送中心的资金压力和经营风险；可以提高大型配送中心的应变能力，为顾客提供更好的服务。

（4）配送服务质量明显提高。按照配送的基本要求，配送服务或业务必须做到准时、准确和快速，不能出差错。具体来讲，要做到拣选配货准确无误；发货不出现错装；发货时间不能超过规定的期限；发送的目的地准确无误；运输货物要保持货物的完整性，不得污损货物。

在竞争激烈的配送市场中，企业必须向用户提供高质量、高水平的服务才能立足。因此，发达国家的一些配送中心都把提高配送服务质量视为发展配送业务的重要手段。它们不仅出色地完成配送的基本任务，使配送货物的准确率、准时率经常保持在 100% 的水平；同时，它们更加重视尽力提供更好、更全局的服务，比如：缩短接单到供货之间的配送周期；在指定的时间准时送货；实行 24 h 昼夜接受订单和送货制度，以及休息日照常配送货物和提供各种信息；开展流通加工业务等。

2. 美国现代物流配送的发展现状

20 世纪 60 年代以来，货物配送的合理化在美国普遍得到重视。为了在流通领域产生效益，美国企业采取了一系列的措施：将老式的仓库改为配送中心；引进计算机管理网络，对装卸、搬运、保管实行标准化操作，提高作业效率；连锁店共同组建配送中心，促进连锁店效益的增长。美国的配送中心有很多且各有自己的经营特征。以连锁业为例，主要有批发型、零售型和仓储型 3 种类型。

（1）批发型配送中心主要靠计算机管理，业务部通过计算机获取会员店的订货信息，及时向生产厂家和储运部发出订货指示单。

（2）零售型配送中心以美国沃尔玛公司的配送中心为典型。该类型配送中心一般为零售商独资兴建，专为本公司的连锁店按时提供商品，确保各店稳定经营。

（3）仓储型配送中心以美国福来明公司的食品配送中心为典型。该配送中心的主要任务是接受独立杂货商联盟的委托业务，负责为该联盟在该地区的若干家联盟店配送货物。

3. 日本现代物流配送的发展现状

在日本，零售业是首先建立先进配送系统的行业之一。便利店作为一种新的零售业迅速成长，现已遍及日本，正影响着日本其地的零售商业形式。这种新的零售业需要利用新的物流技术，以保证店内各种货物的供应顺畅。因此，日本的物流配送具有以下特点。

（1）分销渠道发达。许多日本批发商过去常常把自己定位为特定制造商的专门代理商，只允许经营一家制造商的产品。为了保证有效地供应商品，日本许多物流公司不得不对旧有的分销渠道进行合理化改造，以便更好地做到与上游或下游公司的分销一体化。

（2）频繁、小批量进货。日本物流配送企业的很大一部分服务需求来自便利店，便利店依靠小批量的频繁进货，只有利用先进的配送系统才有可能发展连锁便利店，因为它使小批量的频繁进货得以实现。

（3）物流配送体现出共同化、混载化的趋势。共同化、混载化的货物配送使原来按照不同生产厂、不同商品种类划分开来的分散的商品物流转变为将不同厂家的产品和不同种类的商品混合起来配送的聚合商品物流，从而得以发挥商品物流的批量效益，大大提高了配送车辆的装载率。

（4）合作型物流配送。在日本，生产企业、零售企业与综合商社、综合物流公司之间基本上都存在一种长期的物流合作关系，并且这种合作关系还随着日本工业生产的国际化延伸到国外。

（5）政府规划在现代物流配送发展过程中具有重要的作用。

4. 欧洲现代物流配送的发展现状

在欧洲诸国，物流配送是指按照用户的订货要求，在物流据点进行分货、配货以后，将配好的货物送交收货人的活动。德国的物流配送产业是第二次世界大战以后，随着现代科技的兴起和经济高速发展而逐步发展起来的。特别是近10年来，德国的物流配送已经摈弃了商品从产地到销地的传统配送模式，基本形成了商品从产地到集散中心，从集散中心（有时通过不止一个集散中心）到达最终客户的现代模式。走遍德国，可以说德国的物流配送已经形成了以最终需求为导向，以现代化交通和高科技信息网络为桥梁，以合理分布的配送中心为枢纽的完备的运行系统。在总结德国零售业发展的经验时可以看出德国是十分重视按照连锁经营的规模和特点来规划配送中心的，往往是在建店的同时就考虑到了配送中心的建设布局。

5. 我国现代物流配送的发展现状

20世纪70年代以前，我国经济研究中几乎没有使用过"物流"一词，但物流各环节的运作很早就存在于国民经济的各个领域。一直到20世纪80年代初，《物资经济研究通讯》刊登了北京物资学院王之泰教授的《物流浅谈》一文，物流在我国才逐渐得到了关注和重视。

20世纪90年代以来的实践证明，配送是一种非常好的物流方式。我国很多城市的物资部门建立了配送中心，配送得到了很大程度的发展。这样，彻底改变了传统的流通模式和方式。过去物资流通企业等人上门买货，如今迈出家门主动上门送货，为生产企业配送急需的产品。配送中心实行统一集中进货，享受了生产企业的批量优惠；同时，从客户和自身利益、信誉出发，严把进货关，保证进货质量。发展配送大大减少了生产企业的库存，实现了生产企业"零库存"的可能。而且，随着计算机网络的应用，逐步实现了配送中的流通现代化管理。同时，先进设施的使用也为客户提供了更加方便、快捷的服务，同时提高了流通企业的效率。

但是，在看到配送在我国发展的同时，也要认识到，配送在我国的发展也是近十几年的事，进展缓慢、设备落后、信息化程度低是目前的一个基本状况，突出表现在以下两个方面。

（1）配送的服务核心作用难以发挥。配送的核心作用是服务，现阶段的配送方式基本上是以单兵作战的分散型配送为主，导致配送规模小，物流网点没有统一布局，配送中心现代化程度低，机械化水平程度低，整体物流技术水平比较落后；配送中心功能不健全，信息没有得到充分的加工和利用，离信息化还有很大差距等。

（2）配送操作过程现代化程度低。技术落后是我国配送发展滞后的一个重要因素。目前国内配送中心的计算机应用程度仍比较低，大多数情况下，仍只限于日常事务管理，对于物流中的许多重要决策问题，如配送中心的选址、货物组配方案、运输的最佳路径、最优库存控制等方面，还处于半人工化决策状态，适应具体操作的物流信息系统的开发滞后；物流设施的技术和设备都比较陈旧，与发达国家的以机电一体化、无纸化为特征的配送自动化、现代化相比，差距很大；整体物流技术，如运输技术、储存保管技术、流通加工技术及与各环节都密切相关的信息处理技术等，也都比较落后。我们应借鉴发达国家的先进经验，结合我国的具体情况，发展符合我国国情的配送体系，使物资配送向正规化、规模化发展。

1.2 配送的特点及意义

1.2.1 配送与物流的关系

1. 配送与物流的联系

配送属于物流的范畴，是物流的三大主体功能之一，是物流的一个缩影。它作为一种特殊的物流活动形式，几乎涵盖了物流中所有的要素和功能。

2. 配送与物流的差异

（1）从物流角度看，配送是最终消费者的物流，所以配送与顾客的关系更为紧密，是最终配置；从商流角度看，物流是商物分离的产物，而配送是商物合一的产物。

（2）从区域上看，物流的范围更广，配送的范围相对较窄。

（3）从商品品种上看，物流的品种较少，配送的品种较多。

（4）从客户量上来看，物流的客户量少，需求量大，配送的客户量多，需求量较少。

1.2.2 配送与运输的关系

1. 配送与运输的联系

运输和配送都是线路活动。我们知道，物流所有的活动通常是在线路和物流节点完成的。运输活动必须通过运输工具在运输线路上移动才能实现物品的位置移动，这是一种线路活动。配送以送为主，属于运输范畴，也是线路活动。配送和运输之间是相互补充的作用，一般而言，运输通常在供应链的上游作业，配送在供应链的下游作业。

2. 配送与运输的差异

（1）从线路上看：运输通常为干线运输，运输距离长；配送通常为支线运输（末端运输），运输距离较短，导致配送运输难度更大。

（2）从商品品种上看：运输通常是少品种、大批量运输，配装配载难度小；配送通常是多品种、少批量运输，配装配载难度大。

（3）从运输工具上看：运输的完成可以根据需要选用运输工具，五种运输工具均常见，以大型货车或铁路、水路运输居多；配送的完成因为其送货区域较小，客户需求量较少，通常以小型货车最为常见。

（4）从管理目的来看：运输以效率优先，在运输过程中重点考虑的是如何降低运输成本，选用最合适的线路，最合适的运输工具来完成运输任务；配送以服务优先，配送实施之前首先是根据不同客户的需求和服务要求采取不同的配送方式，其次再考虑降低成本的可能性。

（5）从附属功能来看：运输通常有装卸、捆包作业，其作业环节比较单一；配送通常有装卸、保管、包装、分拣、流通加工等作业，其作业环节的复杂程度根据商品特征有很大差别，但通常比运输的环节多，复杂，不确定性较大。

1.2.3 配送与其他环节的关系

物流其他环节不仅体现在物流过程中，也是配送的重要组成部分，其合理化是提高配送效率的一个必要的组成部分，主要表现在以下几个方面。

1. 储存环节

储存具有能取得时间效益的重要意义，能够弥补生产和消费的时间隔离。对配送而言，其客户的需求表现在多品种小批量的需求，且有需求不确定性，储存环节能够避免配送小批量订货，形成规模不经济，采购进价、送货成本的过高。因此，储存环节能够使配送形成规模，达到规模经济，提高供应保证程度。

2. 包装环节

合理包装不仅能够在配送过程中更好地保护商品，提高配送的装载率，合理包装还能够提高配送效率，使客户需求成为一个单元整体，方便送货，方便消费者识别使用，提高服务水平。

3. 流通加工环节

合理流通加工能够提高配送的附加价值，提高配送的物流效率，提高配送的装载率，降低配送成本。

4. 装卸搬运环节

配送的完成是由多个作业环节组成的，各个环节之间的衔接必定存在装卸搬运。装卸搬运是配送得以完成的一个必要的衔接环节，也是衔接据点和线路的一个重要环节。

1.2.4 配送与送货的关系

配送是具有千年历史的送货形式在现代经济社会中的发展和创新，虽然配送的本质是送货，两者之间有着历史的渊源关系，但是两者之间不能等同。我们不能用传统的送货去理解现代的配送。两者的区别主要有以下几点。

（1）配送比送货的内容广。配送是综合性的、一体化的物流运动。从运动环节上看，配送包含着货物运输、集货、存货、理货、拣选、配货、配装等活动；从运作程序上看，配送贯穿着搜集信息、备货、运送货物等。而送货仅仅只是配送的一项活动。

（2）配送与送货的目标不同。送货方式对用户而言，只是满足其部分需求，这是因为送货人有什么送什么。而配送则将用户的需求作为目标，在观念上是"用户第一"、"质量第一"，具体体现为用户需要什么送什么，希望什么时候送便什么时候送。

（3）配送需要信息系统相配合。配送不仅是分货、配货、送货等活动的有机结合形式，同时，它与订货、销售系统也有密切联系。因此，配送必须依赖物流信息的作用，建立完善的配送系统，运用现代化的配送方式，这是送货不可比拟的。

（4）配送的技术要求高。现代配送的全过程必须有现代化的技术装备和管理方法做保证。因此，配送在规模、效率、速度、质量、服务水平方面都远远超过了传统的送货形式。在配送活动中，大量采用各种传输设备及识别码、拣选等机电设备，使物流作业像流水线一样工厂化。因此，与传统送货形式相比，还有现代技术的差距，配送也是科学技术进步的产物。

（5）配送是一种体制上的演进。传统的送货形式只是一种推销代运的手段。或者说，在我国运输紧张的条件下，可以把代运作为一种扩大推销、取得竞争优势的手段。配送则是一种物流职能，是大生产、专业化分工在流通领域的反映。所以，如果说传统送货是一种代运的服务方式的话，那么配送就是一种物流体制上的演进，最终要发展为"配送制"。配送与送货的区别如表1-1所示。

表1-1　配送与送货的区别

项目	配送	送货
工作内容	货物经过分类、配组、分装等	没有分类、配组等理货工作
工作效率	考虑车辆的配载及路线的优化	不考虑
时间要求	计划性强，送货时间准确	计划性相对差，时间不一定准确
成本要求	最优	存在运力浪费，成本费用高
与其他环节的关系	备货、储存、流通加工、分拣、送货等作业环节统一管理	备货、储存、流通加工、分拣、送货等作业环节分割进行
市场性质	以市场需求为导向，是增值服务	有什么送什么，只能满足客户的部分需求
目的和意义	企业战略的重要组成部分	只是企业提高销售量的一种手段
组织管理	有专职的企业物流部门，企业组织管理水平高，有完善的信息管理系统做支撑	在生产企业只是一种附带业务
基础设施	必须有完善的交通运输网络和设施，有将分货、配货、送货等活动有机结合的能力	没有具体需求
技术装备	全过程有现代化物流技术和装备做保证	技术装备简单
行为性质	一种定制化的长期固定服务	短期促销行为，是一种偶然行为

1.2.5 配送的意义

1. 配送在流通领域中的意义

配送是发达国家商品流通中的一项重要内容。经过长期的发展，国外配送业在实践中不断丰富、不断延伸，对经济与社会的促进作用越来越大。可以说，商业配送是流通社会化、现代化的必然趋势。

我国的商业配送，是在20世纪80年代随着商品供应方式的改变，在生活和生产资料流通中逐步开展起来的。80年代初以来，在国家有关部门的支持下，制定了《关于商品物流配送中心发展建议的意见》等有关文件，将物流配送中心建设作为流通体制改革的重要措施提上了议事日程，试点的范围和行业逐步扩大。特别是随着连锁经营的发展，不同层次的商品配送中心发展很快。目前，我国配送的商品种类和经营方式越来越多，配送的规模已经达到数百亿元，正在逐步深入我们社会经济生活的方方面面，对国民经济的影响不断增大。商业配送是流通领域里一项重要的改革实践，从流通领域的角度来看，配送的意义主要表现在以下5个方面。

（1）有利于建立全国统一的大市场。社会化大生产需要社会化的大流通。作为一种物流方式，配送不仅能把流通推上专业化、社会化道路，而且它能以其特有的运动形态和优势调整流通结构，使物流运动演化为规模经济运动。在资源配置方面，配送表现为以专业组的库存（集中库存）代替社会上的零散库存。显然采用这种方式衔接产需关系，客观上可以打破流通分割和封锁的格局，改变家家户户设仓库及分散的落后状态，开拓经营空间，建立起统一的大市场。开展物流配送，还可以提高优质和名牌产品的市场占有率，从而通过有效的市场导向来推动产业结构的调整，更好地克服当前产业结构趋同和产品库存积压的问题。

（2）有利于建立良好的流通秩序，提高市场经济的运行质量。在传统计划经济条件下，生产、流通、消费三个环节是截然分开的，相互脱节，缺少活力。物流配送中心以全新的营销观念，把产供销紧密地联在一起，克服了相互间的盲目性，形成了利益一致的经济共同体，建立起新型的工商、商商关系。物流配送中心作为产销的一个中介，为成千上万的经营者、消费者进行商品配送，既可减少盲目采购和重复运输，大大降低社会的物流成本，又能提高合同履约率，减少经济纠纷，建立良好的流通秩序。同时，开展物流配送还有稳定市场、调节需求、平衡物价的作用，从而提高市场经济的运行质量。

（3）有利于开拓市场，搞活流通，扩大商品销售。配送中心具有两大基本优势：一是能够按照市场需求进行商品加工配送；二是可以根据顾客要求提供价廉质优的商品。具体来讲，首先，它根据市场需要向生产企业采购、代理和经销商品，商品的市场适销率比较高；其次，它按照生产经营企业的订单，提供不同标准、规格的商品，使企业减少库存商品，加快资金周转；再次，它根据用户要求开展商品加工包装，并统一组织各种方式的配送，企业的储运成本能够大大降低。所以，配送中心在开拓市场方面具有巨大的潜力。

（4）有利于开发和利用新技术，促进科学技术不断进步。配送是一种综合性的、小范围内的物流运动，从事配送活动，必须相应地配备各种物流设施和设备。在现代社会里，随着生产规模的不断扩大和市场容量的不断增加，配送的规模也在相应扩大，用于配送的各种设备和设施，不但数量越来越多，而且其技术含量、技术水平也在不断提高。如今，为了适应服务范围不断扩大及操作频率明显加快的需要，不少发达国家的配送组织相继淘汰了老式设备和部分通用设备，相应建立了自动化的立体仓库，安装了自动分拣设备和配备了自动传递装置等。与此同时，许多专用工具和专用设备也陆续研制出来，并先后被用于配送的相关环节上。显然，这样做的结果，一方面大大提高了配送的作业效率；另一方面，客观上也促进了技术进步。因为在生产及流通实践中，设备的更新和先进技术的应用常常是同步运动的。在配送业务不断拓展的过程中，正是随着各种专用设备的广泛使用和各种自动化装置、自动化设施的相继建立，许多生产技术和现代化物流技术才陆续被开发出来，并且得到了广泛的应用。

（5）有利于发展规模化的连锁经营企业。从世界各国连锁超市的成功经验来看，连锁经营方式之所以能够产生高效率、高效益，就在于连锁超市实行统一采购、统一配送、统一价格，并具有实现这一职能的商品配送中心。可以这样说，实行商品供货的配送中心化，正是连锁经营的精髓之所在。这是因为有了配送中心，才能实现一同进货、集中存库、统一配送、各店分销的连锁经营方式，才可能实现在商品配送中心内统一结算和商品信息自动化处理，才能实现物流、财务乃至整个连锁企业的管理科学化，从而降低流通成本和销售价格。

当前我国连锁企业发展很快，已初步形成一定规模，但单个连锁的网点与发达国家相比差距很大。当前的关键是要建立规模化的商品配送中心，使连锁业真正趋向规模化和规范化。

2. 配送在物流领域中的意义

从物流的角度看，配送与运输、储存、装卸、流通加工、包装、物流信息一起构成了物流系统的现代功能体系，其意义表现在以下 5 个方面。

（1）提高物流的经济效益。采取配送方式，增大订货经济批量，可以降低进货成本；通过将客户所需的各种商品配备好，集中起来向客户发货，以及将多个客户的批量商品集中在一起进行一次发货等方式，可以提高物流经济效益。配送环节的建立实现了规模经济，使单位存货和管理的总成本下降，同时加强了调节能力，提高了经济效益。

（2）通过集中库存使企业降低库存量。实现了高水平的配送之后，尤其是采取定时定量配送方法之后，生产企业可以依靠配送中心的准时配送使自己实现"零库存"或低库存，减少大量储备资金的占用，改善企业的财务状况。

（3）简化手续，方便客户。采用配送方式，客户只需向一个企业订购，就可以订购到以往需向许多企业订购才能订到的货物，使接货手续得以简化，大大降低了客户工作量，节省了开支，方便了客户，从而提高了物流服务质量。

（4）提高了供应保证程度。由生产企业自己保持库存，维持生产，由于受到库存费用的制约，供应保证程度很难提高。而采取配送方式，配送中心比任何单独企业的储备量大得多，对每个企业而言，由于缺货而影响生产的风险便相对缩小。

（5）完善了输送及整个物流系统。第二次世界大战之后，由于大吨位、高效率运输工具的出现，使干线运输在铁路、海运或公路方面都达到了较高水平，长距离、大批量的运输实现了低成本化，但在干线运输之后，往往还要以支线转运或小搬运进行，这种支线运输及小搬运成了物流过程中的一个薄弱环节。这个环节与干线运输相比有其特殊要求：灵活性、适应性、服务性。而干线运输往往不能得到充分利用，成本过高等问题总是难以解决。采用配送方式，从范围来讲，将支线运输、小搬运统一起来，使输送过程得以优化和完善。

1.3 配送的类型

为了满足不同产品、不同企业、不同流通环境的要求，经过较长一段时期的发展，国内外创造出多种形式的配送。这些配送形式都有各自的优势，但同时也存在其一定的局限性。按组织方式、对象特性不同，配送包括以下一些分类形式。

1.3.1 按配送组织者的不同分类

1. 配送中心配送

这种配送的组织者是专职配送中心，规模比较大。其中，有的配送中心由于需要储存各种商品，储存量也比较大；也有的配送中心专职组织配送，因此储存量较小，主要靠附近的仓库来补充货源。

由于配送中心专业性比较强，与用户之间存在固定的配送关系，因此一般情况下都实行计划配送，需要配送的商品有一定的库存量，但是一般情况很少超越自己的经营范围。

配送中心中的设施及工艺流程一般是根据配送的需要而专门设计的，所以配送能力强，配送距离较远，配送的品种多，配送的数量大，可以承担工业生产用主要物资的配送及向配送商店实行补充性配送等。

配送中心配送是配送的重要形式。从实施配送较为普遍的国家来看，作为配送主体形式的配送中心配送不但在数量上占主要部分，而且也作为某些小配送单位的总据点，因而发展较快。作为大规模配送形式的配送中心配送，其覆盖面较宽，因此必须有一套配套的大规模实施配送的设施，比如配送中心建筑、车辆、路线、其他配送活动中需要的设备等。其一旦建成便很难改变，灵活机动性较差，投资较高，这就导致了在实施配送初期很难大量建立配送中心。因此，这种配送形式有一定局限性。

2．商店配送

这种配送形式的组织者是商业或物资的门市网点，这些网点主要承担商品的零售，一般来讲规模不大，但经营品种却比较齐全。除日常经营的零售业务外，这种配送方式还可根据用户的要求，将商店经营的品种配齐，或代用户外订外购一部分本商店平时不经营的商品，并与商店经营的品种一起配齐运送给用户。

这种配送的组织者实力有限，往往只是零星商品的小量配送，所配送的商品种类繁多，但是用户需求量不大，甚至有些商品只是偶尔需要，很难与大配送中心建立计划配送关系，所以常常利用小零售网点从事此项工作。

由于商业及物资零售网点数量较多、配送半径较小，所以比较灵活机动，可承担生产企业非主要生产物资的配送及对消费者个人的配送。可以说，这种配送是配送中心配送的辅助及补充形式，有两种具体形式。

（1）兼营配送形式。进行一般销售的同时，商店也兼行配送的职能。商店的备货可用于日常销售及配送，因此有较强的机动性，可以使日常销售与配送相结合，作为互相补充的方式。这种配送形式，在铺面条件一定的情况下，往往可以取得更多的销售额。

（2）专营配送形式。商店不进行零售销售，而是专门进行配送。一般情况下，如果商店位置条件不好，不适于门市销售，而又具有某些方面的经营优势及渠道优势，可采取这种方式。

3．仓库配送

这种配送形式是以一般仓库为据点来进行配送。它可以是把仓库完全改造成配送中心，也可以是在保持仓库原功能的前提下，以仓库原功能为主，再增加一部分配送职能。由于并不是按配送中心要求专门设计和建立的，所以，一般来讲，仓库配送的规模较小，配送的专业化比较差。但是由于可以利用原仓库的储存设施及能力、收发货场地、交通运输线路等，所以既是开展中等规模的配送可以选择的形式，同时也是较为容易利用现有条件而不需大量投资、上马较快的形式。

4. 生产企业配送

这种配送形式的组织者是生产企业，尤其是进行多品种生产的生产企业。这些企业可以直接从本企业开始进行配送，而不需要再将产品发运到配送中心进行中心配送。

由于避免了一次物流的中转，所以生产企业配送具有一定优势。但是由于生产企业，尤其是现代生产企业，往往实行大批量低成本生产，品种较为单一，因此无法像配送中心那样依靠产品凑整运输取得优势。实际上，生产企业配送不是配送的主体，它只是在地方性较强的产品生产企业中应用较多，比如就地生产、就地消费的食品、饮料、百货等。此外，在生产资料方面，某些不适于中转的化工产品及地方建材也常常采取这种方式。

1.3.2 按配送时间及数量的不同分类

1. 定时配送

定时配送是指按规定时间间隔进行配送，比如数天或数小时一次等，而且每次配送的品种及数量可以根据计划执行，也可以在配送之前以商定的联络方式（比如电话、计算机终端输入等）通知配送的品种及数量。

由于这种配送方式时间固定、易于安排工作计划、易于计划使用车辆，因此，对于用户来讲，也易于安排接货的力量（如人员、设备等）。但是，由于配送物品种类的变化，配货、装货难度较大，因此如果要求配送数量变化较大时，也会使安排配送运力出现困难。具体来讲，定时配送又包括以下两种形式。

1）日配（当日配送）

日配是定时配送中施行较为广泛的方式，尤其是在城市内的配送中，日配占了绝大多数比例。日配的时间要求大体上是，上午的配送订货下午可送达，下午的配送订货第二天早上送达，即实现送达时间在订货后的 24 h 之内。或者是用户下午的需要保证上午送到，上午的需要保证前一天下午送到，即实现在实际投入使用前 24 h 之内送达。

广泛而稳定地开展日配方式，就可使用户基本上勿需保持库存，做到以配送的日配方式代替传统库存方式来实现生产或销售经营的保证。日配方式对下述情况特别适合。

（1）消费者追求新鲜的各种食品，如水果、点心、肉类、蛋类、菜蔬等。

（2）用户是多个小型商店，它们追求周转快，随进随售，因而需要采取日配形式实现快速周转。

（3）由于用户的条件限制，不可能保持较长时期的库存，比如已经采用零库存方式的生产企业，位于"黄金宝地"的商店及那些缺乏储存设施（比如冷冻设施）的用户。

（4）临时出现的需求。

2）准时看板方式

准时看板方式是实现配送供货与生产企业生产保持同步的一种配送方式。与日配方式和一般定时配送方式相比，这种方式更为精细和准确。其配送每天至少一次，甚至几次，以保证企业生产的不间断。这种配送方式的目的是实现供货时间恰好是用户生产之时，从而保证货物不需要在用户的仓库中停留，而可直接运往生产场地。这样，与日配方式比较，连"暂存"这种方式也可取消，可以绝对地实现零库存。

准时看板方式要求依靠高水平的配送系统来实施，由于要求迅速反应，因而对多用户进行周密的共同配送计划是不大可能的。该方式适合装配型的重复大量生产的用户，这种用户所需配送的物资是重复、大量而且没有大变化的，因而往往是一对一的配送。即使时间要求可以不那么精确，但是也难以集中多个用户的需求实行共同配送。

2．定量配送

定量配送是指按照规定的批量，在一个指定的时间范围内进行配送。这种配送方式数量固定，备货工作较为简单，可以根据托盘、集装箱及车辆的装载能力规定配送的定量，能够有效利用托盘、集装箱等集装方式，也可做到整车配送，配送效率较高。由于时间不严格限定，因此可以将不同用户所需的物品凑成整车后配送，运力利用也较好。对于用户来讲，每次接货都处理同等数量的货物，有利于人力、物力的准备工作。

3．定时定量配送

定时定量配送是指按照所规定的配送时间和配送数量进行配送。这种方式兼有定时、定量两种方式的优点，但是其特殊性强，计划难度大，因此适合采用的对象不多，不是一种普遍的方式。

4．定时、定路线配送

定时、定路线配送是指在规定的运行路线上，制定到达时间表，按运行时间表进行配送，用户则可以按规定的路线站点及规定的时间接货及提出配送要求。

采用这种方式有利于计划安排车辆及驾驶人员。在配送用户较多的地区，也可以免去过分复杂的配送要求所造成的配送组织工作及车辆安排的困难。对于用户来讲，既可以在一定路线、一定时间内进行选择，又可以有计划地安排接货力量。但这种方式应用领域也是有限的。

5．即时配送

即时配送是指完全按照用户突然提出的时间、数量方面的配送要求，随即进行配送的方式。这是有很高灵活性的一种应急的方式，采用这种方式的品种可以实现保险储备的零库存，即用即时配送代替保险储备。

1.3.3 按配送商品种类及数量的不同分类

1. 单（少）品种大批量配送

一般来讲，对于工业企业需要量较大的商品，由于单独一个品种或几个品种就可达到较大输送量，可以实行整车运输，这种情况下就可以由专业性很强的配送中心实行配送，往往不需要再与其他商品进行搭配。由于配送量大，可使车辆满载并使用大吨位车辆。这种情况下，由于配送中心的内部设置、组织、计划等工作也较为简单，因此配送成本较低。但是，如果可以从生产企业将这种商品直接运抵用户，同时又不致使用户库存效益下降时，采用直送方式则往往效果更好一些。

2. 多品种少批量配送

现代企业生产中，除了需要少数几种主要物资外，大部分属于次要的物资，品种数较多，但是由于每一品种的需要量不大，如果采取直接运送或大批量的配送方式，由于一次进货批量大，必然造成用户库存增大等问题。类似的情况在向零售品商店补充一般生活消费品的配送中也存在。所以，以上这些情况适合采用多品种、少批量的配送方式。

多品种、少批量配送是根据用户的要求，将所需的各种物品（每种物品的需要量不大）配备齐全，凑整装车后由配送据点送达用户。这种配送作业水平要求高，配送中心设备要求复杂，配货送货计划难度大，因此需要有高水平的组织工作保证和配合。而且，在实际中，多品种、少批量配送往往伴随多用户、多批次的特点，配送频率往往较高。

配送的特殊作用主要反映在多品种、少批量的配送中。因此，这种配送方式在所有配送方式中是一种高水平、高技术的方式。这种方式也与现代社会中的"消费多样化"、"需求多样化"等新观念刚好相符合，因此是许多发达国家推崇的方式。

3. 配套成套配送

这种配送方式是指根据企业的生产需要，尤其是装配型企业的生产需要，把生产每一台件所需要的全部零部件配齐，按照生产节奏定时送达生产企业，生产企业随即可将此成套零部件送入生产线以装配产品。

这种配送方式中，配送企业承担了生产企业大部分的供应工作，使生产企业可以专心于生产，与多品种、少批量的配送效果相同。

1.3.4 按配送经营形式的不同分类

1. 销售配送

销售配送是指生产企业、流通企业售出产品或商品的配送过程，也指生产者或持有者对商品到用户的配送。一般来讲，销售配送是从卖方角度出发所发生的配送行为，配送主体往往是卖方。这种配送的配送对象是不固定的，用户也往往是不固定的，配送对象和用户往往是根据对市场的占有情况而定，其配送的经营状况也取决于市场状况。因此，这种形式的配送随机性较强，而计划性较差。各种类型的商店配送一般多属于销售配送。

用配送方式进行销售是扩大销售数量、扩大市场占有率、获得更多销售收益的重要方式。由于是在送货服务前提下进行的活动，所以一般来讲，也受到用户的欢迎。

2. 供应配送

供应配送是指用户为了自己的供应需要所采取的配送形式。在这种配送形式下，一般来讲是由用户或用户集团组建配送据点，集中组织大批量进货（以便取得批量折扣），然后向本企业配送或向本企业集团的若干企业配送。在大型企业、企业集团或联合公司中，常常采用这种配送形式组织对本企业的供应，例如商业中广泛采用的连锁商店，就常常采用这种方式。用配送方式进行供应，是保证供应水平、提高供应能力、降低供应成本的重要方式。

对生产企业而言，供应配送是为其提供原材料、零部件等，物品在买卖双方之间的配送。对流通企业而言，供应配送是从买方角度出发的交易行为所发生的配送。因此，配送主体可以是买方，也可以是第三方物流配送企业。

3. 销售供应一体化配送

销售供应一体化配送是指对于基本固定的用户和基本确定的配送产品，销售企业可以在自己销售的同时，承担用户有计划供应者的职能，既是销售者，同时又成为用户的供应代理人，起到用户供应代理人的作用。

对于某些用户来讲，这样就可以减除自己的供应机构，而委托销售者代理。对销售者来讲，这种配送方式能够获得稳定的用户和销售渠道，有利于扩大销售数量，有利于本身的稳定持续发展。对于用户来讲，这种方式能够获得稳定的供应，而且可以大大节约本身为组织供应所耗用的人力、物力和财力。我们知道，销售者能有效控制进货渠道，这是任何企业供应机构所难以做到的，因而委托销售者代理对供应的保证程度可大大提高。

销售供应一体化的配送是配送经营中的重要形式，这种形式有利于形成稳定的供需关系，解决经营规模和配送规模不匹配的问题，有利于采取先进的计划手段和技术手段，有利于保持流通渠道的畅通稳定，因而受到人们的关注。

4. 代存代供配送

代存代供配送是指用户将属于自己的货物委托给配送企业代存、代供，有时还委托代订，然后组织对本身的配送。这种配送在实施时不发生商品所有权的转移，配送企业只是用户的委托代理人。商品所有权在配送前后都属于用户所有，所发生的仅是商品物理位置的转移。配送企业仅从代存、代送中获取收益，而不能获得商品销售的经营性收益。在这种配送方式下，商物是分流的。

1.3.5 按配送加工程度的不同分类

1. 加工配送

加工配送是指与流通加工相结合的配送,即在配送据点中设置流通加工环节,或是将流通加工中心与配送中心建在一起。如果社会上现成的产品不能满足用户需要,或者是用户根据本身的工艺要求,需要使用经过某种初级加工的产品时,可以在经过加工后进行分拣、配货,再送货到户。

流通加工与配送的结合,使得流通加工更有针对性,减少了盲目性。对于配送企业来说,不但可以依靠送货服务、销售经营取得收益,还可通过加工增值取得收益。

2. 集疏配送

集疏配送是指只改变产品数量组成形态而不改变产品本身的物理、化学形态,与干线运输相配合的一种配送方式,比如大批量进货后小批量、多批次发货,零星集货后以一定批量送货等。

1.3.6 按配送企业专业化程度的不同分类

1. 综合配送

综合配送是指配送商品种类较多,在一个配送网点中组织不同专业领域的产品向用户配送。由于综合性较强,所以称这一类配送为综合配送。综合配送可减少用户组织所需全部物资的进货负担,用户只需要和少数配送企业联系,便可解决多种需求的配送。因此,这是对用户服务较强的配送形式。

由于产品性能、形状差别很大,综合配送存在局限性,组织的技术难度较大。因此,一般只是在性状相同或相近的不同类产品方面实行综合配送,而对于差别过大的产品则难以实现综合化。

2. 专业配送

专业配送是指按照产品的性状不同,适当划分专业领域的配送方式。专业配送并非越细分越好,实际上在同一性状而类别不同的产品方面,也是有一定综合性的。

专业配送重要的优势是可以根据专业的共同要求来优化配送设施、优选配送机械及配送车辆,制定适用性强的工艺流程等,从而大大提高配送各环节工作的效率。现在已形成的专业配送形式主要有以下几种。

(1)中、小件杂货配送。
(2)金属材料的配送。
(3)燃料煤的配送。
(4)水泥的配送。

(5) 燃料油的配送。
(6) 木材的配送。
(7) 玻璃的配送。
(8) 化工产品的配送。
(9) 生鲜食品的配送。
(10) 家具及家庭用具的配送。

1.4 配送与电子商务

21世纪是电子商务的时代，在知识经济条件下，电子商务呈现出强劲的发展势头。电子商务将改变目前人们发展产业、开展企业经营管理和从事商务的观念和方式，使整个产业经历彻底的变革。简单地说，电子商务（Electronic Commerce, EC）是指利用IT技术对整个商务活动实现电子化的总称。具体说来，电子商务是在Internet开放的网络环境下，通过计算机网络技术的应用，以电子交易为手段来完成金融、物资、服务和信息价值的交换，快速而有效的从事各种商务活动的最新方式。电子商务的应用有利于满足企业、供应商和消费者对提高产品和服务质量、加快服务速度、降低费用等方面的要求，帮助企业借助网络查询和检索信息来支持决策。

电子商务涵盖的业务包括信息交换、售前售后服务、销售、电子支付、运输、网上交易、网上支付和管理全过程。

1.4.1 配送与电子商务的关系

物流配送经历了和正在经历二次革命：初期阶段就是送货上门，即为了改善经营效果，国内许多商家较为广泛地采用了把货送到买主手中的方式，这是物流配送的第一次革命；第二次物流配送革命是伴随着电子商务的出现而产生的，这是一次脱胎换骨的变化，不仅影响到物流配送本身，也影响着上下游的各体系，包括供应商和消费者，以计算机网络为基础的电子商务正在催化传统物流配送的革命。我们认为，配送与电子商务的相互作用关系体现在以下两个方面。

1. 体现在电子商务对物流配送的冲击和影响

（1）电子商务给传统物流配送观念带来深刻的革命。传统的物流配送企业需要置备一定面积的仓库，而电子商务系统网络化的虚拟企业将散置在各地的分属不同所有者的仓库通过网络系统连接起来，使之成为"虚拟仓库"，进行统一管理和调配使用，服务半径和货物集散空间被放大了，这样的企业在组织资源的速度、规模、效率和资源的合理配置方面都是传统的物流配送所不可比拟的，相应的物流观念也必须是全新的。

（2）网络对物流配送的实时控制代替了传统的物流配送管理程序。一个先进系统的使用，会给一个企业带来全新的管理方法。物流配送过程是由多个业务流程组成的，受人为因素影响和时间影响很大。网络的应用可以实现整个过程的实时监控和实时决策。新型物流配送的业务流程都由网络系统连接。当系统的任何一个神经末端收到一个需求信息的时候，该系统都可以在极短的时间内做出反应，并可以拟定详细的配送计划，通知各环节开始工作。这一切工作都是由计算机根据人们事先设计好的程序自动完成的。

（3）配送的持续时间在网络环境下会大大缩短，对配送速度提出了更高的要求。在物流配送管理中，由于信息交流的限制，完成一个配送过程的时间比较长，但这个时间随着网络系统的介入会变得越来越短，任何一个有关配送的信息和资源都会通过网络管理在几秒钟内传到有关环节。

（4）网络系统的介入简化了物流配送过程。传统物流配送的整个环节极为烦琐，在网络化的新型物流配送中心里可以大大缩短这一过程。在网络支持下的成组技术可以在网络环境下更加淋漓尽致地被使用，物流配送周期会缩短，其组织方式也会发生变化；计算机系统管理可以使整个物流配送管理过程变得简单和容易；网络上的营业推广可以使用户购物和交易过程变得更有效率、费用更低；可以提高物流配送企业的竞争力；随着物流配送业的普及和发展，行业竞争的范围和残酷性大大增加，信息的掌握、信息的有效传播和其易得性，使得用传统方法获得超额利润的时间和数量会越来越少；网络的介入，使人们的潜能得到充分的发挥，自我实现的需求成为多数员工的工作动力。在传统的物流配送企业中，大量的人从事简单的重复劳动，人是机器、数字和报表的奴隶，劳动的辛苦是普遍存在的。今后在网络化管理的新型物流配送企业中，那些机械的工作会交给计算机和网络，而留给人们更多的是能够给人以激励、挑战的工作，人类自我实现的需求得到了充分的满足。

综上所述，推行信息化配送制，发展信息化、自动化、现代化的新型配送业是我国发展和完善电子商务服务的一项重要内容，势在必行。

2. 体现在配送为电子商务的发展提供了基础和支持

从商务角度来看，电子商务的发展需要具备两个重要的条件：一是货款的支付，二是货物的配送。网上购物无论如何方便快捷，如何减少流通环节，唯一不能减少的就是货物配送。配送服务如不能相匹配，则网上购物就不能发挥其方便快捷的优势。

（1）物流配送是电子商务主要的组成部分。电子商务概念模型是对现实世界中电子商务活动的一般抽象描述，它由电子商务主体、电子市场、交易事务和信息流、商流、资金流、物流等基本要素构成。在电子商务概念模型中，电子商务主体是指能够从事电子商务的客观对象，它可以是制造商、销售商、银行、政府机构、个人等。电子市场是指电子商务主体从事商品和服务交换的场所，它是由各种各样的商务活动参与者利用各种通信设备，通过网络联结成的一个统一的整体。交易事务是指电子商务主体之间所从事的具体的商务活动，如产品询价、报价、转账支付、广告宣传、商品运输等。

电子商务的任何一笔交易，都包含着信息流、商流、资金流、物流。其中，信息流既包括商品信息的提供、分销促销、技术支持、售后服务等内容，也包括诸如询价单、报价单、付款通知单、转账通知单等贸易单证，还包括交易方的支付能力、支付信誉等。商流是指产品在购、销之间进行交易及其所有权转移的运动过程，具体是指产品交易中的一系列活动。资金流是指资金的转移过程，包括付款、转账等过程。在电子商务中，以上三流的处理都可以通过计算机、网络通信设备来实现。物流配送，作为"四流"中最为特殊的一种，是指产品实体的流动过程，包括运输、储存、装卸、保管、配送、物流信息管理等各种活动。对于大多数产品而言，在电子商务环境下，物流虽然要经过物理方式传输，但由于一系列机械化、自动化工具的应用，准确、及时的物流信息对物流过程的监控将使物流的流动速度加快、准确率提高，能有效地减少库存，缩短生产周期。在电子商务概念模型的建立过程中，强调信息流、资金流、物流的整合。

（2）物流配送是实现电子商务的有力保障。在整个电子商务的交易过程中，物流配送实际上是以商流的后续者和服务者的形态出现的。没有现代化的物流配送，任何商流活动都会成为一纸空文。在产品商流活动中，所有权在购销合同签订的那一刻起，就由供方转移到需方，而产品实体没有因此而移动。在传统的交易过程中，商流伴随相应的物流活动，即按照需方的需求将产品实体由供方以适当的方式、途径向需方转移。而在电子商务下，消费者通过上网点击购物，完成了商品所有权的交割过程，即商流过程。但产品电子商务活动并未结束，只有通过物流配送，将商品真正转移到消费者手中，商务活动才告结束。

合理化、现代化的物流配送，通过准时制供应与有效客户反应，能够有效降低成本、优化库存结构、减少资金占压、缩短生产周期，保障了电子商务顺利、有效地进行。如果缺少了现代化物流配送的支持，无论电子商务是多么便捷的贸易方式仍无法最终实现。物流配送是完成电子商务完整交易过程中的一个非常重要的环节，它是实现整个交易过程的最终保证。可以说，没有真正意义的物流配送，便没有真正意义的电子商务。电子商务是信息传送的保证，而物流配送是实物执行的保证。

1.4.2 电子商务下的物流配送

电子商务的发展受许多因素的制约，但人们普遍认为制约电子商务发展的 4 大门槛为：网络基础设施、支付手段、安全认证、物流配送。

随着信息技术的快速发展及人们生活水平的普遍提高，前三大门槛已经得到很大缓解。真正制约电子商务发展的是物流配送，该问题是最难解决、花费时间最多、花费成本最高的环节。

将物流配送定位在为电子商务的客户提供服务，根据电子商务的特点，对整个物流配送体系实行统一的信息管理和调度，并按照用户的订货要求，在物流基地进行理货工作，并将配好的货物送交收货人。这一先进的、优化的流通方式对流通企业提高服务质量、降低物流成本、优化社会库存配置，从而提高企业的经济效益及社会效益具有重要意义。物流配送作为现代物流的一种有效的组织方式，代表了现代市场营销的主方向，因而得以迅速发展。

1. 电子商务下物流配送的含义

电子商务下的物流配送是信息化、现代化、社会化的物流配送。它是指物流配送企业采用网络化的计算机技术和现代化的硬件设备、软件系统及先进的管理手段,针对社会需求,严格地、守信用地按用户的订货要求,进行一系列分类、编配、整理、分工、配货等理货工作,并且定时、定点、定量地交给没有范围限度的各类用户,满足其对商品的需求。

可以看出,这种新型的物流配送以一种全新的面貌成为流通领域革新的先锋,代表了现代市场营销的主方向。新型物流配送能使商品流通比传统的物流配送方式更容易实现信息化、自动化、现代化、社会化、智能化、合理化、简单化,使货畅其流,物尽其用,既减少了生产企业库存,加速了资金周转,提高了物流效率,降低了物流成本,又刺激了社会需求,有利于整个社会的宏观调控,也提高了整个社会的经济效益,促进了市场经济的健康发展。

2. 电子商务下物流配送的特点

电子商务下的物流配送除具备传统物流配送的特征外,还具备以下基本特征。

1) 物流配送信息化

物流配送信息化表现为物流配送信息的商品化、信息收集的数据库化和代码化、信息处理的电子化和计算机化、信息传递的标准化和实时化、信息存储的数字化等。条码(Bar Code)、数据库技术(Data Base)、电子订货系统(Electronic Ordering System,EOS)、电子数据交换(Electronic Data Interchange,EDI)、快速反应(Quick Response,QR)及有效的客户反应(Effective Customer Response,ECR)、企业资源计划(Enterprise Resource Planning,ERP)等在物流管理中得到广泛应用。没有物流配送的信息化,任何先进的技术设备都不可能应用于物流领域,信息技术在物流中的应用将会彻底改变世界物流的面貌。可见,实行信息化管理不仅是新兴物流配送的基本特征,也是物流配送现代化和社会化的前提保证。

2) 物流配送自动化

自动化的基础是信息化,自动化的核心是机电一体化,自动化的外在表现是无人化,自动化的效果是省力化。另外,还可以扩大到物流作业能力,提高劳动生产率,减少物流作业差错等。物流配送自动化包括条码/语音/射频自动识别系统、自动分拣系统、自动存取系统、自动导向车、货物自动跟踪系统等。这些设施在发达国家已普遍用于物流配送作业流程中,而在我国,由于物流业起步晚,发展水平低,自动化技术的普及还需相当长的时间。

3) 物流配送网络化

物流领域网络化的基础也是信息化。这里指的网络化有两层含义。一是物流配送系统的计算机通信网络,物流配送中心与供应商或制造商的联系要通过计算机网络,处理与下游顾客的联系也要通过计算机网络。比如,配送中心向供应商提出订单,就可以使用计算机通信方式,借助于增值网(Value-Added Network,VAN)上的电子订货系统(EOS)和电子数据交换技术(EDI)来自动实现,物流配送中心通过计算机网络收集下游客户的订货的过程也可以自动完成。二是组织网络化及所谓的企业内部网（Intranet）。例如我国台湾计算机业20世纪90年代创造的"全球运筹式产销模式"，其基本特点是按照客户订单组织生产，生产采取分散形式，将全世界的计算机资源都利用起来，采取外包的形式将一台计算机的所有零部件、元器件、芯片外包给世界各地的制造商去生产，然后通过全球的物流网络将这些零部件、元器件和芯片发往同一个物流配送中心进行组装，由该物流配送中心将组装的计算机迅速发给订户。

物流配送的网络化是物流信息化的必然，是电子商务下物流配送活动的主要特征之一。全球网络资源的可用性及网络技术的普及为物流的网络化提供了良好的外部环境，物流网络化不可阻挡。

4）物流配送智能化

这是物流配送自动化、信息化的一种高层次应用。物流配送作业过程中大量的运筹和决策，如库存水平的确定、运输搬运路径的选择、自动导向车的运行轨迹和作业控制、自动分拣机的运行、物流配送中心经营管理的决策支持等问题都需要借助于大量的智能化来解决。

在物流自动化的进程中，物流智能化是不可回避的技术难题。目前，专家系统、机器人等相关技术在国际上已经有比较成熟的研究成果，物流智能化已经成为电子商务下物流发展的一个新趋势。

5）物流配送柔性化

柔性化原是生产领域为实现"以顾客为中心"而提出的，但要真正做到柔性化，即真正根据消费者需求的变化来灵活调节生产工艺，没有配套的柔性化物流配送系统是不可能实现的。20世纪90年代以来，生产领域提出的FMS、CIMS、MRP、ERP等概念和技术的实质就是将生产、流通进行集成，根据需求端的需求组织生产，安排物流活动。柔性化物流正是适应生产、流通与消费的需求而发展起来的新型物流模式。它要求物流配送中心根据消费需求"多品种、小批量、多批次、短周期"的特点，灵活组织和实施物流作业。

6）物流配送社会化

同现代化一样，社会化程度的高低也是区别新型物流配送和传统物流配送的一个重要特征。很多传统的物流配送中心往往是某一企业为给本企业或本系统提供物流配送服务而建立起来的，有些配送中心虽然也为社会服务，但同电子商务下的新型物流配送所具备的真正社会性相比，仍具有很大的局限性。

1.5 配送的模式

1.5.1 配送的作业目标

配送作业的总目标可以简单地概括为7个恰当（Right），即在恰当的时间（Right Time）、恰当的地点（Right Place）、恰当的条件下（Right Condition），将恰当数量（Right

Quantity）的恰当的产品（Right Product），以恰当的成本（Right Cost）提供给恰当的消费者（Right Customer）。要达到这 7 个恰当，提高配送的服务质量和客户的满意度，降低配送成本，在实际的配送作业过程中，还要建立以下几个方面的配送目标。

1. 快捷响应

能否正确地交付客户所需要的货物，是提高配送服务质量和客户满意度的一个重要因素。如果能够快速地将客户所需要的货物送达客户所指定的目的地，那么客户就没有必要保持较大的库存，而使其存货成本降低，由此产生的费用就会得到降低，配送的服务质量和客户的满意度就会得到较大的提高。而要实现这一目标，企业就需要建立适合自身和客户的快速响应系统，进行配送的柔性化作业，提高自身的快速响应能力，这不仅取决于企业自身所拥有的硬件配送设施，而且也取决于企业自身所拥有的管理组织等软件因素。

目前，信息技术的发展有效地提高了企业在尽可能短的时间内完成配送作业和尽快交付所需存货的能力，降低了在传统配送作业过程中为实现这一目标而过度存货的问题。作为企业快速响应能力提高的重点，应以强化管理组织能力和应用先进的信息技术为核心，用来缩短配送周期，使信息的传递速度、信息的处理速度和配送的组织能力能够跟上。

2. 最低库存

在配送过程中保持一个最低的库存数量是降低配送成本及节约配送费用的一个重要方面。电子商务技术的发展和应用使企业能够有效地根据用户需求科学合理地确定订货，并通过数码仓库的建立，实现对库存的实时控制。值得注意的是，实现最低的库存目标是要把存货配置减少到与客户服务目标相一致的水平上，寻找出两者之间达到均衡的一个最优点。因此，在进行库存控制时，最低库存是一个相对的概念，而非绝对的概念，库存量的控制应根据经营的商品种类不同而不同，应根据科学技术水平的发展变化而变化。一般而言，在进行库存量的控制时，通常可以和同行业同规模条件企业的平均水平进行比较参考，也可以和本企业的历史同期同规模的情况进行比较参考。

3. 整合运输

运输成本是最重要的成本之一。运输成本与产品成本的种类、装运的规模及距离的远近直接相关。许多增值特性的配送服务大都依赖高速度、小批量的运输，是典型的高成本运输。要降低配送的成本，就必须降低运输成本，这就需要实现对运输的整合。整合运输在实际运输企业中有很多可以衡量考核的指标，其中有代表性的主要是 3 个。

（1）装载率，即运输工具实际装载量与额定装载量的比值。配送企业希望自己出行的车辆是满装满载的，这样会大大降低运输成本。对一批运输任务而言，提高装载率仅从技术上就能加以解决，但对于多品种小批量的配送而言，要提高装载率是有较大难度的，要求企业具有快速优化配装的能力。

（2）实车率，即企业所有出行运输工具载货行驶的总里程与行驶总里程的比值。该指标的目的是尽量的减少空驶现象，这要求企业能够合理组织货源、合理选择配送客户、合理选择配送线路，要求企业具有战略决策的能力。

（3）运转率，即企业在平均核算周期条件下，运输工具实际出行时间与核算周期的比值。该指标的目的之一是核算企业的运输工具是否存在闲置浪费，即运输设备是否与配送规模相匹配，另一方面能够对单个运输工具的运行情况进行核算，要求企业能够具备一定的管理能力。

在电子商务的情况下，企业可以充分利用计算机技术和优化技术等，对运输进行虚拟的整合，选择最佳的运输方式，保证运输作业的低成本。同时，电子商务在运输中的应用还可以有效地降低设计成本，提高设计效率。

1.5.2 配送的组织结构模式

从商流和物流存在形式的不同来划分，配送组织结构模式可以分为商物合一和商物分离两种。

1. 商物合一的配送结构模式

商流、物流合一的配送模式又称为配销模式，其模式结构如图1-1所示。其基本含义是配送的组织者既从事商品的进货、储存、分拣、送货等物流活动，又负责商品的采购与销售等商流活动，属于企业的"成本中心"。这类配送模式的组织者通常是商品经销企业，也有些是生产企业附属的物流机构。以上这些经营实体，从现象上看，是独立从事商品的存储、保管、分拣和运送等物流活动，但这些活动是作为商品销售活动的延伸而进行的。在这种配送模式下，配送活动是作为一种"营销手段"和"营销策略"，既参与商品所有权的让渡与转移，又在此基础上向客户提供高效优质的物流服务。因此，这种集商流、物流为一体的配送，主要是围绕着商品销售和提高市场占有率这个根本目的而组织起来的。在我国的物流实践中，配销模式的组织方式大多存在于以批发为主体经营业务的商品流通机构中。在国外，许多经营汽车配件的"配送中心"所开展的配送业务多属于这种模式。

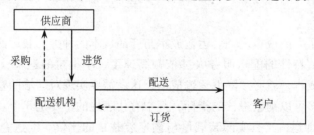

图1-1 商物合一的配送结构模式

配销模式的优点在于：对于行为主体来说，由于直接负责货源组织和商品销售，具有产品所有权和支配权，因而在配送活动中能够形成一定的优势（如资源优势），因此有利于扩大营销网络和业务范围；与此同时，商物合一的配送也便于配送主体对用户或生产者提供特殊的后勤服务，如配套供应物资。可以说，该模式是一种能全面发挥专业流通企业功能的配送模式。

但这种模式对于组织者来说既要参与商品交易，又要组织物流活动，因此，相比较而言，不但投入的资金、人力、物力比较多，若没有一定的经济实力，是不可能形成一定规模的，而且其组织和经营能力也有较高的要求。另外，由于这种配送模式是围绕着销售而展开的，因而不可避免地要受到后者的制约。再者，在现代化大批量、单品种的生产条件下，生产企业采取这种配送模式直接配送自己的产品，因受投资制约，在物流方面不一定能取得优势，所以对于生产企业来说不是配送的主要模式。

2. 商物分离的配送结构模式

商物分离的配送结构模式如图1-2所示。在这种配送模式下，配送组织者不直接参与商品的交易活动，不经销商品，只负责专门为客户提供验收入库、保管、加工、分拣送货等物流服务，属于企业的"利润中心"。其业务实质属于"物流代理"。从组织形式上看，其商流和物流活动是分离的，分别由不同的主体承担。

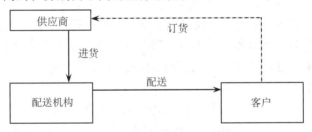

图1-2 商物分离的配送结构模式

在我国的物流实践中，这类模式多存在于由传统储运企业发展起来的物流企业中，其业务是在传统仓储与运输业务基础上增强配送服务功能，以更高的服务水平为社会提供全面的物流服务。在国外，这种配送模式普遍存在于运输业配送中心、仓储业配送中心。例如德国的"DEXTRA"（急配中心），其职能就是负责将收到的货物进行分拣，然后送到用户指定的货位。位于深圳福田保税区的海福发展（深圳）有限公司是一家专门从事电子零配件配送业务的物流企业，负责接收客户自行采购的电子零配件，并组织入库、储存保管，再根据客户的生产计划安排，将其所需要的零配件以其所必需的数量、品种和规格，在客户要求的时间段内准确送达客户，替生产制造企业从事物流代理活动。物流代理企业专门从事物品的储存保管和代理发运，在整个业务过程中，配送机构不直接经销物品，也不具备对物品的所有权。该配送业务模式的主要优点有以下几个方面。

（1）只提供物流代理服务，企业收益主要来自服务费，经营风险较小。

（2）占用资金相对较少，易于扩大服务范围和经营规模。

（3）配送企业的业务活动相对单一，有利于实现专业化，从而提高了物流服务水平。

这种模式的主要缺点就是配送企业不直接掌握货源，其调节能力较差。另外，对客户的依赖性强，容易随客户的销售不畅而导致自身配送规模的下降，经营的主动性差。

1.5.3 配送的运行模式

从配送的经营主体来说，配送的运行模式可以分成企业自营配送、第三方配送和共同配送。

1. 企业自营配送

企业自营配送是工商企业为了保证生产和销售的需要，独自出资建立自己的物流配送系统，对本企业所生产或所销售的产品进行配送活动。其配送活动根据其在企业经营管理中的作用一般分为两个方面：企业分销配送和企业的内部供应配送。

1) 企业分销配送的组织与运行

企业的分销配送根据其服务的对象又可分为企业对企业的分销配送和企业对消费者的分销配送两种形式。

（1）企业对企业的分销配送。这种配送活动发生在完全独立的企业与企业主体之间，基本上是属于社会开放系统的企业之间的配送供给与配送需求。作为配送服务的组织者或供给方是工商企业，作为配送服务的需求方，即服务对象，基本上有两种情况：① 生产企业为配送服务的最终需求方；② 商业企业即中间商，在接受配送服务之后，还要对产品进行销售。

企业对企业的配送，从实施的主体看，组织配送活动的目的是为了实施营销战略。特别在电子商务 B2B 模式中，企业对企业的配送是国家大力推广的配送模式。其配送量大，渠道稳定，物品标准化，是电子商务发展的切入点。

企业对企业的分销配送运行管理一般由销售部门来运作，随着社会分工的专业化，为发挥物流系统化管理的优势，最好是企业专门成立专职的物流部门或分公司来运作。

（2）企业对消费者的分销配送。企业对消费者的分销配送主要是指商业零售业对消费者的配送。由于企业对消费者的分销配送是在社会大的开放系统中运行，其运行难度比较大。虽然零售配销企业可以通过会员制、贵宾制等方式锁定一部分消费者，但在多数情况下，消费者是一个经常变换的群体，需求的随机性大，服务水平的要求高，配送供给与配送需求之间难以弥合，所以配送的计划性差。另外，消费者需求数量小，地点分散，配送成本相对较高。这种配送方式是电子商务 B2C 模式发展的支撑与保证。

2) 企业内部供应配送的组织与运行

集团系统内部的供应配送是为了保证企业的生产或销售供给所建立的企业内部配送机制，其实质是企业集团、大资本集团、零售商集团等内部的共同配送。

由于企业内部配送大多发生在巨型企业之中，有统一的计划、指挥系统，因此集团系统内部可以建立比较完善的供应配送管理信息系统，使企业内部需求和供应达到同步，有较强的科学性。企业内部配送一般有两种情况：① 大型连锁商业企业的内部供应配送；② 巨型生产企业的内部供应配送。企业集团系统内部的供应配送如图1-3所示。

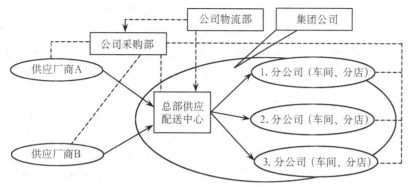

图1-3 企业集团系统内部的供应配送

（1）大型连锁商业企业的内部供应配送。各连锁超市经营的商品、经营方式、服务水平、价格水平相同，配送的作用是支持连锁经营的平台。连锁商业企业通过统一采购、统一配送、统一营销策略、统一定价、统一核算达到分散化经营的集约化规模效益。

连锁配送的主要优势是：在一个封闭的营运系统中运行，随机因素的影响比较小，计划性比较强，因此容易实现低成本、精细高效的配送。

（2）巨型生产企业的内部供应配送。这是指由专职的物流管理部门统一采购物资，实行集中库存，根据车间或分厂的生产计划组织配送，从而实现企业下属公司或车间和分厂的原材料、零部件的零库存，降低物流成本费用。

在我国，由于企业对供应链的控制意愿、国有企业的产权约束、"大而全、小而全"的体制与"肥水不流外人田"等观念障碍及我国第三方物流配送质量不高等原因，使得目前我国众多企业，尤其是一些大型连锁企业或企业集团选择自营配送模式。在目前不太规范和稳定的市场关系中，自营配送使企业对整个供应链有较大程度的控制权与自主权，确保企业能获取长期稳定的利润，避免被淘汰出局；也易于配送和其他环节密切配合与衔接，减少或避免与其他企业的交易活动；更可使企业直接面对消费者，了解他们的要求，反馈他们的意见。正因为这些优势，使得自营配送模式在今后的一段时间内还将在我国被广泛采用。

2．第三方物流配送

第三方物流是一个新兴的行业，已得到社会各方面越来越多的关注，在物流配送领域正发挥着积极的作用。目前，工商企业越来越重视与各种类型的物流服务供应商的紧密合作，并与之建立长期战略联盟关系，以解决企业物流问题。

1）第三方物流的概念

第三方物流（Third Party Logistics）也叫物流服务提供者（Logistic Service Provider），是世界上发达国家广泛流行的物流新概念，是指专门从事商品运输、库存保管、订单处理、流通加工、包装、配送、物流信息管理等物流活动的社会化的物流系统。它的基本功能是设计执行及管理商务活动中的物流要求,利用现代物流技术与物流配送网络,依据与第一方(供应商)或第二方(需求者)签订的物流合同,以最低的物流成本,快速、安全、准确地为客户在特定的时间段,按特定的价格提供个性化的系列物流服务。另外,如合同物流、物流外协、全方位物流服务公司、物流联盟等也基本能表达与第三方物流相同的概念。第三方物流是运输、仓储等基础服务行业的一个重要的发展。

2)第三方物流配送给企业带来的利益

(1)企业将其非优势所在的物流配送业务外包第三方物流来运作,不仅可以享受到更为精细的专业化的高水平物流服务,而且企业还可以将精力专注于自己擅长的业务发展,充分发挥其在生产制造领域或销售领域方面的专业优势,增强其主业务的核心竞争力。

(2)企业通过社会物流资源的共享,不仅可以避免企业"小而全、大而全"的宝贵资源的浪费,为企业减少了物流投资和营运管理费用,降低了物流成本,而且可以避免自营物流所带来的投资和营运风险。

归纳起来,第三方物流的信息、网络、专业、规模、装备等方面所表现出来的优势,带来的不仅是企业的物流效率与效益的提高,最终实现的是物流供需双方的双赢。

3)第三方物流配送的运作

第三方物流配送的运作有以下3种模式。

(1)企业销售配送第三方化物流配送模式。企业销售配送第三方化物流配送模式是工商企业将其销售物流业务外包给独立核算的第三方物流公司或配送中心运作,而企业采购供应物流配送业务仍由企业供应物流管理部门承担。其销售物流配送的运行如图1-4所示。

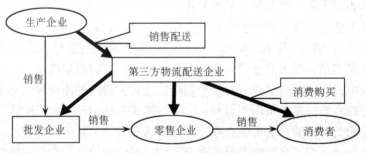

图1-4 企业销售物流配送第三方运作模式

(2)企业供应配送第三方化物流配送模式。这种方式是由社会物流服务商对某一企业或者若干企业的供应需求实行统一订货、集中库存、准时配送或采用代存代供等其他配送服务的方式。企业供应配送第三方化物流配送模式如图1-5所示。

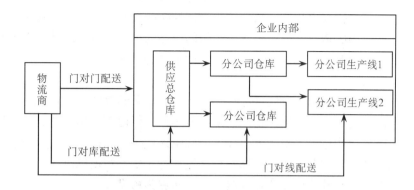

图 1-5 企业供应配送第三方化物流配送模式

这种供应配送按用户送达要求的不同可以分为以下几种形式。

① "门到门"供应配送：由配送企业将用户供应需求配送到用户"门口"；以后的事情由用户自己去做，也有可能在用户企业内部进一步延伸成企业内的配送。

② "门对库"配送供应：由配送企业将用户供应需求直接配送到企业内部各个环节的仓库。

③ "门到线"配送供应：由配送企业将用户的供应需求直接配送到生产线。显然，这种配送可以实现企业的"零库存"，对配送的准时性和可靠性要求较高。

(3) 供应销售物流一体化第三方化物流配送模式。随着物流社会化趋势及企业供应链管理战略的实施，除企业的销售配送业务社会化以外，企业供应配送也将社会化，即由第三方物流公司来完成。特别是工商企业和专职的第三方物流配送企业形成战略同盟关系后，供应销售物流一体化所体现的物流集约化优势更为明显。目前，随着我国全社会物流配送观念的转变及流通行业的规范化，我国从事第三方物流配送的企业发展迅速，数量众多，以大卖场、超市、小零售店等末端通路为主要服务对象，为客户提供全方位的配送服务。在我国大力推广和发展第三方物流配送模式正逢其时。

3．共同配送

共同配送是企业追求配送合理化，经长期的发展和探索优化出的一种配送形式，也是现代社会中采用较广泛、影响面较大的一种配送模式。

1）共同配送的定义

按照日本工业标准（JIS）的解释：共同配送是"为提高物流效率，许多企业一起进行配送的配送方式"。其实质是相同或不同类型的企业联合，其目的在于相互调剂使用各自的仓储运输设施，最大限度地提高配送设施的使用效率。从国际情况来看，共同配送是配送发展的主要方向。

简单来讲，共同配送是两个或两个以上的有配送业务的企业相互合作对多个用户共同开展配送活动的一种物流模式。一般采取由生产、批发或零售、连锁企业共建一家配送中心来承担它们的配送业务或共同参与由一家物流企业组建的配送中心来承担它们的配送业务的运作方式以获取物流集约化规模效益,从而解决个别配送的效率低下问题。其配送业务范围可以是生产企业生产所用的物料、商业企业所经销的商品的供应,也可以是生产企业生产的产品和经销企业的商品销售,具体根据商家参与共同配送的目的而定。

2) 共同配送产生的原因

(1) 自设配送中心,其规模难以确定。各行各业为保证生产供应或销售效率和效益,各自都想设立自己的配送中心以确保物流系统高效运作,但由于市场变幻莫测,难以准确把握生产、供应或销售的物流量。若规模建大了,则配送业务不足;若规模建小了,则配送业务无法独立完成,达不到应有的目标。既然自己设立配送中心规模难以确定,还不如利用社会化的物流配送中心或与其他企业合建开展共同配送更为可靠。

(2) 自设配送中心会面临配送设施严重浪费的问题。在市场经济时代,每个企业都要开辟自己的市场和供销渠道,因此不可避免地要分别建立自己的供销网络体系和自己的物流设施。这样一来,便容易出现在用户较多的地区设施不足;在用户稀少地区,设施过剩,造成物流设施的浪费,或不同配送企业重复建设配送设施的状况。何况配送中心的建设需要大量的资金投入,对众多的中小企业来说,其经营成本也是难以消化的,并且还存在着投资风险。因此,从资源优化配置的角度考虑,共同配送是一种更为可行的办法。

(3) 大量的配送车辆集中在城市商业区,导致严重的交通问题。近些年出现的"消费个性化"趋势和强调"用户是上帝",越来越要求采取准时送达的配送方式,因此送货或用户车辆的提运货频率很高,这就引发了交通拥挤、环境噪声及车辆废气污染等一系列社会问题。采取共同配送方式,可以以共同配送使用的一辆车代替原来的几辆车或几十辆车,自然有利于缓解交通拥挤、减少污染。因此,共同配送是解决严重的交通问题的有效方法之一。

(4) 企业追求利润最大化。企业配送的目的就是追求企业利润最大化。共同配送通过严密的计划安排,提高车辆使用效率,提高设施使用效率以减少成本支出,增加利润,是企业追求利润最大化的有效途径。因此,企业逐渐意识到了共同合作配送的重要性,大力开展社会化横向共同配送。

共同配送是企业在以上的社会经济背景下,为适应企业生存发展需要而形成的一种重要配送模式。

3) 共同配送的具体方式

共同配送的目的主要是合理利用物流资源,因此根据物流资源利用程度,共同配送大体上可分为以下几种具体形式。

(1) 系统优化型共同配送。这种方式是指由一个专业物流配送企业综合各家用户的要求,对各个用户统筹安排,在配送时间、数量、次数、路线等诸方面做出系统最优的安排,在用户可以接受的前提下,全面规划、合理计划地进行配送,如图 1-6 所示。这种方式不但可以满足不同用户的基本要求,又能有效地进行分货、配货、配载、选择运输方式、选择运输路线、合理安排送达数量和送达时间。这种对多家用户的配送,可充分发挥科学计划、周密计划的优势,实行起来较为复杂,但却是共同配送中水平较高的形式。

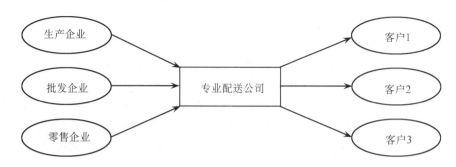

图 1-6 系统优化型共同配送

（2）车辆利用型共同配送。这种方式又可细分为以下几种具体的配送方式。

① 车辆混载运送型共同配送。这是一种较为简单易行的共同配送方式，仅在送货时尽可能安排一辆配送车辆，实行多货主货物的混载。这种共同配送方式的优势在于以一辆较大型的且可满载的车辆代替了以往多货主分别送货或客户分别各自提运货物的多辆车，并且克服了多货主、多辆车都难以满载的弊病。

② 返程车辆利用型共同配送。这种方式是指为了不跑空车，让物流配送部门与其他行业合作，装载回程货或与其他公司合作进行往返运输。

③ 利用客户车辆型共同配送。这种方式是指利用客户采购零部件或采办原材料的车进行产品的配送。

（3）接货场地共享型共同配送。接货场地共享型共同配送是多个用户联合起来，以接货场地共享为目的的共同配送形式。一般是用户相对集中，并且用户所在地区交通、道路、场地较为拥挤，各个用户单独准备接货场地或货物处置场地有困难，因此多个用户联合起来设立配送的接收点或货物处置场所。这样不仅解决了场地的问题，也大大提高了接发水平，加快了配送车辆的运转速度，而且接货地点集中，可以集中处置废弃包装材料，减少接货人员数量。

（4）配送中心、配送机械等设施利用型共同配送。在一个城市或一个地区中有数个不同的配送企业时，为节省配送中心的投资费用，提高配送运输的效率，多家企业共同出资合股建立配送中心进行共同配送或多家企业共同利用已有的配送中心、配送机械等设施，对不同配送企业用户共同实行配送。

4）共同配送出现的管理问题

（1）参与人员多而复杂，企业机密有可能泄漏。

（2）货物种类繁多、产权多主体，服务要求不一致，难于进行商品管理。当货物破损或出现污染等现象时，责任不清，易出现纠纷，最终导致服务水准下降。

（3）运作主体多元化，主管人员在经营协调管理方面存在困难，可能会出现管理效率低下。

（4）由于是合伙关系，管理难控制，易造成物流设施费用及其管理成本增加，并且成本收益的分配易出现问题。

由于我国配送企业大多经营规模较小，成本较高，缺乏资源及技术等优势，因此共同配送对于在我国实现同业或异业互补、提高物流配送效率、降低物流配送成本及实现优化配送等方面有着重要的作用。当然，在我国发展共同配送涉及很多具体的细节问题，如各企业的产品、规模、商圈、客户、经营意识等差异问题，以及组织协调、费用分摊、商业机密等问题，均须在实施时认真考虑加以解决。作为物流配送发展总体趋势的共同配送，是提升我国商业物流环境、改善整体社会生活品质的一种重要配送模式，应在我国物流发展中加以重点推广。

思考与案例分析

1. 思考题

（1）配送与运输、物流的关系是什么？
（2）简述配送的不同类型。
（3）比较销售配送与销售供应一体化配送。
（4）影响电子商务的4大门槛是什么？其中最难解决的是什么？
（5）简述配送运作模式的几种形式。
（6）简述共同配送产生的原因和表现形式。
（7）比较商物合一和商物分离的优缺点。

2. 案例分析题

案例分析题1："梅林正广和"与"e国一小时"的配送

1. 上海梅林正广和的配送

1）背景介绍

梅林正广和是一个以食品、饮料加工和销售为主业的老国企，和互联网经济毫不"搭界"，而它的"触网"还并不是简简单单的传统企业上网。谈起梅林正广和如何开始建立配送体系时，梅林公司董事长兼总经理吕永杰认为是逼出来的。正广和汽水厂是上海的一家有百年历史的老国企，20世纪90年代初开始做纯净水，由于牌子响、质量好，用户发展壮大得很快。桶装水的出现要求送货上门的服务随之而来，送水问题一度惊动了市领导，并指示正广和要做好饮用水的配套服务。吕永杰知道，不想办法不行了。于是，吕永杰开始尝试在全市布几个点，先把水送到这几个地方，再分别送到附近的市民家。正广和就这么从1995年开始一家一家地建，到1997年，整个上海市区的配送网基本上成型了。三个配送中心、

100个配送站、200辆小货车、1 000辆"黄鱼车"、1 000名配送人员构成了正广和在上海的整个配送网络。这个号称上海市区"无盲点"的网络组织严密而有序，截至1999年年底，上海市已经有60万户市民依靠这个配送网完成日常饮水和其他日常消费品的采购。1997年12月正广和集团与上市公司上海梅林重组为梅林正广和集团，新组建的集团高层希望能找到一个新的利润增长点。直到1999年上半年，配送从集团公司分离了出来，也正是在这个时间公司决定要上电子商务，2000年1月85818.com.cn正式开通，梅林正广和也从一个传统的纯净水和食品公司转化成了经营数万种商品的新经济下的物流公司，"黄鱼车"也为电子商务物流配送开辟了一条新的思路。

2) 配送实例

2000年2月22日下午，上海新闸路1124弄的一户人家拨通"85818"电话，报出自己在正广和购物网络的用户编号，要求订购两桶纯净水、一袋免淘米，并说明第二天上午家里留人，支付水票。几秒钟之内，这份订单被接线小姐输入正广和的计算机系统，系统根据用户编号从数据库中调出用户住址，再根据地址和送货时间自动把这份订单配置到第二配送站次日上午的送货单。当天晚上9时，位于上海繁华地带静安区康定东路16号的正广和销售网络第二配送站里，经理罗方敏准时打开计算机，接收从总部传过来的送货单。这份送货单的用户全部在第二配送站的辖区——静安区东区之内，送货时间是23日上午，用户地址、电话、编号、所需货物、数量、应收款等已经被清楚地列出来。

几乎与此同时，一份相同的送货单也传到公司配送中心和运输中心。第二天一大早，运输中心派出车辆，到配送中心仓库提出已配好的货物，发往第二配送站。

第二配送站墙上贴着一张静安东区详细到门牌号的地图，签收完货物后，罗经理根据这张地图和自己的经验排好送货路线，把上午的单子分派给7个送货工人。整个上午，这些揣着送货单的工人蹬着印有"梅林正广和"和"85818"字样的三轮车，在静安东区的弄堂里出出进进。到过上海的人，只消在街巷里走一走，准能看见正广和的三轮车，上海人称之为"黄鱼车"，取其能自由出入窄街小巷之意。像新闸路1124弄这样的小弄堂，还真是只有这种"黄鱼车"才能进出自如，完成送货到家的"最后一公里"。

中午12时30分，所有小工送货和收款的情况被汇总成表，由第二配送站的计算机传送至总部。个别没有送到的，汇总表中的"原因"一栏会被注明"01"、"02"、"03"，分别代表"地址错误"、"家中无人"，等等。

各配送站每天上午10时30分、下午2时30分、晚上9时30分共三次接收总部的送货指令，分别安排当天下午、晚上和次日上午的送货计划，然后在每天的下午6时30分、次日早8时30分、下午2时30分把每天下午、晚上和次日上午的送货完成情况传回总部。每天收回的水票和现金也交至总部结算。根据这些信息，总部再决定是否有必要给配送站及时补货。

有4名职能管理人员、7名送货工人、1辆小货车和7辆"黄鱼车"、房屋月租金7 000元的第二配送站，每天大概要送出大桶纯净水300多桶、袋装米30多包，还有饮料、冷饮、鲜花、罐头等其他几十种物品。在正广和遍布上海的大约100个配送站里，第二配送站的规模算是中等。据说，每个配送站的年利润都在15万到20万元左右。

2. 北京e国一小时的配送模式

1）背景介绍

北京亿国天地电子商务有限公司（http://www.eguo.com）成立于1999年，是以提供Internet相关服务为主的高科技跨国公司，是利用互联网作为销售平台，主营休闲时尚、食品日用、鲜花礼品、通信家电、图书音像的大型综合网上商城。e国网上商城以方便快捷、全面周到的服务闻名于国内的电子商务零售界，是中国最具竞争力的网上零售品牌之一。2000年4月15日，该公司创办人麻省理工博士张永青首创了一种服务模式"e国一小时"，并因此成为那个时代著名的电子商务公司。一年之后，"e国一小时"低调收场，但张永青无怨无悔。8年来，张永青对电子商务中的B2C模式不离不弃。尽管他清醒地意识到电子商务中的B2C模式不是一个好生意，但他却一直会以"做实验"的态度坚持下去。

2）配送实例

2000年4月，公司正式推出了"e国一小时"配送服务口号，承诺北京市内的订单在发出1小时内免费送货到用户指定地点。北京这么大，这个口号能够实现吗？这是人们对"e国一小时"的第一反应。有一个记者很认真，还专门在北京城4个地方进行测试，有两个抽测点不到一个小时就送到了，另两个抽测点一小时零几分也送到了。怎么做到如此快速配送呢？

在北京四环内均匀地建了15个配送站和一个近百人的呼叫中心，处理电话订单及调度各配送站的人力。公司招募了近600个配送工作人员，他们身着鲜红的"e国网"红马甲，骑着公司统一配备的送货车，穿行在北京的写字楼、居民区，成为当时北京城的一道风景。公司要求所有员工，包括经理人，每周都要抽一天送货，只有这样才能发现问题，改善流程。当时的其他同行，如卓越和8848，它们的送货时间在一到两天，甚至一周。

为什么要承诺"一小时"呢？与其像其他.com的公司那样打广告烧钱去吸引眼球，不如用这笔钱为消费者提供实实在在的服务。所谓"一小时"不仅是为了方便记忆，还经过了严格的实际计算。经过计算，在方圆5公里内从呼叫中心接到订单到呼叫中心把订单信息传到最近的配送点，再安排到送货员、出货、送货，整套流程基本能够在一小时内完成。

活动上线第一天，大家都不知道市场会如何反应。第一天就有30多张订单，最多时每天交易上千单，日交易额几十万元。当时公司的办法是集中力量、控制重点。"e国一小时"主要针对的是2 000种快速配送商品，这部分商品在全城15个配送点都有库存，能够保证当天供给。

不过不得不承认，"e国一小时"虽然满足了客户的需求，但是过高的配送成本使得公司自身难以取得持续的利润，也就不可能把它作为一种成熟的商业模式长期发展。坚持了一年，开始是整个北京市四环内，后来是在特定的几个区，再后来就缩减到朝阳区送货点周边一公里范围，现在仅几家实体店附近一些老顾客还能享受这种服务。

分析与讨论题

（1）要想凭自身力量解决配送问题，企业需满足什么条件？
（2）"e国一小时"的配送服务模式能持久吗？其盈利的前提是什么？
（3）试述这两个案例的经营特点？
（4）上海梅林正广和与北京"e国一小时"的配送模式是什么？该模式的特点是什么？
（5）分析上海梅林正广和经营规模和配送规模的特点，其可能会有什么发展趋势？分析北京"e国一小时"经营规模和配送规模的特点，其发展趋势又是什么？
（6）目前市场上的"红孩子"品牌与前两者相比有什么异同？

案例分析题2：伊藤洋华堂的共同配送

1. 背景介绍

伊藤洋华堂（Ito-Yokado）最早创始于1920年在东京台东区浅草的"羊华堂店洋品店"，由伊藤雅俊名誉会长的叔父吉川敏雄开办，后因战争迁移至现在的总部所在地北千住，并于1958年4月正式成立洋华堂株式会社，1965年改为现名伊藤洋华堂株式会社。

伊藤洋华堂早在1961年就视察欧美流通业，开始了在流通业尝试正规连锁政策。伊藤洋华堂早在1973年11月就与美国Southland公司签约，引进了便利店的经营形态，并于1974年在日本东京都江东区丰洲开出了第一家"7-11"便利店，至2003年8月"7-11"便利店在日本已经突破万家。

伊藤洋华堂最早进入中国市场是在1996年12月，截至于2005年底，伊藤洋华堂分别以大型连锁超市、生鲜超市、便利店三种业态进入中国市场，其在北京、成都设立了四家合资公司，每家合资公司负责各自业态的管理活动。

伊藤洋华堂一贯提倡全心致力于最核心的业务，而几乎将零售业所有的辅助职能，包括物流配送业务（其物流结构如图1-7所示）、计算机系统管理、信用卡支付管理、保洁安全工作等，全部以委托合作的方式交由社会专业队伍运作，确保公司的主要精力专注于探索零售业的基本规律，集中精力研究如何为顾客提供最优的服务，如何为社区居民提供快捷高效的服务，如何帮助股东获取最高的投资收益。

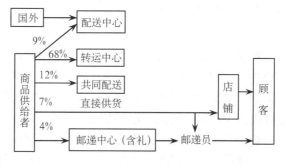

图1-7 伊藤洋华堂的物流结构

1）配送中心

目前，承担伊藤洋华堂主要配送业务的是 4 个自营配送中心（埼玉、群马、札幌、中京）和一些共同配送中心。这两类配送中心处理和配送的商品种类有所不同。

以埼玉物流中心为例，其地产和房产归伊藤洋华堂所有，但整个中心的运营由伊藤洋华堂和日本运通共同进行，并以后者管理为主。该中心主要处理杂货日用品、服装和储藏性较好的加工食品，平均每天处理商品 14 万～15 万件，高峰时可达到 20 万件，年处理的商品高达 5 500 亿～5 600 亿日元，占伊藤洋华堂全部销售额的 20%～25%。

共同配送中心以松下铃木鸠谷中心为代表，主要配送加工食品。该中心自 1991 年成立以来，一直是伊藤洋华堂的专用共同配送中心，配送范围主要是公司在埼玉地区的 37 个店铺。

2）物流业务外包

1997 年 6 月，伊藤洋华堂与日用品生产商花王公司合作，开始实现业务外包，外包范围涉及伊藤洋华堂 36 家店铺的 5 500 种商品。花王公司的系统物流中心针对这 36 家商店各自的营业范围，提供包括采购、包装、运输、配送在内的物流服务。实施外包后，各商店只要将花王公司送来的商品摆到货架上就行了。利用花王公司的土地、仓库、人员、设备和物流设施，伊藤洋华堂一改以前那种"一切事务都由自己做"的"自我拥有主义"，不需要再扩建自己的物流中心，开始采取"零售商就应该专心做好零售工作"的新经营方针。物流业务被委托出去以后，公司从商品进货到上架的时间缩短了近 30%，提高了物流效率，也降低了物流成本。

3）信息系统

20 世纪 90 年代初，伊藤洋华堂斥巨资与著名的计算机系统研发机构合作，开发了独有的以 POS 为前端的计算机网络信息系统，并不断进行升级。营业人员借助 POS 上的数据，可以确定商品销售同季节、气候、一天中的不同时段及节假日等因素之间的关系，掌握这些难以通过调查表和样本调查获得的信息。这些数据除用来订购和展示商品外，还将立即反馈给商品开发环节。伊藤洋华堂还在其计算机系统中引进了名为 GOT 的图形订货终端，使销售现场的营业人员可根据销售的现况进行现场订货。这套信息系统从根本上解决了单品管理对大量信息处理的要求，为单品管理的实施奠定了基础。

2．配送实例

店铺中的作业实行各单品 POS 数据的灵活运用，主要是根据前一天的销售数据（生鲜产品和乳制品是当天的数据），预测当日打烊时的商品销售量，并根据店铺库存情况，及时订货。这种作业有两种形式，即陈列补货和商品订货。陈列补货是在货架缺货时及时进行补货，作业时间是在早上 8 点到 10 点；商品订货是店铺出现断货时，通过自动订货终端向总部请求进货，作业时间一般是早上 10 点到中午 12 点。所有作业全部在中午完成，下午各店铺便专心从事经营活动。店铺早上发送的订单到中午的时候开始在伊藤洋华堂总部处理，下午 2 点到 3 点将各订单发给相对应的合作生产商。共同配送中心（窗口批发企业）和物流中心经一夜的物流作业后，第二天再将所订商品发往店铺。目前，物流配送实行的是早上、下午各一次的一日两次配送体制。

1）窗口批发制对伊藤洋华堂的影响

窗口批发制是商品共同配送或物流管理的一种形式，是指零售企业按地域指定几家批发企业作为自己的对口批发企业或物流中心，其他批发企业向零售企业发的货都先送到指定批发商处，由它们进行完各种物流作业后，再集中配送到零售企业的店铺。

2）伊藤洋华堂共同配送的试验

伊藤洋华堂在1984年下半年，就已经开始探索共同配送的可能性。在日本千叶县的船桥店、茨城县的古河店开始试验窗口批发制。出乎意料的是，这次试验却以失败而告终。

究其原因，伊藤洋华堂所推行的共同配送并没有取得批发商或生产商的理解，它们认为实施共同配送的好处在于伊藤洋华堂。通过这次失败，伊藤洋华堂更加明确了零售企业与批发企业或生产企业应当建立在共存共荣的基础之上才能实现有效的物流管理，而且共同配送应该对零售企业和批发企业双方都有利。

3）伊藤洋华堂的共同配送方式

伊藤洋华堂在总结了经验之后，又于1985年12月再次实施窗口批发制的试验，而且这次试验的范围很广，主要以埼玉县和千叶县的店铺为中心，加上部分茨城县、东京都的店铺，一共39个店铺，试运行的商品主要是加工食品。

伊藤洋华堂做好了试验的充分准备，与批发企业达成了一致的意见，得到了积极的配合，所以取得了全面成功，进展十分顺利。伊藤洋华堂决定所有商品必须先集中到指定批发商，然后才能对店铺配送。当然，对于部分适宜于直接配送到店或配送到伊藤洋华堂自己的物流中心的商品，必须由伊藤洋华堂作为例外来批准。

作为超市经营的重要品类，生鲜食品的鲜度管理更是为伊藤洋华堂所重视。在各个店铺的卖场，都可以看到放在生鲜品旁边的"鲜度管理表"、随时监控冷藏环境的温度。当天没有销售完的生鲜商品绝对要被销毁。伊藤洋华堂坚持以最低价格出售最好的商品，主要在进货上、在物流中降低流通费用等。因此，伊藤洋华堂努力使其经营力量变得更有效率，对市场更为敏感。它包括：经营高品质的商品，使用运输和分销系统将商品从制造商那里直接运往各商店，并且不折不扣地坚持按时交货、商品不脱销的政策。伊藤洋华堂集团所创立的窗口批发商集约化经营，实现了富有效率的高频率小批量配送。

但是，高频率小批量配送使物流成本上升。为了克服这些问题，伊藤洋华堂与批发业界相互合作，广泛开展了物流共同化，即共同配送，以求提高配送效果，降低配送成本。伊藤洋华堂的共同配送模式如图1-8所示。

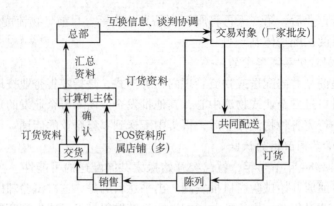

图1-8 伊藤洋华堂的共同配送模式

采用这种共同配送模式的好处在于以下几个方面。

(1) 对批发业者而言，由于提高了单位车次的装载率，减少了车辆的派出量和行走里程，减轻了接受订货业务量，从而扩大了销售机会，减少了接受订货费用，节省了人力，节约了配送成本，最终提高了配送业务的效率。

(2) 对零售业者而言，由于实现了一揽子订货和送货，可以每天订货和小批量订货，所以就简化了受理送货车辆的业务，减少了店铺存货，增加了备货品种，提高了食品保鲜度，从而改善了店铺周围环境，吸引了消费者。

这样就提高了经营效率，使得伊藤洋华堂能够为商品制定较低的价格，获取更多的利润，并常常能使产品特别是那些易腐易烂产品的质量得以提高。

分析与讨论题

(1) 伊藤洋华堂的物流配送共有几种配送模式，分别针对哪些商品？
(2) 根据本案例，讨论在什么样的情况下，公司应该采用共同配送？共同配送的优势体现在哪些地方？
(3) 根据本案例，讨论要想成功采用共同配送模式，应该考虑的因素有哪些方面？

第 2 章 配送作业流程

2.1 配送作业系统

2.1.1 配送的一般作业

配送的一般作业,从总体上看,包括备货、理货和送货三个基本环节,其中每个基本环节又包含着若干个具体的作业。随着商品日益丰富,消费需求个性化、多样化、多品种、小批量、多批次、多用户的特点决定了配送作业越来越复杂。一般作业通常包括订单处理作业、进货作业、储存作业、分拣作业、配货作业、配装作业和送货作业。

1. 订单处理作业

配送业务活动是以客户订单发出的订货信息作为其驱动源的。在配送活动开始前,配送中心根据订单信息,对客户的分布、所订商品的品名、商品特性和订货数量、送货频率和要求等资料进行汇总和分析,以此确定所要配送的货物种类、规格、数量和配送的时间,最后由调度部门发出配送信息(如拣货单、出货单等)。订单处理是调度、组织配送活动的前提和依据,是其他各项作业的基础。订单处理是配送服务的第一个环节,也是配送服务质量得以保证的根本。其中,订单的分拣和集合是订单处理过程中的重要环节。

2. 进货作业

进货作业是配送的准备工作或基础工作,包括筹集货源、订货或购货、集货及有关的质量检查、结算、交接等。由于配送的优势之一就是可以集中不同客户的需求进行一定规模的进货,即通过集中采购,扩大进货批量,从而降低商品交易价格,同时分摊进货运输装卸成本,减少备货费用,取得集中进货的规模优势。备货是决定配送成败的初期工作,如果进货成本太高,将会大大降低配送的效益,配送的功能也不会有效发挥。

3. 储存作业

配送中的储存有储备及暂存两种形态。配送储备是按一定时期的配送经营要求形成的对配送的资源保证。一般来说,其储备数量较大,储备结构也较完善,视货源的到货情况,可以有计划地确定周转储备及保险储备的结构及数量。一些企业有时在配送中心附近单独设库以解决配送的资源保证。另一种储存形态是暂存，是具体执行配送时，按分拣配货要求，在理货场地所做的少量储存准备。由于总体储存效益取决于储存总量，所以这部分暂存数量只会影响到工作的方便程度，而不会影响储存的总效益，因而在数量上控制并不严格。还有另一种形态的暂存，即分拣、配货之后，形成的发送货载的暂存。这种暂存主要是用来调节配货与送货的节奏，暂存时间一般较短。

4．分拣作业

分拣是将物品按品种、出入库的先后顺序进行分门别类堆放的作业，通常有摘取式和播种式两种方法。摘取式没有配货作业环节，播种式往往分两步完成，需要有配货作业环节。

5．配货作业

配货是用各种拣选设备和传输装置，将存放的物品按客户的要求分拣出来，配备齐全，送入指定发货地点。

分拣及配货不仅是配送不同于其他物流形式的功能要素，也是配送成败的一项重要支持性工作。它是完善送货、支持送货的准备性工作，是不同配送企业在送货时进行竞争和提高自身经济效益的必然延伸。所以，也可以说分拣及配货是送货向高级形式发展的必然要求。有了分拣及配货，就会大大提高送货服务水平。

6．配装作业

当单个客户的配送数量不能达到车辆的有效载运负荷时，就存在如何集中不同客户的配送货物、进行搭配装载以充分利用运能和运力的问题，这时就需要配装。配装与一般送货的不同之处在于，通过配装送货可以大大提高送货水平、降低送货成本，所以配装是配送系统中具有现代特点的功能要素，也是现代配送与一般送货的重要区别之一。

7．送货作业

配送业务中的送货作业包含将货物装车并实际配送，而达成这些作业则需事先规划配送区域的划分或配送路线的安排，由配送路线选用的先后次序来决定商品装车顺序，并在商品配送途中进行商品跟踪、控制，制定配送途中意外状况及送货后文件的处理办法。

2.1.2 配送的特殊作业

配送的特殊作业指的是对特殊商品或特殊需要进行分类，可以不需要某些重要的作业环节或需要某些作业环节的作业活动。

1．无储存作业的配送作业

这类配送作业是以转运为主要职能，在流通实践中，主要从事配货和送货作业，其本身不设储存环节，通常储存环节在供应商处或第三方。因为没有储存作业，为了保证配货、送货的顺利开展，有时这样的配送作业过程会暂时存放一部分货物，但是一般都把这部分货物存放在理货区，不单独设置存货区。其实，这类配送作业的货物暂存和配货作业是同时进行的，如一般生鲜食品的配送作业通常属于此类。

2．无分拣作业的配送作业

这类配送作业是以分货为主要职能，是大批量转为小批量送货的主要形式。在一般情况下，这类配送作业在配送货物之前都要按照要求把单品种、大批量的货物（比如不需要加工的煤炭、水泥等物资）分堆，然后再将分好的货物分别配送到用户指定的接货点。其作业比较简单，通常没有分拣、配货和配装作业。

3．有加工作业的配送作业

对于某些专业性的配送企业，多以加工产品为主，在其配送作业中，储存作业和加工作业居主导地位。由于此类加工多为单品种、大批量产品的加工作业，并且是按照用户的要求安排的，因此该类企业虽然进货量较大，但是分类、分拣工作量并不太大。此外，因加工的产品品种较少，一般都不单独设立拣选环节。加工好的产品（特别是生产资料产品）可以直接运到用户指定的货位区内，然后进行配货、包装。

2.2 配送作业的内容

2.2.1 订单处理作业

配送的整个过程中，订单处理既是配送的开端，也是服务质量得以保障的根本。订单的分拣和汇总是比较重要的环节。订单处理作业通常包括两个环节，即接受订单和订单处理。

1．接受订单

随着流通环境及科学技术的飞速发展，接受客户订货的方式也在发生深刻的变化。这里分传统订货方式和电子订货方式来加以介绍。

1）传统订货方式

（1）厂商铺货。供应商直接将商品放在货车上，一家家去送货，缺多少补多少。此种方法适用于周转率快的商品，或新上市的商品。

（2）厂商巡货、隔天送货。供应商派巡货人员前一天先到各客户处查寻需补充的商品，隔天再予以补货。传统的供应商采用这种方式可利用巡货人员为商店整理货架、贴标签或提供经营管理意见、市场信息等，也可促销新品。

（3）电话口述。订货人员将商品名称及数量以电话口述方式向厂商订货。由于每天需向许多供应商要货，且需订货的品项可能达数十种，故花费时间长、错误率高。

（4）传真订货。客户将缺货信息整理成文，利用传真机传给供应商。

（5）邮寄订单。客户将订货单邮寄给供应商。

（6）客户自行取货。客户自行到供应商处看货、补货，此种方式多为传统杂货店因距离较近所采用。

(7) 业务员跑单接单。业务员到各客户处去推销产品,而后将订单带回或紧急时用电话先与公司联系,通知客户订单。

不管利用上述何种方式订货,都需要人工输入资料,而且经常重复输入、誊写传票,并且在输入输出时常造成时间耽误及产生错误,这些都是无谓的浪费。尤其是面对客户日趋高频度的订货,并要求快速配送,传统订货方式已无法应付,新的订货方式即电子订货应运而生。

2) 电子订货方式

电子订货方式是用计算机信息处理取代传统人工书写、输入、传送的订货方式。它将订货信息转为电子信息借由通信网络传送,故称为电子订货系统(Electronic Order System, EOS)。电子订货具体有以下3种类型。

(1) 订货簿或货架标签配合手持终端机及扫描器。订货人员携带订货簿及手持终端机巡视货架,若发现商品缺货就用扫描器扫描订货簿或货架上的商品条形码标签,再输入订货数量。当所有订货资料皆输入完毕后,利用数据机将订货信息传给供应商或总公司。

(2) 销售时点系统(POS)。客户若有POS收银机则可在商品库存档里设定安全存量,每当销售一笔商品时,计算机自动扣除该商品库存。当库存低于安全存量时,即自动产生订货资料,将此订货资料确认后即可通过电信网传给总公司或供应商。亦有客户将每日的资料传给总公司,总公司将销售资料与库存资料比对后,根据采购计划向供应商下单。

(3) 订货应用系统。客户资讯系统里若有订单处理系统,可将应用系统产生的订货资料做成与供应商约定的共通格式,在约定时间里将资料传送出去。

一般而言,通过计算机直接连线的方式最快,也最准确,而通过邮寄、电话或销售员携回的方式较慢。由于订单传递时间是订货前置时间内的一个因素,可经由存货水准的调整来影响客户服务及存货成本,因而传递速度快、可靠性及正确性高的订单处理方式,不仅可大幅提升客户服务水准,对于存货相关的成本费用亦能有效地缩减。但通过计算机直接传递往往较为昂贵,因而究竟选择哪一种订单传递方式,应比较成本与效益的差异来决定。

3) 订单传递方式的比较

以上不同的订单接受方式体现了不同的订单传递方式,有手工传递方式、电话或传真传递方式和网络传输方式。不同的订单传递方式,其订单传递的速度、实施的费用、可靠性和准确性有很大差异,具体如表2-1所示。

表2-1 不同订单传递方式的比较

订单传递方式	传输速度	实施费用	可靠性	准确性
手工传递	慢	低	差	低
电话或传真传递	中等	中等	一般	一般
网络传输	快	投资高、运行成本低	好	高

2. 订单处理

1) 订单的类型

为了达到高效处理多种交易型订单的目的，配送企业首先要根据不同交易方式将订单分类。对于不同的订单类型，订单的处理方式也各不相同。订单的类型及处理方式如表 2-2 所示。

表 2-2 订单类型及处理方式

类型	内容	订单处理方式
一般订单	正常、一般的交易订单，是接单后按正常的作业程序拣货、出货、配送、收款结算的订单	接单后，将资料输入订单处理系统，按正常的订单处理程序处理，数据处理完后进行拣货、出货、配送、收款等作业
现销式订单	与客户当场直接交易、直接给货的交易订单，如业务员至客户处巡货、铺销所取得的客户的交易订单或客户直接至配送企业取货的交易订单	订单资料输入后，因货物已交与客户，故订单资料不需再参与拣货、出货、配送等作业，只需记录交易资料，以便收取应收款项
间接订单	客户向配送企业订货，但配送企业不负责配送，直接由生产商进行配送的交易订单	接单后，将客户的出货资料传给生产商由其代配。这种方式需注意客户的送货单是自行制作的还是委托生产商制作的，并加强对出货资料的核对，也就是送货单回联的确认
合约式订单	与客户签订配送合同的订单，如签订合同约定某期间内定时配送某数量商品	在约定的送货日期来临时，需将该配送的资料输入系统处理，以便出货配送；或一开始便输入合约中约定的订货资料并设定各批次的送货时间，以便在约定日期到时系统自动产生需送货的订单资料
寄库式订单	客户因促销、降价等市场因素而先行订购某数量商品，往后视需要再要求出货的交易订单	当客户要求配送寄库商品时，系统应检验客户是否确实有此项寄库；若有，则出此项商品，并且扣除此项商品的寄库量
兑换式订单	客户兑换券所兑换商品的配送出货	将客户兑换券所兑换的商品配送给客户时，系统应检查客户是否确实有此兑换券回收资料；若有，依据兑换券兑换的商品及兑换条件予以出货，并应扣除客户的兑换券回收资料

2) 订单处理的作业程序

配送订单处理程序涉及接受订单、订单汇总处理、订单处理结果的输出、订单处理状况跟踪等过程。配送企业的订单处理作业程序如图 2-1 所示。

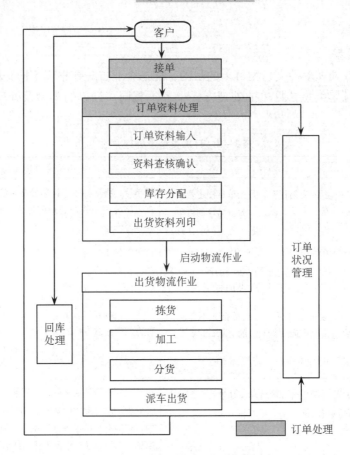

图 2-1 配送企业的订单处理作业程序

接受订单是指配送中心各用户在规定的截止时间之前将订单准备好，并传输给配送中心，然后配送中心对订单进行确认，据此建立用户订单档案。

由于手工传输技术大都被淘汰，目前用户一般将订单转换为电子数据，通过与配送中心联机传输给配送中心，大大提高了数据传输的效率及准确性。

收到用户传输过来的资料以后，配送中心要对用户订单中提出的各项要求进行确认，并将订单按照确认后的交易类型分类，以便区别处理。

最后，根据用户订单的不同交易类型为其设计合适的存储形式，这是配送中心在接受订单阶段的另一项主要任务，设计的标准尽量简洁，减少重复数据输入。

订单资料接收确认之后，系统的主要处理作业是对这些订货进行存货查询，并根据查询结果进行库存分配，最后将处理结果打印输出，如拣货单、配装计划、流通加工计划、派车计划、出货单等，然后再根据这些输出单据进行出货物流作业。

产生订单数据处理输出结果并不意味着订单处理工作的结束，订单处理系统还要保证订单资料在以上每个步骤的处理是否按正常程序进行，以及前后步骤间的接替是否准确无误。

另外,对于实际作业中不可避免的订单变动情况,订单处理系统还应加以修正,以维持系统的正确性及避免因异常变动造成损失。

因此,订单处理系统在最后阶段还要进行订单状况管理,通过追踪订单的状态变化及详细记录各阶段的档案资料,了解订单异常变动时所处的状态,并针对其对应的档案加以修正处理,以此来提升客户服务水平。

3) 订单处理示例

订单处理作业程序涉及的是配送企业内部关于订单的处理及流程,订单处理作业涉及的主体是企业之间的各种信息流、资金流、商流和物流过程。图2-2是配送企业与客户订单资料的处理示例。

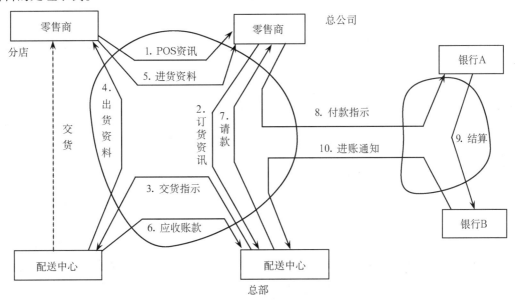

图2-2 配送企业与客户订单资料的处理示例

2.2.2 进货作业

进货是指准备货物的系列活动。它是决定配送成败与否、规模大小的最基础环节。同时,它也是决定配送效益高低的关键环节。如果进货不及时或不合理,成本较高,会大大降低配送的整体效益。

进货作业的内容包括:从送货车上将货物卸下,并核对该货物的数量及状态(数量检查、质量检查、开箱等),然后将必要信息给予书面化等。

1. 制订进货作业计划

进货作业计划是根据采购计划与实际的进货单据,以及供应商的送货规律与送货方式来制订的。制订进货作业计划的目的是依据订单所反映的信息,掌握商品到达的时间、品类、数量及到货方式,尽可能准确地预测出到货时间,以尽早做出卸货、储位、人力、物力等方面的计划和安排,保证整个进货流程的顺利进行,同时提高作业效率,降低作业成本。

（1）储位准备。储位准备是根据预计到货商品的特性、体积、质量、数量和到货时间等信息,结合商品分区、分类和储位管理的要求,预计储位,预先确定商品的理货场所和储存位置。

（2）设备器材的准备。设备器材的准备是根据到货商品的理化性能及包装、单位重量、单位体积、到货数量等信息,确定检验、计量、卸货与搬运方法,准备好相应的检验设施、度量衡、卸货及堆货工具与设备,并安排好卸货站台空间。

2. 商品送达

商品运达后,需配送中心从相应站港接运商品,对直接送达配送中心的商品,必须及时组织卸货入库。

3. 卸货

配送企业的一般卸货在收货站台上进行。送货方到指定地点卸货,并将抽样商品、送货凭证、增值税发票交验。卸货方式通常有人工卸货、输送机卸货和码托盘叉车卸货。

4. 收货

此项作业的目的在于确保所送货数量、质量、时间等与本企业订单相吻合。企业收货部门的收货作业包括准确地清点商品数量、验货、记账、将商品转入集存区域储存。

1）核对有关单据和信息

进货商品通常都有采购订单、采购进货通知,以及供应方开具的出仓单、发票、磅码单、发货明细表等单据,有些商品还有随货同行的商品质量保证书、材质证明书、合格证、装箱单等。进货时应核对货物与单据反映的信息是否相符。

2）货品验收

• 收货验收的目的

收货检验是商业物流工作中的一个重要环节,验收的目的是保证商品能及时、准确、安全地发运到目的地。供应商送来的商品来自各工厂和仓库,在送货过程中相互有个交接关系,验收的目的在于与送货单位分清责任。在商品运输过程中,因种种原因,可能会造成商品溢缺、损坏,包括大件溢缺,更应由供需双方当面查点交接,分清责任。

• 收货检验的内容

收货检验工作是一项细致复杂的工作,一定要仔细核对,做到准确无误。从目前实际情况来看,有两种核对方法,即"三核对"和全核对。

"三核对"即核对商品条形码（或物流条形码）、核对商品的件数、核对商品包装上的品名、规格、细数。只有做到这"三核对",才能确保品类符合、件数准确。由于用托盘收货时,要做到"三核对"有一定难度,故收货时采取边收边验的方法,才能保证"三核对"的执行。有的商品即使进行了"三核对"后,仍会产生一些规格和等级上的差错,如品种繁多的小商品。对这类商品则要采取全核对的方法,要以单对货,核对所有项目,即品名、规格、颜色、等级、标准等,保证单货相符,准确无误。

- 收货前的准备工作

(1) 根据供应商的送货预报,在计算机终端内输入这些商品的条形码及本日到货的所有预报信息。收货人员要根据各种不同的来货方式,摸清送货规律并利用预报信息及能够掌握到的资料,安排好足够空间的收货场地和叉车等搬运机械,使到达的商品能及时卸车堆放。

(2) 准备好收货所需的空托盘,让商品直接卸在托盘上。

(3) 预备好有关用具,避免临时忙乱。一般应准备好收货回单图章、存放单据盒(或夹子)、物流条形码(或粉笔)及包装加固的材料和工具等。

- 商品验收的要求和方法

商品验收是交接双方划分责任的界限,要实现把完好的商品收进来,通过配送再把完好的商品送给门店(或客户)。为此,要经过商品条形码标志、数量、质量、包装4个方面的验收。

5. 结算

商品验收完毕后,必须对进货信息进行处理,即登录货物信息,使信息传递到财务部门进行进货结算,并对相关单据进行签字,如到货单;验收结果单据,使进货方、发货方、送货方能够分清责任。

在不同的配送组织结构模式下,其进货环节包含的内容有很大区别。如果是商物合一的组织结构模式,进货过程伴随着商品所有权的转移,此进货过程包含上面的所有5个作业环节。如果是商物分离的组织结构模式,进货过程实质上是一个接货过程,其作业环节要少得多,此时商品的所有权没发生转移,配送企业仅是代理人的角色,通常不包括进货计划制定和结算这两个重要环节;对于收货环节,其验收作业也简单得多,通常是对商品的数量和外包装进行清点验收。

2.2.3 储存作业

储存作业是订货、进货作业的延续,属于备货环节的范畴。在配送活动中,储存作业主要包括入库作业管理、在库保管作业管理和库存控制等内容。在此主要阐述后面两个方面的内容。

1. 储存作业的目标

储存作业的基本目标主要有两个:提高作业效率和提高空间利用率。高的作业效率即能够迅速找到需要的商品,能够很快地入库和出库。高的空间利用率即能够在已有保管空间情况下保管尽可能多的商品。一般说来,保管作业的目标主要有以下几个方面。

(1) 空间的最大化使用。即能够有效地利用空间,减少仓库的闲置或不够用。

(2) 提高劳力和设备的利用率。即做到物尽其用,追求运营成本的最小化,尽量地减少劳动力的使用,提高取货、存货、保管设备的使用效率。

(3) 货物存取方便。即尽量保证货物的存放保管方式能够达到先进先出，使频繁出入库的商品能够靠近出库的位置，缩短行走路径，并且要能够快速找到所要的商品。

(4) 保证商品的数量和质量。即采用合理的商品盘点和保管方式，确保商品的数量能够账物相符，确保商品良好的储存环境。

(5) 保证良好的作业环境。即畅通的通道、干净的地板、适当且有次序的储存及安全的运行，使工作变得有效率，并促使员工工作士气的提高。

2. 储存作业的方式

在保管区，包装商品或散装商品一般以何种形式储存呢，一般而言有以下 3 种方式。

(1) 直接堆放。此种方式是最传统的一种方式，通常适合存放单品种不易受压的商品，如粮食、煤、水泥、玻璃、钢材等的存放，通常是专业性比较强的配送企业采用的储存方式。

(2) 托盘堆垛方式。它使用叉车将满载商品的托盘直接放置到储存的位置，再将第二个托盘、第三个托盘的商品用叉车依次提升叠放。这种堆垛方式完全采用叉车作业，不需人力，但托盘上的商品必须堆码平整，让上面的托盘能平稳放置。该种储存方式通过柱式托盘来存放，商品本身不能太重，能够有效保护下层托盘的货物，但是不能做到先存先取的原则，因此通常适合保质期较长的单种商品的存放。

(3) 货架储存方式。货架储存系统一般由许多个货架组成，通常把货架纵向数称为"排"，每排货架水平方向的货格数称为"列"，每列货架垂直方向的货格数称为"层"。一个货架系统的规模可用"排数×列数×层数"，即货格总数来表示。例如，50 排×20 列×5 层，其货格总数为 5 000 个。

在一个货架系统中，某个货格的位置也可以用其所在的排、列、层的序数来表示，我们称之为货格的位址。例如，"03 – 15 – 4"即表示第 3 排、第 15 列、第 4 层的位址。用位址作为货格的编号，简单明了。我国常用"四号定位法"确定货位，即库房号、货架号、货架层次号和货位号。大多数货架储存系统有以下优点。

① 充分利用仓库的高度，提高仓容利用率。

② 每一货格都可以任意存取，有的可存取性达到 100%。

③ 商品不受上层堆叠的重压，特别适合于异型货物和怕压易碎商品的存放。

④ 便于机械化和自动化操作。

⑤ 便于实行"定位储存"和计算机管理。

3. 储存作业的内容

1) 储位确定的方式

储存的一般原理是：依照货品特性来储存，大批量使用大储区，小批量使用小储区；能安全有效地使适合储于高位的物品使用高储区；笨重、体积大的品项储存在较坚固的层架及接近出货区；轻量商品储存于载荷有限的层架；将相同或相似的货品尽可能接近储放；小、轻及容易处理的品项使用较远储区；周转率低的物品尽量远离进货、出货及仓库较高的区域；周转率高的物品尽量放于接近出发区及较低的区域；服务设施应选在低层楼区等。

- 储存方法

储存策略主要在于拟定储位的指派原则，良好的储存策略可以减少出入库移动的距离、缩短作业时间，甚至能够充分利用储存空间。储存有4种方式：定位储存、随机储存、分类储存和分类随机储存。

（1）定位储放。在这种储存方法下，每一项储存的货物都有固定的储位，不同货物不能互用储位，因此每一项货物的储位容量不得小于其可能的最大在库量。选用定位储放的原因在于以下几个方面。

① 储区安排需要考虑货物的尺寸及重量。
② 储存条件对货物储存非常重要，例如有些品项必须控制温度。
③ 易燃易爆等危险品必须限制储放于特定的区位，如一定高度，以满足保险标准及防火法规。
④ 产品的特性及管理的要求，比如饼干和肥皂、化学原料及药品必须分开储放。
⑤ 保护重要物品。

定位储放具有以下优点。

① 每项货物都有固定的储放位置，拣货人员容易熟悉货品储位。
② 货物区的储位可按周转率大小（畅销程度）安排，以缩短出入库搬运距离。
③ 可针对各种货物的特性做储位的安排调整，将不同货物特性间的相互影响减至最小。

但这种储存策略的储位划分必须按各项货品的最大在库量设计，因此储区空间平时的使用效率较低。

总之，定位储放容易管理，所使用的总搬运时间较少，但却占用较多的储存空间。此方法较适用于库房空间大、商品的出入库频率稳定均匀或储放的商品量少而品种多的情况。

（2）随机储放。在这种储放方法下，货物的储存位置是随机指定的，而且可经常改变。也就是说，任何货物可以被存放在任何可利用的位置。货物一般是由储存人员按习惯来储放的，且通常可按货物入库的时间顺序储放于靠近出入口的储位。

随机储放由于储位可共用，因此库容只需按所有库存货物最大在库量设计即可，储区空间的使用效率较高。随机储放具有以下缺点。

① 货物的出入库管理及盘点工作的困难程度较高。
② 周转率高的货品可能被储放在离出入口较远的位置，增加了出入库的搬运距离。
③ 具有相互影响特性的货品可能相邻储放，造成对货品的伤害或发生危险。

一个良好的储位系统中，采用随机储存能使货架空间得到最有效的利用，因此储位数目得以减少。有模拟研究显示，随机储放与定位储放比较，可节省35%的移动储存时间，增加30%的储存空间，但较不利于货品的分拣作业。因此，随机储放较适用于库房空间有限、商品需求波动较大、储存物资种类少或体积较大的情况。表2-3为随机储放人工记录表，能将随机储放的信息详细予以记录。

表 2-3　随机储放人工记录表

储位号码	储位空间		货物名称	货物代号	
存取日期	采购单号码	进货量	订单号码 （拣货单号码）	拣取量	库存量

若能运用计算机协助随机储存的库存管理，将仓库中每项货物的储存位置交由计算机记录，则不仅进出货查询储区位置时可使用，也能借助计算机来调配进货储存的位置空间，依据计算机所显示的各储区储位剩余空间来配合进货品项的安排，必要时也能调整货物储放位置。随机储放的计算机配合记录形式如表 2-4 所示。

表 2-4　随机储放计算机记录表

储位号码	储位空间	货物名称	货物代号	货物库存	储位剩余空间

货物储位的记录表需要根据进货、出货、退货的资料而随时调整。

（3）分类储放。在这种储存方法下，所有的储存货品按照一定特性加以分类，每一类货物都有固定存放的位置，而同属一类的不同货物又按一定的规则来指派储位。分类储放通常按产品相关性、流动性、产品尺寸、重量、产品特性来分类。分类储放具有以下优点。

① 便于周转率大的货物的存取，具有定位储放的各项优点。

② 各分类的储存区域可根据货品特性再作设计，有助于货品的储存管理。

由于储位必须按各项货物最大在库量设计，因此该储存策略的储区空间平均使用效率较低。分类储放较定位储放具有弹性，但也有与定位储放同样的缺点，因而较适用于以下货物。

① 产品相关性大，经常被同时订购。

② 货物周转率差别大。

③ 产品尺寸相差大。

（4）分类随机储放。每一类货物有固定存放的储区，但在各类储区内，每个储位的指派是随机的。因此，分类随机储放既具有分类储放的部分优点，又可节省储位数量，提高储区利用率。但货物出入库管理及盘点工作的困难程度较高。

分类随机储放兼具分类储放及随机储放的特色，需要的储存空间量介于两者之间。

在确定知道各货物的进出仓库时刻，不同的货物可共用相同储位的方式称为共同储放。共同储放在管理上虽然较复杂，但所占用的储存空间及搬运时间却更经济。

- 影响储位指派的因素

（1）周转率。可以按照商品在仓库的周转率来排定储位。首先依周转率由大自小排序列，再将此序列分为若干段，通常分为三段至五段。同属于一段中的货品列为同一级，依照定位或分类储存法的原则，指定储存区域给每一级的货物。周转率低的货物储于远离进货、发货区及仓库较高区，周转率高的货物储于接近发进货、发货区及低储位。

（2）产品的相关性。相关性大的产品在订购时经常同时订购，所以应尽可能存放在相邻位置。

（3）产品的同一性、类似性、互补性和相容性。同一产品应储放在同一保管位置，类似品则应比邻保管；互补性高的产品也应存放在邻近位置，以便缺料时可迅速以另一产品替代；相容性低的产品绝不可放置在一起，以免损害品质，如烟、香皂、茶不可放在一起。

（4）货物入库的先后。先入库的物品应先出库，特别是产品生命周期短的商品，例如感光纸、食品等。

（5）产品的尺寸、重量、批量。在仓库布置时，需要考虑物品的单位大小及相同物品所形成的整批形状，以便能提供适当空间满足某一特定需要。批量大的货物，储区相应要大；笨重、体大的货物需储于坚固的货架，并接近发货区；轻量货物储于上层货架，小而轻并且易于处理的货物储于距发货区远的储区。

（6）产品的特性。产品的特性不仅涉及产品本身的危险、易腐等性质，同时也可能影响其他的物品，因此在储位布置时必须考虑。

2）保管盘点的方法

为了有效控制货品数量而对各库存场所的货物进行数量清点的作业称为盘点作业。

盘点作业是一项极繁重、最花时间的作业。盘点作业不仅仅是对现有的商品库存状况的清点，而且可以针对过去商品管理的状态进行分析，进一步为将来商品管理的改进提供依据。因此，盘点作业是衡量配送中心经营管理状况好坏的标准尺度。

- 盘点作业的目的

（1）确定现存量，并修正与账目不符的误差。通常货物在一段时间不断地进货和出货，容易产生误差。

（2）计算企业的损益。企业的损益与总库存金额有相当密切的关系，而库存金额与库存量及其单价成正比。因此，为了能准确地计算出企业实际的损益，就必须针对现有数量加以盘点。一旦发现库存大多，即表示企业的经营受到制约。

（3）稽查货品管理的绩效，使出入库的管理方法和保管状态变得清晰。如呆、废货品的处理状况，存货周转率及货物的养护修复，均可借盘点发现问题，以寻找改善措施。

- 盘点作业的步骤与流程

（1）事前准备。盘点作业的事前准备工作是否充分，决定了盘点作业的顺利程度。事前的准备工作内容如下。

① 明确建立盘点的程序方法。

② 配合会计进行盘点准备。
③ 盘点、复盘、监盘人员必须经过培训。
④ 经过培训的人员必须熟悉盘点用的表单。
⑤ 盘点用的表格必须事先印制完成。
⑥ 库存资料必须确实结清。

（2）决定盘点时间。一般性货品就货账相符的目标而言，盘点次数越多越好。事实上导致盘点误差的关键主要在于出入库的过程，如出入库作业单据的输入、检查点数的错误或是出入库搬运造成的损失，因此一旦出入库作业次数多时，误差也会随之增加。以货品流通速度很快的配送中心来说，通常的盘点时间如下。

① A 类主要货品：每天或每周盘点一次。
② B 类货品：每 2～3 周盘点一次。
③ C 类较不重要货品：每月盘点一次即可。

（3）决定盘点方法。盘点分为账面盘点与现货盘点。

① 账面盘点。所谓"账面盘点"，是把每天入库及出库的货品的数量及单价记录在计算机账簿上，而后不断地累计加总算出账面上的库存量及库存金额。

② 现货盘点（实地盘点）。"现货盘点"又称"实盘"，就是实地清点调查仓库内货品的库存数，再依货品单价计算出实际库存金额的方法。

要得到最正确的库存情况并确保盘点无误，最直接的方法就是确定账面盘点与现货盘点的结果要完全一致。如果存在差异，即出现"账货不符"的现象，需要查找原因，才能加以判断。

现货盘点依其盘点时间频率的不同又可分成"期末盘点"和"循环盘点"。期末盘点是在期末一起清点所有货品数量的方法，而循环盘点则是在每天、每周即做少品种、少量的盘点，到了月末或期末则每种货品至少完成一次盘点的方法。

① 期末盘点法：由于期末盘点法是将所有品项货品一次盘完，因而必须全体员工一起出动，采取分组的方式进行盘点。一般来说，每组盘点人员至少要 3 人，以便能互相核对，减少错误，同时也能彼此牵制。期末盘点法的步骤如表 2-5 所示。

表 2-5 期末盘点法的步骤

盘点步骤	工作内容
第一步	将全体员工进行分组
第二步	由一人先清点所负责区域的货品，将清点结果填入各货品的盘点清单的上半部
第三步	由第二人复点，将清点结果填入盘点清单的下半部
第四步	由第三人核对，检查前两人的记录是否相同且正确
第五步	将盘点清单交给会计部门，合计货品库存总量
第六步	等所有盘点结束后，再与计算机或账册资料进行对照

② 循环盘点法：循环盘点法是将每天或每周当作一个周期来盘点，其目的除了减少过多的损失外，对于不同货品加以不同的管理也是主要原因。就如商品的 ABC 分析一样，价格越高或越重要的货品，盘点次数越多；价格越低越不重要的货品，就尽量减少盘点次数。循环盘点法一次只进行少量盘点，因而只需专门人员负责即可，不需动用全体人员。循环盘点法的步骤如表 2-6 所示。

表 2-6 循环盘点法的步骤

盘点步骤	工作内容
第一步	确定当天预盘点的货品
第二步	由专门人员负责，利用空当到现场清点这些货品的实际库存数
第三步	核对盘点货品的计算机库存数
第四步	对照结果，如果发现有差异，马上调查原因，并马上修正

期末盘点法与循环盘点法的比较如表 2-7 所示。

表 2-7 期末盘点法与循环盘点法的比较

项目	期末盘点法	循环盘点法
次数	期末、每年仅数次	平日（每天或每周）
所需时间	长	短
盘点人员	全体人员	专门人员
对运营的影响	多且发现晚	少且发现得早
对品项的管理	须停止作业突击进行	无
对不同类货品的管理	平等	A 类重要货品：仔细管理 C 类不重要货品：稍微管理
盘差原因查找	不易	容易

3）库存管理制度的确定
● 库存管理制度的分类
同任何管理一样，库存管理也有一整套严格的制度，以保证日常管理工作的顺利进行，库存管理制度一般包括以下类别。
（1）定量订货管理制度。在定量订货管理制度下，每次订货的批量大小是基本固定的，但两次订货之间的时间是可以变化的，随着需求量增加、订货延期等条件的改变而改变。该方法也可称为订货点法，是指当库存量下降到预定的最低库存数量（订货点）时，按规定数量（一般以经济批量 EOQ 为标准）进行订货补充的一种库存管理方式。此种方法侧重于量的确定，希望每次订货的批量具有一定的经济性，能够达到一个运输批量，能够享受到批量折扣的优惠，但是需要确定订货点，也就是要随时掌握库存量的变化。为了避免这些问题，有些企业采用了双堆法来确定订货点，即一堆是日常需求量，另一堆是订货点的库存量。该方法的另一个实际应用称为两个货架法，是针对一些不太畅销的商品而设计的，即企业同时准备两个货架的商品,当卖完一个货架的商品后,开始订一个货架量的商品。

(2) 定期订货管理制度。企业要建立安全库存制度,除使用 EOQ 来确定每一次订货量以外,还可以按固定的订货间隔期订货,如隔一周订货。因此,定期订货管理制度是按预先确定的订货间隔进行订货,以补充库存的一种库存管理方式。企业根据过去的经验或经营目标预先确定一个订货间隔期,每经过一个订货间隔期就进行订货,每次订货的数量可以不同。订货量的确定在企业的实际应用中一般可以用上下限法,即当订货时间到时,可根据现有库存量、企业的最高库存量来确定。该方法能从时间上控制订货周期,从而达到安全库存量的目的。只要订货周期控制得当,既可以不造成缺货,又可以控制最高库存量,从而达到库存费用最小的目的。

(3) 及时制和看板制度。看板管理和及时制的核心是削减库存,直至实现零库存,同时又能使生产过程顺利进行。及时制(JIT)应用于物流领域,就是要将正确的商品以正确的数量在正确的时间送到正确的地点。这当然是一种理想化的状况,在多品种、小批量、多批次、短周期的消费需求的压力下,配送企业应注意调整自己的供应、流通战略,按照及时制的要求,从下游客户的需求出发,合理地规划供应流程;按照及时制的要求,从下游客户的需求时间、数量、结构及其他要求出发组织好均衡供应;在这些作业内部采用看板原理中的一系列手段来削减库存,合理规划物流作业。在这一过程中,配送企业应对下游客户的需求做出精确预测,或者客户采用预定的方法,因为及时制的作业基础是假定下游需求是固定的,即使实际上是变化的,但通过准确的预测,能把握下游需求的变化,就可以使下游的变化变得确定,就像是固定的一样了。但是这种管理方法要求企业具有良好可靠的配送设备,信息化的程度要求高。

由于日本企业有效使用了这种管理的概念,它越来越受到重视。在这种管理制度下,客户按一定的日程表向配送企业订货,配送企业按期准时向顾客送货。配送企业同样可以按照日程表向供应商订货。

- 影响库存管理水平的因素

从不同的库存管理制度可以发现,不管是哪种管理制度,都要确定订货时间和订货量,即库存水平。库存量大小的确定涉及希望保持的库存数量或水平。只要保持库存就会发生维持费用和订货费用,所以企业必须保持一定的库存水平,使这两种费用的总和最小。总之,影响库存管理水平的因素主要有以下几个。

(1) 需求量。需求量是影响库存水平的一项重要因素。当产品需求量相当稳定时,生产企业都可以很好地管理本企业的库存水平。但是,一旦需求量迅速增加,便会对其库存水平产生影响。如果供应链中的用户需求信息不能在各成员企业之间有效传递,就会造成库存的大幅度波动,影响供应链的协调。如果各成员企业不能得到消费者真实的需求信息,厂商各阶段的生产或经营计划只能根据下游客户的订单来制定。而且,下游厂商的非正常的销售行为会对上游供应商的需求判断造成误导。例如,处于供应链下游最接近消费者的零售商如果预测未来需求将上升,那么在订货时就会倾向于订购更大的量;而处在零售商上游的厂商观察到零售商的订单突然增大了，会认为需求上升了，在制订库存计划时，会增加库存水平。当零售商计划实施促销行动时，将会订购更多数量的商品；而分销商或制造商很可能会把零售商增大的订单误认为是消费者需求的增加，并据此判断需求量上升，从而错误地做出扩大生产规模或增大库存量的决策。因此，可以说需求量是影响库存水平的一项基本因素。

（2）库存维持费用。库存维持费用，即保管费用，是指与库存材料保管存储业务有关的各项费用，其中包括库存材料占用金额的资本利息、保险费、仓库设备的折旧费和维修费、仓储作业费、材料保养费、管理费、库存材料损耗等。供应链的每个阶段都需要维持一定的库存，以保证生产、供应的连续性。

（3）缺货费用。缺货费用是指所需货物库存为零，用户想买却无货供应时所发生的费用。

缺货费用可分为3类：销售推迟、销售额损失、丧失顾客。丧失顾客是最严重的，这种丧失顾客有可能是暂时性的或是永久性的。如果是永久性的，那么企业就需要发展一个新的客户来代替已失去的客户所要花费的费用。因缺货而造成丧失顾客的费用是巨大的，它包括顾客改用并喜爱使用竞争者的产品而使销售额和销售利润全部损失，此外还包括为开发新的忠实顾客所需支持的费用。

（4）订购费用。订购费用是指向供应商发出订单并办理有关采购业务的费用。这些费用包括为进行材料请购、询价比价、签订合同、监督交货、来料验收、核对货款等工作而发生的一切费用，如采购主管、验收人员、出纳人员的工资和津贴及纸张用品、办公费、电报电话费、差旅费、搬运费等。通常，订购费用与订购次数直接有关，而与订货数量无关。

如果补货是由本企业自行生产，那么订购费用即为生产准备成本，也就是为组织生产所需物品而调整整个作业过程的成本，通常包括工作命令单、安排作业、调整机床、模卡工具、工料和质量检验等各项费用。

（5）安全库存量。仓库经常需要处理各种突发情况，如需求发生变化、货订不到、运输中断等，所以需要有安全库存量，以便应付这些突发情况。因此，安全库存是指为了防止临时用量增加或交货误期等特殊原因而预计的保险储备量。简单地说，就是为了防止需求量的不确定性和供应间隔不确定性而持有的库存量。安全库存是库存的一部分，它的存在减少了缺货的可能性，在一定程度上降低了库存缺货成本。但是安全库存的加大会造成库存持有成本的增加，应综合考虑缺货成本和库存成本，选择最适合的安全库存量。

安全库存量的大小主要由顾客服务水平来决定。要完全避免缺货，其安全库存量为：

（预计每天或每周的最大耗用量 – 平均每天或每周的耗用量）× 订货提前期

但是想完全不缺货是不可能的，即预防所有的不确定性是不现实的，因此企业通常根据经验来设定安全系数，兼顾缺货费用和库存持有费用的关系。两者关系如图2-3所示。

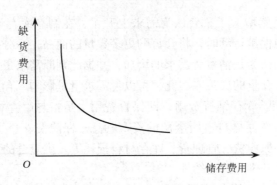

图 2-3 缺货费用与库存持有费用的关系

作为一个企业而言，其经营的目的应是利润最大化，所以在设置安全库存量时希望持有每单位的安全库存所花的保管成本应该不高于能避免的缺货成本。我们可以用边际分析法来确定安全库存水平。下面以某企业为例（见表2-8）来加以说明。

表 2-8 确定安全库存水平的边际分析法实例

安全库存	总值（每件480元）	年储存费用（25%）	边际储存费	边际库存能防止的年缺货发生次数	边际库存能减少的缺货费用（一次缺货费用324.05元）
10	4 800	1 200	1 200	20	6 481.00
20	9 600	2 400	1 200	16	5 184.80
30	14 400	3 600	1 200	12	3 888.60
40	19 200	4 800	1 200	8	2 592.40
50	24 000	6 000	1 200	6	1 944.30
60	28 800	7 200	1 200	4	1 296.20
70	33 600	8 400	1 200	3	972.15

假设该企业向批发商按10的倍数订购货物，当增加10件额外的安全库存时，就增加边际储存费用1 200元（假设商品年储存费用率为该商品价值的25%）。但由于全年保持了这额外的10件安全库存，可防止全年发生缺货20次。已知平均一次缺货费用为324.05元。则防止20次缺货可节约缺货费用6 481.00元。可见，节省的缺货费用远远超过增加的边际储存费用1 200元。如果企业保持20件安全库存，使储存费用增加1 200元，可以多防止全年缺货16次，节省的缺货费用为5 184.80元。

从表2-8中可看出，最优的安全库存量为60件，此时增加10件安全库存的储存费用为1 200元，可以多使全年缺货减少4次，节省缺货费用1 296.20元。如果安全库存量从60件增加到70件，增加的10件的储存费用仍为1 200元，而能减少的缺货费用仅为972.15元。因此，企业愿意每年多4次或3次缺货，使增加的边际储存费用同可以减少的缺货费用相互平衡对销，使得大于失或得失相当。

4. 储存作业的设备

储存设备的形式种类很多，因储存物品形状、重量、体积、包装形式、物品存储要求、出入库流量、搬运设备、建筑结构等特性的不同，其使用的储存形式也不相同。一般配送企业的储存设备，按储存单位分类，可大致分为托盘、容器、单品及其他等四大类，其中主要是以单元负载的托盘储存方式为主，配合各种拣货方式的需要，另外配以容器及单品的储存设备。在选择货架时，要考虑储存保管的目的，即尽量地提高空间利用率和作业效率。因此，要考虑作业效率时，应尽量地考虑商品能够实现先进先出的原则；要提高空间利用率，应尽量地使作业通道变少，变窄，储存密度变大。不同货架存储性能的比较如表2-9所示。

表2-9 不同货架存储性能的比较

存储设备 性能	常规托盘货架	倍深式货架	窄巷道货架	驶入式货架	驶出式货架	流力式货架	后推式货架	旋转式货架	移动式货架
面积利用率	普通	良	良	高	高	高	中良	高	高
空间利用率	普通	中	良	高	高	高	高	中	高
存储密度	低	中	中	高	高	高	高	中	高
存取性	好	普通	好	差	差	普通	普通	好	良
单件拣取作业	好	普通	好	差	差	好	好	差	好
先进先出	可	否	可	否	可	可	否	可	可
通道数量	多	中	多	少	少	少	少	少	少
单位纵深储位数/个	1	2	1	15	10	15	5		1
货架高度	6	10	15	10	10	10	10	10	14
叉车类型	平衡重式前移式	倍深式	窄巷道叉车	平衡重式前移式	平衡重式前移式	平衡重式前移式	平衡重式前移式		平衡重式前移式
出入库能力	中	中小	中	小	小	小	小	大	小
货物管理难度	普通	普通	普通	差	差	良	良		普通
是否需要专业人员	否	否	否	是	是	否	否	否	否

1）托盘货架

托盘货架是使用最普遍的一种货架，提供100%的存取性，并且有很好的拣取效率。但存储密度较低，需要较多的通道。一般可按照存取通道的宽度分为常规式、窄道式及超窄道式，后者需配合适当的叉车使用。托盘货架具有以下特点。

（1）适合中品种、多样、中量保管。

（2）适合ABC分类中的B类及C类商品。

(3) 一般使用 3～5 层，货架高度受限，一般在 6 米以下。
(4) 可任意调整组合。
(5) 架设施工简易，费用经济。
(6) 出入库存取不受物品先后顺序的限制。
(7) 货架撑脚需加装叉车防撞装置。

在选用托盘货架时，需考虑单元负载的尺寸、重量及叠放的层数，以决定适当的支柱及横梁尺寸。图 2-4 所示的托盘货架为常用托盘叠放方式，即一个横梁开口存放两个托盘。

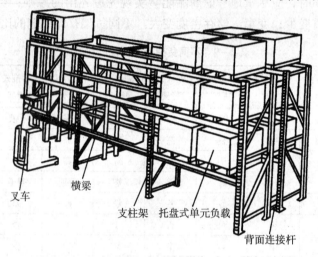

图 2-4 托盘货架

2）倍深式货架

倍深式托盘货架与托盘货架具有相同的基本结构，只是把两组托盘货架结合，以增加第二列的存储位置，因此存储密度可加倍，如图 2-5 所示。但相对地，其存取性及出入库能力也降低了，而且必须配合使用倍深式叉车以存取第二列的托盘。

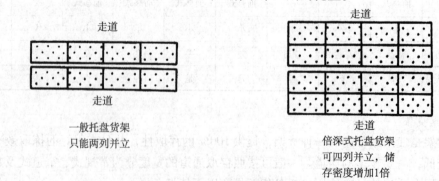

图 2-5 倍深式货架

3）驶入式货架

可以两组驶入式货架面对面或单组靠着墙壁的方式配置，堆高机的进出使用相同的通道，存储密度非常好，但存取性则受到相当大的限制，不易做到先进先出的管理。由于堆高机在整个货架里面，因此驾驶者必须非常小心。驶入式货架的纵深以 3～5 列最为理想，堆栈四层最容易管理，适合少品种大批量的产品。如图 2-6 所示，与普通托盘货架相比，在相同的面积上，驶入式货架的存储空间可提高一倍。其特点有以下几个方面。

（1）存储密度高，存取性差。

（2）适合少样多量的物品存储。

（3）高度可达 10 米。

（4）存取物品受存放位置先后顺序的限制，不易做到先进先出。

（5）不适合太长或太重货品。

4）驶出式货架

驶出式货架与驶入式货架使用相同的组件，有相同的特性，但因末端没有支撑杆封闭，故前后均可安排存取通道，因此可做到先进先出的管理，如图 2-7 所示。

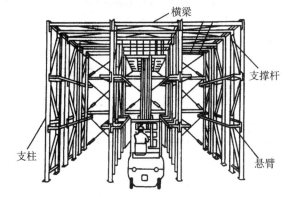

图 2-6 驶入式货架　　　　　　图 2-7 驶出式货架

5）流力式货架

流力式货架按照其负载可分为托盘用与容器用两种，如图 2-8 所示。两者的比较如表 2-10 所示。存储和取出分别利用各自的通道，一边通道作为存放，另一边通道作为取出，负载置放于滚轮上。货架朝出口的方向往下稍微倾斜，利用重力使货物向出口方向向下滑动。流力式货架存储的密度很好，但成本较高。流力式货架又称重力式货架或流动式货架。

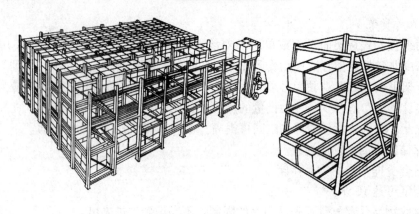

图 2-8 流力式货架

表 2-10 托盘流力式货架与容器流力式货架的比较

托盘流力式货架	容器流力式货架
少样多量高频率的存储	主要用于拣货功能及少量多样的拣取,方便人工拣货,适合安装显示器,并使用计算机辅助拣货系统;适用于超级市场配送中心等
适用大量存放且需短时间出货的货品	适合多样少量的保管
适合 ABC 分类中的 B 类商品	
适合先进先出	货品可先进先出
采用密集通道存储,空间使用率可达 85%	
适用于一般堆高机存取	
高度受限,一般在 10 米以下	使用托盘车或手推车搬运,可设置轻量型输送带

6)移动式货架

移动式货架又称为动力式货架,通常利用轨道以直线水平移动,每列货架的底部都有马达驱动装置,可密集相接配置,如图 2-9 所示。一般还设有控制装置与操作开关盘,用以操作移动货架,约在 30 秒内开启通路,使堆高机进入存取物品。移动式货架存储空间比托盘式货架提高近 50%。移动式货架具有以下特点。

(1)存储量比一般固定式货架大很多,节省空间。

(2)适合少样多量低频率的保管。

(3)节省占地面积,地面使用率达 80%。

(4)可直接存取每一项货品,不受先进先出之限。

(5)使用高度可达 12 米,单位面积的存储量可提升至托盘货架的 2 倍左右。

(6)机电装置多,维护困难。

(7)建造成本高,施工速度慢。

(8)轨道要埋在地表,以利于搬运车通过。

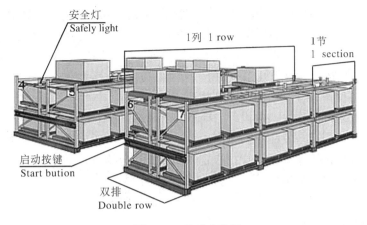

图 2-9 移动式货架

7)后推式货架

在前后梁间以滑轨相接,由前方将叠栈货物推入,叠栈物品置于滑座上,后来填入的会将原先的推到后方,如图 2-10 所示。目前最多可推入 5 个托盘。滑座跨于滑轨上,滑轨本身具有倾斜角度,滑座会自动滑向前方入口。后推式货架比托盘式货架增加近 30% 的存储空间。后推式货架具有以下特点。

(1) 存储密度高,存取性差,一般深 3~5 个储位。
(2) 较托盘货架节省 1/3 的空间,可增加存储密度。
(3) 适用于一般堆高机存取。
(4) 适合少样多量物品的存储保管。
(5) 不适合承载太重的物品。
(6) 货品会自动滑至最前储位。
(7) 无法先进先出。

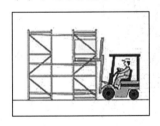 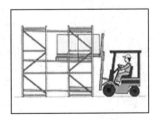 

1. 从外侧将叠栈货物置于台车推入
2. 后储存的货品将原先货品推往里面,多层台车重叠相接
3. 外侧货物被取走时,里面的台车自动滑下

图 2-10 后推式货架的操作方法

8)旋转式货架

旋转式货架结合自动仓库货架功能,具有操作简单、存取作业迅速的特点,适用于电子

零件、精密机件等少量多品种小物品的存储及管理。货架移动快速,可达每分钟30米的速度,存取物品的效率很高,又能根据需求自动存取物品,并可配合计算机联机达到存货的自动管理。旋转式货架受高度限制少,可采用多层方式,空间利用率高。旋转式货架的示意图如图2-11所示。其特点为以下几个方面。

(1) 减少人力使用,并可增加空间利用率。
(2) 标准化的组件及模块式的设计,能适应各种空间配置。
(3) 存取出入口固定,货品不易失窃。
(4) 可利用计算机快速检索、寻找指定的储位,适合拣货。
(5) 需要使用电源,且维修费用高。
(6) 取货口的高度符合人体工学,适合操作人员长时间作业。
(7) 储物的形态为纸箱、包、小件物品。

旋转式货架由多台货架环列联结组成,一般分为两种形式。

(1) 水平旋转式货架。水平旋转式货架又可分为两种:一种是仅用一台马达带动,而同时将连在一起的上下各货架层予以水平方向旋转;另一种是每层各有一台马达,各层能独立旋转。

(2) 垂直旋转式货架。垂直旋转式货架的原理与水平旋转式货架大致相同,只是旋转的方向是与地面垂直的,能够充分利用仓库的上部空间,是一种空间节省型的仓储设备,比传统式平置轻型货架节省1/2以上的货架摆设面积。但其移动速度较水平旋转式货架慢,旋转速度每分钟为5~10米。垂直旋转式货架也有模块化设计。旋转式货架结合自动仓库货架,其单位存储成本低,安装容易且扩充性大,适合少量多样化高频率的存取。

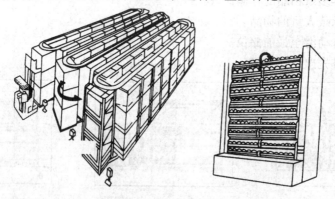

图2-11 旋转式货架

9) 轻型货架

轻型货架的设计和托盘货架相同,只是把其结构轻量化,以存储箱品、散品等重量较轻、体积较小的物品。由于其拆装容易、防震、耐用,且采用挂钩或螺丝固定方式组立设计,可自由调整存放高度及间隔,适合办公室、商店、仓库及物流中心存放小物品。

传统上，根据货架支撑板每一层荷重能力将货架分为轻量型（荷重 75～100 千克）、中量型（荷重 200～300 千克）、重量型（100～5 000 千克）3 类。在国内的使用习惯中，很少以荷重能力来称呼，而直接把轻量型和中量型货架统称为轻型货架。至于重量型传统货架一般都以托盘为存取单位，归属于托盘货架。轻型货架的特点表现为以下几个方面。

（1）挂钩式设计，可自由调整存放高度及间隔。

（2）价格便宜，组装快速。

（3）样式变化多，使用方便。

（4）因取物高度限制（无法使用堆高机存取），货架高度一般在 4 米以下。

（5）储物的形态为纸箱、包、小件物品。

10）悬臂式货架

悬臂式货架是由在立柱上装设悬臂来构成的，悬臂可以是固定的，也可以是移动的。由于其形状像树枝，故又形象地称为树枝形货架，如图 2-12 所示。

悬臂式货架适合于存放钢管、型钢等长形的物品。若要放置圆形物品时，在其管端装设挡块以防止滑落。此种货架适用于杆料生产工厂。悬臂式货架具有以下特点。

（1）只适用于长条状或长卷状货品存放。

（2）需配有叉距较宽的搬运设备。

（3）高度受限，一般在 6 m 以下。

（4）空间利用率低，约 35%～50%。

（5）储物的形态为长条状物或长卷状物。

图 2-12 悬臂式货架

11）阁楼式货架

阁楼式货架是把空间做双层以上运用的设计组合，在配送中心地板面积有限的情形下，可做立体的规划，充分利用空间。简单来说，就是利用钢梁和金属板将原有储区做楼层区隔，每个楼层可放置不同种类的货架，而货架结构具有支撑上层楼板的作用，如图 2-13 所示。此类货架具有以下特点。

（1）提高仓储高度，增加空间使用率。
（2）上层仅限轻量物品储放，不适合重型搬运设备行走。
（3）搬运至上层的物品必须加装垂直输送设备。
（4）适合各类型货品的存放。
（5）储物的形态下层通常为托盘，上层通常为箱、包、散品。

图 2-13　阁楼式货架

2.2.4　分拣作业

分拣作业就是将用户所订的货物从储存保管处取出，按客户分类、集中、处理和放置。在配送中心的各项作业中，分拣作业是其中十分重要的一个环节，其作用相当于人体的心脏、空调系统的压缩机。而其动力的产生来自于客户的订单，分拣作业的目的也就在于正确而迅速地集合客户所订购的货物。要达到这一目的，必须根据订单，选择适当的分拣设备，按分拣作业过程的实际情况运用一定的方法策略组合，采取切实可行且高效的分拣方式，提高分拣效率，将各项作业时间缩短，提升作业速度与能力。同时，必须在分拣时防止错误，避免送错货，尽量减少内部库存的料账不符现象，避免作业成本增加。

因此，如何在降低分拣错误率的情况下，将正确的货物、正确的数量，在正确的时间内及时配送给顾客，是分拣作业最终的目的及功能。

统计表明，分拣与配送两大项目几乎占整个物流成本的80%，而配送费用的发生大多在厂区外部，影响因素大都难以控制；分拣成本约是堆码、装卸、运输等成本总和的9倍，占物流搬运成本的绝大部分。因此，若要降低配送成本及其中的搬运成本，由分拣作业上着手改进，可以获得事半功倍的效果。

从人力需求的角度来看，目前绝大多数配送中心仍属于劳动密集型产业，其中与分拣作业直接相关的人力更是占50%以上，且分拣作业时间占整个配送中心作业时间的比例为30%~40%。在成本上，分拣作业成本占配送中心总成本的15%~20%。由此可见，合理的分拣作业方法，对配送中心运作效率的高低具有决定性的影响。

1. 分拣作业的过程

分拣作业的过程由生成分拣资料、行走或搬运、拣取及分类与集中几个环节组成。

（1）分拣资料的形成。分拣作业开始之前，指示分拣作业的单据或信息必须先行处理完成。虽然有些配送中心直接利用顾客的订单或公司的交货单作为人工分拣指示，但因为此类传票容易在分拣作业中受到污损导致错误发生，同时无法标示产品的货位，引导分拣员缩短分拣路径，所以大多数分拣方式仍需将原始的传票转换成分拣单或电子信号，以使分拣员或自动分拣设备进行更有效率的分拣作业。

（2）行走或搬运。进行分拣时，要拣取的货物必须出现在分拣员面前，可以通过以下几种方式实现。

① 人至物方式。这种方式是指分拣员通过步行或搭乘分拣车辆到达货物储存位置的方式。该方式的特点是货物采取一般的静态储存方式，如托盘货架、轻型货架等，主要移动的一方为分拣者。

② 物至人方式。与上述方式相反，物至人方式主要移动的一方为被拣取者，也就是货物，分拣者在固定位置内作业，无须去寻找货物的储存位置。该方式的主要特点是货物采用动态方式储存，如负载自动仓储系统、旋转自动仓储系统等。

③ 无人拣取方式。这种方式拣取的动作由自动的机械负责，电子信息输入后自动完成分拣作业，无须人手介入。这是目前国外在分拣设备方面致力研究的方向。

（3）拣取。当货物出现在拣取者面前时，接下来的动作便是抓取与确认。确认的目的是为了确定抓取的物品、数量是否与指示分拣的信息相同。实际作业中多是利用分拣员读取品名与分拣单做对比，比较先进的方法是利用无线传输终端机读取条码由计算机进行对比，或采用货物重量检测的方式。准确的确认动作可以大幅度降低分拣的错误率。

（4）分类与集中。由于拣取方式的不同，拣取出来的货物可能还需按订单类别进行分类与集中，分拣作业至此告一段落。分类完成的每一批订单类别货物经过检验、包装等作业，然后出货。

2. 分拣作业合理化的原则

（1）存放时应考虑易于出库和分拣。也就是要了解和记忆各种货物存放的位置，存放时对出入库频繁的货物应放在距离出口较近的地方，这样可以缩短取货时间。

（2）提高保管效率，充分利用存储空间。在现实中，存储空间不能充分利用的情况是常见的，除了提倡立体化储存之外，可以通过减少通道所占用的空间来提高保管效率，还可以采用一些有特色的保管和搬运设备。

（3）减少分拣错误。在分拣作业中，误发货往往是不可避免的，然而这是最大的浪费，应加以避免。为解决这一问题，除了实现机械化和自动化之外，还要求作业者尽可能减少目视及取物操作上的错误。为此，在作业指示和货物的放置方面要仔细研究。

（4）作业应力求平衡化，避免忙闲不均的现象。即必须重视收货入库、接受订单后出库等作业和进、出货车的装卸作业的时刻表的调整。通常货车卸货到入库前的暂存，以及出库和货车装载之间的理货作业，是作业不能均衡调节的重要因素，其他作业也应周到考虑，合理安排。这样做可以大量节约人力。

（5）事务处理和作业环节要协调配合。也就是要调整物流和信息流，使两方面的作业都没有等待时间。通常在物流作业之前要进行信息处理，例如在发货时先要根据发货通知将货物取出，在出库区进行理货作业，再填写出库单，这些事务性工作完成后，配送车辆的司机再拿着出库单来提货，这样就避免了车辆过长的等待时间。

（6）分拣作业的安排要和配送路线的顺序一致。

向配送车辆装货时必须考虑配送顺序，而在出库区理货时又要考虑装载方便。在分拣货物时也要依据这个原则，即分拣作业的安排要和配送路线的顺序一致。

（7）缩短配送车辆（如货车）等运输设备的滞留时间。缩短滞留时间是减少运输成本的重要因素。首先，如前所述作业的均衡化及事务处理和作业环节协调配合，对缩减车辆等待时间是必要的；其次，减少货车的装卸时间也是很重要的，为了减少装卸时间应尽可能采用单元化集装系统，有效地应用各种托盘进行装卸作业。此外，还应在理货时考虑配送顺序，便于货车在短时间内完成装卸作业。如果想进一步提高效率还可以采用大型集装箱或拖车，使货车的等待时间减少到最低限度。

3．分拣作业的分类

配送中心分拣作业的方法随着科学技术的发展也在不断地演变，分拣作业的种类也越来越多。分拣方式可以从以下不同的角度进行分类。

（1）按订单的组合分为按单分拣和批量分拣。按单分拣即按订单进行分拣，分拣完一个订单后，再分拣下一个订单；批量分拣是将数张订单加以合并，一次进行分拣，最后根据各个订单的要求再进行分货。

（2）按人员的组合分为单独分拣（一人一件式）和分区按单分拣（接力分拣式）。单独分拣即一人持一张取货单进入分拣区分拣货物，直至将取货单中的内容完成为止；分区按单分拣是将分拣区分为若干个区，由若干名作业者分别操作，每个作业者只负责本区货物的分拣，携带一张订单的分拣小车依次在各区巡回，各区作业者按订单的要求分拣本区段存放的货物，一个区域分拣完移至下一区段，直至将订单中所列的货物全部分拣完。

（3）按运动的方式分为人至货前分拣和货至人前分拣。人至货前分拣即人（或人乘分拣车）到储存区寻找并取出所需要的货物；货至人前分拣是将货物移动到人或分拣机旁，由人或分拣机分拣出所需的货物。

（4）按分拣的手段不同分为人工分拣、机械分拣和自动分拣。

（5）按分拣信息分为分拣单分拣、标签分拣、电子标签分拣、RF 分拣。

4．分拣作业的方法

1）按单分拣

● 按单分拣的作业原理

分拣人员或分拣工具巡回于各个储存点，按订单所要求的物品，完成货物的配货，如图

2-14所示。这种方式类似于人们进入果园,在一棵树上摘下已成熟的果子后,再转到另一棵树上去摘果子,所以又形象地称为摘果式分拣。

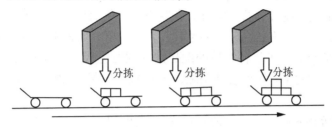

图 2-14　按单分拣示意图

- 按单分拣的特点

（1）按订单分拣,易于实施,而且配货的准确度较高,不易出错。

（2）对各客户的分拣相互没有约束,可以根据客户需求的紧急程度,调整配货先后次序。

（3）分拣完一个货单,货物便配齐,因此货物可不再落地暂存,而直接装上配送车辆,这样有利于简化工序,提高作业效率。

（4）客户数量不受限制,可在很大范围内波动。分拣作业人员的数量也可以随时调节,在作业高峰时,可以临时增加作业人员,有利于开展即时配送,提高服务水平。

（5）对机械化、自动化没有严格要求,不受设备水平限制。

2）批量分拣

- 批量分拣的作业原理

批量分拣作业是由分货人员或分货工具从储存点集中取出各个客户共同需要的某种货物,然后巡回于各客户的货位之间,按每个客户的需要量分放后,再集中取出共同需要的第二种货物,如此反复进行,直至客户需要的所有货物都分放完毕,即完成各个客户的配货工作,如图 2-15 所示。这种作业方式类似于农民在土地上播种,一次取出几亩地所需的种子,在地上巡回播撒,所以又形象地称为播种式分拣。

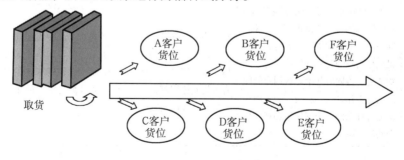

图 2-15　批量分拣示意图

- 批量分拣的特点

（1）计划性强。由于是集中取出共同需要的货物，再按货物货位分放，这就需要在收到一定数量的订单后进行统计分析，安排好各客户的分货货位之后才能反复进行分货作业。因此，这种作业方式工艺难度较高，计划性较强，和按单分拣相比错误率较高。

（2）规模效益明显。由于是各客户的配送请求同时完成，可以同时开始对各客户所需货物进行配送，因此有利于车辆的合理调配，规划配送路线。与按单分拣相比，可以更好地利用规模效益。

（3）容易出现等待时间。对到来的订单无法做出及时反应，必须等订单达到一定数量时才进行一次处理，因此会有停滞时间。只有根据订单到达的状况进行等候分析，决定出适当的批量大小，才能将停滞时间减至最低。

3）其他分拣作业方法

除了以上两种常用的分拣方法外，还可以采用以下两种分拣方式。

（1）整合按单分拣。这种分拣方式主要应用在一天中每一订单只有一种品项的场合。为了提高配送的效率，将某一地区的订单整合成一张分拣单，做一次分拣后，集中捆包出库。它属于按单分拣的一种变形形式。

（2）复合分拣。复合分拣是按单分拣与批量分拣的组合运用，按订单品项、数量和出库频率决定哪些订单适合按单分拣，哪些适合批量分拣。

几种分拣方式的比较如表2-11所示。

表2-11 几种分拣方式的比较

分拣方式	优点	缺点	适用场合
按单分拣	作业方法简单；订货前置时间短；作业弹性大；作业员责任明确，作业容易组织；分拣后不必再进行分类作业	货物品种多时，分拣行走路径加长；分拣货物必须配合货架货位号码	用户少、品种多、共同需求少；用户不稳定，订单数量变化波动较大，难建立相对稳定用户分货货位
批量分拣	先集中再分类，缩短拣取货物时的行走时间，增加单位时间的拣货效率；同一品种商品配货批量大时，利于机械化、自动化分货作业系统；配货之后，可同时开始对各用户的配送送达工作，这有利于综合考虑车辆的合理调配，合理使用和规划配送路线	必须当订单累计到一定数量时，才做一次性的处理，因此分拣作业系统易出现停滞时间；所有种类实施困难；必须全部作业完成后，才能发货	少品种批量出货，且订单的重复订购率较高的场合；用户多，共同需求多的情况；外型较规则、固定的箱装、袋装商品出货；需进行流通加工的商品
整合按单分拣			一天中每一订单只有一种品项的场合
复合分拣			订单密集且订单量大的场合

5．分拣作业的设备

1）按单拣选的设备配置

适应不同的配送中心装备水平及用户要求，以及业务量的大小，按单分拣工艺可有以下几种设备配置形式。

（1）人力拣选+手推作业车拣选。人力拣选可与普通货架配合，也可与重力式货架配合，按单拣货，直到配齐。人力拣选的主要适用领域是：拣选量较少，拣选物的个体重量轻，且拣选物体积不大，拣选路线不太长的情况，如化妆品、文具、礼品、衣物、小工具、小量需求的五金、日用百货、染料、试剂、书籍等。

（2）机动作业车拣选。拣选员操作拣选车，为一个用户或几个用户拣选，车辆上分装拣选容器，拣选的货物直接装入容器，在拣选过程中就进行了货物装箱或装托盘的处理。由于利用了机动车，拣选路线变长。

（3）传送带拣选。拣选员固定在各货位面前，不进行巡回拣选，只在附近的几个货位进行拣选操作。在传送带运动过程中，拣选员按指令将货物取出放在传送带上，或置于传送带上的容器中，传送带运动到端点时便配货完毕。

（4）旋转式货架拣选。拣货员于固定的拣货位置上，按用户的配送单操纵旋转货架，待需要的货位回转至拣货员面前时，则将所需的货拣出。这种方式介于按单拣选方式和批量拣选方式之间，但主要是按订单拣选。这种配置方式的拣选适用领域较窄，只适用于旋转货架货格中能放入的货物。由于旋转货架动力消耗大，一般只适合仪表零件、电子零件、药材、化妆品等小件物品的拣选。

2）批量拣选的设备配置

配送中心批量拣选工艺有以下几种设备配置方式。

（1）人力+手推车作业。配货员将手推车推至一个存货点，将各用户共同需要的某种货物集中取出，利用手推车的机动性可在较大范围巡回分放。这种方式是人工取放与半机械化搬运相结合。存货一般采用普通货架、重力式货架、回转货架或其他人工拣选式货架。所分货物一般是小包装或拆零货物。适合人力分货的有药品、钟表、仪表零部件、化妆品、小百货等。

（2）机动作业车分货。用台车、平板作业车、堆高机、巷道起重机以单元装载方式一次取出数量较多、体积和重量较大的货物，然后由配货人员驾驶车辆巡回分放。

（3）传送带+人力分货。传送带一端和货物存储点相接，传送带主体和另一端分别与各用户的集货点相接。传送带运行过程中，由存储点一端集中取出各用户共同需要的货物置于传送带上，各配货员从传送带上取下该位置用户所需的货物，反复进行直到配货完毕。在这种方式下，传送带的取货端往往选择重力流动式货架，以减少传送带的安装长度。

（4）分货机自动分货。这是分货高技术作业的方式，目前高水平的配送中心一般都有自动分拣机。分拣机在一端集中取出共同需要的货物，随着传送带的运行，按计算机预先设定的指令，通过自动装置送入用户集货终点货位。

3) 全自动分拣设备

配送中心的作业自动化是建立在信息化的基础上，其核心是机电一体化。配送中心的自动化能够扩大作业能力，提高劳动生产率，减少作业差错。在经济发达国家，配送中心自动化较为普遍。全自动分拣设备形成了自动分拣系统。

- 自动分拣系统的构成

自动分拣系统一般由控制装置、分类装置、输送装置及分拣道口4部分装置，通过计算机网络联结在一起，配合人工控制及相应的人工处理环节构成。

(1) 控制装置。控制装置的作用是识别、接收和处理分拣信号，根据分拣信号的要求指示分类装置、输送装置进行相应的作业。一般情况下是按货物的种类、送达地点及货物的类别等需求通过条形码扫描输入到分拣控制系统中，然后根据这些分拣信号决定某种货物进入哪一个分拣道口。

(2) 分类装置。分类装置的作用是根据控制装置发出的分拣指示，当具有同类分拣信号的商品经过该装置时，能够使其改变运行方向进入其他输送机或进入分拣道口。分类装置对分拣货物的包装材料、包装形状、包装重量、包装物底面的平滑程度都有不同的要求。

(3) 输送装置。该装置是自动分拣系统的主体。其主要组成部分是输送机，其主要作用是使待分拣的商品通过控制装置、分类装置设计好的路线输送到分拣口。分拣道口设在输送装置两侧。

(4) 分拣道口。一般由钢带、皮带和滚筒等组成滑道，使货物脱离主输送机滑向集货区域的通道，最后入库或组配装车进行配送。

- 自动分拣系统的主要特点

(1) 分拣作业无人操作。在配送中心的经营管理中，劳务费是主要成本之一，特别是作业环境差、劳动强度大的工作，劳力成本更大。为此，配送中心的自动分拣系统的目标之一就是最大限度地减少劳动力，基本做到无人操作。这样既提高了劳力的使用效率，又减轻了劳动强度。整个配送中心仅有少数管理人员及自动控制室内的操作人员，大部分作业基本上无人操作。

(2) 误差较小。自动分拣系统误差较小，即便采用人工键盘或语言识别方式输入，误差仅有3%左右。如果采用条形码扫描输入，一般不会出差错，除非条形码自身的错误。

(3) 连续作业。自动分拣系统不受气候、时间、体力等因素的影响，能够连续运行，而且单位时间内分拣的件数多。自动分拣系统一般可以连续运行100 h以上，每小时分拣7 000多件包装商品，是人工作业的40多倍。

- 自动分拣系统需具备的条件

目前，有许多配送中心仍然是采用人工分拣，即使是在经济发达国家也并不是所有配送中心都设有自动分拣系统。这是因为配送中心自动分拣系统必须具备以下条件。

(1) 巨大的投资。自动分拣系统需要40～200 m的机械输送机，还要配备自动控制装置、计算机网络及通信系统，而且必须建造自动化立体仓库，一般需要2万平方米以上。此外，还要配置自动化搬运设施与设备。这种一次性巨额投资需要 10～20 年才能收回，效益不好，投资回收期更长。一般小型企业无力承担如此巨大的投资。

（2）严格的外包装要求。由于自动分拣机只适用于底部平坦且具有刚性的包装货物，对于超长、超薄、超重、超高、袋装、底部柔软且不平、易变形、易破损、不能倾覆的货物不能使用自动分拣机。另外，要求货物包装及分拣设备一定要符合标准化要求。

（3）作业量大。自动分拣系统运行成本较高，如果没有足够的业务量来支撑，整个系统就不能满负荷运行，单位成本就高。所以，必须有较大的业务量，使整个系统连续满负荷运行，以保证系统的作业效率。

总之，自动分拣系统除了应用于邮局的邮包信件和车站的货物分到指定位置外，已发展到食品工业、纤维造纸、化学工业、机械制造、商店市场和出版发行等各行各业，广泛使用自动分拣机分拣从小到大的各式各样的物品。

自动分拣系统的规模和能力已有很大发展，目前大型分拣系统大多包括几十个到几百个分拣机，分拣能力每小时达万件以上。国外分拣系统规模都很大，主要包括进给台、信号盘、分拣机、信息识别、设备控制和计算机管理等几大部分，还要配备外围的各种运输和装卸机械，组成一个庞大而复杂的系统。有的还与立体仓库连接起来，配合无人驾驶小车、拖链小车等其他物流设备组成复杂的系统。分拣系统在总体配置上可以说是千变万化。

有位日本物流专家认为：在多品种小批量时代，物流技术的三大措施是自动分拣机、自动化仓库和自动搬运车。自动化仓库是基本上成熟的产品，自动搬运车是发展时期的产品，自动分拣机是接近成熟的产品。这是对于自动分拣系统在物流技术中的地位和现状的一个较好的概括。

2.2.5 流通加工作业

在配送作业中，配送加工这一功能要素属于增值性活动，不具有普遍性，但通常是具有重要作用的功能要素。有些加工属于普通加工，如对普通商品进行包装；有些加工属于特殊加工，如对特殊商品进行初级加工活动，按照客户的要求，将一些原材料套裁；有些加工作业属于辅助加工，比如对产品进行简单组装，给产品贴上标签或套塑料袋等；也有些加工是对特殊商品进行深加工，食品类配送中心的加工通常是深加工，比如将蔬菜、水果洗净、切割、过磅、分份并装袋，加工成净菜，或按照不同的风味进行配菜组合，加工成原料菜等配送给超市或零售店。关于流通加工的具体内容，详见第 5 章。

2.2.6 装卸搬运作业

1. 装卸搬运概述

1）装卸搬运的地位和作用

装卸搬运是指在同一地域范围内进行的，以改变物的存放状态和空间位置为主要内容和目的的活动。具体地说，装卸搬运包括装上、卸下、移送、拣选、分类、堆垛、入库、出库等活动。装卸搬运是伴随输送和保管而产生的必要的物流活动，但是与运输产生空间效用和保管产生时间效用不同，它本身不产生任何价值。但是，物流的主要环节，如运输和存储等是靠装卸搬运活动联结起来的，物流活动其他各个阶段的转换也要通过装卸搬运联结起来。由此可见，在物流过程中，装卸搬运环节占有重要地位。装卸搬运发生次数频繁，作业过程复杂，是劳动密集型、耗费人力的作业，它所消耗的费用在物流费用中也占有相当大的比重。

在物流过程中，装卸搬运活动是不断出现和反复进行的，它出现的频率高于其他各项物流活动，每次装卸搬运活动都要花费很长的时间，所以往往成为决定物流速度的关键。装卸搬运活动所消耗的人力很多，所以装卸搬运费用在物流成本中所占的比重也较高，直接影响着物流成本的高低。以我国为例，铁路运输始发和到达的装卸搬运作业费用大致占运费的20%左右。因此，装卸搬运对物流费用起着重要的作用。

此外，进行装卸搬运操作时往往需要接触货物，因此这是在物流过程中造成货物破损、散失、损耗和混合等损失的主要环节。例如，袋装水泥纸袋破损和水泥散失主要发生在装卸过程中，玻璃、机械、器皿和煤炭等产品在装卸搬运时最容易造成损失。下列几组数据说明了装卸搬运的地位。

据我国统计，火车货运以 500 km 为分界点，运距超过 500 km，运输在途时间多于起止的装卸搬运时间；运距低于 500 km，装卸搬运时间则超过实际运输时间。美国与日本之间的远洋船运，一次往返一般需 25 天，其中运输时间 13 天，装卸搬运时间 12 天。我国对生产物流的统计表明，机械加工工厂每生产 1 kg 成品，需进行 252 kg·次的装卸搬运，其成本为加工成本的 15.5%。

由此可见，装卸搬运活动是影响物流效率、决定物流技术经济效果的重要环节。

物流系统的各个环节或同一环节的不同活动之间，都要进行装卸搬运作业，如包装、存储、运输等都要有装卸搬运作业配合才能进行，待运的物品先要搬运装上车才能运走，到达运地后要搬运卸下等。可见，装卸搬运是物品不同运动环节之间相互联结的桥梁，因为有了装卸搬运活动，才能把物品运动的各个环节联结起来，形成完整连续的"流"。

在习惯使用中，物流领域（如铁路运输）常将装卸搬运这一整体活动称作"货物装卸"；在生产领域中常将这一整体活动称作"物料搬运"。实际上，其活动内容都是一样的，只是领域不同而已。一般说来，水平方向的位移为搬运，垂直方向的位移为装卸。在实际操作中，装卸与搬运是密不可分的，两者是伴随在一起发生的。因此，在物流科学中并不过分强调两者差别而是将其作为一种活动来对待。装卸搬运的"运"与运输的"运"是不同的，其区别之处在于，装卸搬运是在同一地域的小范围即物流结点内发生的，没有改变物品的空间和时间价值，而运输则是在较大范围即线路上发生的，以解决物品的空间距离为主要目的。两者是量变到质变的关系，中间并无一个绝对的界限，可是人们常常容易忽视装卸搬运。一旦忽略了装卸搬运，生产和流通等领域会发生混乱或造成各领域的活动停止，无法连接各个环节前后活动和同一环节之间的不同活动，无法形成真正的物流。装卸搬运在物流系统中起着不可缺少的重要作用。

2）装卸搬运作业合理化的原则

（1）消除无效搬运。要提高搬运纯度，只搬运必要的物资，如有些物资要去除杂质之后再搬运；避免过度包装，减少无效负荷；提高装载效率，充分发挥搬运机器的能力和装载空间；中空的物件可以填装其他小物品再进行搬运；减少倒搬次数，作业次数增多不仅浪费了人力、物力，还增加物品损坏的可能性。

（2）提高搬运活性。物品放置时要有利于下次搬运，如装于容器内并垫放的物品较散放于地面的物品易于搬运。在装上时要考虑便于卸下，在入库时要考虑便于出库，还要创造易于搬运的环境和使用易于搬运的包装。

（3）注意重力的影响和作用。应减少人体的上下运动，避免反复从地面搬起重物；要避免人力抬运或搬送物品；应设法利用重力移动物品，如使物品在倾斜的辊道运输机上，在重力作用下移动。

（4）合理利用机械。在初期阶段，搬运机械大多在以下情况使用：超重物品的搬运；搬运量大、耗费人力多、人力难以操作的搬运；粉体或液体物料的搬运；速度太快或距离太长的搬运；装卸作业高度差太大的搬运。今后的发展方向是，即使在人力可以操作的场合，为了提高生产率、安全性、服务性和作业的适应性等，也应将人力操作转由机械来实现，提高机械化程度。

（5）保持物流的均衡顺畅。物品的处理量波动大时会使搬运作业变得困难，但是搬运作业受运输等其他环节的制约，其节奏不能完全自主决定，必须综合各方面因素妥善安排，使物流量尽量均衡，避免忙闲不均的现象。

（6）集装单元化原则。将零放物体归整为统一格式的集装单元称为集装单元化。集装化可以发挥机械的效能，提高作业效率。集装化单元负载的大小均匀，有利于实行作业标准化，并在作业过程中有效减少物品损伤。

（7）提高综合效果。物流过程中运输、仓储、包装和装卸搬运各环节的改善，必须考虑综合效益。

3）装卸搬运的特点

（1）装卸搬运是附属性、伴生性的活动。装卸搬运是物流过程每一项活动开始及结束时必然发生的活动，装卸搬运操作在物流运动过程中无处不在、无时不有，因而有时常被人忽视，有时被看作其他操作不可缺少的组成部分。例如，一般而言的"汽车运输"，实际就包含了相随的装卸搬运；仓库中泛指的保管活动，也含有装卸搬运活动；在产品生产过程中也伴随着装卸搬运活动。

（2）装卸搬运是支持性、保障性活动。装卸搬运的附属性不能理解成是被动的，实际上，装卸搬运对其他物流活动也有一定的决定性。装卸搬运会影响其他物流活动的质量和速度，例如：装车不当会引起运输过程中的损失；卸放不当会引起物品转换成下一步运动的困难；装卸搬运不及时会造成物品流动不畅，影响物流的正常运转。物流活动在有效的装卸搬运支持下,才能实现高效率,达到高水平。

(3) 装卸搬运是衔接性的活动。在任何物流活动及其各环节相互过渡时,都是以装卸搬运来衔接的,装卸搬运的目的总是与物流的其他环节密不可分。因此,装卸搬运往往容易成为整个物流的"瓶颈",是物流系统各功能之间能否形成有机联系和紧密衔接的关键,这也是形成一个完整系统的关键。建立一个有效的物流系统,关键看这一衔接是否有效。比较先进的系统物流方式——联合运送方式就是为解决这种衔接而建立的。

2. 装卸搬运的基本分类

(1) 按装卸搬运的作业对象(货物形态)分类:按作业对象可分成单件作业法、集装作业法和散装作业法。

(2) 按装卸搬运的作业场所分类:按作业场所可分为路面装卸、港口装卸和场库装卸。

(3) 按装卸搬运的作业方式分类:按作业方式可分成使用吊车的"吊上吊下"方式,使用叉车的"叉上叉下"方式,使用半挂车或叉车的"滚上滚下"方式、"移上移下"方式及散装方式等。

(4) 按装卸搬运的作业特点分类:按作业特点或技术特征可分为间歇装卸和连续装卸。

3. 配送中心装卸搬运作业的方法

装卸搬运作业的方法在实际中是按照作业对象、作业场所、作业方式及操作特点等为标准进行基本分类的综合,形成多种具体实用的有效方法。

1) 单件作业法

单件、逐件的装卸搬运是人力作业阶段的主导方法。目前,长大笨重货物、集装会增加危险性的危险货物及行包等仍采用传统的单件作业法。

2) 集装作业法

先将货物集零为整(集装化)再行装卸搬运的方法称为集装作业法。它包括集装箱作业法、托盘作业法、网、袋作业法、货捆作业法、滑板作业法及挂车作业法等。下面重点介绍几种集装作业法。

• 集装箱作业法

集装箱的作业可分为"吊上吊下"方式和"滚上滚下"方式两类。

(1) "吊上吊下"方式。专用集装箱码头前沿一般都配备岸边集装箱起重机进行船舶装卸作业。按货场上使用的机械类型可分为下列主要机械化方式。

① 底盘车方式。岸边集装箱起重机将集装箱从船上直接卸到底盘车上,用牵引车把底盘车拖到货场,按顺序排列起来;或者相反,用牵引车将货场上装有集装箱的底盘车拖到码头前沿,再用岸边集装箱起重机把集装箱装上船。

② 跨运车方式。岸边集装箱起重机将集装箱从船上卸到码头前沿,然后用跨运车把集装箱搬运到货场排列起来;或者相反,用跨运车将货场上的集装箱搬运到码头前沿,再用岸边集装箱起重机把集装箱装上船。

③ 轮胎式龙门起重机方式。岸边集装箱起重机将集装箱从船上卸到码头前沿的拖挂车上，然后拖到货场，采用轮胎式龙门起重机堆码；或者相反，在货场上用轮胎式龙门起重机将集装箱装到拖挂车上，然后拖到码头前沿，用岸边集装箱起重机把集装箱装上船。一般轮胎式龙门起重机可跨6列集装箱和1条拖挂车道，并可堆码4层。

④ 轨道式龙门起重机方式。岸边集装箱起重机将集装箱从船上卸到码头前沿的拖挂车上，然后拖到货场，采用轨道式龙门起重机堆码；或者相反，在货场上用轨道式龙门起重机将集装箱装到拖挂车上，然后拖到码头前沿，用岸边集装箱起重机把集装箱装上船。轨道式龙门起重机与轮胎式龙门起重机比较，可跨越的集装箱列数更多，可堆码的集装箱高度更大。轨道式龙门起重机用在后方货场，还可装卸铁路车辆。

(2) "滚上滚下"方式。近几年来，世界各国开始发展滚装运输，采用滚装船，用于国内沿海、大陆与岛屿、近邻国家之间，运输各种车辆、载货（集装箱或其他货物）挂车及可以用叉车进入船舱进行装卸的集装箱和托盘货物。对于近距离航线，采用滚装运输可以大大缩短船舶在港口装卸货物的时间，从而减少船舶在港停泊时间，提高船舶运输效率。对于单航程在一个星期以内的航线，采用滚装运输最为合理。

采用滚装船运输集装箱，是将集装箱放置在挂车（底盘车）上；船舶到港后，牵引车通过船艄门、舷门或舷门跳板进入船舱，用叉车把集装箱放到挂车上，由牵引车拖带到码头货场，或者仅用叉车通过跳板搬运集装箱。这种方法称为"滚上滚下"方式。

采用"滚上滚下"方式比"吊上吊下"方式装卸集装箱的装卸速度要快30%左右；不需在港口装备价格昂贵的大型专用机械设备，装卸费用较低，有利于组织集装箱"门到门"运输；减少集装箱在港口的装卸环节，降低集装箱的破损率。但滚装集装箱船的造价比吊上吊下集装箱船高10%左右，其载重利用系数仅为吊上吊下集装箱船的50%；每一载重吨的运费比吊上吊下集装箱船要高；滚装集装箱码头所需要的货场面积比一般吊上吊下集装箱码头要大。

- 托盘作业法

托盘作业法就是以托盘为基本工具，遵循最大限度地利用集装单元的原则，以及物品装卸搬运的灵活性、标准化、作业流水化、作业次数最少化、机械化等物料装卸搬运原则，使装卸搬运作业组织化，从历来的静态搬运发展到动态搬运的新的搬运作业体制。

装在货车上的东西，需要从货车上卸下，入库的货物，早晚总要出库，码垛的货物在下一阶段就要被拆卸，工厂的原料、半成品也终究需要经过若干工序，最后变成成品和商品，并且接着又流入流通过程。看起来是停留在一个地方的东西，实际上只是处于踏步不前的状态，也可以设想全速移动的物体在中途把速度减到了零的状态，这样问题就能很好地理解了。这样把物流中的货物装卸从过去的静态概念转为动态概念，也就很自然了。

托盘就是使静态货物转变为动态的媒介物。托盘是一种载货台，并且是活动的货台，或者说是"可移动的地面"。托盘的主要优点表现为装盘容易、装载量较大、返空容易、自重小等。放在地面上失去了活性的货物，一经装上了托盘，便立即取得活性，成为活跃的流动的货物，因为装盘的货物在任何时候都处于可以转入运动的准备状态中。这种以托盘为基本工具组成的动态装卸方法就叫做托盘作业法或托盘化。

托盘作业法的主要机械有叉车、托盘搬运车、托盘移动升降机、桥式堆垛机、巷道堆垛机、码盘机、拆盘机等。

- 网、袋作业法

粉状、粒状货物采用多种合成纤维和人造纤维编织布制成的集装袋，各种集装袋货物采用人造或合成纤维织成的网络，各种块状货物（如废钢铁）采用钢丝绳编织成的网络，先行集装再进行装卸搬运的方法，称为网、袋装卸搬运法。这种柔性集装工具体积小、自重轻、回送方便，可一次使用，也可重复使用，在流通领域备受欢迎，很有发展前途。

- 货捆作业法

这种方法是用捆装工具以各种方法将散件货物组成一个货物单元，使其在流通过程中保持不变，以保证装卸搬运作业实现综合机械化的方法。

货捆可以用门式、桥式及其他类型的起重机和叉车进行装卸搬运作业，因而开展货捆作业法投资少、上马快、效果显著。带有与各种货捆相配套的专用吊具的门式起重机和岸壁起重机是货捆作业法的主要型装卸机械，叉车、侧叉车和跨车是配套的搬运机械。

- 滑板作业法

滑板是由纸板、纤维板、塑料板或金属板制成的，与托盘尺寸一致的、带翼板的平板，用以承放货物组成搬运单元。与其匹配的装卸搬运机械是带推拉器的叉车，叉货时推拉器的钳口夹住滑板的翼板（勾舌、卷边），将货物拉上货叉，卸货时先对好位，然后叉车后退、推拉器往前推，货物即就位。

滑板搬运不仅具有托盘搬运的优点，而且解决了木材消耗大、流通周转繁杂、运载工具净载重小、占用作业场地多等问题，但是与滑板匹配的带推拉器的叉车比较笨重（推拉器本身重 $0.5 \sim 0.9$ t），机动性差，堆取货物时操作比较困难，装卸效率比托盘低，对货物包装与规格的要求高，与工业发达国家已形成的成套搬运储存设备不配套。因此，到底采用托盘还是滑板尚在争议之中。

- 挂车作业法

先将货物集装到挂车里，然后由拖车将挂车牵引到铁路平车上，或用大型门式起重机将挂车吊到铁路平车上的装卸搬运方法。

3）散装作业法

建材、煤炭、矿石等大宗货物历来采用散装作业的方式。近来，粮谷、食糖、原盐、水泥、化肥、化工原料等随着作业量增大，为提高装卸搬运效率、降低成本，亦趋向散装散卸。散装散卸方法基本上可分为重力法、倾翻法、气力输送法、机械法等4种。

- 重力法

重力法是利用货物的重力作用来完成装卸的方法，主要适用于铁路运输业，汽车也可用这种方法装载。重力法装车的设备有筒仓、溜槽、隧洞等。筒仓、溜槽在装铁路车辆时装车速度可达 5 t/h 左右。以直径 6.5 m 左右的钢管埋入矿石堆或煤堆，制成装车隧洞，洞顶有风动闸门，列车缓行通过隧洞，风动闸门开启，货物流入车内，每小时可装 10～12 t。一次可装 5～7 辆车的长隧洞斗车装车速度高达 150 t/h。重力卸车主要指底开门车或漏斗车在卸车坑道上自动开启车门，煤或矿石依靠重力自行流出的卸车方法。列车边走边卸，整列的卸车速度可达 10 000 kg/h。

- 倾翻法

倾翻法是将运载工具的载货部分倾翻，使货物卸出的方法，主要用于铁路敞车和自卸汽车的卸货。敞车被送入翻车机，夹紧固定后，敞车和翻车机一起翻转，货物倒入翻车机下面的受料槽。带有可旋转车钩的敞车和一次翻两节车的大型翻车机配合作业，可以实现列车不解体卸车，卸车速度可达 5 t/h。汽车一般依靠液压缸顶起货厢实现卸载。

- 气力输送法

气力输送法是利用风机在管道内形成气流，依靠气体的动能或压差来输送货物的方法。这种方法的装置结构紧凑、设备简单、劳动条件好、货物损耗少，但消耗功率较大，噪声较大。近年发展起来的依靠压差的推送式气力输送正在克服上述缺点。气力输送法主要用于装卸粮谷和水泥等。

- 机械法

机械法是采用各种机械，使其工作机械直接作用货物，通过舀、抓、铲等作业方式，从而达到装卸目的的方法。常用的机械有：胶带运输机、堆取料机、装船机、链斗装船机、单斗和多斗装载机、挖掘机及斗式、带式和螺旋卸船机和卸车机、各种抓斗等。

铁路货场年装车作业量在 100 t 以上时即可采用机械法进行装车作业。一次装车在 10 辆以下时，优先采用单斗装载机；一次装车在 10～30 辆之间时，采用抓斗龙门起重机、单斗装载机、链斗装载机均可；一次装车在 30 辆以上时，优先采用抓斗龙门起重机。铁路货场卸车作业量在 160 t 以上时即可采用机械法卸车。一次卸车 5 辆以下时，采用抓斗龙门起重机或链斗卸车机均可；一次卸车 5 辆以上时，优先采用抓斗龙门起重机。当作业量达不到上述 100 t 和 160 t 的标准时，可采用吊钩、抓斗两用龙门起重机，散堆货物与笨重货物在同一条线路上分段作业。港口装船推荐采用移动式装船机，卸船以抓斗为主，堆场作业采用旋臂堆料机、斗轮机及门式斗轮堆料机等。

4. 搬运活性

1）搬运活性的概念

装卸搬运作业有悠久的历史，而对装卸搬运作业的管理进行研究还是一门新的学科。在装卸搬运作业中，装货、移动、卸货这三种作业在多数情况下是以一个整体出现的，由此看出，装和卸次数之和与移动次数是 2∶2∶1 的关系。装卸的强度大，通常花费的时间也多，因此在改善装卸搬运系统的过程中，应重视次数多、劳动强度大、耗时多的劳动环节。重视装卸是现代装卸管理的基本论点，如使用叉车、机器人就是要减轻装卸的劳动强度。所谓"良好的搬运状态"，首先应是装卸花费时间少的状态，"良好的搬运"就是装卸次数少的搬运。

由于装卸搬运作业对象的多样性和作业形式的复杂性，对装卸搬运进行定量评价是困难的。为此，一些学者提出一种活性理论，可以在一定程度上解决对装卸搬运进行定量评价的问题。

物料或货物平时存放的状态是各式各样的，可以散放在地上，也可以装箱放在地上，或放在托盘上，等等。存放的状态不同，物料的搬运难易程度也不一样。人们把物料和货物的存放状态对装卸搬运作业的方便（难易）程度称为搬运活性，那些装卸较为方便、费工时少的货物堆放的搬运活性较高。从经济上看，应选择搬运活性高的搬运方法。

2）搬运活性指数

搬运活性指数是用来表示各种状态下物品搬运活性、确定活性标准的一种方法。搬运活性是指物品易于移动的状态。在整个装卸搬运过程中，往往需要进行几次物品的搬运，下一步比前一步更易于移动，其活性指数提高，因而下一步比前一步更便于作业时，称为活化。装卸搬运的工序、工步应设计得使物料或货物的活性指数逐步提高（至少不降低），叫做步步活化。搬运活性指数的组成关系是散放（集中）、装箱（搬起）、支垫（升起）、装车（运走）4个步骤。

从上面的关系中可以看出，可以运用活性指数的概念来表示搬运活性水平的高低。例如散放在地的物品，要经过集中（装箱）、搬起（支垫）、升起（装车）、运走（移动）4次作业才能运走，其活性指数最低，定为0；然后，对此状态每增加一次必要的操作后，就会使物料装卸方便一些，其搬运活性指数就加上1；而处于运行状态的物品，因为不需要再进行其他作业就能运走，其活性指数最高，定为4。表2-12是物品处于不同状态的活性指数关系表。

表2-12 物品处于不同状态的活性指数关系

物品状态	作业说明	作业种类				还需要作业的数目	已不需要作业的数目	搬运活性指数
		集中	搬起	升起	运走			
散放在地上	集中、搬起、升起、运走	要	要	要	要	4	0	0
集装箱中	搬起、升起、运走（已集中）	否	要	要	要	3	1	1
托盘中	升起、运走（不用搬起）	否	否	要	要	2	2	2
车中	运走（不用升起）	否	否	否	要	1	3	3
运动着的输送机上	不需其他作业（保持运动）	否	否	否	否	0	4	4
运动着的物体	不需其他作业（保持运动）	否	否	否	否	0	4	4

从表2-12中可看出，要运走物品，最多需要进行4项作业，假如其中有几项作业不需要进行，就可省去这些项的作业，此时物品的存放状态就有利于搬运，其活性指数就高。由此得出搬运活性指数的定义为：搬运某种状态下的物品所需要进行的4项作业中"已经不需要进行的作业数目"。

3）搬运活性理论的应用

由于装卸搬运是在物流过程中反复进行的活动，装卸搬运的速度可能决定整个物流速度，缩短每次装卸搬运的时间，就会使多次装卸搬运的累计效果十分可观。提高装卸搬运活性对提高物流经济效益是很重要的因素。在设计装卸搬运方案时，主要是根据物料的分类、布置和移动的路线，选择合适的搬运设备、设备之间的组合方式及使用方法。搬运的活性理论能改善装卸搬运作业，使方案设计、设备选择有定量的依据，还形成了一种检查比较方案的比较方法。其一般步骤如下。

(1) 测定平均活性指数，了解整个系统的特点、缺点，根据分析、评价确定整体改进方案。

(2) 确定需改进的局部区域。

(3) 选定用于局部区域的装卸搬运设备。

(4) 对设备和搬运方式进行经济性评价。

(5) 对方案进行细致审查，改进不合格的部分，也可以同时提出几个方案进行比较研究。

总之，应用活性理论，可以改善装卸搬运作业，合理选择搬运设备，合理设计工步和工序，以达到作业合理化、节省劳力、降低能耗及提高搬运效率的目的。应该注意的是，应用活性理论，还要考虑其他条件和影响因素，才能取得好的效果。

2.2.7 送货作业

1. 送货作业的基本内容

送货作业是利用配送车辆把客户订购的物品从制造厂、生产基地、批发商、经销商或配送中心送到客户手中的过程。配送送货通常是一种短距离、小批量、高频率的运输形式。送货作业以服务为目标，以尽可能满足客户需求为宗旨。送货管理的基本业务流程如下。

(1) 划分基本送货区域。首先将客户做区域上的整体划分，再将每一客户分配在不同的基本送货区域中，作为配送决策的基本参考，如按行政区域或按交通条件划分不同的送货区域，在区域划分的基础上再做弹性调整来安排送货顺序。

(2) 车辆配载。由于配送货物的品种、特性各异，为提高送货效率，确保货物质量，必须首先对特性差异大的货物进行分类。在接到订单后，将货物按特性进行分类，以便分别采取不同的送货方式和运输工具，如按冷冻食品、速食品、散装货物、箱装货物等货物类别进行分类配载。其次，配送货物也有轻重缓急之分，必须初步确定哪些货物可配于同一辆车，哪些货物不能配于同一辆车，以做好车辆的初步配装工作。

(3) 暂定送货先后顺序。在考虑其他影响因素、做出最终送货方案前，应先根据客户订单的送货时间将送货的先后次序进行大致预订，为后面的车辆配载做好准备工作。预先确定基本送货顺序可以有效地保证送货时间，提高运作效率。

(4) 车辆安排。车辆安排要解决的问题是安排什么类型、多大吨位的配送车辆进行最后的送货。一般企业拥有的车型有限,车辆数量也有限。当本企业车辆无法满足需求时,可使用外雇车辆。在保证送货运输质量的前提下,是组建自营车队,还是以外雇车为主,则须视经营成本而定,如图 2 – 16 所示。

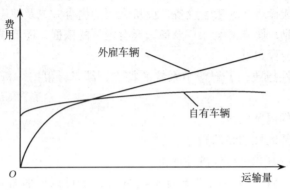

图 2 – 16　外雇车辆与自有车辆的费用比较

无论选用自有车辆还是外雇车辆,都必须事先掌握有哪些车辆可供调派并符合要求,即这些车辆的容量和额定载重是否满足要求;其次,安排车辆之前,还必须分析订单上的货物信息,如体积、重量、数量、对装卸的特别要求等,综合考虑多方面因素的影响后,再做出最合适的车辆安排。

(5) 选择送货线路。知道了每辆车负责配送的具体客户后,如何以最快的速度完成对这些货物的配送,即如何选择配送距离短、配送时间短、配送成本低的线路,还需根据客户的具体位置,沿途的交通情况等做出优先选择和判断。除此之外,还必须考虑有些客户或其所在地点对送货时间、车型等方面的特殊要求,如有些客户不在中午或晚上收货,有些道路在某高峰期实行特别的交通管制等。配送路线的选择可以利用有关的运筹学模型辅助决策。

(6) 确定每辆车的送货顺序。做好车辆安排及选择好最佳的配送线路后,就可以确定每辆车的送货顺序,从而估计出货物送到每位客户的大致时间,并通知客户。

(7) 完成车辆配载。明确了客户的送货顺序后,接下来就是如何将货物装车,按什么次序装车的问题,即车辆的具体配载问题(详见第 4 章)。

2. 送货管理

1) 影响送货费用的因素

送货费用在配送成本中的比例最高,约占 35% ~ 60%。为此,降低送货费用对提高配送活动的效益有极大的贡献。图 2 – 17 所示为影响送货费用的因素。

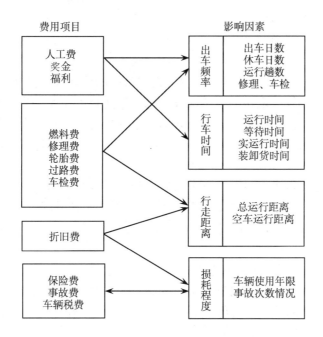

图 2-17 影响配送费用的因素

由图 2-17 可知，送货费包括人工费、奖金、福利、燃料费、修理费、轮胎费、过路费、车检费、折旧费、保险费、事故费和车辆税费等。这些费用和配送频率、时间、用户的远近及车辆的损耗有紧密关系。为此，可通过严格管理来降低成本，如提高车辆运转率、装载率、实车率。

2）送货服务的要点

送货服务是配送中心作业的最终和最具体直接的服务。其服务要点有以下几个方面。

（1）时效性。时效性是配送客户最重视的因素，也就是要确保能在指定的时间内交货。送货是从客户订货至交货各阶段中的最后一个阶段，也是最容易引起时间延误的环节。影响时效性的因素有很多，除配送车辆故障外，所选择的配送线路不当、中途客户卸货不及时等均会造成时间上的延误。因此，必须在认真分析各种因素的前提下，用系统化的思想和原则，有效协调，综合管理，选择合理的配送线路、配送车辆和送货人员，使每位客户在预定的时间收到所订购的货物。

考核配送作业水平的一项重要指标就是准点率。例如，日本西友百货的配送中心在给 Family Man 配送商品时规定，送货到达商店的时间一般不超过预定时间 15 分钟；如途中因意外不能准时到达，必须立刻与总部联系，由总部采取紧急措施，确保履行合同。

（2）可靠性。可靠性是指将货品完好无缺地送达目的地，这是对配送中心的差错率、货损率的考核。要达到可靠性的目标，关键在于提高配送人员的素质，具体包括以下几点。

① 装卸货时的细心程度。

② 运送过程对货物的保护。
③ 对客户地点及作业环境的了解。
④ 配送人员的操作规范。
若送货人员能随时注意以上几点，货品必能以最好的质量送到客户手中。

(3) 沟通。送货作业是配送的末端服务，它通过送货上门服务直接与客户接触，是与顾客沟通最直接的桥梁，它不仅代表着企业的形象和信誉，还在沟通中起着非常重要的作用。所以，必须充分利用与客户沟通的机会，巩固与发展企业的信誉，为客户提供更优质的服务。

(4) 便利。配送以服务为目标，以最大限度地满足客户要求为宗旨。因此，应尽可能地让顾客享受到便捷的服务。通过采用高弹性的送货系统，如采用应急送货、顺道送货与退货、辅助资源回收等方式，为客户提供真正意义上的便利服务。

3) 提高送货效率的手段
为提高送货效率，可采用的手段包括以下几种。

(1) 消除交错送货。消除交错送货可以提高整个配送系统的送货效率。例如，将原直接由各工厂送至各客户的零散路线利用配送中心来做整合并调配转送，这样可缓解交通网路的复杂程度，而且可大大缩短运输距离。

(2) 开展直配、直送。由于"商物分离"，订购单可以通过信息网络直接传给厂商，因此各工厂的产品可从厂商的物流中心直接交货到各零售店。这种直配、直送的方式可大幅简化物流的层次，使得中间的代理商和批发商不设存货，下游信息也能很快地传达到上游。

(3) 采用标准的包装器具。配送不是简单的"送货上门"，而要运用科学而合理的方法选择配送车辆的吨位、配载方式，确定配送路线，以达到"路程最短、吨公里最小"的目标。采用标准的包装工具，如托盘，可以使送货中货物的搬运、装卸效率提高，并便于车辆配装。

(4) 建立完善的信息系统。完善的信息系统能够根据交货配送时间，车辆最大积载量，客户的订货量、个数、重量来选出一个最经济的配送方法；根据货物的形状、容积、重量及车辆的能力等，由计算机自动安排车辆和装载方式，形成配车计划；在信息系统中输入每一客户点的位置，计算机便会依据最短距离找出最便捷的配送路径。

(5) 改善运货车辆的通信。健全的车载通信设施可以把握车辆及司机的状况、传达道路信息或气象信息、掌握车辆作业状况及装载状况、传递作业指示、传达紧急信息指令、提高运行效率及安全运转。

(6) 均衡配送系统的日配送量。通过和客户沟通，尽可能使客户的配送量均衡化，这样能有效地提高送货效率。为使客户的配送量均衡，通常可以采用以下方式。
① 对大量订货的客户给予一定的折扣。
② 制定最低订货量。
③ 调整交货时间。对于受季节性影响的产品，尽可能引导客户提早预订。

2.3 配送作业的流程

2.3.1 配送的一般作业流程

配送的一般作业流程只能说是配送活动的典型作业流程模式。在市场经济条件下，用户所需要的货物大部分都由销售企业或供需企业某一方委托专业配送企业进行配送服务；但货物商品特性不一样，配送服务形态也各种各样。一般认为，随着商品日益丰富，消费需求个性化、多样化、多品种、少批量、多批次、多用户的配送服务方式最能有效地通过配送服务实现流通终端的资源配置，是当今最具时代特色的典型配送活动形式。并且，这种类型配送活动服务对象繁多，配送作业流程复杂，将这种配送活动作业流程确定为通用、标准流程最具有代表性。配送的一般作业流程如图2-18所示。

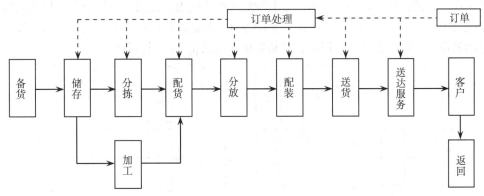

图 2-18 配送的一般作业流程

不同产品因其性质、形态、包装不同，则采用的配送方法、配送作业流程就不一样。有些产品的配送不存在配货、分放、配装问题，如燃油料；有些产品则需进行分割、捆扎等流通加工，如木材、钢材等。因此，不同的产品就有不同的配送作业流程模式，配送活动作业环节不可能千篇一律，都有各自比较特殊的流程、工作方法等。根据产品特性，可以归纳为不同类别的货物配送作业流程模式。

2.3.2 生产资料的配送作业流程

1. 长条及板块型产品的配送作业流程

1) 产品的含义及特点

长条及板块型产品是指以捆装或裸装为主，且基本是以块状、板状及条形状为主的产品。如黑色金属材料、有色金属材料、玻璃、木材及其制品。

这一类产品通常尺寸宽或长，或重量大，或体积大，少有或根本没有包装，对保管、装运条件虽有要求，除玻璃产品外，其他均不严格，操作较粗放，可以露天存放，较容易进行混装。因此，存放库房、场地及所使用的机械装备都有共同之处。

在这种配送模式中，由于产品性状也有差别（可进一步划分不同的专业配送模式），可以其共同点进行配送作业流程模式的分析。

2）配送作业流程

长条及板块型产品的配送作业流程如图2-19所示。这一类产品的配送除对有些多品种、少批量需求的用户，尚有一定的简单分拣、配货工作外，一般情况下，由于用户是生产企业，消耗量比较大，经常一个用户的需求量就可以达到车辆的满载，如图2-19中所示的第3种配送作业流程；有些则经理货检尺环节后，配送车辆可直接开到存放场地装货送至用户，如进行多用户的配装，也不需要事前分拣、配货，如图2-19所示的第2种配送作业流程。但在对生产企业内部供料进行配送时，则要经过中间的流通加工环节后，再分拣、配货送至各工序、工段，如图2-19所示的第1种配送作业流程。其配送的流通加工形式主要有两种：一是集中下料、定尺切裁或集中进行整形处理，从而取消各用户下料或整形的工序，将坯料配送给各用户，以提高材料利用率；二是集中进行除锈、打刺和简单的其他技术处理。

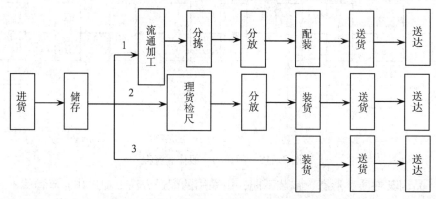

图2-19 长条及板块型产品的配送作业流程

3）配送服务方式

这一类产品的配送量一般大于杂货，因产品体积大、重量大的特点，大多数产品属少品种、大批量配送类型。但木材加工后规格较多，用户对每种规格要求的数量有限，属多品种、少批量配送类型。该类产品一般对配送相配套和衔接的机械装备要求较高。为了准备接货机械和准备接货力量，配送企业可以采取定时配送、定量配送、共同配送服务方式。根据配送资源的特点，该类产品配送也采取代存代供配送服务方式。

2. 粉状类产品的配送作业流程

1）产品的含义及特点

粉状类产品是指以粉末、散状形态存在的物品及其制品，如完全无包装的、批量大且易散失、风蚀、自燃的各种煤及煤制品，散装或袋装的易受潮变性的水泥及和水泥性状相近的石灰等粉状材料等。

这一类产品的共同特点是产品本身价格比较低，存放条件虽有要求，但容易创造。仓库、站场、运输车辆、装卸工具专业性颇强，很难与其他产品混用。对生产企业而言，一般配送总量大，消耗较均衡稳定，用户较固定，随机性需求很少；由于数量大，配送频率高，许多环节可力求简化，产品本身也无须复杂包装，散装、简单的袋装即可。但对有的用户需求量不大，也不稳定，如机关、工厂、家庭的维修性需求水泥及家庭生活用煤就属于这种情况，可采取设立配送网点的形式解决。

这一类产品，在保管、装卸、搬运、运输过程中要具体根据产品的特点，采取防雨、防潮、防散失措施，并根据其散装或不同包装形态对配送机械装备、建筑设施、装卸方式、运输方式进行选择。

2）配送作业流程

粉状类产品的配送作业流程如图2-20所示。粉状类产品一般有袋装、散装两种运输形态。这一类产品有三种不同的配送作业路线，第一种作业路线是散装或袋装进货直接运输至用户；第二种作业路线是散装或袋装进货经储存后再运输至用户；第三种作业路线是经储存加工后再运输至用户，一般在配送中心或配送中心附近设置加工环节，如配煤及成型煤加工。

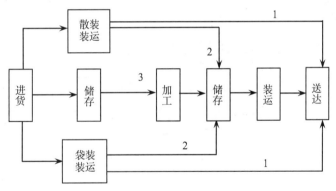

图2-20 粉状类产品的配送作业流程

配送作业流程因进货、需求形态及数量的不同，而采取不同的配送流程模式。但是作业流程的一个重要特点是配送产品配送批量大，品种规格较单一，单一品种就能满足整车装运要求。因此，基本上不需复杂的分拣配货工作，也无须进行多种类产品的配装，送货车辆可直接到库或货位去装货。至于个别用户用量较小时，可以集中多个用户需求送货，通常也很少与其他产品配装。

3）配送服务方式

粉状类产品一般品种少，可采用大批量的配送方式。由于配送品种较单一，批量大且需求稳定均衡，因而计划水平较高，便于用科学的方法规划配送路线，可采取定时、定量配送服务方式;也适于采取集团或联合形式,运用共同配送服务方式,实行销售供应一体化;对于临时性需要,还可以采用即时配送服务方式。

3. 石油与化工产品的配送作业流程

1) 产品的含义及特点

石油产品主要指石油制成品,如汽油、柴油、机油等液体燃料和易燃、易爆的液化石油气等气体状产品。

化工产品种类多、形态复杂,所以其配送流程也有差别,有一些类型的化工产品属于无毒、无害、无危险又有良好包装,可以作为中、小件杂货和百货及其他产品一起进行综合性配送,故此部分的配送流程模式不包括这一类产品。

这里讲的化工产品主要指有一定毒、腐、危险的块状、粉状的固体化工产品与大量使用的液体酸碱等产品,如硫酸、盐酸液碱等。

这一类产品有一定的危害性且产品形态特殊,因此不能与其他产品混存混运或进行综合配送,特别要求配送技术及手段的专业化。

2) 配送作业流程

石油与化工产品的配送作业流程如图 2-21 所示。

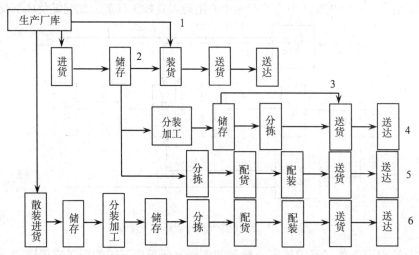

图 2-21 石油与化工产品的配送作业流程

(1) 燃料油。燃料油的配送活动作业流程比较简单,但是专业化很强,配送用户大多为生产用油的小企业或服务运输用油的加油站。这种作业的重要特点是送货油车直接开抵生产厂储存场所装油,然后分送各用户,一般采用路线 1 的配送流程模式。对于需求量小的一般用户,如家庭汽车、企业事业单位汽车用油等,由用户开车到加油站取油。

使用油类燃料的大企业,一般采用直送或直取,配送方式很少采用。直送是由炼油厂通过管道或油罐车直接送到工厂油库中,对耗油很大的工厂,这种方式最为经济。

(2) 液体酸碱等化工产品。该类产品具有毒、腐蚀性，运输、储存危险，但企业生产使用量较大。这类产品的一般包装形态采用专用集装罐车、陶瓷罐等，有时也分装成小量的瓶装。它有3种不同的配送模式。

① 工厂配送，即工厂附近用户或较远的大用户，由工厂直接送货，如路线1。

② 分装加工配送，表现有两种形式：如果配送中心集中进货后，按用户需求进行小规格的分装加工，装成坛、罐，形成用户可接受的数量，然后采取一般的配送流程送达用户；如果散装大量进货，再小规模散装送货。例如，铁道罐车进货再以汽车罐车送货，也等于将原大规模装运分解成小规模装运，就属于这种加工配送的类型，如路线4。

③ 原包装形态大量进货转化为小批量、多批次送货。这种形式和一般配送形式相同，如路线2。

(3) 固体化工产品。在配送作业流程中，各种包装的一般化工产品，采取一般配送流程，如路线5。大量散装或大包进货的固体化工产品，与一般产品相比在配送工艺上稍有些特殊，分装成小包装后，再采用一般配送流程送货，如路线6。固体化工产品配送模式的特点是分拣、配货及配送加工较为突出。

(4) 液化石油气等压缩气体。其配送作业流程有两条工艺路线：一条是按用户消费量要求，以在工厂装好瓶、罐的产品集中进货，然后分运到各个用户；另一条工艺路线是由生产企业用大罐、管道等大量进货，在配送中心进行装罐、装瓶的加工，再采取一般方式送达用户，由于产品种类、规格较单纯，所以这一类产品的配送流程模式中分拣、配货工序不甚明显，工艺特点是压缩装瓶装罐加工，对设备及技术要求较高，如路线3。

3）配送服务方式

对于工业企业用油、加油站用油这两类用户，需求量较大且稳定（加油站又是多个用户的集合），工厂直送及配送中心配送是主要配送方式。另外，由于配送品种较单一，因而适于采用少品种大批量的配送，可采用计划水平较高的定时、定量、定时定量配送服务方式。油类是危险品，专业化程度又高，所以配送企业、加油站等往往结合成一定集团形式，或隶属某个大企业。对于用油的工业企业，适于采用长期计划协议形式，建立配送企业与用户的稳定供需关系，实行销售供应一体化。对于社会零星车辆用油，采取加油站进行集中库存，形成配送网络中的一个网点，利用车辆能运动的优势，就近加油。

各种化工产品由于其有共同的危险性，因此特别强调专业配送。同时，为减少其可能对外界的损害，要求供、需双方都有很强的计划性。而且，用户最好不过多储存这一类产品，因此应采用各种计划性较强的配送方式较好。

对石油与化工产品中的液、汽产品包装管理要求特殊，采取"一程送货一程回运包装"的办法，使包装周而复始地使用，也免去用户在处理包装时内剩残余物品可能造成的危害。

此外，对于毒、腐、危险化工产品应尽量减少流通环节，降低这类产品的危害。因此，工厂直接配送是有效的方式。

2.3.3 生活资料的配送作业流程

1. 中小件杂货型产品的配送作业流程

1) 产品的含义及特点

中小件杂货型产品是指各种包装形态及非包装形态的、能够混存混装的、种类、品种、规格复杂多样的中小件产品，如日用百货、小件机电产品、五金工具、书籍等。

这一类产品的共同特点是可以通过外包装改变组合数量；可以以内包装直接放入配送箱、盘等工具中；由于有确定包装，可以混载到车辆上、托盘上；产品个体尺寸都不大，可以大量存放于单元货格式等类型的现代仓库之中。

2) 配送作业流程

中小件杂货型产品的配送作业流程如图 2-22 所示。

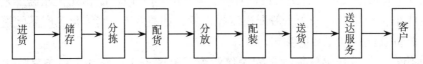

图 2-22 中小件杂货型产品的配送作业流程

其配送作业全过程基本符合标准流程，没有或少有流通加工的环节。其流程的特点是分拣、配货、配装的难度较大。

3) 配送服务方式

由于这一类产品种类、品种、规格复杂多样，一般属于多品种、少批量、多批次的配送类型。这一类产品的配送频率高，需求的计划件不太强，表现在配送用户、配送量、配送路线不稳定，甚至每日的配送都要对配装、路线做出选择，往往需要根据临时的订货协议组织配送。因此，这类产品经常采用定时配送服务方式，用户企业依靠强有力的定时配送体制可以实现"零库存"。

2. 生鲜食品、副食品的配送作业流程

1) 产品的含义及特点

生鲜食品、副食品种类非常多，形态上很复杂，对外界流通条件要求差别很大，因此，这类产品的配送流程不是简单一个模式可概括的。但按食品性状及对流通条件要求的不同，可分为以下几类：一是有一定保质期的、包装较为完善可靠的食品，如酒类、粮食类、糖果类、罐头类食品；二是无小包装、保质期较短的需尽快送达用户的食品，如点心类、散装饮料类、酱菜熟食类；三是需要特殊条件保鲜保活的鲜鱼、水产品、肉类等；四是新鲜果菜等数量较大、保质期短的食品。

这一大类产品的共同特点是对流通环境条件要求较高，尤其对卫生条件要求较高，且都容易发生变质、降质等损失。同时，随着商品的日益丰富，生鲜食品种、规格、花色越来越复杂,而且经常有变化。另外,随着人们生活水平的提高,人们对这类产品质量要求也越来越高,保质是其配送模式中要解决的重要问题。

2) 配送作业流程

生鲜食品、副食品配送作业流程如图 2-23 所示。生鲜食品、副食品的配送基本上有三种配送作业流程模式。

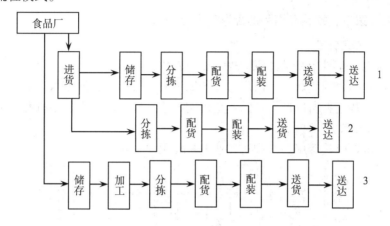

图 2-23 生鲜食品、副食品的配送作业流程

(1) 第一条作业流程路线:主要适用于有一定保质期的食品,大量进货后,有一定的储存能力进行集中储备,然后采取通常的分拣、配货配送工艺完成送达用户的目的。由于食品品种、花样非常多,所以分拣、配货任务较重,如路线 1。

(2) 第二条作业流程路线:主要适用于保质、保鲜要求较高的,需快速送达用户的食品,进货之后基本不经储存,最多只是暂存便很快投入分拣、配货,实现送达用户的快速配送。这一路线基本没有停顿环节,在不停地运转中很快完成从进货到送达的配送工作。这一路线分拣、配货任务也较重,如路线 2。

(3) 第三条作业流程路线:主要是加工配送路线,如路线 3。

食品加工配送有以下几种主要形式。

① 分装加工。将散装或大包装的用小包装分装,如酒、饮料分装,粮食分装,鱼、肉类分装等。

② 分级分等加工。将混级混等产品按质量、尺寸、等级分选,如水果分级、鱼类分级、肉类分级等。

③ 去杂加工。将食品无用部分或低质部分去除,如蔬菜去根、须、老叶,鱼类去头、尾、内脏、鳞等。这种加工提高了产品的档次并方便了用户。

④ 半成品加工。将各种原料配制成半成品,如鱼丸、肉馅、饺子、春卷、配菜等。

配送加工是食品配送流程模式中很有特点的工序。

3) 配送服务方式

食品配送特别强调快速配送，并特别强调在销售时间配送到位，所以广泛采用定时快速配送方式。为满足用户要求，也采用即时配送服务方式。一般配送企业与用户之间建立了长期协作关系，因此有利于稳定配送作业流程和优选配送路线。配送企业与用户可以建立各种形式的联合，甚至实现集团化。

3. 家庭大件家电、家具等用品的配送作业流程

1) 产品的含义及特点

家庭大件家电、家具用品是体积、重量相对较大的家庭用品。这一类产品对家庭来讲，由于属于耐用消费品，因此购买一次之后，长期内便不再形成新的需求。由于用户没有一个确切的需求时间与数量，所以这类产品不是确定的连续性需求，而是随机性需求。

2) 配送作业流程

家庭大件家电、家具等用品的配送作业流程如图 2-24 所示。

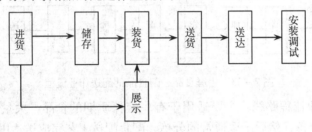

图 2-24 家庭大件家电、家具等用品的配送作业流程

这一类商品的配送作业流程较为单一，虽然有一定的品种、花色，但较杂货或化工产品而言则简单得多，所以分拣、配货工序几乎没有。由于是大件产品，即使一个用户需要几种，一般事先也不好配货，而是用汽车直接进行装货。

这一类商品的个性化趋势较强，所以常采用在商场展示的方法，顾客逐个挑选后，按其挑选的顺序装货和送达用户。所以，配送据点一般是各种类型的商场的仓库。商店进货和柜台展示是这类产品配送作业流程模式的突出环节。

3) 配送服务方式

主要采取商店配送的方式，由于需求的随机性及配送的计划性不强，许多情况是采取即时配送方式。

2.3.4 特殊行业的配送作业流程

1. 批发零售业的配送

1) 批发零售业的配送特点

• 批发企业的配送特点

批发企业的配送特点表现在其客户不是流通环节的最终消费者。对供应配送而言，客户是生产企业；对销售配送而言，客户往往是零售商业企业。

对于零售企业客户来说，一方面，由于经营场所的面积有限，因此它们希望批发企业能向其提供小批量的商品配送；另一方面，为了满足各种不同客户的需要，它们又都希望尽可能多地配备商品种类。批发商业企业必然要求配送系统不断满足其零售客户多批次、少批量的订货及流通加工等方面的需求。

对于生产企业客户来说，由于所生产商品的产量一般都比较大，因而它们希望批发企业能尽可能多地订购商品，即生产企业希望的是大量的商品配送。

这样，在生产企业的大批量配送供给和零售企业的小批量物流需求之间就产生了矛盾，而批发企业正好从中发挥其职能，起到"蓄水池"和"调节器"的作用。

- 零售企业的配送特点

零售企业的配送是在百货商店、连锁商店、超级市场、大卖场、邮购商店等商业企业的物流过程中产生的。在商流与物流分离的条件下，零售企业的物流形态有从生产企业、批发企业等购进商品的采购，有将商品通过配送中心转运到各个连锁店和分销店的配送，还有把商品直接送到消费者手中的直销物流等。建立一个以零售企业为中心的零售企业配送系统已成为当今零售企业的一个课题。

过去，零售企业的商品配送主要依赖于作为供货商的生产企业和批发商，零售企业的物流主动权也由它们支配，零售企业则主要提供将消费者订购的商品运送到客户家中这种简单的"门到门"的配送服务。

现在，零售企业认识到企业物流发展的重要性，正逐步获得商品供应的主导权。这是因为供应商的物流管理水平参差不齐，完全依赖于供货商来经营零售企业的物流，有可能会使零售企业的商品出现问题。与此同时，零售企业也不断加强企业内部的商品管理，一方面可以减少缺货带来的销售损失，避免成本浪费；另一方面，即使零售企业对商品的销售动向把握得当，订单也准确无误地送到供货商手中，也要求供货商必须及时、准确地将订购的商品送到商店中来，一旦商品不能及时、准确地送到商店中来，会对零售企业的商品销售造成损失。为了避免上述情况的发生，零售企业越来越重视自己配送系统的建立和完善。

许多零售企业加强了物流中心的建设，通过搞好市场预测与决策，集中力量研究商品的实体运动，采取共同进货、共同配送，以减少不必要的流转环节，减轻城市交通公害，降低配送费用，进而达到提高物流管理水平、顺利完成商品使用价值运动过程的目的。

2）批发零售业的配送作业流程

批发零售业的配送作业流程可分为一般作业流程、中转型作业流程、加工型作业流程和批量转换型作业流程。

（1）一般作业流程。一般作业流程如图2-25所示。不是所有的配送都按此流程进行，配送不同的商品，其作业流程长短不一，内容也不尽相同，但作为一个整体，作业流程又是统一的。

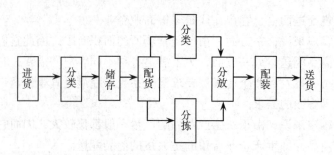

图 2-25　一般作业流程

一般的配送商品主要包括服装、鞋帽、日用品等小百货，家用电器等机电产品，图书和印刷品等其他杂品。这类产品的特点是：有确定的包装，商品的尺寸不大，因此可以对它们进行混装、混载；同时，这些产品品种、规格繁多，零售店的需求又是多品种、小批量的，所以要对它们进行理货和配货。

（2）中转型作业流程。中转型作业流程专以暂存商品的配送为职能，其作业流程如图 2-26 所示。暂存区设在配货场地，配送中心不单设存储区。这种类型的配送中心的主要场所都用于理货、配货。许多采用"即时制"的商贸企业都采用这种配送中心，前门进货后门出货。它要求各方面做好协调，而且对技术尤其是信息技术要求较高。这种作业流程对鲜活商品适用，对保质期短的商品也特别适用。

图 2-26　中转型作业流程

（3）加工型作业流程。典型的加工型作业流程如图 2-27 所示。在这种流程中，商品按少品种、大批量进货，很少或无须分类存放，一般是按用户要求进行加工，加工后直接配货，这样可以提高资源利用率。

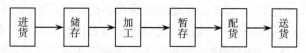

图 2-27　加工型作业流程

（4）批量转换型作业流程。采用批量转换型作业流程，商品以单一品种、大批量方式进货，在配送中心内转换成小批量商品，可以提高运输效率。批量转换型作业流程如图 2-28 所示。

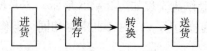

图 2-28　批量转换型作业流程

2. 连锁零售企业的配送

1) 连锁零售企业的配送特点

在过去的几十年中，以连锁化、信息化和规模化为特征的零售业发展很快，已成为当今社会经济的支柱产业。目前，就销售额而言，零售企业已超过制造、金融服务、信息等类型的企业而成为世界第一，这在过去是不可想像的。而其中连锁这个先进的企业组织形式的应用是今天商品零售企业能够发展到如此大规模的一个核心因素。我国发展连锁商业的时间不长，但已逐步成为商业零售业的一支主力军。最近几年，连锁企业的销售增长均在50%以上，2003年中国100强连锁企业实现销售额约3 500亿元，门店总数达到20 000个左右，连锁百强企业销售额占社会消费品零售总额的80%以上。连锁企业逐步扩大的销售规模使连锁商业企业在供应链上的作用日益增大，并且对中国的流通现代化产生巨大的推动作用。连锁企业的实质是五个统一，即统一采购、统一配送、统一核算、统一标识、统一管理，而统一配送是连锁企业核心竞争力的一个重要部分。连锁商业配送的特点有以下几个方面。

（1）价格变化频繁。即商品的进货价格变动快，通常连锁超市经营的快速消费品的价格随着市场供需会有较快的变化，同时生产商或零售商的频繁促销也经常引起变价。

（2）订单频繁。连锁零售的店铺多，订单频率高，同时有时间要求，有些小型的便利店甚至要求一天送货两次。

（3）拆零频繁。供应商大包装供货，配送中心需要按照店铺的订货量进行拆零、分拣。

（4）退货频率多。配送中心还要处理诸如赠品、退货（正品、残次品）等问题。

（5）更换频率高。商品淘汰的频率也很高，配送中心需要不断增加新品，淘汰滞销品。

（6）保质期管理复杂。消费品通常有不同的保质期，需要有针对性的保质期管理。

以上这些特点要求连锁零售企业的配送要反应更快，要有更复杂的技术和信息的支持。

2) 连锁零售企业配送的发展趋势

（1）零售企业的配送中心将增加或加强冷冻生鲜食品的配送功能。随着零售市场竞争的加剧，居民生活水平的提高，人们对快速食品、生鲜半成品和冷冻食品的需求增加，大型零售企业设立食品加工中心和配送中心是物流配送的一个趋势。

（2）以批发为主导型的食品配送中心将出现。有实力的食品批发企业组织商品、面向独立经营的单体超市门店开展以食品为主的配送服务，也将是我国专业化配送中心发展的趋势。如肉类、蛋类、菜类、牛奶、面包、冰激凌等专门经营这些新鲜食品的物流配送企业，将伴随消费者生活水平的提高和对这些商品质量的要求，形成集物流、常温仓储、冷藏、包装、流通加工、配送于一体的多功能物流中心。

（3）随着物流配送的社会化，连锁企业引入第三方物流将是一个发展趋势。在日本，大约有30%的连锁企业在很大程度上依靠社会化的专业配送企业。随着全社会专业物流企业的兴起和成熟，将商品的配送工作交给专业物流企业，也会成为连锁企业的一种选择。

另外，一些具有自己配送中心的连锁企业开始利用自身较强的配送能力，进行社会化的配送，通过扩大配送服务对象，开展商品配销业务。

(4) 物流信息系统的构造。与连锁企业配送有关的信息系统包括企业内部的管理信息系统及与供应商进行数据交换的系统（EDI）或电子订货系统（EOS）。目前企业内部的管理信息系统在 20 世纪 80 年代后期已经相对比较成熟，连锁企业基本上应用了覆盖进销存的管理信息系统，甚至一些企业为提高管理的水平，还引入了商业分析智能管理及与供应商进行数据共享的供应链管理系统。但物流信息系统还大都停留在库存管理的水平。随着电子商务的普及和推广，零售企业特别是连锁企业将在网上进行数据传送和订货，利用互联网与物流配送中心、上游供应商共享商品的销售、库存信息，在电子订货、商品验收、退货、促销、变价、结算、付款等环节提供协同支持，改善企业采购、销售、结算部门与物流配送中心、供应商与客户之间的业务流程和沟通。在供应商、分销商之间实现供需数据及时共享是提升企业竞争力关键的一环。

3. 制造业的配送

制造业的配送是配送管理在制造企业的一个应用，涵盖了制造企业的物料和成品在供应商、制造商和客户之间及企业内部各生产车之间甚至生产工位之间的有序平稳流动，以及它们之间的信息流动。零部件及时送至各生产工位和产成品的销售配送是制造业配送管理的关键。配送管理对于有效提高制造业的柔性和对市场的响应速度具有决定性的作用，因此非常有必要开展对制造业配送管理的研究。

1）制造业生产流程的分类

制造业生产是通过物理或化学作用将有形输入转化为有形输出的过程。按照工艺过程的特点、企业组织生产的特点、产品的专业化程度，制造业的生产流程有不同的分类方法。

- 连续性生产与离散性生产

按照工艺过程的特点，可以把制造业生产分为两种：连续性生产与离散性生产。连续性生产是指物料均匀、连续地按一定工艺顺序运动，在运动过程中不断改变形态和性能，最后形成产品的生产。连续性生产又称为流程式生产，如化工、炼油、冶金、造纸等。

离散性生产是指物料离散地按一定工艺顺序运动，在运动中不断改变形态和性能，最后形成产品的生产，如轧钢和汽车制造。汽车制造是由多种零件组装成一种产品。像汽车制造这样的离散性生产又称为加工装配式生产。机床、汽车、家电、计算机、电子设备等产品的制造都属于加工装配式生产。

连续性生产与离散性生产在产品市场特征、生产设备、原材料等方面有着不同的特点，如表 2-13 所示。

表 2-13 连续性生产与离散性生产的比较

特征	连续性生产	离散性生产
用户数量	较少	较多
产品品种数	较少	较多
产品差别	有较多标准产品	有较多用户要求的产品

续表

特征	连续性生产	离散性生产
自动化程度	较高	较低
设备布置的性质	流水式生产	批量或流水生产
原材料品种数	较少	较多
在制品库存	较低	较高
副产品	较多	较少

连续性生产与离散性生产的不同特点导致其在物流活动复杂程度等方面也有较大差异。对连续性生产来说，生产设施地理位置集中，生产过程自动化程度高，原材料品种较少，物流系统相对简单。在连续性生产过程中，只要制订合适的生产计划，保证几种主要原材料的物流通畅，工艺参数得到控制，就能正常生产合格产品，而且生产过程中的协作与协调任务也少。相反，在离散性生产过程中，产品是由离散的零部件装配而成的，这种特点导致生产设施地理位置分散，零件加工和产品装配可以在不同地区甚至不同国家进行；由于零件种类繁多，加工工艺多样化，又涉及多种多样的加工单位、工人和设备，零部件的流动是非连续的且成网络状，导致生产过程中的协作关系十分复杂，从而凸显了各加工单位间物料配送的重要性。高效的配送工作将会成为制造业企业的主要竞争力之一，也是企业降低物流成本、提高企业内物流服务水平的主要途径。因此，制造业配送研究的重点应放在离散性生产上。

- 备货型生产与订货型生产

按照企业组织生产的特点，可以把制造业生产分成备货型生产（Make-to-Stock，MTS）与订货型生产（Make-to-Order，MTO）两种。连续性生产一般为备货型生产，而离散性生产既有备货型生产，又有订货型生产。

备货型生产是指按已有的标准产品或产品系列进行生产，生产的直接目的是补充成品库存，通过维持一定量的成品库存来满足客户的需要。例如，连续性生产中的化肥、炼油，离散性生产的轴承、紧固件、小型电动机等产品的生产，都属于备货型生产。备货型生产的特点是生产计划一经编制，其物流活动则相对稳定，有较强的可预测性，主要通过较大的原材料和零部件半成品库存来保证生产有序进行。

订货型生产又称"按订单制造"式生产，是指按客户的订单进行的生产，生产的是顾客所要求的特定产品。客户可能对产品提出各种各样的要求，经过协商和谈判，以协议或合同的形式确认对产品性能、质量、数量和交货期的要求，然后组织设计和制造。例如，锅炉、船舶等产品的生产，属于订货型生产。订货型生产的特点是对产品的需求难以预测，对交货期有较严格的要求，这就要求订货型生产企业要更加注重企业内的物流活动，加速订单履行。而随着市场变化的日益迅速，顾客的要求呈多样化，订货型生产将成为未来制造业生产的主要形式。

为了缩短交货期，还有一种按订单装配式生产（Assemble-to-Order，ATO），即零部件是事先制作的，在接到订单后，将有关的零部件装配成顾客所需要的产品。很多电子产品的生产属于按订单装配式生产。为了尽快为顾客提供个性化的产品，ATO方式得到进一步发展。有些产品不一定要等订单到了再装配，可以先将通用零部件装配完毕，订单一到，再装配顾客有特殊要求的零部件，这样就能更迅速地满足顾客的要求。同时，按订单装配式生产必须以零部件通用化和标准化为前提。例如汽车、家电等的生产，都可以认为是按订单装配式生产。表2-14列出了备货型生产与订货型生产的主要区别。

表2-14 MTS与MTO的主要区别

项目	备货型生产（MTS）	订货型生产（MTO）
产品	标准产品	按用户要求生产，无标准产品，大量的变型产品与新产品
对产品的要求	可以预测	难以预测
价格	事先确定	订货时确定
交货期	不重复，由成品库随时供货	很重要，订货时确定
设备	多采用专用高效设备	多采用通用设备

- 大量生产、单件生产和成批生产

产品的专业化程度可以通过产品或服务的品种数多少、同一品种的产量大小和生产的重复程度来衡量。显然，产品的品种数越多，每一品种的产量越少，生产的重复性越低，则产品的专业化程度就越低；反之，产品的专业化程度越高。按产品专业化程度的高低，可以将制造业生产划分为大量生产、成批生产和单件生产3种生产类型。

(1) 大量生产。大量生产品种单一、产量大、生产重复程度高。美国福特汽车公司曾19年始终坚持生产"T"型车一个车种，福特将这种生产方式称之为大量生产，可见大量生产是有特定含义的。

(2) 单件生产。单件生产与大量生产相对立，是另一个极端。单件生产品种繁多，每种仅生产一台，生产的重复程度低。制作模具属于典型的单件生产。

(3) 成批生产。成批生产，或称批量生产，是介于大量生产与单件生产之间的一种生产类型，即品种不单一，每种都有一定的批量，生产有一定的重复性。

在产品寿命周期越来越短，市场变化异常迅速的今天，绝对的单件生产和大量生产已经很少，大多数制造业企业从事的都是成批生产，如汽车、家电的批量生产。而对于成批生产，随着批量的变化，需要不断地改变送往各加工车间零部件的规格，所以各加工工序间高效反应的配送管理变得日益重要。高效反应的配送管理也成为企业迅速响应市场变化、提高企业竞争力的重要手段。

2) 制造业的配送特点

制造业配送是围绕制造企业的物料和成品在供应商、制造商和客户之间及制造商内部各生产车之间甚至生产工位之间的有序平稳流动，以及它们之间的信息流动。制造业的销售配送与批发企业的供应配送相似。制造业供应配送主要具有以下特征。

(1) 复杂性。对于制造业生产配送来说，因为组成产品的零部件成千上万，小到螺钉、螺母，大到大型铸件，如汽车底盘、电器壳体，配送物资十分复杂。不仅需要现代化的立体仓库来储存各种大小适中的原材料和零部件，对于一些体积较大、形状不规则的零部件，如上面所说的汽车底盘，无法储存到立体仓库的货位上，因此必须在合适的地点建立相应自动化程度较低的平面仓库来存放这些零部件，从而造成其作业效率的不一致，将配送中心的管理复杂化。此外，由于大型制造企业，特别是从事离散性生产的企业，企业布局一般已经完成，而且在当初设计生产布局时可能没有考虑配送网络的问题，或是没有经过科学的优化分析，这些都将大大提高制造业配送管理的难度，不利于企业进行诊断和进行物流合理化建设。

（2）有序性。对于制造业企业来说，特别是进行流水线生产的企业，其生产是平稳有序地进行的，对各个零部件的需求在时间上也是有序的，在不同的加工/装配工序上的零部件在时间上是有先后之分的，即各零部件在进行配送时是可以有优先度之分的，在进行加工配送时要考虑到这一点。

（3）配套性。在制造业生产中，有些零部件的需求是配套的，如螺钉配螺母、相应的轴承配相应的轴等，而实际上整个产品的所有零部件可以看作是一套零部件的组合。在进行配送时，如果缺少某一部件没有配齐，即使其他零部件都能准时配送到位，由于在某一工序上缺少相应的零部件，也将造成整条生产线的停工；另一方面，当所有零部件都已配齐，而其中有些零部件有余量，如在需要一个该部件时配送了两个，与其他的零部件没有配套，则该零部件会形成多余的库存，造成无谓的浪费。

（4）定路线性和定时性。在进行生产时，一般来说加工工位的地理位置是不会发生变化的，即相应零部件的配送目的地不会改变，所以其配送路线是不变的；同时，随着生产节奏的平稳变化，各个工位上的需求也是十分稳定的，体现在配送上就是对配送时间的要求也是稳定的，而只是随着生产计划的变化做很小的调整。这就简化了配送中心的管理。由于配送的定路线性，可以利用自动化程度更高的连续输送机，如辊道式输送机直接在配送中心与加工工位之间配送，加之配送的定时性，通过设定配送流程，可以大大提高配送效率，同时也简化了配送管理的难度。

（5）高度准时性。由于生产的连续性，特别是对于进行流水式生产的企业来说，其对配送的准时性有极高的要求。对于批发零售配送来说，若是没有及时配送造成缺货，其结果可能是暂时性地失去该客户；而对于制造业配送来说，若配送不及时，造成的后果将是整条生产线的停工待料，造成不可估量的损失。然而，可以通过将配送信息系统与企业计划信息系统（如 MRP、ERP 系统）高度集成，大大提高配送的可预测性，从而实现高度准时配送。

20 世纪 90 年代以来，由于科学技术的飞速进步和生产力的发展，顾客消费水平不断提高，企业之间的竞争加剧，加上政治、经济、社会环境的巨大变化，使得需求的不确定性大大加强，导致需求日益多样化。这些既是多样性与市场需求不确定性的根源，也是促进企业不断提高自身竞争能力的外在压力。在全球市场的激烈竞争中，企业面对的是一个变化迅速且无法预测的买方市场，传统的生产与经营模式对市场剧变的响应越来越迟缓和被动。为了摆脱困境，制造业企业采取了许多先进的单项制造技术和管理方法，如计算机辅助设计、柔性制造系统、准时生产制、制造资源计划（MRP II）等，但是若没有高效率的配送做支持，还是无法满足顾客不断变化的需求。因此，高效率的配送不仅能使企业降低物流成本，获取相应利润，而且可以使企业快速响应市场变化，提高顾客的满意度，使企业在激烈的全球竞争中立于不败之地。

3）制造业配送模式的选择

（1）系统接管。系统接管是指将系统的配送职责全部转移给外部物流合同供应商，即第三方物流公司（3PL），彻底关闭自身的物流系统，将原有的物流资源以协定的价格转交给物流服务商，物流服务商按照合同为企业提供第三方物流配送服务。例如世界上最大的化工企业杜邦公司，几年前它将北美的物流企业交给了3PL公司的第三方物流公司。3PL为杜邦公司设置了400个运输点，为上千个零售商及客户管理原料、成品的运输及销售，取得了极为可观的经济效益。

（2）系统协作。系统协作是指企业保有一定的配送能力，同时努力开展与其他物流企业的合作，将两者的配送能力很好地结合起来，为己所用。这样既不完全依赖于外部物流企业，同时又可以较少地支付物流费用（因为自身有一部分物流能力），但这样做有一个难点，即如何将企业内部和外部的物流资源很好地结合起来，因为两者很容易发生冲突。对于同一项物流业务，交给外部物流来做可能费用较省，但内部物流员工可能会有意见，失去工作热情；交给内部物流来做，虽然可以满足员工要求，但会造成较高的费用，同时浪费大量人力物力，不能专注于自己的核心业务。

（3）系统剥离。系统剥离是指将原来已有的配送系统剥离出来，形成一个独立的实体，负责母公司物流配送的基本业务，同时还可以发展为3PL。实施这种配送的前提是企业具备相当的物流运作实力。例如国内的海尔集团，1999年成立物流推进本部，对集团内外的物流资源进行了有效的整合，经过几年的发展，海尔集团物流推进本部已经拥有网络化配送体系，从生产线到中转库，从经销商到用户。到2001年海尔在全国已经建立了42个配送中心，每天可将5万多台定制产品配送到1 550个海尔专卖店和9 000多个营销点。目前，海尔在中心城市已经实现8小时配送到位，区域内24小时配送到位，全国4天内配送到位。目前海尔物流已经成为日本美宝集团的物流总代理，与ABB、雀巢等跨国集团合作的物流业务也在顺利开展。

制造业企业采用什么样的配送策略，要根据企业自身的情况而定。一般来说，对于中小型企业，由于没有强大的财力做支持，可以采用系统接管的方式，一方面可以专心致力于自身的核心业务，另一方面还可以获得第三方物流提供的高质量、较为经济的物流服务。而对于实力雄厚的大型企业，可以采用系统剥离的方式，一方面可以使自己的物流业务得到优先保证，大大提高客户满意程度；另一方面，被剥离的物流业务可以成为企业另一个利润驱动中心，在为企业带来丰厚收益的同时还可以提高企业的声誉。而对于现有的采取系统协作策略的企业，建议或是朝系统接管的模式转变或是朝系统剥离的模式转变，因为这种夹在中间的策略最为不经济。如果企业的实力较雄厚，可以考虑向系统剥离的模式转变，使之成为企业的另一盈利部门；如果企业的规模较小，或者企业的目标就是做一个高利润的专业企业，如某条供应链上的一个优秀供应商，则可选择系统接管的发展模式，将企业的全部物流业务交由第三方物流来做。

4）制造业的配送作业流程

制造业配送的流程大体上跟一般配送的流程相似，只是因为制造业配送与制造业生产的联系更为紧密，所以制造业配送的流程体现在信息系统上，与企业的生产计划等的联系更为紧密，而在运作上更强调货物（工厂零部件）的快速通过，越库式作业比较频繁，相对存货量不是很大，故需要较大的直通式理货区来进行快速作业。而对于其销售配送过程，因为一般是为大客户服务的，客户相对集中（制造业配送中心一般只负责为下一级销售配送中心、批发商或大零售商进行配送，而将小客户或个人订货交由下一级销售商来处理，以减低与每个客户进行交易而产生的交易成本），故在配送时较易实现整车运输，客户和订单管理也相对简单。除此之外，制造业配送的另一特点是，往往将零部件、配件配送与成品配送的运作集成在一个配送中心之中，所以在管理时还要考虑零部件与成品的不同特性区别管理。对于制造业配送来说，制造工厂还扮演着双重角色；对于销售配送来说，制造工厂是其供应商，是配送中心存货的主要来源（此外还有一部分是直接采购回来的备件及其他附件）；而对供应配送来说，制造工厂又是其客户，是其配送服务的主要目标。针对制造业配送中心的上述特点，制造业配送的流程也有自己的特点，如图2-29所示。

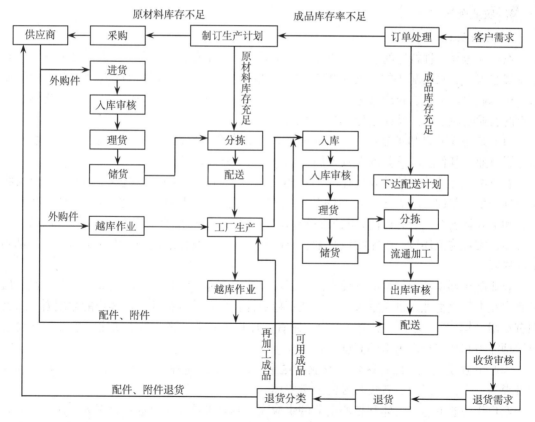

图2-29　制造业配送流程图

从图 2-29 中可以看出，制造业配送的驱动力同样是客户需求。在接到客户的需求信息时，销售配送中心就查询库存，确定配送中心是否有足够的库存来满足这次订货。若满足库存需要，则下达配送计划，进行分拣、流通加工、装卸、配送等一系列配送中心作业，从而将货物迅速交到客户手中；若库存不足，则要组织生产，制订生产计划并下达到各个生产部门与生产配送中心。对于库存满足需要的零部件，则通过生产配送中心，经过一系列作业发送到生产部门；对于需要采购的零部件，则需快速下达订单给供应商，并通过越库作业直接由供应商在配送中心作暂存后送往生产部门，保证生产部门及时得到所需原材料和零部件。工厂完成产品的制造后，将一部分产品通过越库作业直接发给客户，而另一部分入库、理货后储存，以保证后续需要。同时，外购的配件则可由供应商直接经过两次越库作业发送给客户。客户收到产品后可能会由于质量不合格等一系列原因而拒收货物，这时就会发生退货作业，应将产品返回到配送中心后进行退货分类作业，并根据不同的退货原因，明确责任。对于由于上游供应商配件造成的退货，将其退给上游供应商处理，并做相应的记录；而对于由于生产造成的问题则退回加工工厂进行再加工，对于可以降级销售的产品则重新入库以等待机会做降级销售，并做相应记录。

4. 农业配送

1) 农业配送的特点

农业配送是一种特殊的、综合的农业物流活动，是在农业生产资料、农产品的送货基础上发展起来的。农业配送的含义是指在与农业相关的经济合理区域范围内，根据客户的要求，对农业生产资料、农产品进行分拣、加工、包装、分割、组配等作业，并按时送达指定地点的农业物流活动。其配送特点为以下几点。

（1）农业配送环境的制约性。农业配送环境具有全方位性，农业包含农、林、牧、副、渔等子行业，其作业场所基本涉及人们所知的大多数地理环境。

农业配送环境的制约性表现在两个互相关联的方面。一方面，农业物流能力（包括物流管理和物流基础设施等方面）制约和影响农业配送的范围和绩效。例如光明乳业在建立冷链和提升物流系统能力以前，其液态奶的配送半径被局限在加工厂方圆 300 km 以内。另一方面，宏观物流环境、国家物流政策、农产品行业规范及标准化等对农业配送形成外部约束和局限。

农业配送环境的制约性的重要根源在于农业配送客体的特殊性。农业原料及其制品一般具有内在本质生物性、供应季节性、性状不稳定性及易腐败等特性；从客户的角度看，对其则有食用（饲用）、营养、安全、卫生、感官、理化等要求。这些特点决定了农业配送对物流管理能力和物流技术因素的高度依赖。

（2）农业配送主体的特殊性。农业配送主体既有加工企业、运销企业，又有农户（农户可视为一个自主经营、自负盈亏的经营主体）。

农户作为农业生产主体和核心企业的供应商，具有多重身份属性：自然人、法人、管理者、决策者、劳动者等。其行为模式比较复杂，决策的理性与非理性并存，并受农户个人的文化素养、偏好、心理状态、经济状况等因素影响而波动；在对市场信号和经济信息的认知、判断、反应上，既可能是理智决策，也可能是盲目从众；从数量特征上看，农户作为供应商，其数量弹性很大，有时可少至百十人，有时又可多至成千上万甚至更多。

例如，伊利集团带动了20多万农户进行牧业生产和原奶供应。供应商数量上的这种巨大性在其他行业配送中是少见的。供应商构成上的这些特殊性，使得商业配送主流理论中关于配送基本环节、配送功能要素、配送流程等的理论和方法，移植到农业配送管理时会面临很大的适用障碍。

（3）农业配送客体和配送工具的多样性。农业配送客体主要为农副产品及其中间产品、产成品，此外还包括其他辅料、包装物等。农业配送工具也是种类繁多、层次不一，既可以是飞机、火车等现代物流工具，也可以是小四轮、马车等低级物流工具，甚至可以是个体的人。农业配送客体和配送工具的多样性决定了农业配送主体在联结模式的数量上呈几何级数增长，加剧了农业配送路径的多样性和复杂性。

（4）农业配送路径的复杂性。农业配送路径的复杂性主要源于农业生产的分散性和农产品消费的普遍性。农业配送过程可描述为：农业投入物以工厂或工业城镇为起点，经由各种运输方式到达农村，直至千家万户（这一过程中农业配送路径呈强发散性），经过农业生产、收获等环节后，农产品由少聚多，由支线向干线汇聚到制造厂或分销商（这一过程呈强收敛性），经过加工（或流通加工）后，向分销商、零售商扩散（呈中度发散性），最后从各零售网点扩散至千家万户的消费者（呈强发散性）。

农业配送路径的特征模式可概括为：强发散性、强收敛性、中度发散性、强发散性。这一特点决定了农业配送控制上的高难度、管理上的复杂性、物流硬件投资上的巨大性。这一特点的影响不仅表现于粮食、棉花等大宗农产品流通方面，也很突出地表现于一些全方位快速扩张的企业身上，如伊利、双汇、光明等企业。而其他行业配送路径中的一些生产资料用品基本不具有这一特征。此外，其他行业的许多日用品配送虽然在供应链下游也体现出强发散性，但在上游却不表现出"强发散性、强收敛性"的特点。

（5）农业配送时间竞争的双向性和局限性。一方面，农业配送在时间竞争的策略方向上具有双向性。在其他行业配送中，时间竞争策略的基本指向就是加速，即通过尽可能地缩短产品开发、发布、加工制造、销售配送、服务支持等时间长度，以及减少它们的波动幅度来参与竞争。而在农业配送中，时间竞争在策略指向上，不仅包括正向加速（一般意义上的加速），而且还包括逆向加速，即削减和抑制农副产品有机体自然生长（呼吸、光合作用、熟化、腐化）的速度，以使其具有更大的经济价值。例如，对生鲜品保鲜、冷藏以降低生物体活动强度，培育晚熟品种以均衡后续生产和供应等措施。

另一方面，农业配送在时间竞争方面受到诸多局限。首先农业环节生产和运营周期十分漫长，其长周期与农产品加工、流通的短周期形成鲜明对比。在一定的经济技术条件下，农业周期压缩的潜力有限，农业配送的时间竞争受到局限。其次，农业环节在响应客户需求时，其响应方式与后续环节存在着巨大的差异。农业生产和决策在时间上整体刚性很强，调整的柔性差。另外，农业配送各子系统在信息的传递、物流系统协调与集成、标准规则的一致性等方面的欠缺，也约束了农业配送基于时间竞争的整体优化空间。最后，农业配送节点的时间竞争工具很有限。在制造业中，时间竞争中常用的系统简化和整合、标准化、偏差控制、自动化等方法在农业配送环节运用很困难。

（6）农业配送需求的不确定性。进入21世纪以来，随着农业和整个国民经济的发展，居民收入和生活水平的提高，农副产品及其制品的种类和品牌日益增多，流通渠道日益复杂，消费者对价格、品质、服务等日益敏感，购买偏好和习惯也更加捉摸不定。总体看来，农副产品消费模式已由温饱型向质量型、服务型转变。

因此，农业配送需求呈现出高度不确定性。农业配送需求的不确定性，既源于在不同地区消费者对同类农产品需求的差异和变动性上，也源于在同一地区消费者在不同种类农产品之间及同一农产品不同品类之间频繁的选择和变换上。综合起来看，消费者需求模式的演变对整个生产、流通领域带来前所未有的压力，能否准确把握消费者需求并快速响应，已成为优化农业配送的关键。

2）农业供应配送的特点

农业供应配送是为了保证农业生产不间断进行，保证农村经济持续发展，供给和补充农业生产所需生产资料的配送。农业供应配送是农业生产的前提条件和物质保证。

（1）农业供应配送的客体。农业供应配送的客体主要是指农用生产资料。农用生产资料有籽种、化肥、农药、地膜、农业机具，以及农业生产（包括乡镇企业生产）消费的原材料、燃料、润滑油脂等，其中包括水和电力资源。

（2）农业供应配送的方向。农业供应配送的方向是从城市经市场向广大农村消费市场的流动。它的组织过程一般是从一级批发市场逐步向二级、三级市场转移；通过干线运输到支线运输来实现。其配送形式呈扩散形态。

（3）农业供应配送的环节。农业供应配送环节的多少，主要决定于农用生产资料的供销形式和供应环节的多少。供销形式复杂，供应环节过多，流程过长，配送环节就会增加，反之配送环节就会减少。配送环节过多，会延长配送时间，造成物资损耗，增大配送费用，提高配送成本，降低配送效益。

根据供销形式和运输距离的不同，农业供应配送环节大致存在三种情况：一是采取直销直供的交易形式；二是采取转销直供的交易形式；三是采取转销转供的交易形式，其中还存在多次转销少次转供及多次转销多次转供两种情况。

（4）农业供应配送的组织。农业供应配送的组织是在农用生产资料交易过程中或交易后确定的。凡是实行直销直供形式的，生产厂家或供货人是配送的具体组织者；凡是实行转销直供的，则最后供货人是仓储部门作为配送的组织人或代理组织人；凡是执行配送制的供销部门或仓库，则供销部门或仓库是配送的组织者；凡是向多个厂家或多个供货单位同时购买一定数量商品的客户，则配送的组织者是农民消费者自己。

配送的组织决定着配送的内容、方式、手段、环节、时间和配送规模，它对配送效益有决定性影响。

（5）农业供应配送的路径及运输方式。农业供应配送路径的起点是工业城市，终点是广大农村，中间一般要经过三级市场，通过干线运输到支线运输，以及相关货场及货栈后送到农民手里。

农业供应配送的长途干线运输采用铁路、公路、水运、航空等运输方式。这些国营交通运输部门和相关货场及货栈就是干线物流的载体，它们有较好的设备条件，较高的管理水平，较低的价格，较优的质量保障体系。但是，由于我国运力不足，农资运输受到排挤现象时有发生。各市场之间和各市场到达客户的运输多是支线运输，多采用汽车、拖拉机、机帆船、畜力和人力等运输工具。运输方式又分别由地方运输公司、集体或个体运输户及农民自己运输。除专业运输公司外，其他运输方式由于技术水平低、设备陈旧、管理水平差、运价高、时间不准等因素的影响，配送质量得不到保证。

综合农业供应配送的情况，可以看出它具有如下特点。

（1）配送方向是从城市流向农村。

（2）配送路线从干线运输到支线运输，呈树枝状放射状态。

（3）配送规模从大到小，呈扩散型。

（4）农业消费上的季节性，使配送活动也具有很强的季节性。

（5）配送的组织者和承载人一般是分开的。

3）农业销售配送的特点

农业销售配送是指由于农产品的销售行为而引发的一系列配送活动，其中包括为销售农产品和满足消费者需要实行的分拣、配货、分放、配装、送货等活动。

农业销售配送按照农产品的购销形式可以划分为三种配送形式。一是直销直供的配送形式。购方与农民直接见面，签订购销合同，按约采取由农民直发或由购方直提。这种形式关系较稳定，中间环节少，配送速度快，中间损耗少，有较高的配送效益，适合于现货或期货等购销形式。二是转销直供的配送形式。尽管农产品在市场上几易货主，最后采用直达供货。这种配送形式仍能取得直销直供的配送效果，但部分市场价值被中间商所瓜分。三是转销转供，即随货主转换场所的配送形式。这种配送环节多、路线长，多次装卸搬运，中间损耗大，因此增加了配送成本，降低了配送效益。

（1）农业销售配送的客体。农业销售配送的客体主要是指各种农产品，其中包括粮、棉、油（料）、丝、麻、茶、烟（叶）、蔗、菜、瓜（果）等及城市郊区菜篮子工程的一些种植业和养殖业产品，如肉、蛋、奶、蔬菜等。

（2）农业销售配送的方向。农业销售配送的方向和供应配送的方向相反，是从广大农村农民经营者手中取得资源，通过农贸市场，经过不同的配送手段流向城市，投入工业生产或城市居民消费。

（3）农业销售配送的环节。农业销售配送的环节与供应配送相比，尽管管理系统不同，但配送环节的数量是一样的，这为供应配送与销售配送的协调配合创造了有利条件。

（4）农业销售配送的组织。农业销售配送的组织者主要是：凡是由农民个体或集体组织发送货的，配送的组织者是农民个体或集体；凡是由国营专业购销公司或是加工部门组织收购的，配送的组织者是这些专业公司或加工企业；凡是由经销企业在市场收购的，则配送的前阶段是农民销售者，而配送的后阶段则是这些经销企业；凡是由集体或是个体经销商转销的，这些商人是配送的组织者。

（5）农业销售配送的路径及运输方式。农业供应配送的路径呈收敛形式，和供应配送一样，也是经由交通运输部门、流通加工部门、仓储部门，以及相关部门或者购销者，只是次序颠倒。运输方式先分散（支线）运输，后集中（规模）运输，形成批量后才由国有企业承载配送任务，配送批量将越来越大。

综合以上农业供应配送的情况，可以看出它具有如下特点。

（1）配送方向从广大农村流向城市，方向一致且呈收敛形式。

（2）配送量从小到大形成规模。

（3）配送程序是先支线运输，后干线运输。

（4）农业生产的季节性决定销售配送的季节性，但销售配送的后期阶段这种情况有所改变。

（5）配送组织者和承载者一般是分开的，给配送组织工作带来一定的困难。

4）我国主要农产品的配送形式

- 农产品配送管理概述

农产品配送是指以粮食、肉类、水果等农产品为配送客体，对它们进行备货、储存、分拣、配货、分放、配装、送货等作业，并按时送达指定地点的农业物流活动。农产品配送路径一般是由农村到达城市。

（1）农产品配送的特点。

① 农产品配送的风险较大。由于农产品生产的地域分散性和季节性同农产品需求的全年性和普遍性发生矛盾，使农产品供给与消费之间产生了矛盾，以致准确掌握供求信息相当困难，无法及时进行调整，造成农产品配送具有较大的风险。

② 农产品配送的质量要求很高。由于农产品的各种生物属性，使得对农产品配送过程中的储存、保鲜、加工等环节有很高的技术要求，需要特定的设施。例如大部分农产品具有易腐性，在配送过程中需要采取各种措施，以达到保鲜的目的；一些鲜活产品进入流通领域后，还必须进行喂养、防疫等，这些都需要专门的知识和设备。

③ 农产品配送存在距离上的瓶颈。这是农产品和其他普通商品的主要区别之一。只要有足够的地区价格差异，一般商品理论上没有配送半径问题。但是农产品始终存在距离瓶颈，因为农产品尤其是生鲜食品在运输过程中会加速贬值，虽然运输水平的提高能够减低贬值速度，但无法完全消除。所以，在确定农产品配送体系的过程中，要进行更为认真而复杂的比较，以确定合理的配送半径，建立合适的配送中心，真正实现运输的规模经济和距离经济。

（2）我国农产品配送中存在的主要问题。

① 农产品配送处在时间长、消耗大、效率低、效益差的低层次水平。我国的农产品配送是在家庭联产承包责任制的基础上，除对粮食、棉花实行合同订购以外，大部分农产品实行市场购销。目前，已基本形成以农产品批发市场为中心，集市交易和其他零售网点为基础的农产品市场网络。虽然我国的农产品流通在改革开放以来取得了很大的发展，但从总体上看，由于思想观念、管理体制、设施等种种原因，我国的农产品配送还处在时间长、消耗大、效率低、效益差的低层次上，很难适应社会经济迅速发展的需要。

近年来，国家加大了农产品流通三级市场建设，即农产品产地批发市场、销地批发市场和零售农贸市场。在国家鼓励和市场调节之下，大规模的农产品常温物流或自然物流正在逐步形成，但区域内农产品综合物流配送体系尚未成型，网络分布不够均衡，农产品大宗配送与连锁超市生鲜区之间未能有效衔接，农产品的冷链配送还没有出现。

② 我国农产品配送的主渠道仍然是传统的农贸市场或肉菜市场，配送质量和效率不高。目前的市场架构与国家相关的流通产业政策有关。现在我国各级政府鼓励、支持的"菜篮子工程"中，承担零售环节配送的主渠道仍然是传统的农贸市场或肉菜市场。例如，平均每2万～3万人规划设置一个2 000～2 500 m^{2}的农贸市场，每个农贸市场的服务半径约500 m。现有农贸市场虽然购物环境和卫生条件较差，只经营未经加工的生鲜初级产品，但由于商贩享受低成本包税经营，这就在商品价格上具有竞争优势，从而迎合了部分传统消费观念和购物行为。

从我国农产品的市场结构来看，大规模农产品批发市场的建立，局部实现了农产品不同地域及不同季节的调剂和互补，但还停留在初始原材料性农产品的集散和销售上。由于常温状态下的初级农产品保鲜困难，损耗量大，这又给季节性和区域性调配带来无效配送和诸多不便。

- 粮食配送管理

粮食配送是指以粮食为配送客体，对其进行备货、储存、分拣、配货、分放、配装、送货等作业，并按时送达指定地点的农业物流活动。

（1）粮食配送的有效管理依赖于合理的粮食行业结构。从粮食行业的内部结构看，由于资源配置不合理，粮食购、销、存、运、加工几大业务环节之间缺乏有效的衔接和必要的协调，仓储"瓶颈"的制约和配送设施的不配套经常造成配送环节的局部脱节，严重影响了粮食配送的效率。

首先，不合理的粮食行业结构导致粮食配送体系的内在联系被人为分割，配送体系各组成部分之间缺乏直接的横向联系。

目前，在我国不但粮源组织和粮食系统内部各环节间缺乏协调，粮食配送所必需的铁路、交通等系统外环节的配合更难控制和掌握。粮食配送纠纷发生后得不到及时、公正的解决，粮食配送的统筹管理无法实现。

其次，不合理的粮食行业结构也造成粮食配送管理缺乏必要的规章制度和行之有效的控制办法。粮食配送的宏观管理弱化，尤其是行业组织结构的不合理，导致粮食配送管理的许多职能模糊不清、归属不定，粮食配送原有的一些规章制度未能根据形势的发展变化进行及时的修改和补充，粮食配送在操作中无章可循。例如，机构改革后，各级粮食管理部门及其所属机构的职能中找不到对粮食运输如何管理的方法，就连最基本的粮食运输统计也无人问津。

再次，不合理的粮食行业结构也导致对粮食配送设施建设缺乏必要的科学论证，造成了财力、物力的浪费。例如，浅圆仓的建设受气候条件影响较大，闷热、潮湿地区不宜建这种粮仓，但因事先没有进行较详细的专家论证，待粮仓建成后才发现一些地区根本不宜再建粮仓，或根本不宜建这种类型的粮仓，形成资金和物资的新浪费。粮食行业结构的不合理除了导致粮食配送管理无章可循和管理措施缺乏力度外，也造成粮食配送运作缺乏必要的政府推动。

（2）粮食的运输和仓储等环节的基础设施是影响粮食配送管理的重要因素。从粮食行业的运输看，虽然运输工具的选择这几年不成问题，但粮源过于分散及散装散运涉及的车站、港口、码头的装运接卸设施的不配套和计量设备的缺乏，使粮食散装、散运无法较快地推广，粮食运输效率当然也就无法提高。这几年，粮食销售环节又因粮食品种、质量、价格及外部竞争、信息不灵等因素出现重重困难，严重阻碍了粮食配送的效率。

从粮食行业的仓储看，计划经济和短缺经济条件下形成的粮食仓、厂、站、点布局，造成了粮源和生产能力配置的严重不合理，许多库、厂分布在远离交通沿线的闭塞地区，粮食进出十分困难。过于分散的收纳库、过剩的加工能力除了造成资源的浪费外，也给粮食配送带来了诸多不便，加大了运力的耗费和运杂费用的开支。仓容的不足也对粮食配送形成了制约。我国现有的粮食仓容只能满足粮食储量的 65%～70%，致使每年有数百亿公斤的粮食露天存放，优质及高等级粮食品种更是无法做到分仓储存，霉变、虫害几率大，陈化速度加快。尤其是农村储粮，因条件简陋，农民又缺乏储粮知识和技术，鼠患、虫害现象严重，储粮损失达 8%～15%，严重阻碍了粮食配送的效率。

基础设施建设的落后，使粮食"四散"化作业的推广十分缓慢。"散装、散卸、散存、散运"的"四散"技术作为配送技术发展的重要体现，在美国、加拿大、澳大利亚等发达国家早已普及，成果非常明显。我国粮食"四散"技术起步于 20 世纪 70 年代，有了近 30 年的历史，但由于装运、接卸设施的不配套，粮食"四散"作业无法大范围地开展。加之我国 6 万多个粮库中，苏式仓、土圆仓、普通房式仓仍占有较大的比重，车站、码头的装卸环节机械化、自动化程度比较低，必要的散粮计重设备缺乏，使"四散"配送作业还具有相当的难度。以物流条件比较好的吉林省为例，散装运输比重还不到 20%，其中玉米散运出口量不及该省玉米出口总量的 25%。

- 畜产品配送管理

畜产品配送是指以畜产品为配送客体，对其进行备货、储存、分拣、配货、分放、配装、送货等作业，并按时送达指定地点的农业物流活动。

（1）我国畜产品配送的特点。

① 我国畜产品配送的流向主要是由农村流向城市。就我国目前的现状而言，90% 以上的畜产品是由以家庭为单位的小农户提供的，而消费的绝大比重都是在城镇地区。这些产品

或是由商业机构直接收购,或是由合作经济组织代为收购,或是由产业化经营的龙头企业收购,然后再经过屠宰、分割、冷冻、肉禽熟制加工、冷藏储运、批发等环节分配到零售机构。

② 畜产品生产周期长,具有季节性和地域性。畜产品的这一特点加大了畜产品配送的风险。因此,畜产品配送管理必须解决畜产品供给在时间上的不平衡性和在空间上的不平衡性。在畜产品配送中,必须组织好收购、储存、运输,开放多种渠道,减少中间环节,促使经营者走最短、最便捷的路径,付出最少的时间和最小的费用,及时把畜产品从生产者那里转移到消费者手中,以达到提高畜产品配送时效、降低畜产品配送费用的目标。

③ 畜产品是时效性很强的产品。一般的畜产品都具有鲜活、易腐、易损、不耐保存、不便运输等特点,对配送的质量管理要求很高。在畜产品配送的收购和运输过程中,对外界条件要求严格,如适宜的温度、良好的处理、适宜的包装、专门的保鲜储运设施等。

④ 我国畜牧业的基本生产单位主要为家庭,生产规模小而且分散性大。因此,畜产品配送渠道必须是多种多样的,应有比较灵活的方法与形式,才能与我国畜牧业的生产经营状况相适应。比如要有方便农牧民出售产品的多种销售渠道和售货方式,要充分利用各方面的储存、运输、加工、销售潜力。

⑤ 畜牧业生产受自然再生产与经济再生产双重的影响,生产容易发生波动。因此,要搞好畜产品的配送管理,必须密切关注生产与市场情况的变化,加强产品信息和市场信息的搜集,努力提高仓库的储存能力,以丰补歉,减少季节间的市场波动,以稳定生产和市场供应。

(2) 我国畜产品配送的渠道。

我国的畜产品配送渠道一般可分为以下几种形式。

① 生产者(包括企业和个人)—消费者。

② 生产者—零售企业—消费者。

③ 生产者—批发企业—零售企业—消费者。

畜产品配送渠道中的中间商有以下几种形式。

① 专门对畜产品交换起媒介作用的商业企业。

② 畜产品的生产单位或组织及畜产品的加工企业。

③ 农村的集市贸易和城市的农副产品市场。

④ 进出口商和贸易货栈。

⑤ 肉禽产品拍卖市场。

- 水果配送管理

水果配送是指以水果为配送客体,对其进行备货、储存、分拣、配货、分放、配装、送货等作业,并按时送达指定地点的农业物流活动。

(1) 我国水果配送的发展。

① 超市的市场拓展阶段。个别水果批发经营企业开始向超市配送水果。当时我国水果

批发交易市场的现场成交活跃,大多数批发企业都不愿从事这项业务。

② 水果批发交易市场的整顿及超市大发展的阶段。其客户渠道(指销售)发生了很大变化、市场门市批发生意越来越难做,批发企业开始竞相向超市配送水果。

③ 批发企业向超市配送水果的激烈竞争阶段。在超市的催化下,水果供应商竞相压价、相互倾轧,争抢水果配送市场,在竞争中也出现了对这个市场起主导作用的公司。这同时也说明,众多水果批发经营商都看好这个市场。在水果批发配送竞争中,配送经营服务已走向多样化。

(2) 我国水果配送的主要形式。

① 向超市、大卖场配送水果业务。

② 由批发企业与超市约定,派员在超市中经营。

③ 向宾馆、饭店及企事业单位配送餐间水果业务。

④ 通过电话订购等形式配送水果到消费者家中的业务。

目前我国的水果配送仍处于一种初级形态。从配送的概念看,其本质是送货但绝非一般性的运送。它应该包含这样两层意义:一方面,它在向客户送货过程中客观上有确定的组织和明确的供货渠道,有相关的制度进行约束;另一方面,配送货物是建立在备货和配货基础上的经济活动,是按照客户的要求,包括货物的品种、质量、规格、数量和送达时间等进行备货和送货。由此看来,目前我国水果批发企业所从事的水果配送严格意义上仅是一般性的运送活动,从事这类活动的企业多、规模小、竞争无序,需要有一个质的提升。

(3) 我国水果配送管理中的主要问题。

① 我国水果配送的渠道不畅。我国水果市场已放开了十多年,基本形成了由市场决定价格的机制,但是配送体系很不健全,销售渠道不畅,对国内、国际市场的研究开发不足,还停留在果熟才找出路的无序竞争阶段,造成"内销不旺,外销不畅"的局面。发达国家早已形成了各种形式的中介组织,在农产品贸易方面主要负责研究和预测市场,建立配送网络,从事拍卖交易和实施行业管理等工作,直接面向农民提供服务,为农产品销售开辟了顺畅的配送渠道。

② 我国水果配送的流程还很不规范。目前,发达国家已普遍采用了水果采摘后包括预冷、贮藏、洗果、分级和冷链运输等内容的规范配套的流通方式。产后商品化处理量几乎达到100%,大部分水果从采摘到上市销售的时间不超过30天。我国经过包括简单手工分级在内的商品化处理的水果还不到总产量的1%;世界发达国家果品加工总量已达产量的35%,我国还不足10%。

③ 我国水果配送的冷链技术还很缺乏。目前在发达国家物流冷链水果经营已普遍应用,在我国冷链配送一直是政府和一些水果保鲜专家极力提倡和竭力推广的项目。但是,目前我国消费水平还不允许冷链配送这一高成本的流动环节加入到水果配送中来。例如从广东到北京运输荔枝,运输成本为700~800元/t,而冷藏车运输成本为1 200~1 400元/t。这意味着荔枝在北京的批发价由原来的5~6元/kg上升到5.6~7元/kg,上升幅度达10%~

15%，而运输损耗率的减少却只能达到8%～10%，消费者并不会因此接受高价的荔枝。就目前我国的消费水平来说，只有停留在低价位才能达到大量的消费，高质高价的水果只能是少数人的消费品。在我国，对于特定水果的预冷设备和技术、防腐保鲜剂及包装材料的选择技术仍十分匮乏，冷链配送应用的技术基础还远远没有具备。

5．快递业配送

快递业是以速度、网络为中心，并以提供个性化服务为特征的行业。速度对于快递业至关重要，是快递业的灵魂。这里提到的速度，就是最快地满足客户不同层次的需求，确保货物按客户的要求快速送达指定的地点。而配送管理对于有效提高快递业的速度具有决定性的作用，因此非常有必要开展快递业配送管理的研究。

快递业配送是指在一定的合理区域范围内，根据客户的要求，对快递货物进行分拣、包装、分类、组配等作业，并以最短时间送达指定地点的物流活动。

相对于其他行业的配送来说，快递业配送的作业环节比较少，而且简单，但快递业配送对时间的要求非常高，强调以最短的时间完成配送任务，因此在配送成本上高于其他行业的配送。

1）快递业配送的特点

（1）托运人对快递货物的配送时间要求高。时间是托运人委托快递企业提供服务首先要考虑的因素。由于社会经济活动日益频繁，人们对货物送达的时间要求越来越高。特别是对于一些商业企业来说，一份商业文件能否及时送达，可能关系到一笔生意能否做成；一批产品能否及时送达，直接影响企业在客户群中的声誉，并对企业市场占有率的高低产生影响。

另外，一些时令性较强的产品，或者客户对某一产品或者配件的应急采购等，都要求快递企业提供快捷的送达服务。正是由于客户对时间性要求高，快递运输所实现的货物时间价值比普通大宗货物运输要高。

因此，按照服务承诺，保证客户对配送的时间要求是一个快递企业生存与发展的根本。

（2）快递货物通常体积不大、价值较高或产品难以替代。快递货物通常体积不大但单件货物价值较高，例如通信器材、计算机芯片及配件、试验用器材和样品、高档服装等。由于产品体积不大，通常采用人工装卸作业而非机械装卸作业。因此，快递行业的劳动力密集程度相对较高；同时，由于单件货物价值较高，订货方一般为减少资金占用，要求产品的供应少批量、多批次，并能够按照市场销售状况及时供货。

快递货物的另一特点是难以替代，例如商业合同文件、时令性产品、特殊需要商品或一些个性化物品，如样品、礼品等。这些物品不仅对时间性要求高，而且对安全性等服务要求非常高，这就对快递服务者的服务条件、保险责任、信誉和资金实力提出较高的要求。

（3）配送路径通常需要"门到门"服务，配送成本较大。与普通大宗货物运输相比，快递货物托运人对快递企业的服务要求较高，除了运输时间和货物的在途安全外，最通常的条件是要求服务提供者上门取货与送货到门，真正实现货物门到门运输服务。由于快递企业所面对的是分散的社会群体，货物的单元体积通常较小，因此运输单位体积货物所发生的成本远远高于普通货物。

（4）服务对象分散，地域分布广，需要完善的配送网络系统。快递业配送的又一个重要特征是快递服务提供者必须要有完善的配送网络系统来支持其业务活动，这是由服务对象分散和地域分布广等特征所决定的。

完善的配送网络系统包括运输网络和信息网络两个子系统。运输网络子系统是指运输线路、运输工具、运输站点等组成的覆盖服务范围的有形网络系统。系统的分级根据服务业务量来确定，保证货物在系统内能够最有效地实现无缝配送活动。信息网络子系统则为各参与方提供商流、资金流和管理活动必需的保证条件。特别是在信息时代已经来临、电子商务越来越成熟发展的商业社会中，快递企业只有通过完善信息网络，才能实现其经营活动。

（5）大多数快递业配送需要建立在航空运输的基础上，实现航空运输与地面中转的紧密配合。一方面，由于我国地域辽阔，要实现最快速度的运输，1 000 km 以内的区域可以凭借公路、铁路进行，1 000 km 以外的区域必须依靠飞机才能完成。UPS 获得美国至中国的直航权后，从美国到北京、上海等城市的文件运送时间由 3 天缩短为 2 天，包裹则由 4 天缩短为 3 天。由此可见，要实现最快速度的运输，就要凭借飞机来完成。目前，我国快递业 80% 的急件都是通过飞机来运送的。

另一方面，航空运输必须与物流基地的地面中转互相配合。由于条件限制，飞机在运送快递货物时，只能选择大城市降落。中小城市尽管有机场，但由于货物比较零散，而且飞机不能像火车一样能够做到站站停，所以要求快递企业必须根据自己的网络结构选择几个点作为物流基地，以集散南来北往的货物，然后再统一配送，从而达到提高配送速度、节约配送成本的目的。

所以，除同城快递配送外，大多数快递业配送需要建立在航空运输的基础上，同时需要航空运输与物流基地的地面中转紧密配合。

（6）快递业配送环境以城市为主，并且对配送质量有很大的影响。城市配送环境包括道路、停车场等运输基础设施与运输工具的适应性，城市交通的政策环境，城市对货物快递运输工具在地域、时间等方面的限制程度等。

一方面，快递企业在制定配送时间、路径等计划时，必须充分考虑城市对货物快递运输工具在地域、时间等方面的限制程度等；另一方面，快递企业在实施配送活动时又会受到道路、停车场等运输基础设施与城市交通政策环境的制约。

2）国际四大快递企业的配送特点

国外经济发达国家或地区大型快递企业在开展配送业务方面都经历了激烈的竞争阶段，通过不断地改变经营管理策略，提高服务质量，才逐步巩固和扩大了自身的市场份额，发展成为本地区或国际快递行业的巨无霸，典型的例子有被《财富》杂志评为前四名的跨国快递公司：美国联合包裹运输公司（UPS）、美国联邦快递公司（FedEx）、荷兰邮政集团（TNT）及敦豪国际速递公司（DHL）。

- 美国联合包裹运输公司（UPS）

美国联合包裹运输公司（UPS）创立于1907年，服务范围覆盖全球200多个国家和地区，2007年已发展到拥有497亿美元资产的大公司。作为世界上最大的快递承运商与包裹递送公司，同时也是专业的运输、物流、资本与电子商务服务的领导性的提供者。1988年，UPS与中国外运集团合作进入中国市场，截至2005年在国内25个城市设有办事机构，业务遍及200多个城市。作为北京2008年奥运会和残奥会的官方物流和快递赞助商，已成功完成对北京奥组委的庄严承诺，至2008年9月17日残奥会结束，UPS共计递送超过1 900多万件物资，总量相当于国家游泳中心（水立方）体积的1.5倍，其中更包括易损坏的比赛器材、运动员的获奖证书、时效性强的胶片、磁带等媒体物资。全部物资均以零事故率实现递送。

UPS公司最初依靠几个年轻人在西雅图开展小范围的递送服务起家，他们遵循"礼貌待客、诚实可靠、全天候服务和低廉的价格"这样严格的准则，不断取得客户的信赖。经过十年的艰苦创业，随着机械化交通工具在美国的大量应用，他们把业务扩展到为百货公司提供专业送货服务。同时，该公司还率先尝试合并递送理念——将目的地址注明为某个邻近地区的包裹合并装在同一个递送交通工具上。

20世纪20年代和30年代是该公司发展、创新和变革的时期。在这一时期，公司的业务扩展到美国加利福尼亚州的其他大城市。1929年公司开办了"联合航空邮件快递"，通过航空运输将业务扩展到美国东部的纽约。在此期间，公司采用了"联合包裹服务（UPS）"这个名称。

20世纪50年代至70年代是UPS的全国性增长时期。为了寻找新的商业机会，公司决定通过获得"公共货运公司"的权利，为所有地址（所有私人或商业客户）递送包裹，以拓展自身的服务。这个决定将公司直接置于与"美国邮政服务"竞争的地位。在拓宽服务的同时，UPS也在拓展新的领域，经过30年的努力，UPS系统得到了美国48个州的授权，并在1975年实现了全国性的包裹递送服务。

1988年，UPS得到FAA（联邦飞行管理部门）的授权，即可以经营自己的飞机，正式成为一家航空公司。20世纪80年代，UPS正式加入了国际性运输市场，并不断与美国、欧洲、中东、非洲和泛太平洋国家和地区建立了联系，成为全球最大的包裹递送公司。

截止到2007年，UPS拥有265架各种类型的飞机，包机309架，每日各类作业车辆9万多辆，各类中转作业站1 801个，并为约40亿人次提供服务。其2007年的递送量达到40亿件包裹和文件。

- 美国联邦快递公司（FedEx）

美国联邦快递公司（FedEx）成立于1973年，是全球第二大快递企业，为全球超过220个国家及地区提供快捷、可靠的快递服务。美国联邦快递公司（FedEx）在1999年9月与深圳黄田机场集团公司签署合作协议，每周有5班飞机为华南地区提供服务，还有5班飞机飞往北京及上海。此外，该公司还与中国天津大田集团成立合资企业"大田-联邦速递有限公司",该公司在北京及上海设有特快存送中心。

美国联邦快递公司(FedEx)的成长阶段正值美国石油危机后经济复苏与国内对运输行业放松管制的时期,当时美国国内及欧洲等发达国家的经济处于快速增长期,对快递运输的需求快速增长。FedEx抓住机遇,立足于高起点,以航空运输和陆上门到门配送为切入点,在与UPS等同行竞争中开拓国际国内市场,凭借良好的服务与信誉,迅速壮大。

目前,美国联邦快递公司(FedEx)已发展成为全球最大的快递运输公司之一,向220个国家及地区提供快速、可靠、及时的快递运输服务。公司现有货机684架,货运车辆445万辆,员工超过14.5万人,全球共有43 500个投送件地点,每个工作日为220个国家提供便捷快速、可靠准时的服务,每日处理的货件量平均多达310万件。

在美国联邦快递公司(FedEx)总部的全球营运控制中心内设有大型屏幕,类似于美国太空总署内监控宇航船的指挥中心。通过屏幕,可以观察环球运输网的运作情况,监控货机的航行路线及各地区的气候状况。

为了使客户能随时掌握货物配送流程与状态,美国联邦快递公司(FedEx)开设了客户网站,客户可以通过网站同步追踪自己的货物,还可以免费下载适用软件,进入美国联邦快递公司(FedEx)协助建立的亚太经合组织关税资料库。它的网上交易软件可以协助客户完成网上交易的所有环节,从订货到收款、开发票、库存管理,一直到将货物交到收货人手中。另外,该公司还可以根据顾客的特定需求制订货物配送方案。

美国联邦快递公司(FedEx)还有一些高附加值的服务,例如:将已坏的计算机或电子产品送修和归还所有者;充当客户的零件库或零售商,提供仓储服务和客户服务;帮助客户协调多个地点之间的产品运送流程等。

美国联邦快递公司(FedEx)的服务特点在于:协助顾客节省仓储费用,使顾客能够准确地掌握货物的行踪,可利用FedEx系统来处理货物订单。

- 荷兰邮政集团公司(TNT)

TNT集团1946年创建于澳大利亚,1996年被荷兰皇家邮政收购,是全球领先的快递邮政服务供应商。总部位于荷兰的TNT集团拥有161 500名员工,分布于200多个国家和地区。2007年,集团销售收入为110亿欧元,运营收入为11.92亿欧元。在欧洲,它是最大的快件运营商,占有欧洲速递市场75%的份额。

成立于1988年的TNT中国内地国际快递业务为客户提供最可靠高效的国际快递服务和国内递送服务。在中国内地,TNT拥有26家国际快递运营机构及三个国际口岸,国际快递服务覆盖中国500多个城市。通过其在中国的全资子公司天地华宇,TNT在中国内地经营着最大的私营陆运网络。这个网络包括56家子公司、1 200多个营业网点,递送服务覆盖中国所有主要大中城市。

荷兰TNT邮政集团公司(TNT)在欧洲有4种速递网络。

(1)同天投递网:当天收寄,当天投递。

(2)第二天投递网:白天收寄,夜里分拣,第二天投递。

（3）夜间投递网：在当天 18:00 至第二天 8:00 之间收寄和投递。

（4）货运网：用于快递和后勤业务。

4 种网络各有自己的信息系统，TNT 正在将其互联起来。在欧洲以外，TNT 没有自己的投递组织，只能依靠当地的业务运营商投递。

荷兰 TNT 邮政集团公司（TNT）在荷兰乌特勒支市设有 TNT 客户服务中心，对于客户呼入电话的服务形式类似于我国邮政速递的"185"电话。每个呼入的客户电话号码都会被该中心的计算机自动记录下来，并自动转接到相应的客户服务中心。荷兰 TNT 邮政集团公司（TNT）的大客户都有专门的联系人，实行派驻制或通过呼叫中心与客户联系。客户服务中心的计算机系统可使工作人员迅速、准确地查找到客户资料。

为减少因货物重量、体积测量不准而带来的损失，TNT 引进安装了挪威 Cargo Scanner 公司开发的货物扫描仪，该设备可以快速准确地获取条形码信息，并自动测量货物的重量和体积，为每件货物提供准确的清单。这使 TNT 的收入明显增加，在不到两个月的时间内就收回了全部投资。如今，TNT 已经安装了大量扫描仪，这项技术的普遍使用使运营收益大大增加。

- 敦豪国际速递公司（DHL）

敦豪国际速递公司（DHL）在 1969 年由 3 名朝气蓬勃的创业者 Adrian Dalsey、Larry Hillblom 和 Robert Lynn 共同创建，是由德国邮政公司控股 51% 的国际速递公司，其网络连接着全球 228 个国家和地区。

德国邮政公司为了扩大其国际速递邮件业务，先后出资 120 多亿马克在全世界进行了一场大规模的购并活动，仅 3 年时间就收购了包括快递、货运和配送等在内的 37 家外国公司，并控制了敦豪国际速递公司（DHL）51% 的股份，为公司走向世界奠定了坚实的基础。DHL 是德国邮政环球网络旗下的一个品牌。整个集团在 2007 年的营业收入达到了 630 亿欧元。

网络时代的快速发展又给已控股敦豪国际速递公司（DHL）的德国邮政公司带来了无限商机。德国邮政公司一方面努力成为网上交易的桥梁，代卖方建立网上店铺，向买方提供包括订、存、装、运乃至收款的全方位服务；另一方面，还直接面向网络上的个人客户建立名为"网中生活"的销售平台，为网上购物提供更多的方便。此外，还推出一种新的"电子邮局"业务，客户只需将信件内容通过网络发至电子邮局中心，其他打印、装信封、贴邮票及递送等工作均由邮局来完成，从而大大地方便了客户。

1986 年，该公司与中国对外贸易运输总公司各注资 50% 联合建立了中国敦豪中外运速递公司。作为中国第一家国际航空快递合资企业，从公司成立至今，中外运敦豪在全国各主要城市已建立 82 家分公司，拥有超过 7 100 名的高素质员工，服务遍及全国 401 个主要城市，覆盖中国 95% 的人口和经济中心。

DHL 已经取得了中国国际速递市场 37% 的份额。据介绍，作为市场领跑者，DHL 力求将已高达 37% 的市场份额增加到 45%～50%。为实现这个目标，DHL 早就有所行动。继 2007 年 10 月宣布 5 年内在中国追加投资 2 亿美元于快递业务后，2008 年 5 月，DHL 以合资公司名义涉足国内快递业务，在四大国际物流巨头中率先抢进了国内市场。接着，2008年8月份，耗资1亿美元的DHL亚洲转运中心在香港投入运转，大大加强了对来自内地货物的处理能力。

综上所述，可以充分看到，四大跨国快递公司都具有参与国际市场竞争的经验和营销策略，并凭借雄厚的实力和先进技术，在国际快递市场上称雄一方。

3) 四大跨国快递企业的经营经验

目前，国际四大快递巨头FedEx、UPS、DHL、TNT已经控制了中国国际快递市场80%的份额。FedEx、TNT、UPS、DHL四大快递巨头纷纷抢滩国内快递业务，与其国际业务将近垄断市场的局面相比，面对国内民营快递公司在国内快递业务的强劲竞争力，国际快递巨头在布局国内快递业务上不惜重金投入。

据有关专家介绍，如今，在物流业的三个领域中，外资已经占据了短期内难以打破的垄断地位。这三个领域分别是国际快递、航运物流，以及进入中国的国外制造企业、餐饮企业带来的物流业务，如汽车物流、特种钢材物流等，其中垄断现象最为明显的是国际快递领域。通过四大快递巨头的扩张发展，可以看出它们共同的经验有以下几点。

(1) 始终如一地遵循服务第一、客户至上的经营理念，信守诺言，以此赢得客户的信任。例如，UPS的口号是："最好的服务，最低的价格"，FedEx的广告用语为："联邦快递，使命必达"，明白无误地给客户一种可信赖的感觉。

(2) 配送速度快，充分体现快递服务的行业特点。四大跨国快递公司依靠其发达的运输网络和严格的组织管理，对整个快递过程像流水线一样进行设计和操作，保证托运货物以最快的速度送到收件人手中。

例如，FedEx在亚洲15个城市的快递服务可以做到无论远近隔天交货。UPS的客户可以在两日国际特快、三日到五日加速服务和昼夜快送服务中选择合适的服务类型。

(3) 配送网络发达，服务周全。四大跨国快递公司在全球都有数千个快件处理中心和数万个客户投送地点，形成覆盖全球的配送网络系统，为公司快递业务的开展和兑现对客户的承诺提供了保证。同时，这些公司都不断引进新的服务项目，例如门到门送取货，对国际快递货物预报关、合并报关，多种付费方式，严格的保险和及时的赔付承诺，等等。

(4) 每个公司都有自己先进完备的信息支持系统。完善的信息支持系统是现代快递企业开展业务的基本先决条件。UPS和FedEx都建立了完善的软硬件信息系统，形成本公司的全球即时信息网络。

例如，FedEx通过FedEx-Powership、FedEx Ship及FedEx InterNet-ship等软件结合的计算机系统，与全球上百万名顾客保持密切的电子连线，不仅可以进行网上交易，而且可以进行即时同步的包裹快递动态查询。

UPS的电信网络覆盖100多个国家和地区，服务客户近100万户，网站2 100多个，光纤和卫星专用线路3 000条，通过Total-Track、Maxiship等软件和数据系统，可为客户即时提供空中和地面包裹追踪查询信息。

思考与案例分析

1. 思考题

（1）进货作业的环节有哪些？
（2）储位确定的方法有哪几类，各适应什么情况？
（3）订货点法确定的订货时间是由哪些因素决定的？
（4）举例说明哪些货架能够做到先进先出。（至少举出3种）
（5）什么是安全库存？确定安全库存的原则是什么？
（6）简述搬运活性指数。
（7）简述批发零售业、制造业、农业及快递业的配送特点。

2. 案例分析题

案例分析题1：上海华联的配送信息化及配送流程

1. 背景介绍

上海联华和上海华联是中国本土连锁经营零售业中的老大和老二，联华超市的前身为联华商业，于1991年5月在上海成立。集团推进直营和特许加盟并重，大型综合超市、超级市场和便利店三大业态同步发展的战略，其经营战略是只有先做大才能做强，融资能力和规模扩张能力均胜上海华联一筹。上海华联超市成立于1992年9月，是华联商厦股份有限公司的全额子公司，自1993年开出6家门店以来，经过7年的艰苦创业，公司积极推行现代企业制度和规范化管理，以迅猛的增长态势在激烈的市场竞争中崛起，并逐步形成了以连锁经营为特征，开拓全国市场为目标的集约化、自我滚动扩张能力。上海华联是最早探索特许加盟、输出管理的企业，一贯注重加盟管理的质量，侧重大卖场和超市两种业态的经营，其经营战略重点是只有先做强才能做大，融资能力和规模扩张能力稍差。

据2002年中报显示，上海联华超市的控股股东上海友谊股份（600827）主营业务收入35.09亿元，净利润4 261万元，每股收益0.151 0元，净资产收益率3.83%；上海华联超市（600825）主营业务收入16.33亿元，净利润2 737万元，每股收益0.180 0元，净资产收益率9.82%。虽然从主营业务收入和净利润额来看，联华已远远超过华联，但仔细一比较却发现，联华的利润率比华联低近半个百分点，而净资产收益率只有华联的39%而已。况且，友谊股份2002年上半年的净资产收益率与2001年同期相比下降了近50%，每股收益同期相比下降9%；而华联超市2002年上半年的净资产收益率与2001年同期相比下降仅9.9%，每股收益同期相比却上升24.14%。这项中报结果让人感觉到"中国的沃尔玛"王冠之争还远未尘埃落定。

因此，业内人士普遍认为，联华超市是一家粗放型、讲扩张、求规模的企业，而华联超市则是一个不求大只求精的企业，特别是上海华联高效的物流配送是其获得高净资产收益率的一个原因。

物流配送是零售业的支柱。华联超市物流有限公司是在原华联超市配送中心十年发展的基础上于2002年5月改制组建。公司主营各类食品、日用百货、生活、生产资料的物流配送，兼营食品、百货的零售批发，是国内综合性的大型物流企业。公司地处上海桃浦西北物流园区，东邻外环线，南隅铁路南翔货运编组站，西靠上海国际赛车场，是上海市物流规划发展的重要基地，交通运输十分便利。公司占地49 934 m^2，拥有32 928 m^2 的现代化、多功能的储存仓库，其中恒温仓库有3 000 m^2，可储存各类商品百万余箱，物流配送作业全部实现了机械化、信息化，物流的日均处理能力可达到12万箱以上。公司现有各类厢式货运车近50辆，并且安装了GPS车载终端及系统软件，使车辆运行效率得到了极大的提高，为客户提供高效、满意的货运服务。

2. 配送实例

1）配送体系建设概述

● 配送中心

华联在配送中心的选址、规模、功能上都具有独到的眼光。目前已投入运行的新配送中心位于享有"上海物流第一站"美誉的桃浦镇，可为1 000家门店配货，其智能化、无纸化、机械化程度在国内首屈一指；随着华联走向华东地区，公司于1999年初和2001年分别在南京、北京建立了配送中心，构建当地物流网络；同时，考虑到超市业的竞争焦点之一是大副食、生鲜食品的经营，华联于1998年底成立了自己的生鲜食品加工配送中心。随着特许经营网络的拓展，华联还兴建了4个大型配货中心，以高效率、低成本、集约化、多功能、现代化的物流体系，促进商品配送的科学化、合理化、高效化、经济化。

● 信息系统

上海华联一直注重自身信息系统的建设。2007年5月，通过公开招标，与上海海鼎公司携手进行信息化改革，采用该公司的HDWMS系统。该系统具有高效的标准业务流程、多样的例外流程及适合企业个性化业务的解决方案。

上海海鼎公司的HDWMS系统包含了采购入库、配货出库、客户退货入库、供应商退货出库及仓库内部管理五大功能模块。此外，在HDWMS系统中还内嵌了由上海海鼎公司自主研发的强大的运输管理系统及相关的车辆、配件管理等功能。针对华联物流的业务特点及其发展的战略目标，上海海鼎公司项目组提出了分阶段实现目标的方案并取得了成功。

第一阶段：降低配送差错率与配送费率。

通过ABC分析、优化拣货路线及采用标签拣选，提高拣货速度、减少配货差错率；通过计件工资管理来提高各环节的作业效率；通过排车管理，提高车辆装载率、优化送货路线，减少运输成本等降低配送差错率与配送费率。2007年配货差错率从4‰逐步降到2‰；

配送费率从 2.41% 逐步降到 2%，配送作业成本减少 500 万；人力成本下降，日常人均拣货量达到 1 000～1 500 件/天。

第二阶段：提高供应商送货到达率。

（1）引入订单管理。先进的进货订单管理模块可以避免盲目进货造成的货位紧张，也可以改进无序进货带来的人工安排不合理现状，从而降低作业成本。2007 年供应商送达率达到 85%～95%。

（2）从源头上控制进货量，均衡库内作业。供应商根据订单所规定的送货量及指定日期分别按上、下午的批次送货，有效控制了库存，确保到货有足够的货位存放。

（3）有效控制供应商的送货到达率。每个订单员通过系统提供的到达率报表监督供应商的到货情况；通过对供应商送达率的分析，定期考核供应商，必要时通过处罚来提高送货到达率。

第三阶段：减少库存周转天数。

HDWMS 系统具有完善的库存跟踪和计算方法，可以实时、准确地反映真实库存，高效地管理大型仓库和物流中心。2007 年库存周转天数由可以 20 天逐步减少到 12 天。

（1）货位管理。通过严格的货位管理，每一个货品都对应一个准确的拣货位，系统提供精确的出库建议和入库上架建议，并配合功能强大的各种库存查询功能提高拣货和理货的工作效率。

（2）批次控制。系统提供了先进先出和指定批次的出货管理，通过批次管理，大幅提高库存管理水平，降低库存损耗。同时，严格的先进先出配货也为门店的退货提供了监控功能。

（3）通过越库、货品库存分析、货品出入库分析，辅助优化订货模式与库存模式，减少库存周转天数。越库拣货往往具有品种数较少、货量大、库存周转时间短的特点。对于这些货品，收货时就没必要上架到正常仓的存储位，而是直接收到中转仓，然后在中转仓内进行配货出库。

所以，在仓库面积资源有限的约束条件下，在不减少门店经营品种的前提下，通过对货品库存、货品出入库等信息的分析，调整存储位，利用越库作业能大大减少仓库库存商品品种数，从而有效达到加快库存周转率的目的。

第四阶段：提高门店订单满足率。

通过对物流中心出入库分析、门店销售趋势分析及采购员的主动分货、季节性货品进行越库配货、排车管理、辅助优化的订单模式、门店配货模式等多种方式来提高门店订单满足率。2007 年门店订单满足率从 80% 逐步达到 95%。

第五阶段：降低运输与车辆管理成本。

HDWMS 系统提供了强大的运输管理与分析功能，通过"行车线路管理"、"车辆管理"、"加油卡管理"、"排车管理"、"出车登记管理"、"装车登记管理"、"回车登记管理"、"车辆费用管理"等管理工具进行系统规范的控制，有效地提高了管理水平，控制了运费，降低了成本。2007 年运输与车辆成本占配送成本的比例在 40%～45% 之间。

- 补货系统自动化

2000年，华联与上海捷强集团、宝洁公司等供应商建立了自动补货系统，将"连锁超市补货"转变为"供货商补货"。而后与上海电信合作，希望以EDI方式与绝大多数供应商建立自动补货系统。经过一年多的努力，终于实现了这一目标。此举大大缩短了库存周转的天数。

如今，这一做法已推广到600多家供应商。前不久，华联对宝洁公司的补货提出新的要求：宝洁的商品供货期从17天缩短为10天，这将减少宝洁产品在华联配送中心占用的仓储面积。作为回报，华联增加了宝洁商品的上架品种。

2）配送运作模式

每天工作结束前，各个门店的订货需求通过Modem方式传递给总部，总部计算机对所有的订货需求进行汇总后生成总的订货单，这些数据通过DDN专线直送配送中心。华联根据经销商品的不同情况和ABC分析，对生鲜食品的配送流程主要按3种类型来运作。

（1）储存型配送：这类商品进销频繁，整批采购、保管，经拣选、配货、分拣，配送到门店。

（2）中转型配送（即越库配送）：这类商品通过计算机网络系统，汇总各商场门店的订货信息，然后整批采购，不经储存，直接在配送中心进行拣选、组配和分拣，再配送到门店。

（3）直送型配送：这类商品由供货商直接组织货源送往超市门店，不经过配送中心，但配货、配送信息由配送中心集中处理。

同时，华联建立了客户服务窗口，通过电话、E-mail和Web网站，听取加盟店对总部供货系统的意见，实现了信息的内部共享。

分析与讨论题

（1）上海华联和上海联华的连锁经营各有什么特点？

（2）上海华联的物流配送运作模式是怎样的？具有什么特点？

（3）结合本案例，说明上海华联的配送业务流程有哪些？试分析各有什么特点。（请考虑客户的需求属性、商品的特性等方面）

（4）结合所学知识和本案例，说明提高运输效率、降低运输成本可以采用哪些手段和方法。

（5）请以某一生鲜食品（如活水鱼）的配送为例，分析其配送业务流程。

（6）上海华联引进的HDWMS是如何提高库存管理、运输管理及配送的效率的？

案例分析题2：宅急送快递之路

1. 背景介绍

宅急送成立于1994年，是模仿日本"宅急便"的产物。宅急送的商标是创始人陈平先生创立的，小猴寓意灵敏快捷一个跟头十万八千里的孙悟空；拎着的包裹代表从事的小件快运；圆圈寓意门到门服务；绿色象征生命，象征宅急送永远充满活力。

从骑着自行车、三轮车及7个人、10平方米办公室的小公司起家，到目前宅急送已经在全国拥有480余家全资分支机构，快递网络均为自建，业务覆盖全国大部分城市和地区，成为了国内民营快递公司的领头羊。多年来，宅急送在为广大客户提供便捷安全的快递服务上孜孜不倦，为解决当地就业提供力所能及的帮助，为国民经济的健康发展贡献着应尽的力量，同时自觉承担了捐资助学等社会责任，得到了客户和行业及社会的认可。宅急送在提高机械设备、流程系统等软硬件科技含量的同时，更重视员工的培训，尤其是个人素质的提升。只有员工优秀，才能为社会大众提供优质的服务。在激烈的市场竞争中，宅急送永不言败，为打造民族快递品牌而不懈努力。宅急送的主营业务主要有5类。

（1）速递业务：针对文件、包裹等物品，以次日或隔日送达为主的全国门到门快速递送服务。宅急送分布在华北、华东、华南的三大航空基地，能够及时完成全国货物集散，确保货物分拨准确高效。华北基地位于北京，可实现全国省会（或首府）城市及直辖市等35个城市的直飞航线。华东基地位于上海，可实现全国省会（或首府）城市、直辖市等30个城市的直飞航线。华东基地位于东莞，通过广州、深圳口岸，可实现全国省会（或首府）城市、直辖市等37个城市的直飞航线。

（2）经济快运：针对大件包裹、产成品等货物，通过航空运输实现的全国1～3天门到门快运服务。宅急送公司与国航、南航、深航、上航、东航、川航、海航等9家航空公司进行合作，航空口岸38个，共有干、支航线191条，全国共使用航班近1 500个。宅急送与国航签订了大客户协议，同等条件下国航第一时间优先保障宅急送的货物，并且在全国范围内无需使用二级货代证，直接可进行领单、制单。

（3）普运业务：针对大件包裹、产成品等货物，通过陆运卡班实现的全国3～5天门到门快运服务。全国开通物流班车线路518条：干线班车15条、周边班车36条、省内班车167条、市内班车300余条。

（4）电子商务。即代收货款。此业务广泛应用于电视、网络购物等行业，打造隔周返款。

（5）香港件：香港至内地及内地至香港的各类运输业务，统称为香港件业务，包括进口业务和出口业务。香港件进口业务：在内地拥有庞大的网络分支，可操作香港到内地的快件、普货业务；更可针对公司类中小型项目客户，量身订制集仓储、快递、物流于一身的个性化服务方案。香港件出口业务：在香港拥有独立分支机构，利用自有港车资源，可操作广东至香港1～2天到门，其他地区至香港2～3天到门服务。

2．配送实例

快运公司运送货物之所以快，是因为有健全的网络，所以网络的覆盖范围必须涵盖客户业务要求的每一个区域。网络化是宅急送物流服务的基础。宅急送建立了4级网络结构，即子公司、分公司、营业所、营业厅，使各地的快件都能通过这张运输网络实现相互对接，迅速将货品送达客户手中。这张网络已覆盖全国800多个城市和地区，使异地发货、到付结算成为现实，从而最大限度地满足了客户的需求。

目前，由于国家政策及其他因素的限制，"宅急送"主要的送货业务为家电、通信产品、计算机及较高档次的日用品，面向个人的急送业务大约只占10%。这是经过对市场等各方面的调查研究做出的市场调整和定位。

"门对门"业务一直是"宅急送"追求的完美的快运方式，但这种美好的追求却必须建立在快速、高效的现代快运、物流、网络配送的服务上。为此，宅急送率先搭建了"宅急送物流信息网络平台"，为客户增加了网上业务委托和货物查询服务功能，使传统的开单、查询、结账等业务可轻松地在网上完成，全面实现企业信息化。宅急送还率先在同行业中采用全球卫星定位技术，针对物流及货运车辆的实际运行状况，应用先进的GPS、GIS、计算机和无线电通信技术对公司货运车进行全国范围内的全程监控。

货物条码跟踪技术的采用及全国公司企业资源管理系统（ERP）的建立，在确保运营快速、准时的基础上，使宅急送从一个以卡车为主的传统快递公司向以信息技术为主的航空快运公司过渡，开始迈向现代物流的领域。

在经历了同城快递、取货送货、仓储配送等一系列业务摸索后，宅急送将重点锁定在了国内24小时"门到门"快递服务，由此开始了高速增长。2002年其营业收入首次突破亿元大关，2004年达到6亿元，2005年更是达到8亿元。

然而，公司近年来的快速扩张确实在某些方面让宅急送产生了相当大的能力"瓶颈"。其中比较突出的问题之一就是，一线业务量的快速增加直接导致了业务效率相对下降，丢货、破损等情况不断发生，而延迟交货、服务质量下滑等问题也引起了客户的不满。面对业务增长但企业竞争力却没提高的情况，公司总裁陈平非常着急，组织机构的调整、一线运营效率的改善成为当务之急。

2004年宅急送痛下决心实行了扁平化管理。到2005年，宅急送的经营业绩开始回升，恶性事故得到了明显遏制。同时，公司也开始实施有助于业务提速的PDA项目。

在竞争对手的步步紧逼下，效率挖潜与平台开放将成为宅急送新扩张计划的有力支撑。据了解，宅急送于2007年5月投入了最新的信息化项目——PDA（个人数位助理器，Personal Digital Assistant的简称）无线传输系统。

根据宅急送的信息化规划，2007年是公司的"挖潜年"，而挖掘潜力的目标被指向了一线车辆的运送速度和各部门协作效率的提高。虽然目前PDA方案在全球快递行业应用已比较成熟，在中国却只是崭露头角。经过初选，这一方案被推到了公司的管理会议上。然而，会上争论激烈，矛盾的焦点集中在PDA项目的投资上。一台企业用的PDA价值一般都在1万元以上。以北京分公司为例，如果100多台车都安装，设备投入就需100多万元，还不包括无线布网的其他设备及软件和相关服务，如果再拓展到全国，确实会是一笔不小的投资。当时对这个项目能否通过确实不是很有把握。

公司现在上马PDA项目是有考虑的。其实早在三年前，PDA项目就曾摆上过陈平的桌面。但由于项目成本比较高，而当时公司正处于大规模扩张网点的阶段，车辆和人员等的投资更加紧迫，所以就搁置了下来。三年后，国内快递市场的情况发生了很大变化，巨头之间的竞争都从当初的网点大战逐步进入到提升服务质量的阶段，如何有效地使用这些车辆和人员，比单纯增加其数量更重要。

最终还是总裁陈平拍了板。国内快递市场上的重量级选手中外运敦豪刚刚完成了全国第三期PDA项目的实施，目前在一些重要城市，该公司的快递司机已基本做到人手一部PDA。无独有偶，宅急送的老对手中铁快运也早在去年就完成了一期的PDA项目。"相比之下，我们还是很有些压力，尤其是来自客户的压力。"李红兵坦言。

宅急送选定的是一家美国公司的PDA解决方案，这一方案在四大国际快递公司中也有应用。除了无线网络环境应用、软件系统与公司ERP对接等功能外，这一系统的重点技术就在于PDA的远程信息传输保障。该系统设计了两种通道，一种是采用GPRS技术传输数据，而另一个备用通道则是一旦GPRS出现故障，宅急送通过与中国移动合作架设的专线，也能保证将信息及时传回总部。

PDA项目的运作模式是：当司机从公司中转仓库提货时，会用配给他的PDA对包裹条码进行扫描，而货号、名称、规格、数量等信息马上通过PDA传输到了公司管理信息系统内，打印出库单；然后，当货物送达客户手中，客户在包裹票上签字以后，司机就在PDA上确认货物送到的信息，并传回公司系统内；如果同时有代收快递费用的话，这个费用也会对财务系统内的相关记录做核销。李红兵表示，从项目测试结果来看，一线物流和信息流的速度及准确性都有了很大幅度的提高。

分析与讨论题

（1）结合案例和理论，试述宅急送的快递对象具有什么特点，对配送有什么要求。
（2）结合案例分析宅急送的现状，预测该公司会继续在哪些方面更加努力以提高公司的竞争力。
（3）宅急送主要应用了哪些信息技术？其具体功能是什么？
（4）查阅资料，分析比较宅急送和宝供的物流定位、经营方式各有什么特点。
（5）查阅资料，分析比较宅急送、UPS和EMS在快递方面各有什么相同点和不同点？

案例分析题3：苏宁电器的物流配送作业

1. 背景介绍

苏宁电器成立于1990年12月，以"做百年苏宁"、"永不言败"的决心和精神，以"制度重于权力"、"合作共赢"的管理与经营理念，在激烈的市场竞争中不断拼搏进取、创新标准、超越竞争，现如今已经发展成为了中国家用电器流通领域的领军企业，是中国企业

500强、中国上市公司竞争力10强、中国民营企业500强、民营企业上市公司100强、中国企业信息化50强及中国商业科技100强，是国家商务部重点培育的"全国15家大型商业企业集团"之一。

截至2007年10月1日，苏宁电器在中国28个省、自治区和直辖市，190多个城市拥有超过600家连锁店，员工人数近10万名，销售规模达到900亿元，目前总市值接近1 000亿元。

自2004年以来，苏宁电器投入了总计约10亿资金自建物流体系，并基本上实现了自营物流配送。苏宁电器2008年投入募集资金8 000万元，扩建南京物流配送中心、新建北京配送中心和杭州配送中心。

当第三方物流已是大势所趋的时候，在目前家电业及零售业竞争压力巨大的情况下，苏宁电器没有选择第三方物流，而是选择耗巨资自建物流配送体系。目前国内大型连锁企业完全自营物流的现象并不多见，大多数的零售企业选择将配送业务廉价地外包给多家物流公司，而且希望通过与第三方物流公司的合作来提升自己的物流水平。例如，百安居中国与新科安达、和黄天百、华宇等第三方物流公司合作，麦德龙中国在与新科安达合作的同时也兼顾了与大众新天天的合作。虽然目前零售企业与物流公司的合作并不能令人满意，很多零售企业出现了第三方物流公司与自营物流配送相结合的模式，但价格竞争的激烈还是让越来越多的零售企业选择将业务廉价地外包给第三方物流公司。

"自己做物流，服务更放心"。很多人质疑苏宁电器的做法是"背道而驰"。苏宁电器则认为："自己做物流更能提高服务质量，自营物流将成为苏宁电器在服务上的一大特色。目前家电业的价格竞争已经到达极限，单纯的价格竞争已经不具有优势，企业要继续发展只能靠服务领先。"

从成本方面来看，苏宁电器的内部人士曾透露：苏宁电器现在的物流成本不比第三方物流高，物流成本占销售额的1%左右。

2. 配送作业

苏宁电器致力于为消费者提供多品种、高品质、合理价格的产品和良好的售前、售中与售后服务，强调"品牌、价格、服务一步到位"。苏宁电器目前经营的商品包括空调、冰箱、彩电、音像、生活电器、通信产品、计算机、数码8个品类，近千个品牌，20多万个规格型号。

苏宁电器作为国内家电渠道率先上线Call Center的企业，全国50万次/天的电话沟通量实现了直接面向用户，为其提供从销售、安装、维修、保养到咨询、投诉和事后监督、回访等"一条龙"的服务。

苏宁电器的配送作业还是比较高效的。以杭州苏宁电器为例，它基本上对杭州地区终端顾客实现一天内送货上门的服务，就连夏季高峰时间购买空调也是如此。针对空调类和其他一些大电器类，苏宁电器将其存放在下沙的仓库中。下面以空调服务为例来加以说明。顾客购买空调后，苏宁电器的服务过程如图2-30所示。

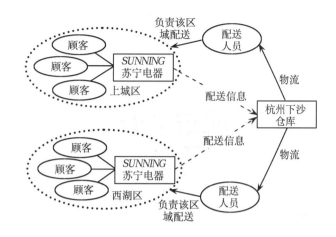

图 2-30 杭州市苏宁电器的配送作业过程

如果顾客的商品有维修方面的问题,则顾客直接与维修中心联系(顾客购买空调的存根单据上有维修中心的电话),维修中心会立即派人过来进行维修,其服务效率比较高效。

苏宁电器除了先后投资兴建了专业的服务中心和物流中心,还投资数千万元实施了 ERP 系统,通过计算机网络系统随时监控、管理库存和物流状态,以保证连锁网络内企业间主干流及连锁店最后 1 公里配送任务的顺利完成。

如今,苏宁电器的服务已经实现了五大飞跃:从小企业到专业化分工、标准化作业,从单方管理到模块化管理,从单一的空调服务内容到多层次服务领域的渗透,从手工记录到信息的数据库管理,从分散的监督到全方位的监控,使得物流成为苏宁电器核心竞争力的一个重要体现。

分析与讨论题

(1) 通过本案例,说明苏宁电器在全国的物流是如何完成的。
(2) 苏宁电器的配送作业具有什么特点?其配送对象属于哪一类?其配送作业操作的难点在哪个地方?
(3) 通过查阅相关资料,并结合本案例,试比较苏宁电器和国美电器的配送各具有什么特点。

第 3 章 配送中心

3.1 配送中心概述

3.1.1 配送中心的形成和发展

追溯历史，很多学者认为配送中心是在仓库基础上发展起来的。仓库的功能，几千年都是作为保管物品的设施，我国近年出版的《现代汉语词典》，仍把仓库解释成"储藏粮食和其他物资的建筑物"，完全是一个静态的过程。有些专业词典做了动态的解释，例如《中国物资管理词典》把仓库解释成"专门集中储存各种物资的建筑物和场所；专门从事物资收发保管活动的单位和企业"，从收、发两方面赋予了仓库一定的动态。但是这些定义完全没有包含配送的本质内涵，所以有不少学者把配送中心直接解释成仓库显然是不妥当的。在社会不断发展的过程中，由于经济的发展、生产总量的逐步扩大，仓库功能也在不断地演进和分化。在我国，早在闻名于世的中华大运河进行自南向北的粮食漕运时期，就已经出现了以转运职能为主要目的的仓库设施。明代出现了有别于传统的以储存、储备为主要功能的新型仓库，并且冠以所谓"转搬仓"之名，其主要职能已经从"保管"转变为"转运"。在新中国建立以后，服务与计划经济的分配体制使我国出现了大量以衔接流通为职能的"中转仓库"。随着中转仓库的进一步发展和这种仓库业务能力的增强，出现了相当规模、相当数量的"储运仓库"。在外国，仓库的专业分工形成了仓库的两大类型：一类是以长期储藏为主要功能的"保管仓库"，另一类是以货物的流转为主要功能的"流通仓库"。

流通仓库以保管期短、货物出入库频率高为主要特征，这和我国的中转仓库有类似之处。这一功能与传统仓库相比，有很大区别。货物在流通仓库中处于经常运动的状态，停留时间较短，有较高的进出库频率。流通仓库的进一步发展，使仓库和连接仓库的流通渠道形成了一个整体，起到了对整个物资渠道的调节作用。为了与仓库进行区别，越来越多的人便称其为"流通中心"或"配送中心"。

现代社会中产业的复杂性、需求的多样性和经济总量的空前庞大，流通作为生产过程的延续，决定了其复杂性和多样性。这种状况又决定了流通中心的复杂性和多样性，流通中心各有其侧重职能，再加上各个领域、各个行业自己的习惯用语和相互间的用语不规范等缘故，也就决定了出现各种各样的叫法，如集运中心、配送中心、存货中心、物流节点、物流基地、物流团体等。在20世纪70年代石油危机之后，为了挖掘物流过程中的经济潜力，物流过程出现了细分，再加上市场经济体制造就的普遍买方市场环境及以服务来争夺用户的竞争结果，企业做出了"营销重心下移"、"贴近顾客"的营销战略，贴近顾客一端的所谓"末端物流"便受到了空前的重视。配送中心就是适应这种新的经济环境，在仓库不断进化和演变过程中所出现的新的物流设施。

配送中心是集多种流通功能于一体的物流组织。在商品流通实践中，配送中心要开展多种活动和完成多项目的物流作业，因此，一般来说，它的经济实力和经济规模都很大。例如，据有关资料介绍，美国沃尔玛公司下属的配送中心，建筑面积为12万平方米，投资额7 000万美元，职工人数有1 200名。该配送中心拥有200辆车头、400节载货车厢、13条调配货传送带。在配货场内设有170个接货口，每天能为分布在6个州的100家连锁店配送商品，经营的商品品种多达4万种。另据介绍，在欧洲，一些国家近期所建立的配送中心，其占地面积至少也有数万平方米，并且在配送场所内均配备（或装备）各种先进的物流机械和专用设备。例如，德国马自达MOTOR汽车配件中心，总建筑面积为25万平方米，经营的商品品种有8万余种。该中心拥有17台塔式起重机、10万台运输设备和其他各式分拣设备。不难看出，配送中心乃是利用先进的物流技术和物流设备开展商品分拣、加工、配装、运送等业务活动的大型物流基地（或物流组织）。

通过考察商品物流发展史可以看到，配送中心的形成和不断完善是社会生产力发展的必然结果。从另一个角度看，建立配送中心也是实现物流运动合理化的客观要求。众所周知，在人类社会中，被称为"第一生产力"的科学技术一直是在不断发展、不断创新的。而随着科学技术的不断进步和广泛应用，人类征服自然和改造自然的能力势必会越来越强。其结果，一方面将导致生产规模不断扩大，生产的专业化和社会化程度日趋提高；另一方面，社会分工和协作关系将更加发展、更加扩大。具体来说就是：在社会生产力不断发展的条件下，不仅在生产领域内部，分工协作关系会得到充分的发展；同时，在生产领域外部，生产者和流通当事人之间的分工协作关系也会日益扩大。在这种情况下，为了保证社会生产连续、快速运转，客观上要求有专门的经济组织（或机构）提供包括物资（原材料）供应和保管、产品分销的社会化服务，行使流通职能。从效率和效益的角度来说，随着市场经济的发展和生产、流通规模的日益扩大，客观上要求人们用科学的方式和方法去组织各种经营活动（其中包括综合物流功能、使物流运动系统化等）。实践证明，正是在这样的历史背景下，一些老式的物流设施（仓库）进行了全面改造，完成了功能"再造"，由此演化成了配送中心。也正是因为存在着上述客观要求，才促使处于市场竞争中的生产者和经营者建立起了服务于生产和销售的配送组织——配送中心。可见，配送中心的产生和发展不是偶然现象，而是生产和物流不断发展的必然结果。换言之，配送中心的产生和发展是物流运动系统化和规模化的必然趋势。

3.1.2 配送中心的含义

1. 配送中心的定义

配送中心是以组织配送性销售或供应、执行实物配送为主要职能的流通型节点。在配送中心中为了能更好地进行送货的编组准备，必然需要采取零星集货、批量进货等种种资源搜集工作和对货物的分整、配备等工作，因此也具有集货中心、分货中心的职能。为了更有效地、更高水平地实现配送，配送中心往往还须具有比较强的流通加工能力。此外，配送中心还必须执行货物配备后送达到户的使命，这是和分货中心只管分货不管运达的主要不同之处。由此可见，如果说集货中心、分货中心、加工中心的职能还是较为单一的话，那么配送中心的功能则较全面、完整。也可以说，配送中心实际上是集货中心、分货中心、加工中心功能之综合，并有了配与送的更高水平。

配送中心作为物流中心中的一种主要形式，有时便和物流中心等同起来了。

配送中心的形成及发展是有其历史原因的，日本经济新闻社的《输送的知识》一书，将此说成是物流系统化和大规模化的必然结果，《变革中的配送中心》一文中是这样讲的："由于用户在货物处理的内容上、时间上和服务水平上都提出了更高的要求，为了顺利地满足用户的这些要求，就必须引进先进的分拣设施和配送设备，否则就建立不了正确、迅速、安全、廉价的作业体制。因此，在运输业界，大部分企业都建造了正式的配送中心。"

由此可见，配送中心的建设是基于物流合理化和发展市场两个需要，这是应当引起我们重视的。

配送中心是物流领域中社会分工、专业分工进一步细化之后产生的。在新型配送中心没有建立起来之前，配送中心现在承担的有些职能是在转运型节点中完成的，以后一部分这类中心向纯粹的转运站发展以衔接不同的运输方式和不同规模的运输，一部分则增强了"送"的职能，而后又向更高级的"配"的方向发展。

日本《市场用语词典》对配送中心的解释是："配送中心是一种物流节点，它不以储藏仓库的这种单一的形式出现，而是发挥配送职能的流通仓库，也称作基地、据点或流通中心。配送中心的目的是降低运输成本、减少销售机会的损失，为此建立设施、设备并开展经营、管理工作。"

《物流手册》对配送中心的定义是："配送中心是从供应者手中接受多种大量的货物，进行倒装、分类、保管、流通加工和情报处理等作业，然后按照众多需要者的订货要求备齐货物，以令人满意的服务水平进行配送的设施。"

王之泰在《物流学》一书中的定义如下：配送中心是从事货物配备（集货、加工、分货、拣选、配货）和组织对用户的送货，以高水平实现销售或供应的现代流通设施。这个定义的要点有以下几个方面。

（1）配送中心的"货物配备"工作是其主要的、独特的工作，是全部由配送中心完成的。

（2）配送中心有的是完全承担送货，有的是利用社会运输企业来完成送货。从我国国情来看，在开展配送的初期，用户自提的可能性是不小的，所以，对于送货而言，配送中心主要是组织者而不是承担者。

（3）定义中强调了配送活动和销售或供应等经营活动的结合，是经营的一种手段，以此排除了这是单纯的物流活动的看法。

（4）定义中强调了配送中心的"现代流通设施"，着重与以前的诸如商场、贸易中心、仓库等流通设施相区别。在这个流通设施中以现代装备和工艺为基础，不但处理商流，而且处理物流，是兼有商流、物流全功能的流通设施。

2001年8月1日颁布实施的中华人民共和国国家标准《物流术语》（GT/T 18354—2001）中关于配送中心的定义是，配送中心是从事配送业务的物流场所或组织，应基本符合下列要求：

- 主要为特定的用户服务；
- 配送功能健全；
- 完善的信息网络；
- 辐射范围小；
- 多品种、小批量；
- 以配送为主，储存为辅。

2. 配送中心与物流中心、物流基地的关系

配送中心、物流中心、物流基地三者称谓类似，但并非同一概念。根据中华人民共和国国家标准《物流术语》中的定义，配送中心、物流中心、物流基地的相似之处是，都建有物流基础设施、设备，并大量运用信息技术。配送中心、物流中心、物流基地之间联系密切，有时很难严格区别它们，但是又有区别。

所谓物流基地，就是一个大型物流中心、配送中心或多个物流中心、配送中心及行政服务设施的集聚地，它一般以仓储、运输、加工等用地为主，同时还包括一定的与之配套的信息、咨询、维修、资金结算等综合服务设施用地。所谓物流园区，是一家或多家物流（配送）中心在空间上集中布局的场所，是具有一定规模和综合服务功能的物流集聚地。所以，物流园区和物流基地所指的是同一概念。物流基地在社会属性上有别于企业自用型的物流中心，又有别于公路、铁路、港口等非竞争性基础设施，是具有经济开发性质的物流功能区域，与科技园区、工业园区有相似之处。物流基地通常是定位于商流、物流、信息流、资金流的综合汇集地，具有非常完善的功能。

根据中华人民共和国国家标准《物流术语》的定义，物流中心是从事物流活动的物流场所或组织，应基本符合下列基本要求：

- 主要面向社会服务；
- 物流功能健全；
- 完善的信息网络；

- 辐射范围大；
- 品种少、大批量；
- 存储、吞吐能力强；
- 物流业务统一经营管理。

物流中心通常是定位于物流、信息流、资金流的综合汇集地，是综合性、地域性，大批量的物资位移集中地，是产销企业的中介，其涵盖面较物流基地窄，比物流基地的层次低。

配送中心是物流基地、物流中心与零售店、消费者之间的中间层，是某一特定种类物流短距离流通的场所。配送中心如具有商流职能，可看成物流基地的一种类型；如无商流职能，可看成物流中心的一种类型，可以被两者覆盖，属于第三层次的中心。通过以上说明，三者的不同之处主要有以下几点。

（1）它们是处于三个不同层次的物流节点。从供应链上看，处于上游的通常为物流基地，处于最下游的通常为配送中心。配送中心的专业性非常强，它的规模要依据配送的要求，依据客户而定，处于基础的层次。物流中心的规模一般较大，它有一定的专业性，但是它同时也具有在这个领域里面的综合性和有一定的综合功能，处于中间层次。物流基地的综合性非常强，而且规模非常大，处于最高层次。

（2）配送中心的辐射范围较小，物流中心辐射范围较大，物流基地的辐射范围最大。

（3）物流基地是铁路、公路、航空、水运等两种或两种以上运输方式集结的一体化枢纽，物流中心和配送中心则不一定。

（4）物流基地中可以分布多个物流中心和配送中心，通常具有多个独立经营的主体，而物流中心和配送中心只有一个。

3.1.3 配送中心的地位和功能

1. 配送中心的地位

在现代物流活动中，配送中心的地位和作用是十分明显的，从物流本身而言，配送中心的出现能够完善整个物流系统，降低物流成本，改善物流服务质量，提高物流效益。从整个流通的角度来看，其地位和作用还可以归纳为以下几个方面。

（1）使供货适应市场需求变化。各种商品的市场需求在时间、季节、需求量上都存在大量随机性，而现代化生产、加工无法完全在工厂、车间来满足和适应这种情况，必须依靠配送中心来调节、适应生产与消费之间的矛盾与变化。

（2）经济高效地组织储运。从工厂企业到销售市场之间需要复杂的储运环节，要依靠多种交通、运输、库存手段才能满足，传统的以产品或部门为单位的储运体系明显存在不经济和低效率的问题。故建立区域城市配送中心，能批量进发货物，能组织成组、成批、成列直达运输和集中储运，有利于降低物流系统成本，提高物流系统效率。

（3）提供优质的保管、包装、加工、配送、信息服务。现代物流活动中由于物资物理、化学性质的复杂多样化，交通运输的多方式、长距离长时间、多起终点、地理与气候的多样性，对保管、包装、加工、配送、信息提出了很高的要求，只有集中建立配送中心，才有可能提供更加专业化、更加优质的服务。

(4) 促进地区经济的快速增长。配送中心同交通运输设施一样，是经济发展的保障，是吸引投资的环境条件之一，也是拉动经济增长的内部因素。配送中心的建设可以从多方面带动经济的健康发展。

(5) 对于连锁店的经营活动是必要的。它可以帮助连锁店实现配送作业的经济规模，使流通费用降低；减少分店库存，加快商品周转，促进业务的发展和扩散。批发仓库通常需要零售商亲自上门采购，而配送中心解除了分店的后顾之忧，使其专心于店铺销售额和利润的增长，不断开发外部市场，拓展业务。此外，配送中心还加强了连锁店与供方的关系。

2. 配送中心的功能

配送中心是专业从事货物配送活动的物流场所或经济组织，它是集加工、理货、送货等多种职能于一体的物流节点。也可以说，配送中心是集货中心、分货中心、加工中心功能的总和。因此，配送中心具有以下功能。

(1) 存储功能。配送中心的服务对象是生产企业和商业网点，如连锁店和超市，其主要职能就是按照用户的要求及时将各种配好的货物交送到用户手中，满足生产的需要和消费的需要。为了顺利有序地完成向用户配送商品（或货物）的任务，更好地发挥保障生产和消费需要的作用，通常配送中心都建有现代化的仓储设施，如仓库、堆场等，储存一定量的商品，形成对配送的资源保证。某些区域性大型配送中心和开展"代理交货"配送业务的配送中心，不但要在配送业务的过程中储存货物，而且它所储存的货物数量更大、品种更多。

(2) 分拣功能。作为物流节点的配送中心，其客户是为数众多的企业或零售商。在这些众多的客户中，彼此之间存在着很大差别，它们不仅各自的经营性质、产品性质不同，而且经营规模和经营管理水平也不一样。面对这样一个复杂的用户群，为满足不同用户的不同需求，有效地组织配送活动，配送中心必须采取适当的方式对组织来的货物进行分拣，然后按配送计划组织配送和分装。强大的分拣能力是配送中心实现按客户要求组织送货的基础，也是配送中心发挥其分拣中心作用的保证。分拣功能是配送中心重要的功能之一。

(3) 集散功能。在一个大的物流系统中，配送中心凭借其特殊的地位和其拥有的各种先进设备构成完善的物流管理系统，从而能够将分散于各个生产企业的产品集中在一起，通过分拣、配货、装配等环节向多家用户进行发送。同时，配送中心也可以把各个用户所需要的多种货物有效地组合或装配在一起，形成经济、合理的批量，来实现高效率、低成本的商品流通。另外，配送中心在建设选址时也充分考虑了其集散功能，一般选择商品流通发达、交通较为便利的中心城市或地区，以便充分发挥配送中心作为货物或商品集散地的功能，如中海北方物流有限公司按照统一标准在东北各主要城市设立了6个二级配送中心，形成了以大连为基地，辐射东北三省的梯次仓储配送格局。

（4）衔接功能。通过开展货物配送活动，配送中心能把各种生产资料和生活资料直接送到用户手中，可以起到连接生产的功能，这是配送中心衔接供需两个市场的一种表现。另外，通过发货和储存，配送中心又起到了调节市场需求、平衡供求关系的作用。现代化的配送中心如同一个"蓄水池"，不断的进货、送货及快速的周转有效地解决了产销不平衡，缓解了供需矛盾，在产销之间建立了一个缓冲平台，这是配送中心衔接供需两个市场的另一个表现。可以说，现代化的配送中心通过储存和发散货物功能的发挥，体现出了其衔接生产与消费、供应与需求的功能，使供需双方实现了无缝连接。

（5）配送加工功能。配送加工虽不是普遍的，但却往往是有着重要作用的功能要素，主要是因为通过配送加工可以大大提高客户的满意程度。国内外许多配送中心都很重视提升自己的配送加工能力，通过按客户的要求开展配送加工可以使配送的效率和满意程度提高。配送加工有别于一般的流通加工，它一般取决于客户的要求；销售型配送中心有时也根据市场需求来进行简单的配送加工。

（6）信息处理功能。配送中心连接着物流干线和配送，直接面对产品的供需双方，因而不仅是实物的连接，更重要的是信息的传递和处理，包括在配送中心的信息生成和交换。而且，配送中心作为一个中间据点，信息功能是配送中心发挥其服务作用的必要条件，只有完善的信息功能，配送中心才能把内部的各种作业环节有效地衔接、协调起来，才能和客户进行更好的信息沟通和交流。

3.1.4 配送中心的分类

对配送中心进行适当的分类，是深化及细化认识配送中心的必然。从理论上和配送中心的作用上来讲，配送中心可以有许多理想的分类，其主要分类方法有以下几种。

1. 按照配送中心承担的流通职能分类

1）供应配送中心

供应配送中心是指执行供应职能，专门为某个或某些用户（例如连锁店、联合公司）组织供应的配送中心。例如，为大型连锁超级市场组织供应的配送中心；代替零件加工厂送货的零件配送中心，使零件加工厂对装配厂的供应合理化。对供应型配送中心而言，配送的用户有限并且稳定，用户的配送要求范围也比较确定，属于企业型用户。因此，配送中心集中库存的品种比较固定，配送中心的进货渠道也比较稳固，可以采用效率比较高的分货式工艺。

2）销售配送中心

销售配送中心是指执行销售职能，以销售经营为目的，以配送为手段的配送中心。销售配送中心大体有两种类型。一种是生产企业把自身的产品直接销售给消费者的配送中心。在国外，这种类型的配送中心很多。另一种是流通企业作为本身经营的一种方式，建立配送中心以扩大销售。我国目前拟建的配送中心大多同于这种类型，国外的例证也很多。

销售型配送中心的用户一般是不确定的，而且用户的数量很大，每一个用户购买的数量又较少，属于消费者型用户。这种配送中心很难像供应型配送中心一样实行计划配送，所以计划性较差。销售型配送中心集中库存的库存结构也比较复杂，一般采用拣选式配送工艺。销售型配送中心往往采用共同配送方法才能够取得比较好的经营效果。

2. 按照配送领域的广泛程度分类

1）城市配送中心

城市配送中心是指以城市范围为配送范围的配送中心。由于城市范围一般处于汽车运输的经济里程之内，故这种配送中心可直接配送到最终用户，且采用汽车进行配送。这种配送中心往往和零售经营相结合，由于运距短，反应能力强，因而从事多品种、少批量、多用户的配送较有优势。

城市配送中心一般采用"日配"方式；在网络经济时代，为了配合和执行电子商务的配送，也可采取"时配"方式，如"e国一小时"配送就是属于"时配"。

2）区域配送中心

区域配送中心是指以较强的辐射能力和库存准备，向省际，乃至全国范围的用户配送的配送中心。这种配送中心配送规模较大，一般而言，用户也较大，配送批量也较大，而且往往是配送给下一级的城市配送中心和大型商业企业。这种配送中心也配送给营业所、商店、批发商和企业用户，虽然也从事零星的配送，但不是主体形式。

一般而言，区域型配送中心的区域范围是有限的，往往是采用"日配"和"隔日配"可以覆盖的地区。如果地域范围广阔，往往建立物流中心来衔接城市配送中心，进行分层次的分销和配送，而不由一个配送中心进行大范围的覆盖。

3. 按照配送中心的内部特性分类

1）储存型配送中心

储存型配送中心是指有很强储存功能的配送中心。一般来讲，在买方市场下，企业成品销售需要有较大的库存支持，其配送中心可能有较强储存功能；在卖方市场下，企业原材料、零部件供应需要有较大的库存支持，这种供应配送中心也有较强的储存功能。大范围配送的配送中心，需要有较大库存，也可能是储存型配送中心。

我国目前拟建的一些配送中心，都采用集中库存的形式，库存量过大，多为储存型配送中心。虽然任何企业都希望缩小库存量，但有些商品必须较长时间储存，如生产和消费的时间隔离无法取消，需要储存来弥补生产和消费的时间隔离。

2）流通型配送中心

流通型配送中心是指基本上没有长期储存功能，仅以暂存或随进随出方式进行配货、送货的配送中心。这种配送中心的典型方式是，大量货物整进并按一定批量零出，采用大型分货机，进货时直接进入分货机传送带，分送到各用户货位或直接分送到配送汽车上，货物在配送中心里仅做少许停滞。例如日本的阪神配送中心，中心内只有暂存，大量储存则依靠一个大型补给仓库。

3）加工配送中心

加工配送中心是指具有加工职能，根据用户的需要或者市场竞争的需要，对配送物进行加工之后再进行配送的配送中心。在这种配送中心内，有分装、包装、初级加工、集中下料、组装产品等加工活动。

世界著名连锁企业肯德基和麦当劳的配送中心就是属于这种类型的配送中心。在工业、建筑领域，生混凝土搅拌的配送中心也是属于这种类型的配送中心。

4. 按配送设施的归属和服务范围分类

1）自用（自有）型配送中心

自用型配送中心是指隶属于某一个企业或企业集团，通常只为本企业服务，不对本企业或企业集团外开展配送业务的配送中心。例如，美国沃尔玛公司的配送中心即为其公司独资建立，专门为本公司所属的零售门店配送商品。这类配送中心可以在逐步对外开展配送业务的基础上向公用型配送中心转化。

2）公用型配送中心

公用型配送中心是以营利为目的，面向社会开展物流服务的配送组织。其主要特点是服务范围不局限于某一企业或企业集团内部。随着物流业的发展，物流服务逐步从其他行业中分化独立出来，向社会化方向发展，公用型配送中心作为社会化物流的一种组织形式已在国内外迅速普及起来。

3）合作型配送中心

合作型配送中心是指隶属于几个企业或企业集团，即配送中心的服务对象为几个特定的企业。其主要特点是这些企业既想对自己的配送需求拥有一定的决定权，以便更好地生产或销售，但其配送能力又有限或者配送规模不适合单独自建配送中心，此情况下这些企业便共建配送中心，利用配送资源的互补性，既能够对配送拥有一定的决定权，又不浪费资源。

3.2 配送中心规划

3.2.1 配送中心的结构

配送中心的种类很多，其规模大小各异。然而，无论是哪一种类型的配送中心，其内部结构基本上都是相同的。也就是说，各种配送中心都是由指挥系统、管理系统等软件和作业区、机械设备等硬件组成的。现以一般性的配送中心为例，分别叙述各个系统的性质和职能。

1. 指挥和管理系统（管理机构）

指挥和管理系统是配送中心的中枢神经，对外负责收集和汇总各种信息（包括用户订货或要货信息），并做出相应的决策；对内则负责协调、组织各种活动，指挥调度各类人员共同完成配送任务。指挥和管理系统具体可分事务性管理系统与信息管理系统两部分。

(1) 事务性管理系统。它是配送中心正常运转所必需的基本条件，如配送中心的各项规章制度、操作标准及作业流程等。

(2) 信息管理系统。信息管理系统包括订货系统、出入库系统、分拣系统、订单处理系统、信息反馈系统等。

指挥和管理系统的位置有的集中设在某一区域（管理区）内，有的则分布在各个作业区，由一个调度中心统一进行协调。

2. 作业区

在预定的空间内合理地布置好各作业区的相对位置是非常重要的。合理布置的目的主要有以下几个方面。

(1) 有效地利用空间、设备、人员和能源。

(2) 最大限度地减少物料搬运。

(3) 简化作业流程。

(4) 缩短生产周期。

(5) 力求投资最低。

(6) 为职工创造方便、舒适、安全和卫生的工作环境。

因配送中心的类型不同，作业区的构成及其面积大小也不尽相同。一般的配送中心，其作业区包括以下几个部分。

(1) 接货区。在这个作业区内，工作人员须完成接收货物的任务和货物入库、拣选之前的准备工作（如卸货、检验、分拣等工作）。因货物在接货区停留的时间不太长，并且处于流动状态，故接货区的面积相对来说都不算太大。接货区的主要设施有：铁路（或公路）专用线、卸货站台和验货场区。

(2) 储存区。在这个作业区里存储或分类存储着经过检验后的货物。由于所进货物需要在这个区域内停留一段时间，并且要占据一定的位置，因此，相对而言，储存区所占的面积比较大。这个作业区大体上要占整个作业区面积的一半左右，个别配送中心（如煤炭、水泥配送中心）的储存区面积甚至要占配送中心总面积的一半以上。

储存区是存储货物的场所，在这个区域内一般都建有专用仓库（包括现代化的立体仓库），并且配置各种设备，其中包括各种货架、叉车和吊车等起重设备。从位置上看，储存区多设在紧靠接货站台的地方，也有的储存区设在加工区的后面。

(3) 理货区。理货区是配送中心的工作人员进行拣货和配货作业的场所。其面积大小因配送中心的类型不同而异。一般说来，拣货和配货工作量比较大的配送中心（或者说，向多家用户配送多种商品且按照少批量、多批次方式配送商品的配送中心），其理货区的面积都比较大；反之，拣货及配货任务不太大的配送中心，其理货区所占的面积也不大。

与其他作业区一样，在理货区内也配置许多专用设备和设施，其中包括这样一些设备或设施：手推载货车、重力式货架和旋转式货架、升降机、传送装置、自动分拣设施等。

包括拣选、配货在内的理货作业是配送中心作业流程中的一项重要作业,其效率高低不仅直接影响下道工序的正常操作,而且直接影响整个配送活动的运行质量及效益。从这个意义上说,理货区是配送中心的重点作业区。

(4) 配装区。由于种种原因,有些分拣出来并配备好的货物不能立即装车发送,而是需要集中在某一场所等待统一发运。这种放置和处理待发送货物的场地就是配装区。在配装区内,配送中心的工作人员要进行配装作业,即根据每个货主的货物数量进行分放、配车和选择装运方式。

因在配装区内货物转瞬即出、停留的时间不长,所以货位所占的面积不大。相对而言,配装区的面积要比储存区小得多。

需要指出的是,有一些配送中心,其配装区是和理货区或发货区合在一起的,因此配装作业常常融合于其他相关的工序之中。

此外,因配装作业的主要内容是分放货物、组配货物和安排车辆等,故在这个作业区内除了配置计算工具(微机)和小型装卸机械、运输工具以外,没有什么特殊的大型专用设备。

(5) 发货区。发货区是工作人员将组配好的货物装车外运的作业区域。从布局和结构上看,发货区和进货区类似,也是由运输货物的线路和接靠载货车辆的站台、场地等组成的,所不同的是发货区位于整个作业区的末端,而进货区位于首端。

(6) 加工区。有很多从事加工作业的配送中心,在结构上除了设置一般性的作业区以外,还设有配送货加工区。在这个区域内,配备有加工设备(如机床、锯床、打包机、配煤生产线等)。因加工工艺有别,各个(加工型)配送中心的加工区所配置的设备也不完全相同。和储存区一样,加工区所占的面积也比较大,尤其是煤炭、水泥、木材等生产资料加工区,所占面积更大。

3. 机械设备

(1) 装卸搬运装备。即各种类型的起重搬运机械,如各种叉车、手推车、巷道堆垛机等。

(2) 输送装置。将货物放在输送装置上,使货物在运动中经人工或机械对其进行分拣,如皮带输送机、辊道输送机等。

(3) 货物识别装置。主要用于自动化机械分拣过程,包括用来识别各种货物种类的电子设备,如光电识别装置、识码器、传感装置等。

(4) 分支机构。分支机构将识别过的货物,按配货要求从主输送装置转到分支运输机构。它也是一种输送设备,经分支输送设备将货物送到配货货位处,如翻板、挡板、斜面溜槽等。

(5) 暂存及装运设备。此类设备将已经配货完毕的货物按送货地点及用户情况分别暂存于各个发货场,然后利用装运设备将货物配装到运输车辆上,按配送线路进行配送,如高站台、叉车等。

3.2.2 配送中心的建设

1. 配送中心的设计原则

配送中心一旦建成就很难再改变，所以在规划设计时必须切实掌握以下4项基本设计原则。

（1）系统工程原则。配送中心的工作包括收验货、搬运、储存、装卸、分拣、配货、送货、信息处理及与供应商、连锁商场等店铺的连接，如何使它们之间十分均衡、协调地运转，是极为重要的。其关键是做好物流量的分析和预测，把握住物流的最合理流程。由于运输的线路和物流据点交织成网络，所以配送中心的选址也非常重要。

（2）价值工程原则。在激烈的市场竞争中，对配送的准点及时和缺货率低等方面的要求越来越高；在满足服务高质量的同时，又必须考虑物流成本。特别是建造配送中心耗资巨大，必须对建设项目进行可行性研究，并做多个方案的技术、经济比较，以求最大的企业效益和社会效益。

（3）科学化的原则。近年来，配送中心均广泛采用电子计算机进行物流管理和信息处理，大大加快了商品的流转，提高了经济效益和现代化管理水平。同时，要合理地选择、组织、使用各种先进物流机械化、自动化设备，尽量实现工艺、设备、管理科学化，以充分发挥配送中心多功能、高效率的特点。但是，同时要考虑配送中心的经营规模和配送对象的特点，应该选择合适的而不一定是最先进最好的设备、工艺。

（4）发展的原则。规划配送中心时，无论是建筑物、信息处理系统的设计，还是机械设备的选择，都要考虑到有较强的应变能力，以适应物流量扩大、经营范围的拓展。在规划设计第一期工程时，应将第二期工程纳入总体规划，并充分考虑到扩建时的业务工作需要。

2. 配送中心的经营定位

配送中心是以开展配送业务活动为核心的经济实体，具有一般企业的特征。因此，配送中心与其他类型的企业一样，其经营定位就是确定企业在市场中的位置，即根据行业发展特点和自身条件选择和调整经营模式，制定企业的战略目标，并为实现企业的战略目标采取一系列经营和管理措施，确保企业在竞争中的地位。配送中心可以从市场需要出发，对本身的功能、经营商品范围、选址区位及建设规模等方面进行决策和定位，并且在实践中不断调整和适应市场发展的需要。

1）配送中心的功能定位

配送中心的功能是根据其开展的配送业务活动并以相应的配送作业环节为基础来确定的。根据配送作业的基本环节和作业流程，配送中心具有采购、储存、加工、分拣、配货、配送运输等多项功能。但不同类型的配送中心其核心功能不完全相同，因此在配送中心的规划建设中，从设施建设到平面布局，以及组织管理等方面也会因其功能不同而产生差异。

储存型配送中心以储存功能为主，以尽可能降低其服务对象的库存为主要目标，具有较强的库存调节功能,因此在建设中应规划较大规模的仓储空间和设施;流通型配送中心以快速转运为核心,大批进货,快速分装或组配,并及时地分发到各客户指定的地点,因此在建设中应以配备适应货物高速流转的设施为主;加工型配送中心以对商品进行如拆包、分解、整理、再包装等流通加工为主,因此在规划建设中应适应加工的需要,配备必要的加工设施、场地,引进相应的加工技术。

专业型配送中心应主要针对商品的特性,体现处理专项商品的技术与特色,因此必须配置特定商品的处理设施,开发适用特定商品的物流技术。综合型配送中心的技术和设施则必须具备适应处理多类商品的通用性。

在城市范围内或面向城市区域配送的配送中心,一般需要将商品直接送到消费者手中,实现"门"到"门"服务,因此要求具有适应快速反应,具有相当灵活性的配送运输设施,特别是在形成公路、配送运输网的基础上,重点加强运输车辆和运输组织方面的管理,适应快捷配送的需要;区域性配送中心的辐射范围广,配送规模较大,有些甚至开展全国、跨国配送业务,这类配送中心通常以销售功能为主,通过配送服务促进商品销售,因此其设施和建设通常具备多种流通功能,特别是必须具有高效的信息网络传输系统,既适应商流,也适应物流的需要。

2) 配送中心的经营商品定位

经营商品定位主要是根据市场需求来确定的。对于一般商业连锁体系来说,通常配备经营一般消费品的配送中心,负责连锁体系内大部分商品的配送,以形成规模效应,获得规模经济效益。一些由传统批发机构改组而形成的专业型配送中心,通常以其批发经营的传统商品为主,开展配送业务,其品种较为单一,批量较大。例如,英国的香蕉流通主要由三大公司控制,它们不仅积累了丰富的香蕉养护与流通技术和经验,而且通过几十年的配送实践,能高效地进行香蕉配送,满足不同客户的需要。不论哪一类配送中心,其经营商品的定位都是一种市场定位,即以满足市场需求为前提。因此,配送中心的投资经营必须在市场有需求的情况下,投资和经营主体通过对市场形势的调查和分析,明确自身的经营目标,给本企业在市场竞争中以恰当的定位。

3) 配送中心配送区域的确定

配送区域是指配送中心辐射的范围,即以某一点为核心建立配送中心,其配送的距离和区域的大小不仅关系到配送中心的投资规模,也影响到配送中心的运作方式。

通常,对于连锁商业体系来说,其零售店铺的分布范围和数量多少决定着配送中心的辐射区域和配送能力。连锁商业体系组建配送中心的方法,可以按照适当的比例,即根据商圈范围内顾客分布、分店数量与配送中心的适当比例,来确定配送中心的位置、规模与数量。例如,日本家庭市场连锁店配送中心的物流半径为 30 km,在半径为 30 km 的范围内平均设有 70 家店铺,由一个配送中心负责。有些连锁体系则按照商品类别来建立不同的配送中心。例如,日本最大的零售商大荣公司在组建配送中心时是根据商品不同类别建立了衣料和杂货配送中心、电器和家具配送中心、食品配送中心等,由这些根据商品类别不同设置的专业型配送中心分别负责不同商品的配送。

不论何种形式的配送中心，其区位的确定都是以其服务对象所形成的区域为基本前提，在一定商圈范围内选址的。建设规模越大，经营能力越强，其辐射范围越广，服务的商圈也就越大。反之，服务商圈越大，配送中心在投资建设和经营组织等方面，就必须考虑使其形成足够的配送能力，以满足市场需要。在配送中心的区位选择中，除了考虑配送商品种类与数量外，在交通运输条件上、用地条件等问题上也应该详细分析和论证，以确定配送的区域和范围。

4）配送中心建设规模的确定

通常配送中心规模越大，其服务能力越强，而规模越大，投资成本也将会增加。具体详见关于配送中心规模决策的讲解。

3.2.3 配送中心的类型决策

配送中心的时机决策是解决什么时候建立配送中心的问题，配送中心的类型决策则是解决建什么样配送中心的问题。由于连锁企业特征、类型、环境等诸多因素的差异，往往需要不同类型的配送中心与其相适应，连锁企业经营者必须慎重选择。

了解配送中心类型的目的是为了选择更好、更合适的配送中心，为连锁企业服务；而配送中心类型的选择除了要切实把握各类配送中心的特征之外，还必须能使之与连锁企业的本身的特征相吻合。一般来说，配送中心的类型选择包括以下步骤：首先确定是何种功能的配送中心，其次确定配送何种商品，最后决定辐射多大的范围与区域。

1．功能选择

连锁企业的配送中心与一般的配送中心不完全相同，它主要是为本公司服务的，因此连锁企业的整体经营战略、店铺经营的商品结构和网点布局直接影响着配送中心的类型选择。目前，我国许多连锁企业在选择配送中心类型问题上有着一些糊涂的认识，制约了配送中心作用的发挥。有人仅把配送中心视为传统的仓储或一般的运输公司；相反，一些人把配送中心视为高不可攀的全功能型的物流中心，认为若不是全功能的，就不是配送中心。显然，这两种观点都有失偏颇。实际上，配送中心的功能就是为连锁组织服务，因此选择什么类型的配送中心必须根据连锁发展的需要确定。

一般来说，连锁企业自建的配送中心与专业型配送中心不同，它不仅要有基本的配送功能，而且要有采购功能或者进货功能，配送中心应成为连锁企业集中货物和分发货物的枢纽。目前我国连锁企业的配送中心大多由仓库改型而来，形成了一种"储存配送"模式，在组织货源方面有很大的局限性。许多连锁便利店、超级市场还设有水果、蔬菜、鲜肉等产品，除了生产者加工技术落后外，还有一个原因就是连锁企业的配送中心缺乏加工功能。但是，这并不是说任何连锁企业的配送中心都应具有加工功能。配送中心是否具有加工功能，取决于成本核算。如果委托加工节省资金和费用，可以采取委托加工的方式；如果投资于加工功能的资金无法很快地从经营中收回，则只有放弃，转而等待生产者加工体系的完善，超级市场也只好逐渐实现"一次购足"的目标。从连锁店铺发展的要求来看，配送中心的功能当然越全越好，但从整体经济效益来看，却并非完全如此。例如，有些连锁企业着重于社会化配送中心，租用他人仓库、雇用他人卡车，也实现了配送的高效益。当然，这需要社会化配送体系的健全和规范。

2. 商品选择

对于规模不大的连锁企业来说，常常配备综合型配送中心，即负责配送连锁店铺经营的绝大多数商品，否则不易形成规模效益。从我国连锁企业的发展情况来看，不少配送中心带有综合型特征，不仅负责食品配送，还负责日用工业品配送，只是储存在不同的仓库，运用不同的运输工具。这种综合型配送中心具有小而全的特征，能满足各个小店铺的需要，但不适应大规模连锁企业的需要。一些国际上著名的连锁企业常常选择专业型配送中心，即将配送中心按商品标志分为若干个，诸如食品配送中心、果蔬配送中心和日用品配送中心等。当然，大规模的连锁企业，对于所属规模较大的店铺，难以实现百分之百的配送，因此不可能设立各种类型的专业配送中心，有时也利用他人所有的专业型配送中心。例如，英国的香蕉流通主要由三大公司控制，它们拥有几十年的经验，能规范和有效地进行香蕉配送，因此英国连锁企业不需要建立香蕉的配送中心。

3. 范围选择

配送中心的辐射范围主要由两个因素决定，一是连锁企业或店铺的辐射范围，二是每个配送中心要辐射的范围。从连锁企业的角度来说，店铺布局决定着配送中心辐射区域，配送中心必须保证每一个店铺都能及时、准确地得到商品。店铺遍布的区域越大，配送中心辐射的区域越大，选择的配送中心的辐射范围必须与连锁店铺分布相一致。同时，对于大型的连锁企业来说，店铺数量大，分布相当分散，需要建立不止一家的配送中心，那么就要确定每一个配送中心承担的配送任务，从而为选择配送中心的地点和规模奠定基础。

从我国目前的情况来看，配送中心辐射范围的选择异常简单。许多连锁企业仅在一个城市，甚至一个城市的某个区发展连锁分店，有一两个配送中心就可以了。但是，随着连锁企业的规范化，辐射全国或某一个大区的大型连锁集团会出现，那时配送中心辐射范围的决策就会变得非常重要。

3.2.4 配送中心的规模决策

配送中心的规模包含三层含义：一是配送中心的总体规模，即配送中心的需要总量是多少平方米，对连锁企业而言，应该与连锁企业店铺规模相适应；二是配送中心数量的设计，即需要建立几个配送中心、这些配送中心如何布局；三是每个配送中心的规模设计。因此，对配送中心的规模决策应分别包括这三个层次的内容。

1. 配送中心总规模的决策

配送中心是为客户提供商品配送服务的，因此一个配送中心的总规模大小与其服务能力存在一定的内在联系。通常情况下，配送中心规模越大，其服务能力越强；但规模越大，投资成本也将会增加。配送中心总规模设计的基本原则就是在服务和成本之间寻求最佳平衡点。在一定配送规模范围内，随着配送规模的不断扩大，单位配送成本随之不断降低，而当规模扩大到一定程度，单位配送成本则会开始随规模的扩大而上升，按经济学的理论，规模不经济性开始发生作用，如图3-1所示。所以，配送中心的建设和经营规模并不是越大越好。理论上，最佳的配送规模是在服务能力与单位配送成本上升阶段的交点上，这样才可能在最佳配送规模范围内获得较低的配送成本和较高的服务能力和服务水平。

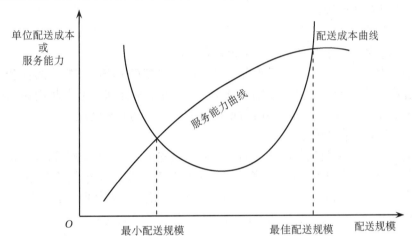

图3-1 配送规模与服务能力、配送成本的关系

在明确了配送中心总规模的基本原则之后，再来进一步探讨确定配送中心总体规模的具体方法。由于储存和送货是配送中心的两大基本功能，所以确定配送中心总体规模的方法可以参照运输及储存规模的确定方法，具体有以下几种。

1）计算配送及储存商品总量

配送中心的配送量和商品储存量直接受连锁企业各店铺商品经营总量的影响。商品经营量越大，所需要的配送中心规模就越大。而商品经营量又与店铺面积有着正相关关系，所以连锁店铺总面积与配送中心总规模也呈正相关关系。例如，法国家乐福集团的一个2万平方米的配送中心负责20家左右超级市场的商品配送任务，这20家超级市场的总店铺面积为20万平方米左右，即配送中心面积与店铺总面积的规模比为1:10。当然，这个比例不是绝对的，必须充分地考虑企业自身的特征，以确保决策无误。此外，在测定商品配送及储存商品总量的同时，还需掌握配送储存的具体品种及相应的数量情况和包装等。

2）计算平均配送量及商品周转速度

这个配送量既包括平均吨公里数，也包括平均储存量。平均吨公里数决定运输规模，平均储存量决定仓储规模。由于商品周转速度直接影响商品在配送中心停留的时间，速度慢就意味着占据配送中心空间的时间长，则需要配送中心的规模就大；反之，则需要相对小的配送中心。同时，从厂商直达店铺的商品越多，要求配送中心仓库面积越小。所以，在推算平均配送量时，还应考虑商品平均周转速度。其计算公式为：

$$\overline{Q} = \frac{Q}{T} \quad \text{或} \quad \overline{Q} = \frac{Q \times D}{360}$$

式中：$\overline{Q}$——平均商品储存量；

Q——商品总储存量；

T——平均周转次数；

D——平均商品储存天数（按一年360天计算）。

值得注意的是，对于某些季节性商品，各个时期的储存量将有非常大的变动。在这种情况下，平均储存量将不能反映其正常的储存空间需要量，必须进一步分析商品储存量在全年各个时期的分布情况，特别是储存高峰时期商品储存空间的需要情况。

3）计算储存空间需要量

由于不同商品的容量及包装不同，因而在储存过程中所占仓库的空间也不同。这样就使得储存的商品和其所占用的空间这二者之间有一个换算关系，这个换算关系用"仓容占用系数"来表示。有些商品的储存量按重量计算，有些商品的储存量按金额计算。仓容占用系数是指单位重量或金额的商品所占空间的大小。其计算公式为：

$$P = \overline{Q} \times q$$

式中：P——储存空间需要量；

q——平均仓容占用系数。

4）计算仓库的储存面积

在储存空间一定的条件下，所需储存面积的大小取决于仓库允许商品的堆码高度。影响仓库允许堆码高度的因素有商品性能、包装、仓库建筑构造和设备的配备等。根据仓库存放商品的特点和仓库设计等方面的条件，应合理地确定堆码高度、仓库的储存面积。其计算公式为：

$$S_t = \frac{P}{H}$$

式中：S_t——仓库储存面积；

H——商品平均堆码高度。

5）计算仓库的实际面积

仓库的实际面积要大于上面计算的储存面积，这是因为仓库不可能都用来储存商品。为了保证商品储存安全和适应库内作业的要求，需要留有一定的墙距、垛距、作业通道及作业区域等。仓库库房面积的利用率是储存面积与实际使用面积之比，这取决于商品保管要求、仓库建筑结构、仓储机械化水平、库房布置和仓库管理水平等多种因素。因此，应根据新建仓库的具体条件，确定仓库面积利用系数，并根据其对仓库面积做最后的调整。其计算公式为：

$$S = \frac{S_t}{U}$$

式中：S——仓库的实际面积；

U——仓库面积利用系数。

6) 确定仓库的面积

仓库的全部面积为仓库实际面积与辅助面积之和。根据仓库本身的性质及实际的需要，确定辅助面积所占的比重，进而确定仓库的全部面积。

2. 配送中心数量的决策

配送中心的数量取决于经营商品的类别和连锁店的分布状态。一般来说，配送中心要求连锁店铺分布有相对的集中性，一个配送中心至少要能满足几家店铺的需要，配送中心的作用才能发挥出来。确定配送中心数量的方法有两种，即商品功能法和适当比例法。

1) 商品功能法

这种方法是按照商品类别来设立配送中心，有利于根据商品的自然属性来安排储存和运输。例如，日本大荣公司分别按商品类别建立了衣料和杂货中心、电器和家具中心、食品中心等；法国的安得玛谢超市集团在它拥有的 43 家配送中心里也按商品分类设置。

2) 适当比例法

这种方法是按连锁店铺的分布状态或空间特征设立配送中心，其优点是利于配送距离及效益达到理想状态。意大利的 GS 超市连锁集团的超市状况是北部 58 家、中部 23 家、南部 11 家，而其配送中心的分布与其相适应，在北部、中部、南部各设立一个配送中心。日本的家庭市场连锁店的物流半径为 30 km，在半径为 30 km 的面积内设有 70 家店铺，由一个配送中心负责配货。一个中心拥有四五辆货车，按照总部的送货单送货，一辆车一次送货 10～15 家店铺，先装距离最远店铺的货物，后装距离最近店铺的货物，送货时先送最近店铺的货物，后送最远店铺的货物。

事实上，许多连锁企业通常综合用上述两种方法进行配送中心的设置，既按商品类别划分配送中心，又按店铺分布来安排位置。目前有些大型百货商店四面开花式地建立分店，分散于各个区域，配送中心的效果很难体现。因此，配送中心要求连锁店铺分布有相对的集中性，一个配送中心至少能满足几家店铺的需要。

3. 单个配送中心的规模决策

在这个问题上，主要应消除一个认识上的误区，即单个配送中心的规模就是配送中心总规模的平均数。实际上,在连锁企业发展过程中,常常是配送中心逐个建立,因此配送中心总规模常常是全部单个配送中心累积的结果,而不是先确立总规模然后再向各个配送中心进行分配。例如,上面提到的意大利 GS 超市连锁集团中部配送中心负责 23 家超市的供应,设有面积为 23 万平方米的仓库,而北部、南部仓库则不同,或大或小。也就是说,一个配送中心规模的大小,是根据实际商品周转量而确定的。

3.3 配送中心选址

配送中心选址是指在一个具有若干供应点及若干需求点的经济区域内,选一个地址设置配送中心的规划过程。较佳的配送中心选址方案是使商品通过配送中心的汇集、中转、分发,直至输送到需求点的全过程的效益最好。配送中心拥有众多建筑物、构筑物及固定机械设备,一旦建成很难搬迁,如果选址不当,将付出长远的代价。因此,配送中心的选址是配送中心规划中至关重要的一步。

随着国民经济的发展,社会物流量不断增长,要求有相应的配送中心及网点与之相适应。进行配送中心的建设,必须有一个总体规划,就是从空间和时间上,对配送中心的新建、改建和扩建进行全面系统的规划。规划的合理与否,对配送中心的设计、施工与应用,对其作业质量、安全、作业效率和保证供应,对节省投资和运营费用等,都会产生直接和深远的影响。

3.3.1 配送中心选址的原则

配送中心的选址过程应同时遵守适应性原则、协调性原则、经济性原则和战略性原则。

1. 适应性原则

配送中心的选址应与国家及省市的经济发展方针、政策相适应,与国家物流资源分布和需求分布相适应,与国民经济和社会发展相适应。

2. 协调性原则

配送中心的选址应将国家的物流网络作为一个大系统来考虑,使配送中心的设施设备在地域分布、物流作业生产力、技术水平等方面互相协调。

3. 经济性原则

在配送中心的发展过程中,有关选址的费用,主要包括建设费用及物流费用(经营费用)两部分。配送中心的选址定在市区、近郊区或远郊区,其未来物流活动辅助设施的建设规模及建设费用,以及运费等物流费用是不同的,选址时应以总费用最低作为配送中心选址的经济性原则。

4. 战略性原则

配送中心的选址应具有战略眼光,一是要考虑全局,二是要考虑长远。局部要服从全局，目前利益要服从长远利益，既要考虑目前的实际需要，又要考虑日后发展的可能。

3.3.2 影响配送中心选址的因素

1. 自然环境因素

（1）气象条件。配送中心选址过程中，主要考虑的气象条件有温度、风力、降水量、无霜期、冻土深度、年平均蒸发量等指标。例如，选址时要避开风口，因为在风口建设会加速露天堆放商品的老化。

（2）地质条件。配送中心是大量商品的集结地。某些容重很大的建筑材料堆码起来，会对地面造成很大的压力。如果配送中心地面以下存在着淤泥层、流沙层、松土层等不良地质条件，会在受压地段造成沉陷、翻浆等严重后果，为此配送中心选址要求土壤承载力要高。

（3）水文条件。配送中心选址需远离容易泛滥的河川流域与地下水上溢的区域。选址时，要认真考察近年的水文资料，地下水位不能过高，洪泛区、内涝区、故河道、干河滩等区域绝对禁止选择。

（4）地形条件。配送中心应选择地势较高、地形平坦之处且应具有适当的面积与外形。若选在完全平坦的地形上是最理想的，其次选择稍有坡度或起伏的地方，对于山区陡坡地区则应该完全避开；在外形上可选择长方形，不宜选择狭长或不规则形状。

2. 经营环境因素

（1）经营环境。配送中心所在地区的优惠物流产业政策对物流企业的经济效益将产生重要的影响。数量充足和素质较高的劳动力也是配送中心选址考虑的因素之一。

（2）商品特性。经营不同类型商品的配送中心最好能分别布局在不同地域，如生产型配送中心的选址应与产业结构、产品结构、工业布局紧密结合进行考虑。

（3）物流费用。物流费用是配送中心选址的重要考虑因素之一。大多数配送中心选择接近物流服务需求地，例如接近大型工业、商业区，以便缩短运距、降低运费等物流费用。

（4）服务水平。服务水平是配送中心选址的考虑因素。在现代物流过程中，能否实现准时运送是配送中心服务水平高低的重要指标，因此，在配送中心选址时，应保证客户在任何时候向配送中心提出的物流需求，都能获得快速满意的服务。

3. 基础设施状况

（1）交通条件。配送中心必须具备方便的交通运输条件。最好靠近交通枢纽进行布局，如紧临港口、交通主干道枢纽、铁路编组站或机场，最少要有两种以上运输方式相连接。

（2）公共设施状况。配送中心的所在地要求城市的道路、通信等公共设施齐备，有充足的供电、水、热、燃气的能力，且场区周围要有污水、固体废物处理能力。

4. 其他因素

（1）国土资源利用。配送中心的规划应贯彻节约用地、充分利用国土资源的原则。配送中心一般占地面积较大，周围还需留有足够的发展空间，为此地价的高低对布局规划有重要的影响。此外，配送中心的布局还要兼顾区域与城市规划用地的其他要素。

（2）环境保护要求。配送中心的选址需要考虑保护自然环境与人文环境等因素，尽可能降低对城市生活的干扰。对于大型转运枢纽，应适当设置在远离市中心区的地方，使得大城市交通环境状况能够得到改善，城市的生态建设得以维持和增进。

（3）周边状况。由于配送中心是火灾重点防护单位，不宜设在易散发火种的工业设施（如木材加工、冶金企业）附近，也不宜选择在居民住宅区附近。

3.3.3 配送中心选址的方法

1. 配送中心选址方法概述

配送中心的选址应综合运用定性和定量分析相结合的方法，在全面考虑选址影响因素的基础上，粗选出若干个可选的地点，然后进一步借助比较法、专家评价法、模糊综合评价法等数学方法量化比较，最终得出较优的方案。

选址的问题可以分为单一配送中心选址和多个配送中心选址两类。近年来，随着选址理论的发展，很多配送中心选址及网点布局的方法被开发出来，归结起来可以分为以下5种主要方法。

1）解析方法

解析方法通常是指物流地理重心方法。这种方法通常只考虑运输成本对配送中心选址的影响，而运输成本一般是运输需求量、距离及时间的函数，所以解析方法根据距离、需求量、时间或三者的结合，通过在坐标上显示，以配送中心位置为因变量，用代数方法来求解配送中心的坐标。解析方法考虑的影响因素较少，模型简单，主要适用于单个配送中心选址问题。对于复杂的选址问题，用解析方法常常感到困难，通常需要借助其他更为综合的分析技术。

2）最优化规划方法

最优化规划方法一般是在一些特定的约束条件下，从许多可用的选择中挑选出一个最佳的方案。运用线性规划技术解决选址问题一般需具备两个条件：一是必须有两个或两个以上的活动或定位竞争同一资源对象；二是在一个问题中，所有的相关关系总是确定的。

随着20世纪70年代计算机计算能力的增强，使得以最优化规划方法求解大型配送中心选址及网点布局逐渐成为可行。最优化规划方法中的线性规划技术及整数规划技术是目前应用最为广泛，也是最主要的选址方法。据统计，目前美国各种选址软件中90%的解决方案都是应用最优化规划方法得到的。最优化规划方法的优点是：它属于精确式算法，能获得精确最优解。其不足之处主要在于对一些复杂情况很难建立合适的规划模型；或者模型太复杂，计算时间长，非常难以得到最优解；还有些时候得出的解虽然是最优解，但在实际中不可行。

3）启发式方法

启发式方法是一种逐次逼近最优解的方法，大部分在20世纪50年代末期及60年代期间被开发出来。用启发式方法进行配送中心选址及网点布局时,首先要定义计算总费用的方法,拟定判别准则,规定改进途径,然后给出初始方案,迭代求解。

启发式方法与最优规划方法的最大不同是它不是精确式算法,不能保证给出的解决方案是最优的,但只要处理得当,获得的可行解与最优解是非常接近的,而且启发式算法相对最优规划方法计算简单,求解速度快。所以,在实际应用中,启发式方法是仅次于最优化规划技术的选址方法。

4) 仿真方法

仿真方法是试图通过模型重现某一系统的行为或活动,而不必实地去建造并运转一个系统,因为那样可能会造成巨大的浪费,或根本没有可能实地去进行运转实验。在选址问题中,仿真技术可以使分析者通过反复改变和组合各种参数,多次试行来评价不同的选址方案。这种方法还可进行动态模拟,例如假定各个地区的需求是随机变动的,通过一定时间长度的模拟运行,可以估计各个地区的平均需求,从而在此基础上确定配送中心的分布。

仿真方法可描述多方面的影响因素,因此具有较强的实用价值,常用来求解较大型的、无法手算的问题。其不足之处主要在于仿真方法不能提出初始方案,只能通过对各个已存在的备选方案进行评价,从中找出最优方案,所以在运用这项技术时必须首先借助其他技术找出各初始方案,而且预定初始方案的好坏会对最终决策结果产生很大的影响。

5) 综合因素评价法

综合因素评价法是一种全面考虑各种影响因素,并根据各影响因素重要性的不同对方案进行评价、打分,以找出最优的选址方案。

目前,关于以上各种方法哪一种是最优的选址及网点布局方法还有不同的看法。鉴于各种方法各有优缺点,所以实际运用中通常以最优化规划方法为主,再综合其他各种方法以确定最终的选址及网点布局方案。但无论应用哪种方法,获得准确的数据及应用各种模型的技巧都是成功的必要前提,因为对于一个实际的选址问题,单独应用以上任何方法都难以获得最佳的方案。

2. 单一配送中心的选址方法

单一配送中心是最简单的配送中心,对众多配送点只设置一个配送中心组织货物配送。对单一配送中心进行选址,重心法是一种常见的定量选址方法,此外还有因素评分法。

1) 重心法

• 重心法模型

如图 3-2 所示,设有 n 个零售店,它们各自的坐标是 (x_i, y_i) $(i = 1, 2, \cdots, n)$,配送中心的坐标是 (x_0, y_0),则有:

$$H = \sum_{j=1}^{n} C_j \qquad (3-1)$$

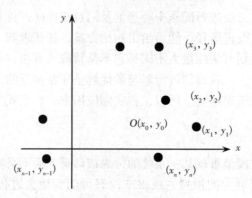

图 3-2 配送中心和零售店的坐标

式中：H——从配送中心到各零售店的总发送费用；
C_j——从配送中心到各零售店的发送费用。
C_j 又可以用下式来表示：

$$C_j = h_j w_j d_j \tag{3-2}$$

式中：h_j——从配送中心到零售店 j 的发送费率（即单位吨公里的发送费）；
w_j——从配送中心向零售店 j 的发送量；
d_j——从配送中心到零售店 j 的距离。
d_j 也可以写成如下形式：

$$d_j = \sqrt{(x_0 - x_j)^2 + (y_0 - y_j)^2} \tag{3-3}$$

要求使 H 最小的 (x_0, y_0)，可运用下面的计算公式，令：

$$\frac{\partial H}{\partial x_0} = \sum_{j=1}^{n} h_j w_j (x_0 - x_j)/d_j = 0$$

$$\frac{\partial H}{\partial y_0} = \sum_{j=1}^{n} h_j w_j (y_0 - y_j)/d_j = 0 \tag{3-4}$$

则：

$$x_0^* = \frac{\sum_{j=1}^{n} h_j w_j x_j / d_j}{\sum_{j=1}^{n} h_j w_j / d_j} \qquad y_0^* = \frac{\sum_{j=1}^{n} h_j w_j y_j / d_j}{\sum_{j=1}^{n} h_j w_j / d_j} \tag{3-5}$$

因上式的结果中还含有 d_j，即还有要求的未知数 (x_0, y_0)，而要从两式的右边完全消去 (x_0, y_0)，计算起来很复杂，故采用迭代法来进行计算。

● 迭代法的计算步骤

（1）以所有零售店的重心坐标（或等效重心坐标）作为配送中心的初始地点 (x_0^0, y_0^0)；

（2）利用式（3-1）至式（3-3），计算与（x_0^0，y_0^0）相应的总发送费 H^0；

（3）把（x_0^0，y_0^0）分别代入式（3-3）和式（3-5）中，计算配送中心的改善地点（x_0^1，y_0^1）；

（4）利用式（3-1）至式（3-3），计算与（x_0^1，y_0^1）相应的总发送费 H^1；

（5）把 H^1 和 H^0 进行比较，如果 $H^1 < H^0$，则令（x_0^0，y_0^0）=（x_0^1，y_0^1），返回步骤（3）；否则（x_0^*，y_0^*）=（x_0^0，y_0^0），计算终止。

由上述分析可知，应用迭代法的关键是给出配送中心的初始地点（x_0^0，y_0^0）。因为一般的做法是将各零售店的重心坐标作为初始地点，故该法称为重心法或重心迭代法。当然，也可以采用任选初始地点的方法，还可以根据各零售店的位置和商品需求量的分布情况选取初始地点。

● 重心法示例

某企业在某城市设有 A、B、C、D 4 个超市，各超市的位置分布如图 3-3 所示，需求情况如表 3-1 所示，设配送中心到各超市的每单位运量、单位距离的配送费为 1，现该企业想建一个配送中心给这 4 个超市进行配送，试确定它的位置。

表 3-1 超市的需求情况表

超市	每月需求数量/车
A	2 000
B	1 000
C	1 000
D	2 000

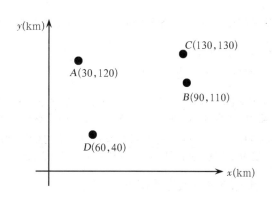

图 3-3 超市的位置分布图

解：根据重心法原理求解。

（1）计算 4 个超市的等效重心坐标作为初始地点（x_0^0，y_0^0）。

$$x_0^0 = \frac{30 \times 2\,000 + 90 \times 1\,000 + 130 \times 1\,000 + 60 \times 2\,000}{2\,000 + 1\,000 + 1\,000 + 2\,000} = 66.7$$

$$y_0^0 = \frac{120 \times 2\,000 + 110 \times 1\,000 + 130 \times 1\,000 + 40 \times 2\,000}{2\,000 + 1\,000 + 1\,000 + 2\,000} = 93.3$$

（2）计算以该坐标（66.7，93.3）为配送中心的总发送费用 H^0。

首先根据式（3-3）计算该点到各超市的距离分别为：

$$d_A = 45.4 \quad d_B = 28.7 \quad d_C = 73.2 \quad d_D = 53.7$$

再根据式（3-2）和（3-1）计算 H^0：

$$H^0 = 2\,000 \times 1 \times 45.4 + 1\,000 \times 1 \times 28.7 + 1\,000 \times 1 \times 73.2 + 2\,000 \times 1 \times 53.7 = 300\,100$$

（3）根据式（3-5）计算改善地点的坐标 (x_0^1, y_0^1)。

$$x_0^1 = \frac{30 \times 1 \times 2\,000/45.4 + 90 \times 1 \times 1\,000/28.7 + 130 \times 1 \times 1\,000/73.2 + 60 \times 1 \times 2\,000/53.7}{2\,000 \times 1/45.4 + 1\,000 \times 1/28.7 + 1\,000 \times 1/73.2 \times 2\,000 \times 1/53.7} = 65.2$$

$$y_0^1 = \frac{120 \times 1 \times 2\,000/45.4 + 110 \times 1 \times 1\,000/28.7 + 130 \times 1 \times 1\,000/73.2 + 40 \times 1 \times 2\,000/53.7}{2\,000 \times 1/45.4 + 1\,000 \times 1/28.7 + 1\,000 \times 1/73.2 + 2\,000 \times 1/53.7} = 95.4$$

（4）计算 (x_0^1, y_0^1) 坐标下的总发送费用 H^1。

首先根据式（3-3）计算该点到各超市的距离分别为：

$$d_A = 42.9 \quad d_B = 28.8 \quad d_C = 73.5 \quad d_D = 55.6$$

再根据式（3-2）和式（3-1）计算 H^1：

$$H^1 = 2\,000 \times 1 \times 42.9 + 1\,000 \times 1 \times 28.8 + 1\,000 \times 1 \times 73.5 + 2\,000 \times 1 \times 55.6 = 299\,300$$

显然 $H^1 < H^0$，令 $(x_0^0, y_0^0) = (x_0^1, y_0^1)$。

（5）根据式（3-5）计算改善地点的坐标 (x_0^1, y_0^1)。

$$x_0^1 = \frac{30 \times 1 \times 2\,000/42.9 + 90 \times 1 \times 1\,000/28.8 + 130 \times 1 \times 1\,000/73.5 + 60 \times 1 \times 2\,000/55.6}{2\,000 \times 1/42.9 + 1\,000 \times 1/28.8 + 1\,000 \times 1/73.5 + 2\,000 \times 1/55.6} = 64.5$$

$$y_0^1 = \frac{120 \times 1 \times 2\,000/42.9 + 110 \times 1 \times 1\,000/28.8 + 130 \times 1 \times 1\,000/73.5 + 40 \times 1 \times 2\,000/55.6}{2\,000 \times 1/42.9 + 1\,000 \times 1/28.8 + 1\,000 \times 1/73.5 + 2\,000 \times 1/55.6} = 96.4$$

（6）计算 (x_0^1, y_0^1) 坐标下的总发送费用 H^1。

首先根据式（3-3）计算该点到各超市的距离分别为：

$$d_A = 41.8 \quad d_B = 28.9 \quad d_C = 73.6 \quad d_D = 56.6$$

再根据式（3-2）和式（3-1）计算 H^1：

$$H^1 = 2\,000 \times 1 \times 41.8 + 1\,000 \times 1 \times 28.9 + 1\,000 \times 1 \times 73.6 + 2\,000 \times 1 \times 56.6 = 299\,300$$

显然 $H^1 = H^0$，计算终止。

因此，最终配送中心的选址可以为两个：(65.2, 95.4) 或 (64.5, 96.4)。

- 重心法的优缺点

采用该方法的理论前提是认为运输费用只与配送中心和客户的直线距离成正比，而实际并非如此，只有当客户与配送中心的距离特别远时可以这样来进行数据处理；还有一个前提就是认为不同地点的建设、管理和运营费用相同，选址的目标只考虑运输费用最低。

求解配送中心最佳地址的模型有离散性和连续性两种。重心法模型是连续性模型，相对于离散性模型来说，其配送中心地点的选择是不加特定限制的，有自由选择的长处，这样使计算简便。可是从另一个方面来看，重心法模型的自由度过多是一个缺点，因为由迭代法计算求得的最佳地点实际上往往很难找到，有的地点很可能在河流湖泊或街道中间等。

2）因素分析评价法

配送中心的选址有多个影响因素，且每个因素的影响程度不同，因素分析法常用来解决离散型单点物流设施的选址问题，这也是在实际选址问题中最常用的一种有效方法。

离散点选址指的是在有限的候选位置里面选取最为合适的一个或一组位置为最优的方案，相应的模型就叫做离散点选址模型。它与连续点选址模型的区别在于它所拥有的候选方案只有有限个，考虑问题时只需在这些有限位置上进行分析。

因素分析法是将每一个备选地点都按因素记分，不同因素的重要程度不同，赋予不同的权重，在允许的范围为这些因素给出一个分值；然后，将每一地点各因素的得分加权相加，求出总分后加以比较；最后，选择得分最多的地点为最终方案。

- 因素分析评价法的基本步骤

（1）针对评价项目的基本要求和特点，列出要考虑的各种因素。

（2）根据各因素的相对重要程度，分别规定相应的权重。

（3）对每个方案进行审查，并按每个因素的优劣排出各方案中该因素的评价值。

（4）把每个方案的每个因素的评价值与权重乘积相加，得出每个方案的总分数，所有方案中总分数最高者为最佳。

- 因素分析评价法示例

由于仓库容量有限，某公司决定再建一个新仓库，有 A、B 两个地点可供选址。它们的有关情况评价（百分制）如表 3-2 所示。已知各权重系数分别为：0.25、0.20、0.10、0.35、0.10，试确定哪一个地点更好。

表 3-2　各方案评价值

评价因素	A 地的评价值	B 地的评价值	权重	A 地加权	B 地加权
劳动成本	70	60	0.25	17.5	15.0
运输成本	50	60	0.20	10.0	12.0
教育健康	85	80	0.10	8.5	8.0

续表

评价因素	A地的评价值	B地的评价值	权重	A地加权	B地加权
税收结构	75	70	0.35	26.3	24.5
资源利用率	60	70	0.10	6.0	7.0
总计	340	340	1.00	68.3	66.5

由表3-2可知，加权总分数高者为A地，应选择A地作为建新仓库的地址。

3. 多个配送中心的选址方法

1) 鲍摩-瓦尔夫模型

● 鲍摩-瓦尔夫模型的建立

图3-4所示为从几个工厂经过几个配送中心，向用户输送货物。对此问题，一般只考虑运费为最小时配送中心的选址问题。

这里所要考虑的问题是：各个工厂向哪些配送中心运输多少商品？各个配送中心向哪些用户发送多少商品？

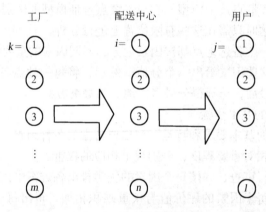

图3-4 商品输送示意图

规划的总费用应包括以下内容：

c_{ki}——从工厂到配送中心i每单位运量的运输费；

h_{ij}——从配送中心i向用户j发送单位运量的发送费；

c_{ijk}——从工厂k通过配送中心i向用户j发送单位运量的运费，即$c_{ijk} = c_{ki} + h_{ij}$；

X_{ijk}——从工厂k通过配送中心i向用户j运送的运量；

W_i——通过配送中心i的运量，即$W_i = \sum_{j,k} X_{ijk}$；

v_i——配送中心i单位运量的可变费用；

F_i——配送中心i的固定费用（与其规模无关的固定费用）。

故总费用函数为：

$$f(X_{ijk}) = \sum_{i,j,k}(c_{ki}+h_{ij})X_{ijk} + \sum_i v_i(W_i)^\theta + \sum_i F_i r(W_i) \qquad (3-6)$$

式中，$0<\theta<1$，$r(W_i)=\begin{cases}0 & (W_i=0)\\ 1 & (W_i>0)\end{cases}$。

总费用函数 $f(X_{ijk})$ 的第一项是运输费和发送费用，第二项是配送中心的可变费用，第三项是配送中心的固定费用（这项费用函数是非线性的）。

- 鲍摩－瓦尔夫模型的计算步骤

首先，给出费用的初始值，求初始解；然后，进行迭代计算，使其逐步接近费用最小的运输规划。

（1）初始解。要求最初的工厂到用户间 (k,j) 的运费相对最小，也就是说，要求工厂到配送中心间的运费率 c_{ki} 和配送中心到用户间的发送费用率 h_{ij} 之和为最小，即：

$$C_{ki}^0 = \min_i(c_{ki}+h_{ij}) = (c_{ki}^0 + h_{ij}^0) \qquad (3-7)$$

设所有的 (k,j) 取最小费率 c_{kj}^0，配送中心的序号为 I_{kj}^0。这个结果决定了所有工厂到用户间的费用。那么，如果工厂的生产能力和需要量已知，把其作为约束条件来求解运输型问题，使费用函数 $\sum c_{kij}^0 X_{kj}$ 为最小时，就为初始解。

根据初始解，配送中心的通过量可按下式计算：

$$W_i^0 = \sum \{\text{所有的 } k,j, \text{如 } I_{kj}^0 = i\} X_{kj}^0 \qquad (3-8)$$

（2）改善解。从通过量反过来计算配送中心的可变费用：

$$c_{kj}^1 = \min_i[c_{ki}+h_{ij}+v_i\theta(W_i^0)^{\theta-1}] \qquad (3-9)$$

这是费用函数式关于 X_{ijk} 的偏微分。式中，C_{kj}^1 的配送中心序号为 c_{kj}^1。再次以这一成本为基础，求解运输型问题，求得使费用函数 $\sum c_{ki}^1 X_{kj}$ 为最小时，$\{X_{kj}^1\}$ 就成为改善解。

（3）检验最优解。当为改善解时，配送中心的通过量为：

$$W_i^1 = \sum \{\text{所有的 } k,j, \text{如 } I_{kj}^1 = i\} X_{kj}^1$$

式中，I_{kj}^1 是由改善解得到的所使用配送中心的序号。

改善解可使配送中心通过量反映到可变费用上，因此求改善解就可得到配送中心的新的通过量。

把改善解 $\{X_{kj}^1\}$ 的配送中心通过量 W_i^1 和初始解 $\{X_{kj}^0\}$ 的配送中心通过量 W_i^0 进行比较，如果完全相等，就停止计算，该改善解为最优选址方案；如果不等，令 $W_i^0 = W_i^1$，$\{X_{kj}^0\} = \{X_{kj}^1\}$，转第（2）步。

- 鲍摩－瓦尔夫模型示例

某公司在全国有 3 个工厂 F1，F2，F3，三个工厂向全国 10 个地区供应产品，在每个地区各有一个配送站送货上门，现有 6 个配送中心候选地 D1、D2、…、D6，已知配送中心的单位可变费用分别为 400、500、300、500、300、600，且与通过量的关系为 $\theta = 1/2$。已知条件如表 3-3 和表 3-4 所示。

表 3-3 工厂到配送中心候选地的单位运输成本

候选地\工厂	D1	D2	D3	D4	D5	D6	供应量
F1	7	12	15	28	20	30	100
F2	22	16	9	20	30	10	200
F3	10	30	12	30	25	20	100

表 3-4 配送中心候选地到各配送站的单位配送成本

配送站\候选地	B1	B2	B3	B4	B5	B6	B7	B8	B9	B10
D1	15	8	15	24	28	35	9	41	23	27
D2	42	23	7	13	15	18	16	36	16	33
D3	25	15	30	18	10	27	28	52	28	24
D4	45	55	10	45	19	8	34	33	42	29
D5	32	40	26	27	35	15	46	24	43	16
D6	52	30	32	21	25	32	31	9	21	15
需求量	30	40	70	50	40	20	30	50	30	40

若要考虑规模经济量，配送费用与商品通过量呈非线性关系，求出 3 个工厂的产品经过哪些配送中心运往哪些配送站更经济。

解：

（1）求初始解。依题意可得，初始解应仅考虑总运费最低对应的解。首先计算各工厂到各配送站的最小单位运价 $C_{kj}^0 = \min\{C_{ki} + h_{ij}\}$，如表 3-5 所示。该问题用表上作业法求解，初始解如表 3-6 所示。

表 3-5 最小运输成本 c_{kj}^0

	B1	B2	B3	B4	B5	B6	B7	B8	B9	B10
F1	22（D1）	15（D1）	19（D2）	25（D2）	25（D3）	30（D2）	16（D1）	39（D6）	28（D2）	34（D1）
F2	34（D3）	24（D3）	23（D2）	27（D2）	19（D3）	28（D4）	31（D1）	31（D6）	31（D6）	25（D6）
F3	25（D1）	18（D1）	25（D1）	30（D3）	22（D3）	38（D4）	19（D1）	29（D6）	33（D1）	35（D6）

第3章 配送中心

表 3-6 初始解

	B1	B2	B3	B4	B5	B6	B7	B8	B9	B10	产量
F1	30（D1）	40（D1）	30（D2）								100
F2			40（D2）	50（D3）	40（D3）	20（D4）		50（D6）			200
F3							30（D1）		30（D1）	40（D6）	100
需求量	30	40	70	50	40	20	30	50	30	40	

则各配送中心的通过量为：$W(D1)=130$，$W(D2)=70$，$W(D3)=90$，$W(D4)=20$，$W(D5)=0$，$W(D6)=90$。

（2）求改善解1。把可变费用考虑进去，根据公式 $C_{kj}=\min\{C_{ki}+h_{ij}+\theta v_i(W(i))^{\theta-1}\}$ 求工厂到各配送站的运价，因为 $W(D5)=0$，则可设该配送中心的变动费用为无穷大，如表3-7 所示。转化成运输问题，用表上作业法求的改善解1，如表3-8 所示。

表 3-7 最小运输成本 c_{kj}^1

	B1	B2	B3	B4	B5	B6	B7	B8	B9	B10
F1	39.54(D1)	32.54(D1)	39.54(D1)	48.54(D1)	40.81(D3)	57.81(D3)	33.54(D1)	65.54(D1)	47.54(D1)	51.54(D1)
F2	49.81(D3)	39.81(D1)	52.88(D2)	42.81(D3)	34.81(D3)	51.81(D3)	48.54(D1)	50.62(D6)	52.81(D3)	48.81(D3)
F3	42.54(D1)	35.54(D1)	42.54(D1)	45.81(D3)	37.81(D3)	54.81(D3)	36.54(D1)	60.62(D6)	50.54(D1)	51.81(D3)

表 3-8 改善解1

	B1	B2	B3	B4	B5	B6	B7	B8	B9	B10	产量
F1	30（D1）	40（D1）	30（D1）								100
F2				50（D3）	40（D3）	20（D3）		50（D6）		40（D3）	200
F3			40（D1）				30（D1）		30（D1）		100
需求量	30	40	70	50	40	20	30	50	30	40	

则各配送中心的通过量为：$W(D1)=200$，$W(D2)=0$，$W(D3)=150$，$W(D4)=0$，$W(D5)=0$，$W(D6)=50$。

（3）求改善解2。因为 $W(D2)=0$，$W(D4)=0$，$W(D5)=0$，则设 D2，D4，D5 的变动费用为无穷大，在此基础上对工厂到配送站间所有组合求出总成本最小值，然后求解运输问题的新的改善解2，分别如表3-9 和表3-10 所示。

表 3-9 最小运输成本 c_{kj}^2

	B1	B2	B3	B4	B5	B6	B7	B8	B9	B10
F1	36.14(D1)	29.14(D1)	36.14(D1)	45.14(D1)	37.25(D3)	54.25(D3)	30.14(D1)	62.14(D1)	44.14(D1)	48.14(D1)
F2	46.25(D3)	36.25(D3)	51.14(D1)	39.25(D3)	31.25(D3)	48.25(D3)	45.14(D1)	61.43(D6)	49.25(D3)	45.25(D3)
F3	39.14(D1)	32.14(D1)	39.14(D1)	42.25(D3)	34.25(D3)	51.25(D3)	33.14(D1)	65.14(D1)	47.14(D1)	48.25(D3)

表 3-10 改善解 2

	B1	B2	B3	B4	B5	B6	B7	B8	B9	B10	产量
F1	30(D1)	40(D1)	30(D1)								100
F2				50(D3)	40(D3)	20(D3)		50(D6)		40(D3)	200
F3			40(D1)				30(D1)		30(D1)		100
需求量	30	40	70	50	40	20	30	50	30	40	

则各配送中心的通过量为：$W(D1)=200$，$W(D2)=0$，$W(D3)=150$，$W(D4)=0$，$W(D5)=0$，$W(D6)=50$。

由于第一次改善解和第二次改善解的通过量相同，所以第二次改善解便是最终解。在各候选地址中，应选取 D1、D3、D6 为配送中心的位置。

- 鲍摩－瓦尔夫模型的优缺点

这个模型具有一些优点，但也有些问题，使用时应加以注意。

(1) 该模型的优点如下。

① 计算比较简单，采用迭代法，方便计算机求解。

② 能评价流通过程的总费用（运费、保管费和发送费之和）。

③ 能求解配送中心的通过量，即决定配送中心规模的重要因素可以确定。

④ 根据配送中心可变费用的特点，可以采用大批量进货的方式。

(2) 该模型的缺点如下。

① 由于采用的是逐次逼近法，所以不能保证一定会得到最优解。此外，由于选择备选地点的方法不同，有时求出的最优解中可能出现配送中心数目较多的情况。也就是说，还可能有配送中心数更少、总费用更小的解存在。因此，必须仔细研究所求得的解是否为最优解。

② 配送中心的固定费用没在所得的解中反映出来。

2) CFLP 法

- CFLP 法的基本原理

当配送中心的能力有限制，而且用户的地址和需求量及设置多个配送中心的数目均已确定的情况下，可采用 CFLP 法（Capacitated Facility Location Problem），从配送中心的备选地点中选出总费用最小的由多个配送中心（假设有 m 个）组成的配送系统。这个方法的基本步骤如下。

首先，假定配送中心的备选地点已定，据此假定在保证总运输费用最小的前提下，求出各暂定配送中心的供应范围。然后，再在所求出的供应范围内分别移动配送中心至其他备选地点，以使各供应范围的总费用下降。当移动每个配送中心的地点都不能继续使本区域总费用下降时，则计算结束；否则，按可使费用下降的新地点，再求各暂定配送中心的供应范围，重复以上过程，直到费用不再下降为止。

(1) 初选配送中心的地点。通过定性分析，根据配送中心的配送能力和用户需求分布情况适当地确定配送中心的数量及其设置地点，并以此作为初始方案。这一步骤非常重要，因为它将直接影响整个计算的收敛速度。

(2) 确定各暂定的配送中心的供应范围。设暂定的配送中心有 k 个，分别为 s_1，s_2，$\cdots$，s_k；用户有 n 个；从配送中心 s_i 到用户 j 地的单位运输费用为 h_{s_ij}；以运输费用 U 最低为目标，则可构成的运输问题模型如下：

$$\min U = \sum_{i=1}^{k} \sum_{j=1}^{n} h_{s_ij} X_{s_ij}$$

$$\sum_{i=1}^{k} X_{s_ij} \geq D_j, \ j=1, 2, \cdots, n$$

$$\sum_{j=1}^{n} X_{s_ij} \leq M_{s_i}, \ i=1, 2, \cdots, k$$

$$X_{s_ij} \geq 0, \ i=1, 2, \cdots, k, \ j=1, 2, \cdots, n$$

式中：X_{s_ij}——配送中心 s_i 到用户 j 的运输量；

M_{s_i}——配送中心 s_i 的容量；

D_j——用户 j 的需求量。

解以上运输问题，就可求得各暂定配送中心的供应范围。这可表述为如下的用户集合：

$$N_i = \{i: X_s^* \neq 0\}, \ i=1, 2, \cdots, k$$

(3) 在以上各配送范围内，移动配送中心到其他备选地点，寻求可能的改进方案。设在原定配送中心 s_i 的配送范围为 N_i，除 s_i 之外，可做配送中心备选地点的还有 L_i 个，在这些地点设置配送中心的固定费用分别为 F_{t_l}，其中 $t_l \in L_i$；则以 t_l 为新的配送中心时，N_i 配送范围内的总费用为：

$$u_{t_l} = \sum_{j=1}^{N_i} h_{t_lj} X_{t_lj} + F_{t_l}, \ t_l \in L_i$$

令：

$$u_{t_l} = \min_{t_l \in L_i} \{u_{t_l}\}$$

若 $u_{t_l} \leq u_{s_l}$，说明步骤（3）求出的目标函数值是步骤（2）求出的第 i 个配送中心目标函数值的一部分，则令 $s_i' = t_i'$；否则令 $s_i' = s_i$。对所有 k 个区域重复上述过程，得到新的配送中心的集合 $\{s_i'\}_{i=1}^{k}$。

(4) 比较新、旧配送中心集合的总费用。若前者大于或等于后者，说明已经得到了所要求的解，计算可停止；若前者小于后者，说明新得到的配送中心地点可使总费用下降，通过改善配送中心的供应范围，还有可能进一步降低总费用。为了进一步降低总费用，以新的配送系统代替原有的配送系统，重复步骤（2）至步骤（4），直到总费用不能再下降为止。

按以上步骤得到的收敛解，虽然没有得到理论上的证明，但是由于费用总是在下降的，因此在实际应用中，可以充分相信所得到的解。

- CFLP 法示例

现有选址问题如图 3-5 所示，要求在该地域范围内 12 个需求点中选出 3 个作为配送中心的地址。同时，假设各配送中心的固定费用均为 10 个单位，容量为 13 个单位，运输费率为一个常数，即运输费用与运输距离成正比。

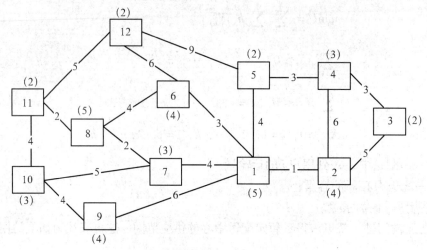

图 3-5　配送网络示意图

注：□内的数字为节点序号，（ ）内的数字为该节点的用户需求量，其他数字为连接相邻两节点之间的直线距离。

解：根据图 3-5 可得各需求点之间的最短运输距离如表 3-11 所示。

表 3-11　各需求点之间的最短运输距离

需求点 i 需求点 j	1	2	3	4	5	6	7	8	9	10	11	12
1	0	1	6	7	4	3	4	6	6	9	8	9
2	1	0	5	6	5	4	5	7	7	10	9	10
3	6	5	0	3	6	9	10	12	12	15	14	15
4	7	6	3	0	3	10	11	13	13	16	15	12
5	4	5	6	3	0	7	8	10	10	13	12	9
6	3	4	9	10	7	0	6	4	9	10	6	6
7	4	5	10	11	8	6	0	2	9	5	4	9
8	6	7	12	13	10	4	2	0	10	6	2	7
9	6	7	12	13	10	9	9	10	0	4	8	13
10	9	10	15	16	13	10	5	6	4	0	4	9
11	8	9	14	15	12	6	4	2	8	4	0	5
12	9	10	15	12	9	6	9	7	13	9	5	0

(1) 根据需求量的分布情况，可将配送中心的初始位置暂定在 4、6、9 三个节点上。

(2) 以点 4、6、9 为配送点，其他各节点为需求点，求运输问题的最优解，如表 3-12 所示。于是得到初始方案，总费用为 179 个单位。（具体求解过程略）

(3) 根据以上求得的初始解，可以看出配送中心 4 的配送范围为用户 1、2、3、4、5 的集合，配送中心 6 的配送范围为用户 1、6、8、12 的集合，配送中心 9 的配送范围为用户 1、7、9、10、11 的集合。

表 3-12 配送中心布局的初始方案

配送中心＼需求点	1	2	3	4	5	6	7	8	9	10	11	12	供应量
4	2	4	2	3	2								13
6	2					4		5				2	13
9	1						3		4	3	2		13
需求量	5	4	2	3	2	4	3	5	4	3	2	2	39

对于集合 {1, 2, 3, 4, 5}，配送中心的位置设在 4 时配送费用为：

$$u_{s1} = u_4 = \sum_{j=1}^{N_1} h_{4j} X_{4j} + F_4 = 7 \times 2 + 6 \times 4 + 3 \times 2 + 0 \times 3 + 3 \times 2 + 10 = 50 + 10 = 60$$

如果配送中心的位置从 4 移到其他需求点，则配送费用分别为：

如果移到 1，则 $u_{s1} = u_1 = \sum_{j=1}^{N_1} h_{1j} X_{1j} + F_1 = 0 \times 2 + 1 \times 4 + 6 \times 2 + 7 \times 3 + 4 \times 2 + 10 = 45 + 10 = 55$；

如果移到 2，则 $u_{s2} = u_2 = \sum_{j=1}^{N_1} h_{2j} X_{2j} + F_2 = 40 + 10 = 50$；

如果移到 3，则 $u_{s3} = u_3 = \sum_{j=1}^{N_1} h_{3j} X_{3j} + F_3 = 53 + 10 = 63$；

如果移到 5，则 $u_{s4} = u_5 = \sum_{j=1}^{N_1} h_{5j} X_{5j} + F_5 = 49 + 10 = 59$。

所以，移到配送中心 2 时，配送费用最少。

同理，通过计算，可知对于用户集合 {1, 6, 8, 12}，配送中心移到 6，配送费用最小；对于用户集合 {1, 7, 9, 10, 11}，配送中心移到 10，配送费用最小。于是，新的配送系统应由用户集合 {2、6、10} 组成。

(4) 对新的配送系统 {2，6，10} 重复步骤 (2) 至步骤 (4)，重新计算。经计算，再次计算所得配送中心方案与前一次结果相同，说明方案已达到最优，所以最终解决方案就是配送中心选择在 {2，6，10}，供应方案如表 3-13 所示，总费用为 152 个单位。

表3-13 配送中心布局的最终方案

配送中心＼需求点	1	2	3	4	5	6	7	8	9	10	11	12	供应量
2	2	4	2	3	2								13
6	3					4		4				2	13
10							3	1	4	3	2		13
需求量	5	4	2	3	2	4	3	5	4	3	2	2	39

CFLP法的前半部分属于线性规划运输问题的解法,但其又在后半部分对线性规划进行了进一步的完善。虽然该方法实际意义明显,但缺乏理论上的证明。

3) 就近分配法

就近分配法的基本思路是先将配送中心定位在各个需求点,然后通过对需求点进行组合以降低配送中心的数目的一种方法。下面通过一个示例来加以说明。

某物流公司准备在4个城市开设两个配送中心,可能服务居民人数和权重因素如表3-14所示,试确定配送中心应在哪两个城市开设。

表3-14 已知数据

城市＼配送中心	配送中心到城市之间的距离				城市人口	人口相对权重
	A	B	C	D		
1	0	11	8	12	10 000	1.1
2	11	0	10	7	8 000	1.4
3	8	10	0	9	20 000	0.7
4	12	7	9	0	12 000	1.0

(1) 根据所给数据画出按权重计算的人口-距离表(距离×人口×权重),如表3-15所示。

表3-15 按权重计算的人口-距离表

城市＼配送中心	配送中心到城市之间的距离人口权重表(单位×1 000)			
	A	B	C	D
1	0	121	88	132
2	123.2	0	112	78.4
3	112	140	0	126
4	114	84	108	0

(2) 找出每一行中非零的最小数,将它与零用箭头联结。这表示零所对应的配送中心

取消时,需要增加的最低服务费用。然后,将最低服务费用中的最小者所对应的配送中心划去(取消),如表3-16所示。

表 3-16 取消第一个配送中心计算表

城市 \ 配送中心	配送中心到城市之间的距离人口权重表（单位×1 000）			
	A	B	C	D
1	0	121	88	132
2	123.2	0	112	78.4
3	112	140	0	126
4	114	84	108	0

其中,78.4 为最小值,表明城市 2 的配送任务不在 B 配送中心完成增加的配送费用为最少,将它所对应的配送中心 B 划去。

(3) 重复第 2 步,直到剩下的列数等于要建立的配送中心数为止。计算结果如表3-17所示。

表 3-17 取消第二个配送中心的计算表

城市 \ 配送中心	配送中心到城市之间的距离人口权重表（单位×1 000）			
	A	B	C	D
1	0	121	88	132
2	123.2	0	112	78.4
3	112	140	0	126
4	114	84	108	0

这样,将剩下 C、D 两个配送中心,其中 C 配送中心为 1、3 两个城市服务,D 配送中心为 2、4 两个城市服务。全部费用为 78.4 + 88 = 166.4。

思考与案例分析

1. 思考题

(1) 我国的配送中心存在哪些问题?
(2) 物流基地、物流中心和配送中心的关系是什么?
(3) 配送中心的结构主要包括哪几个部分?
(4) 配送中心的设计应遵循的基本原则是什么?其经营定位主要是确定哪几个方面?
(5) 在进行配送中心的规模决策时,要解决的问题主要是确定配送中心的总体规模、配送中心的数量、单个配送中心的规模，其中配送中心总体规模的确定主要由哪些因素决定？

(6) 配送中心选址的方法有哪些？重心法、鲍摩-瓦尔夫模型的计算步骤、适用范围、优缺点各是什么？

2. 案例分析题

案例分析题1：沃尔玛和家乐福的物流配送比较

1. 背景介绍

自第一家沃尔玛平价商店于1962年在美国阿肯色州拉杰斯市开办开始，创始人山姆·沃尔顿就开始了沃尔玛的蓬勃发展之路，其经营业态主要有山姆会员店、平价购物广场和社区店三种形式。除了在美国进行快速发展，在1991年，沃尔玛在墨西哥城开业，标志着沃尔玛开始进入海外市场。目前沃尔玛已经遍及14个国家，成为世界第一大国际化零售连锁集团。1996年8月12日，沃尔玛在中国的第一家平价购物广场和山姆会员商店在深圳开业，标志着沃尔玛开始进入中国市场。截至2008年4月，沃尔玛已经在中国共55个城市开设了104家商场，包括沃尔玛购物广场、山姆会员商店、沃尔玛社区店三种业态，其中沃尔玛购物广场99家、山姆会员商店3家，社区店2家，还不包括2007年2月正式宣布收购好又多35%的股份，因此其业务还包括好又多100家店。

成立于1959年的家乐福集团是大卖场业态的首创者，由付立叶和德福雷家族创建，是欧洲第一大零售商，世界第二大国际化零售连锁集团，现拥有11 000多家营运零售单位，业务范围遍及世界30个国家和地区。集团以三种主要经营业态引领市场：大型超市、超市及折扣店。此外，家乐福还在一些国家发展了便利店和会员制量贩店。1995年，家乐福进入了中国，在上海首开大卖场。截止2008年8月，家乐福已经在中国共31个大城市开设了118家大卖场。

2. 沃尔玛和家乐福的比较

不知有意还是无意，沃尔玛和家乐福在全球布局上都尽量避免直接冲突。即便在南美它们的商店有着零星"交火"，但那也分"主角"和"配角"。在阿根廷，家乐福是市场领先者，有439家门店，而沃尔玛只开了11个门店；而在墨西哥，沃尔玛是绝对"老大"，拥有641家门店，家乐福只有27家店面。即便是在沃尔玛挺进欧洲市场的时候，它也选择了"非家乐福"势力范围的德国和英国。但当两家在中国市场遭遇的时候，这一"默契"被彻底打破。面对中国零售市场的巨大潜力，家乐福的第44间店在北京开业，而沃尔玛中国则拥有了39间门店。目前它们已经在10个城市中展开了"近身肉搏"，而且这种状况会随着这两个零售巨头在中国的加速拓展而"愈演愈烈"。有趣的是，这两个巨头在中国市场的操作风格截然不同，具体表现如下：

（1）家乐福在拓展方面就更具有"冒进"性，敢打"擦边球"，在国内零售业未完全开放的背景下，家乐福在一定程度上采取了诸如"绕道"、"假合资"、"借道地方政府"等非常规手段，使得家乐福的商店数量逐年迅速增加。而沃尔玛则中规中矩，沃尔玛在开店数量上一直落后于家乐福，其店铺的区位在很长时间也局限在华南与东北市场。此外，由于店铺数量不够多，沃尔玛仅在深圳、天津设有两个物流配送中心，在浙江嘉兴建设的第三家配送中心，已于 2008 年年底完工。这使得沃尔玛的核心竞争力之一——灵活高效的物流配送系统就无法发挥，这极大地限制了沃尔玛的盈利速度，沃尔玛只能选择在某一个地区进行深耕。

（2）沃尔玛认为越来越多的购物者的喜好和习惯是趋同，所以它店内大部分商品都是标准化的，很多门店都根据采购总部统一规划好的图纸去摆货架和放置堆码。而家乐福则认为每一个商店周围的顾客群都是独特的，它要做的事情就是去适应这些消费群不同的需求。

（3）家乐福提高毛利的最常用手段就是名目繁多的额外费用，包括特色促销活动、店内旺销位置优先进入权、进入商店的特权、良好营销环境的优先进入权、节假日、开发市场份额等，把毛利低的名牌产品挤到角落，大张旗鼓地销售自有品牌或其他高利润产品。沃尔玛则希望从世界各地采购到最低价的产品。正是对规模和利润率不同的追求，导致它们在对待供应商态度上有天壤之别。

（4）超市的选址是单个超市盈利的重要原因。从目前家乐福与沃尔玛店铺的分布情况来看，家乐福倾向于选择一线城市市中心的繁华商圈，而沃尔玛的很多店铺选择相对偏远的城郊结合部及社区之中。

（5）为保证可以尽量减少门店库存，家乐福采用"小批量、多频次"的订货原则。而使用时段限制，过期则不收货的"残酷"手段来保证供应商的准时到货率，在中国也被认为是简明有效的。近乎于零的物流费用和基本合格的配送质量，曾让家乐福人颇感自豪。真正伤脑筋的是供应商们，本来利润就不高，面对家乐福在物流上的不作为，还得自己挖空心思节约成本。目前，家乐福的商品配送分几种情况，大部分情况是通过第三方物流实现的，费用由供应商承担。沃尔玛则完全以自营配送为主。

分析与讨论题

（1）请比较家乐福和沃尔玛在中国的经营策略的特点。
（2）家乐福和沃尔玛的配送模式各是什么？各具有什么特点？
（3）家乐福和沃尔玛的零售店的选址具有什么不同之处？各有什么优缺点？
（4）根据家乐福和沃尔玛在中国的发展现状，请分析它们在经营和配送上会做些什么调整？

案例分析题2：城市商品砂浆配送中心选址研究

1. 背景介绍

随着现代建筑技术的发展和人类对环境的日益关注，建筑工程中广泛使用的建筑砂浆也面临着革新。建筑砂浆在经历了石灰砂浆、水泥砂浆、混合砂浆的发展历程后，预拌砂浆作为一种环保型绿色建材正在建筑行业中得到广泛的应用。在建筑产业化的推动下，商品砂浆的推广应用逐步被提上议程。

我国从20世纪90年代末把"聚合物干混砂浆"作为发展类新型建材开始推广以来，国内除了几个发达的城市在政府引导下开始应用商品砂浆外，其他地区，尤其是西部地区，还未出现这种产品的使用。而商品砂浆的供应方式实质上是一个物流过程，生产商品砂浆的企业将成为这个物流过程的核心。因而，从物流系统的整体考虑，可以把各个砂浆生产厂家看作是这一物流系统中分布的配送中心。将商品砂浆供应点提升到配送中心的角度后，使砂浆供应点成为商品砂浆物流系统的主要构成要素，并通过定性分析与定量分析相结合的方法，研究一种适合商品砂浆这种特殊物流商品配送中心选址的优化布局方法。

1) 商品砂浆配送中心选址模型建立的目标

对应于商品砂浆配送中心选址决策的总体目标，在各个决策阶段有着不同的分项目标。对定性分析阶段确定的初始候选地点进行定量分析在商品砂浆配送中心选址决策的步骤中占有重要地位，它直接决定着选址结果的合理与否。因此，在对初步候选地点进行定量分析前，首先应确定定量分析的目标，然后在这一目标的指导下确定定量分析所要选用的模型，进而根据模型的优化结果进行选址的规划决策。在选址决策的定量性分析阶段，主要有以下三个目标：效益最大化、最大满足需求和发展空间最大化。三个目标可通过定量分析模型的优化来实现。模型必须解决这样几个问题：城市砂浆配送中心的个数、配送中心分布的位置及配送中心的建设规模等。

选址决策的定量分析所建立的模型主要是从上述的选址目标出发，选择相关的可以量化的选址因素，以"经济性原则"和"适应性原则"作为主要判断依据。因而，建立的模型是在满足"服务水平最大化"和"发展空间最大"的前提下尽可能地使整个城市砂浆物流配送的成本最低，从而达到"效益最大化"的选址目标。

2) 城市商品砂浆配送中心选址模型的假设条件

（1）在事先确定的备选地点范围内考虑新的配送中心的配置。

（2）考虑砂浆使用的时效性和经济性，各配送中心有一定的服务半径限制。

（3）商品砂浆的需求量按需求区域统计，各需求区域按照运输距离最近的原则选择配送中心服务，允许同时选择不同的配送中心订购砂浆。

（4）运输费用是运输量、路程的函数，随运输距和运输量成正比增加。

（5）配送中心的建设投资分两阶段进行，即最小生产能力的建设投资和继续建设的投资。由于受地块的限制和考虑规模经济的影响，每个配送中心的建设都有最大生产能力限制。

（6）新建配送中心应确保开业时的最小生产能力，以后允许扩大到预定的最大可能生产能力。对已建配送中心允许根据实际需求扩建到预定的最大生产能力。

（7）考虑到商品砂浆使用的时效性，在模型构建过程中假设各种商品砂浆的生产计划严格按照订单执行，即不考虑配送中心的库存。

3）选址的因素

模型在 GIS 软件系统的支持下，对已知变量数据的获取比较方便。在 GIS 环境下，能方便地获取各配送中心和需求中心的坐标及它们之间的运输距离，而且计算结果可在屏幕上显示出来。尽管在建立选址所需的 GIS 数据库时，可能费工费时，但可以通过采用 GIS 公用数据库来节约资源。而且，一旦对原有的 GIS 数据库进行必要的修改，如调整需求市场、增补新建配送中心和删除拆除的配送中心等之后，即可开始新的规划。现就配送中心的建设费用、经营费用、运输道路通行情况等数据的获取和处理方法进行分析。

（1）配送中心的建设费用及生产能力。模型假设各个配送中心的建设费用分为初期投资和扩建（继续建设）投资两部分。初期投资额的确定应结合各备选配送中心的具体情况，此部分数据的采集与处理过程类似于一般工业用建筑工程的投资决策数据的分析和处理。需强调的是在考虑设备的采购与安装费用时需结合备选地点的地形特征考虑合适的生产线布置，根据不同的生产工艺要求来确定设备的采购、安置费用及最小生产能力。此外，最大生产能力的设计也需结合地形特征和所选用的生产工艺来确定。

（2）配送中心的经营费用。配送中心的经营费用由固定费用和可变费用两部分构成。固定费用不随实际产量的变化而变化，数据获取比较简单；可变费用主要包括生产商品砂浆的原料费用、动力和能源成本等。可应用会计学中的"分步法"对已投入使用的商品砂浆配送中心的生产成本进行分析，获取相关的成本基础数据。获取初步成本数据后，应根据各个备选配送中心的实际情况对该成本费用修正，即配送中心经营的可变费率＝实际调研的单位砂浆的生产成本×修正系数。对配送中心可变费用的计算，可以采用综合评定法，确定修正系数的相关因素（原材料消耗、动力消耗、劳动力消耗）等。

（3）道路交通通行状况。模型假设运输费率与路程及交通结构因素有关，运输路程在 GIS 系统中可直接获取。交通结构、道路的等级是影响"运输系数"的重要交通结构因素。相同等级的不同断面形式可能加大或减小车辆的运行阻力，从而影响车辆的运行。此外，道路路面状况及交通工程设施的完善程度等，也会影响车辆的运行。

对城市交通结构影响系数的研究，目前国内没有统一的影响程度计算模型。在以往的研究中有直接用路段距离除以实际行车速度的办法来确定影响程度的，但该方法对于道路条件、交通流构成等因素则没有考虑，与实际情况相差较远。由于模型的最终目的是通过比较各组合方案费用的大小来确定选址，因而在选址优化模型中所涉及的"交通影响系数"是一个采用综合评定法确定的相对值。相对交通结构系数的评定指标因素在评定过程中可以根据实际情况适当增减指标数量及确定各个指标的权重。

商品砂浆配送中心选址的定量分析阶段所建立的分析模型中所涉及的数据有以下几部分。

（1）配送中心的情况：主要是关于配送中心的信息，包括配送中心的编号、位置、初期建设费用、扩建建设费率、经营费率、最小和最大生产力等。

（2）需求情况：主要包括需求区域数量的确定及各个区域的编号、位置、需求量等。

（3）地理关系情况：指实际地理称谓与地理编号的对应关系。

（4）道路运输情况：指各个配送中心与各需求区域中心之间的交通距离、道路通行情况等。

2. 实例数据

1）选址决策的基础资料

- 城市商品砂浆的需求情况

借助于 GIS 信息系统，在对整个城市主城区的砂浆需求项目进行调查分析和对数据进行处理后，把该地商品砂浆需求市场划分为 5 个需求区域。各个需求区域的中心位置和有效需求量如表 3-18 所示。

表 3-18 各需求区域的需求参数

编号	区域中心位置	需求量/万吨	备注
D1	(15, 18)	34	各需求区域的位置坐标与备选配送中心的位置坐标为同一坐标系统；需求量指的是年需求量
D2	(17.5, 25)	40	
D3	(5.5, 22)	26	
D4	(19.5, 11.5)	38	
D5	(11.5, 10.5)	30	

- 备选配送中心的资料

按照该城市商品砂浆配送中心的发展思路，根据备选地址的筛选原则，在调查研究后，初步确定了 4 个初始砂浆配送中心候选地点。初始配送中心各自的变量数据如表 3-19 和表 3-20 所示。

表 3-19 各初始配送中心的位置及建设费用

编号	地理位置	地理称谓	类型	初期建设费用/万元	扩建建设费率/(万元/万吨)
A1	(28, 12)	××砼搅拌站	改建	400	10
A2	(1, 16.5)	××水泥厂	改建	600	10
A3	(11.5, 2.5)	1号备选地块	新建	1 700	15
A4	(24, 5)	2号备选地块	新建	1 500	10

表3-20　各初始配送中心的经营费用及生产能力参数

编号	固定费用/(万元/年)	可变费用/(元/吨)	最小生产能力/(万吨/年)	允许扩建的最大生产能力/(万吨/年)	允许配送半径/公里
A1	600	100	25	60	18
A2	800	80	25	80	18
A3	1 300	150	30	100	22
A4	1 100	160	25	100	18

- 道路运输参数

道路运输参数是各个备选配送中心到各需求区域中心的交通距离和运输系数,如表3-21所示。

表3-21　备选配送中心到需求区域中心的交通距离及运输系数

编号	交通距离/公里				运输系数/[万元/(万吨·公里)]			
	A1	A2	A3	A4	A1	A2	A3	A4
D1	12	15	18	17	1.2	1.1	1.3	1.2
D2	7	20	25	23	1	1.2	1.4	1.4
D3	10	9	22	28	1.2	1	1.2	1.3
D4	20	22	13	10	1.4	1.3	1	1
D5	18	11	10	18	1.3	1	1.1	1.2

2) 结果分析

通过建立选址模型和定量分析,××砼搅拌站、××水泥厂和1号地块这三个备选地址被选中,各备选地址建厂最小规模如表3-22所示。

表3-22　各厂址建设最小规模

编号	地理位置	地理称谓	最小规模/万吨
A1	(28, 12)	××砼搅拌站	50
A2	(1, 16.5)	××水泥厂	80
A3	(11.5, 2.5)	1号备选地块	38

根据选址程序,在定性分析完成后,应组织各方面专家对初步选址结果进行评审、论证。专家从选址的影响因素出发分析选址结果是否符合选址原则的要求,并最终形成选址规划的文件。作为一个正准备推行商品砂浆的城市在规划该城市商品砂浆配送中心布局时的案例,对于对已有配送中心布局进行定期评价的问题,其选址建模与求解的方法可以类推。

分析与讨论题

(1) 在配送中心的选址过程中，应遵循的原则有哪些？本案例主要从哪些原则出发来进行决策，为什么？

(2) 在进行配送中心选址时，需要确定哪些内容？试讨论这些内容是各由哪些因素来决定的？

(3) 该案例的配送中心选址属于哪种类型？可以用何种方法来进行分析？是否可以用鲍摩-瓦尔夫模型求解？如果可以，请建立模型并求解；如果不行，为什么？

(4) 请结合本案例阐述配送中心选址的经济性原则应如何把握，会涉及哪些因素。

第4章 配送中心实务

4.1 配送中心的订单管理

4.1.1 配送中心订单处理概述

配送中心订单处理是指配送中心完成从用户订货到发运交货,以及受理用户接受货物后的反馈要求整个过程的单据处理,通常包括用户订单的接受、存货查询、存货分配、订单处理资料输出、订单异常变动处理等各项作业内容。

1. 配送中心订单处理的意义

配送中心订单处理效率的高低对于配送企业的竞争力和利润有着重要的影响。一个高效的订单处理系统能够给配送中心带来以下益处。

(1) 持续降低平均订单处理周期。

(2) 改善顾客关系,迅速提供必需的顾客服务。

(3) 降低运作成本。

(4) 及时输入发货单和会计账目,提高企业资金利用率,降低不准确性。

2. 配送中心订单处理的流程及特点

配送中心订单处理流程如图4-1所示。与配送中心存货、补货、理货及配送系统相比,订单管理系统具有以下特点。

(1) 配送中心订单处理是配送中心所有物流作业组织的开端和核心。通常一个配送中心的各个用户都要在规定时点以前将订货单或要货单通知给配送中心,然后配送中心再将这些订单汇总,并以此来进一步确定需要配送货物的种类、数量及配送时间。确定了这些数据以后,配送中心的其他子系统就可以开始工作了,如补货系统可以根据发出货物的数量种类确定需要补充的货物品种和数量,并组织采购;理货系统接到经订单处理系统确认和分配好的输出订单后,就可以开始拣货、配货了;理货系统任务完成后,配送系统接下来可以进行货物的输送工作等。所以,订单处理系统是配送中心物流作业组织的开端,是其他子系统开展工作的依据,订单处理系统工作效率的好坏将直接影响其他后续子系统的工作。

另外，随着竞争的加剧，目前顾客需求被看作是配送中心整个物流流程的主要推动力量，订单管理部门提供的关于商品传递的速度和准确性信息及订单信息都将影响配送中心竞争优势的形成，因此订单处理在配送中心中的地位越来越重要，并日益成为配送中心的核心作业子系统。

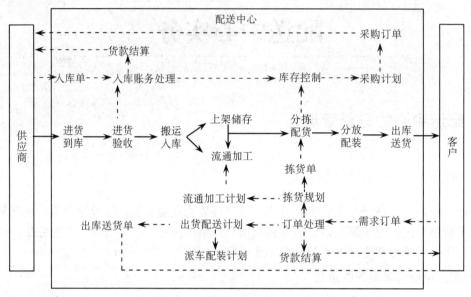

图4-1　配送中心订单处理流程图

（2）配送中心订单处理作业范围超越了配送中心的内部作业范围。与其他作业相比，配送中心订单处理作业是配送中心与用户之间的互动作业。首先用户要进行订单准备，并将订单传输给配送中心。为了提高订单处理的效率，配送中心需要用户按照规定的时间和格式将订单传输给配送中心；随后配送中心还要进行接单、订单资料输入处理、出货商品的拣发、配送、签收、清款、取款等一连串的数据处理，这些活动都需要用户的配合。因此，配送中心订单处理系统的作业并不是配送中心单方面的内部系统作业，也不是配送中心单独的内部作业即可完成，而是配送中心与用户双方之间相关系统的一体化活动。这也意味着要提高配送中心订单处理效率和顾客服务水平，必须重视与用户的沟通。

（3）配送中心订单处理作业活动伴随整个配送活动的全过程。虽然一般认为配送中心订单处理的作业流程起始于接单，经由接单所取得的订货信息，经过处理和输出，终止于配送中心出货物流活动，但在这一连串的物流作业里，订单是否有异常变动、订单进度是否如期进行亦包括在订单处理范围内。即使配送出货，订单处理并未结束，在配送时还可能出现一些订单异常变动，如客户拒收、配送错误等，直到将这些异常变动状况处理完毕，确定了实际的配送内容，整个订单处理才算结束。因此，配送中心的订单处理需要对整个配送活动进行全程跟踪、调整，其处理过程将伴随整个配送活动的全过程。

(4)配送中心订单处理系统的电子化要求高。由于配送中心订单处理每天要面对大量的用户订单,为了提高订单处理的效率,减少差错,需要提升配送中心订单处理的电子化水平。实际上,大多数配送中心的订单处理系统都是配送中心中电子化程度最高的部分,它们通过采用大量的电子化技术,如电子订货系统、联机输入、计算机自动生成存货分配、订单处理输出数据等技术大幅提高了订单处理系统的效率,手工技术在这一领域正逐渐被淘汰。

4.1.2 配送中心订单处理方法

1. 配送需求计划

1) DRP 概述

● DRP 的概念

配送需求计划(Distribution Requirement Planning)的简称是 DRP,是物料需求计划(Material Requirement Planning,MRP)的编制原理和方法在流通领域中的应用。MRP 研究的是产品生产所需投入的原材料、零部件等的需用量,它从最终产品的生产计划出发,按各工序分阶段展开,逐级计算和计划在一定期间所需材料、零部件的需用量和计划补充订购数量。DRP 则与产品的配送业务有关,需要考虑多个配送阶段及各阶段的特点。它基于 IT 技术和预测技术,对不确定的顾客需求进行预测分析,并规划确定配送系统的存货、分拣、运输等能力。

DRP 主要解决产成品的供应、调度与配送问题,基本目标就是合理进行物资配送和资源配置,在保证有效地满足市场需要的基础上,使得配置费用最省。

DRP 实际应用的是"准时"供应的思想,要求将用户所需产品准时保质保量送到用户手上,而准时供应的实现需要以大范围内的物流系统的控制为基础,制订 DRP 计划的关键也就集中在订货需求与库存控制计划上。

● DRP 和 MRP 的联系

DRP 和 MRP 都是需求管理(Demand Management)的一部分,但是两种技术之间存在着一个根本性的差异。MRP 是由企业制订和控制的生产计划所决定的,而 DRP 则是由顾客需求引导的,企业无法加以控制。所以,MRP 通常是在一种派生需求的情况下运作的,而 DRP 则是在一种独立的环境下运作,根据不确定的顾客需求来确定存货需求。从库存管理的角度来考虑,MRP 管理的存货从原材料、在制品一直到产成品制造或装配完成之前的阶段。一旦产成品进入工厂仓库后,库存管理和协调就由 DRP 来完成了。

如果企业是由其地区级仓库接受订货和订单处理的,就可能导致企业的最终产品在各地区仓库之间形成不平衡分布。如果所有订单由工厂集中处理,有利于全面按照顾客订货的轻重缓急程度,合理和平衡地分配产品。特别是在发生缺货的情况下,可以统筹安排,设法调剂,避免有的顾客得到全部订货,而有的顾客则一无所获。因此,有些物流专家认为,实行 DRP 的关键是必须由生产工厂集中进行订单处理。

总之，DRP 的原理就是试图将制造需求计划原理应用于输出物流，其前提是产品配送能预先计划和组织。因此，产品市场调查和预测的可靠性是编制和实施 DRP 的基础。

2) DRP 运作的原理

• DRP 的原理

DRP 的原理如图 4-2 所示。实施 DRP 时，要输入三个文件，然后根据这三个文件产生两个计划，即一个订货或进货计划，一个送货计划。

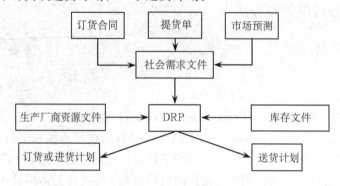

图 4-2 DRP 的原理

• DRP 的输入文件

(1) 社会需求文件。社会需求文件是指客户的订货单、提货单或供货合同，也包括下属各子公司、下属各地区配送中心的订货单。将这些需求按品种、需求日期（或周）进行统计便可得出社会需求文件。如果没有这些预先签订好的订单、供货合同等，社会需求量就要靠预测来确定，即：配送系统的人员根据过去的供货记录来预测估计未来每天（或周）的需求量，从而形成社会需求文件。

社会需求文件是进行 DRP 处理的依据，是 DRP 处理最主要的文件，没有这个文件就不可能进行 DRP 处理，因此可将其称之为社会需求主文件。

(2) 库存文件。库存文件是配送系统的仓库里所有库存物资品种和数量的列表。配送中需要根据库存情况确定什么物资可以从仓库里提货送货、送多少，什么物资需要订货进货。从仓库里提货送货，送货的数量不能超过现有的库存量；仓库里没有足够的货物，就需要订货或进货。所以，库存文件也是制订 DRP 计划必需的文件。

(3) 供货厂商资源文件。这是货物生产厂或供应商的可供资源文件。该文件包括可供的物资品种、数量、时间，也包括供货厂商的地理位置情况。供货厂商资源文件主要是为 DRP 制订订货计划使用。

• DRP 的生成文件

DRP 的生成文件是送货计划和订货或进货计划两类文件。

(1) 送货计划。这是指对客户的送货计划。根据库存文件和供货厂商资源文件可以确定客户的订货是从仓库送货、还是需要订货、进货再送货，或是会发生缺货。由于仓库与客户、下属子公司、子配送中心都有一定路程,所以提货送货需要有一个提前时间,才能保证货物能够按需求时间及时送达。如果是需要订货后再送货的客户,也可以确定是从生产厂商处直接送货,还是经过配送中心送货。一般地,对于大批量需求的客户,可采取工厂送货;对于小批量的需求者,可采取配送中心送货。

(2) 订货或进货计划。这是指配送系统对供货厂商的订货或进货计划。对于客户需求的物资,如果仓库没有足够的库存量,就需要向供货厂商补充订货或进货。因为订货或进货需要花费时间,所以需要设定订货提前期。订货提前期需要根据具体供货厂商的情况来确定。

3) DRP 的制定及特点
- DRP 制定和运行的逻辑步骤

(1) 运行前的编码与信息整理工作,即对商品、供应商、配送中心组织系统、用户进行编码,并对相关运输信息进行整理。

(2) 建立社会需求主文件,决定计划期某种配送商品的需求量 (D_i),即整理订货单、订货合同、订货记录、提货单等确定用户在未来一个计划期中每天的需求,按品种、时间顺序整理并统计,形成社会需求主文件。如没有这些信息,则按预测估计形成。

(3) 建立计划期库存文件。

$$计划期初库存量(K_初) = 上一个计划期末的库存量(K_末)$$

$$各计划期的期末库存量(K_末) = 本期期初库存量(K_初) - 本期需求量(\sum D_i) + 本期到货量(\sum X_i)$$

$$本期到货量(\sum X_i) = 非计划在途数量(Z_i) + 计划到货数量(Q_i)$$

(4) 决定某种商品的订货进货到货批量或订货进货批量 (Q),通常可按 EOQ 计算。

(5) 根据某种商品的需求情况决定该商品的订货最佳到货日期。

(6) 建立供货商文件,决定某种商品的订货进货提前期。

(7) 决定某种商品的订货进货提前具体日期。

(8) 系统运行、输入完毕后,便自动计算出每个商品品种各计划期的需求量、库存量、订货量及到货时间、送货时间等,形成一张 DRP 处理表,得出送货计划和订货进货计划文件。

(9) 计划的执行,即根据生成的计划文件指导配送执行。

- 示例

假设某配送中心有某种商品库存为 500 件,安全库存为 200 件,订货批量为 300 件,订货提前期为 2 周,送货提前期为 1 周,每周需求量在 80～120 件之间,如表 4-1 所示;制订订货进货计划和送货计划,生成文件如表 4-2 所示。

表 4-1 需求与库存处理逻辑表 1

项目	前一个 DRP 计划期末	DRP 计划周期（周次）							
		1	2	3	4	5	6	7	8
需求主计划		100	120	90	110	120	100	80	120
非订货计划在途到货									
计划期末库存	500	400	280	190	80	-40	-140	-220	-340
进货在途到货									
订货计划到货									
订货进货计划									
配送货计划									

表 4-2 需求与库存处理逻辑表 2

项目	前一个 DRP 计划期末	DRP 计划周期（周次）							
		1	2	3	4	5	6	7	8
需求主计划		100	120	90	110	120	100	80	120
非订货计划在途到货									
计划期末库存	500	400	280	490 [190]	380	260	460 [160]	380	260
进货在途到货									
订货计划到货					300			300		
订货进货计划		300			300					
配送货计划		120	90	110	120	100	80	120	

例如，在制定计划的过程中，该商品在第一周有非计划在途到货 100 件，第 2 周有计划在途到货 300 件，则计划如表 4-3 所示。

表 4-3 需求与库存处理逻辑表 3

项目	前一个 DRP 计划期末	DRP 计划周期（周次）							
		1	2	3	4	5	6	7	8
需求主计划		100	120	90	110	120	100	80	120
非订货计划在途到货		100							
计划期末库存	500	500 [400]	680 [280]	590	480	360	260	480 [180]	360
进货在途到货			300						
订货计划到货								300	
订货进货计划						300			
配送货计划		120	90	110	120	100	80	120	

- DRP 的特点

(1) DRP 的最终成果如下。

① 各商品的配送货计划。

② 各商品的订货进货计划。

③ 配送中心商品配送货总计划。

④ 配送中心商品订货进货总计划。

(2) DRP 处理中存在的问题主要是"端头"问题,例如以下几个方面的问题。

① 始端高需求来不及订货进货,容易造成缺货。如期前库存量为 300 件,安全库存量为 100 件,订货提前期 2 周,客户第 1、2 周需求量为 120 件、130 件时,如按此方法会造成缺货。产生的原因为期初库存量太少,需求量意外增大;通常可以采用以下解决方法:紧急进货;向用户延时送货;利用人工干预系统,将订货提前期 1 周,使安全库存可用。

② 运输任务前紧后松。如配送货要提前一个提前期(1 周)执行,订货进货要提前一个提前期(2 周)进行,这样容易导致计划期前一段时间车辆既要完成采购运输任务,又要完成配送运输任务,而计划期后一段时间仅有配送运输任务,造成运输车辆前紧后松。

③ 配送货计划处理的问题。为了不让需求的任意性来影响库存量变化的严肃性,库存量的变化是用计划需求去扣减的,而不是用配送量去扣减库存量。

2. 配送资源计划

配送资源计划(Distribution Resources Planning,DRP Ⅱ)是一种企业内部物品配送计划系统管理模式。为了达到系统优化运行的目的,DRP Ⅱ 是在 DRP 的基础上,提高了各环节的物流能力。也就是说,DRP Ⅱ 对 DRP 的功能进行了扩充,增加了配送的车辆管理功能、仓储管理功能、成本核算功能,并且能够进行物流能力的平衡,制订出物流能力计划,从而实现成本、库存、产能、作业等的良好控制,达到客户满意。

1) DRP Ⅱ 的处理步骤

(1) 建立社会需求主文件。

(2) 求出 DRP 计划。

(3) 进行任务和能力的粗平衡。由计划确定的每天(周)的总任务,如送货量和订货进货量;确定车辆的拥有状况,初步估算车辆是否够用,如果不够用时应采取弥补措施,如多跑几趟和调整任务量。

(4) 具体运输方案、仓储方案的制订。确定具体运输方案,如确定哪个任务由哪辆车承担,一般可由优化调度软件完成,如里程节约法。确定具体储存方案,如确定入库商品的存放地点和存放方式。

(5) 成本核算。在调运方案和存储方案出来之后进行成本核算,基本方法是:单位成本 × 任务量。任务量由运输方案和存储方案确定,而单位成本则由车队和仓库根据实际情况或价格政策来确定。

配送资源计划的管理思想就是在对分销链上的库存、销售订单进行管理的基础上,还加入了财务管理、客户关系管理、物流管理等方面的功能。DRPⅡ是目前物流企业提升竞争优势、打造核心竞争力的关键。

2）DRPⅡ的重要意义

既然物流企业信息化程度是制约物流企业发展的关键，那么就必须以先进的信息化技术和优秀的管理思想来推动物流企业的发展。DRPⅡ就以业务流程优化为基础，以销售与库存综合控制管理为核心的集采购、库存、销售、促销管理、财务及企业决策分析功能于一体的高度智能化的企业配送业务解决方案。它能够实现物流企业高效率的集成化管理，具有优化流程与规范化管理、降低经营成本、优化资源分配等功能。

应用DRPⅡ系统成功的案例不胜枚举，应用系统主要分为两大类：一类是有实力的大公司自己设计开发并运营管理的物流管理信息系统，它们需要的DRPⅡ系统的功能甚至高于从市场上买来的ERP系统的分销模块。这些系统往往是量身定做的，有很强的针对性，并能给企业带来巨大的经济效益，体现着企业的核心竞争力。

DRPⅡ系统的另一方面应用主要集中在提供第三方物流服务的公司。国外的第三方物流已经相当成熟，通过利用各种机械化、自动化工具及计算机和网络通信设备，美国的物流技术从1915年至今形成了遍布全国的强大系统，有代表性的公司有：美国联合包裹服务公司（UPS），拥有自己的车队、仓库等服务设施，每个工作日的投递量多达1 300万个包裹，被《财富》杂志评为邮政、包裹运输及货物运输领域的"全球最受推崇的公司"；联邦快递（FEDEX）公司，是最早应用电子商务，把信息流和物流结合到一起的全球性专业物流公司，其内部的COSMOS管理信息系统每天可处理5 400万宗交易。成功的物流公司还有日本的宅急便等。因此，第三方物流公司的DRPⅡ系统可以毫不夸张地说是企业的生命线。

3）DRPⅡ系统的结构

DRPⅡ是基于IT技术和预测技术对不确定的顾客需求进行预测分析以规划确定配送中心的存货、生产、配送等能力的计划系统。通过DRPⅡ系统可以实现成本、库存、产能、作业等的良好控制，实现上述4个目标，从而达到顾客完全满意。DRPⅡ系统主要由库存管理、质量控制、预测仿真、运输管理、采购管理、计划/调度管理、订单管理、数据库接口与数据传输模块组成。

（1）库存管理。即保证物料供应保持较低的库存水平，包括交互的库存量查询、货位控制（通过货位自动分配算法实现）、周期盘点、各种类型材料库存（不良品和多余品等）、出入库记录、退货管理。

（2）质量控制。包括质量标准、质量信息跟踪、不合格品停止发货、质量统计报告及质量记录与分析。

（3）预测仿真。通过对原始数据的回归分析和时间序列分析，对库存、订单、产能进行预测，对库存线路进行交互仿真查询。

（4）运输管理。建立承运商数据库并以此数据库为基础，针对不同发货地点的承运商选优；对待发货物自动产生运单和发货通知，分类产生货运费用报告、到货及时率报告；对发出和收到货物进行跟踪记录、报关记录及分析。

（5）采购管理。建立供应商数据库，根据计划和短缺报告进行订单下达、订单追踪及物料监控。

（6）计划/调度管理。通过实际订单情况和对顾客需求的预测，产生生产计划及资源（人员、设备、物料、场地）年度和月度需求计划，并在此基础上进行每周排产。

（7）订单管理。对各种不同类型顾客的不同类型的订单进行记录、追踪、查询和分析。不同类型的订单主要为：正常订单、赔货订单。特别注意的是顾客退货订单的记录、追踪、查询。根据产能、原材料及运输数据提供给顾客估算的发货期。

（8）数据库接口与数据传输。对不同数据库系统的数据进行接口；将DRPⅡ和财务系统、其他仓库与配送中心的数据进行交换。

4）成功实施DRPⅡ的关键因素

针对我国的国情和国际成功物流企业的经验，发展适合我国的DRPⅡ系统，进一步提升我国物流企业的竞争优势已经迫在眉睫。要成功实施DRPⅡ，需注意以下因素。

（1）要正确认识DRPⅡ与CRM、ERP等的关系。虽然DRPⅡ和CRM都具有销售管理的功能，但含义却不尽相同。CRM主要是通过提高销售人员的工作效率和知识共享程度，从而提高客户的满意度。CRM中的销售管理主要提供销售员、销售队伍、销售佣金、客户信息、联系人信息、销售机会（项目）、竞争对手信息、客户交互过程等功能，它主要是给销售员用的，而不像DRPⅡ是给销售订单处理人员和财务人员使用的。DRPⅡ是ERP系统销售订单管理、库存管理和产品管理的一个扩展，二者之间有着千丝万缕的联系。ERP主要关注企业内部信息化，而DRPⅡ则将管理范围扩展到外部的分销渠道上。在大多数ERP产品中，DRPⅡ更多的是进销存，在需求预测、库存预测和优化、多业务单元处理等方面，功能比较薄弱，难以满足物流企业对分销配送管理的要求。

（2）要专注流程。在实施DRPⅡ系统时，物流企业应该把注意力放在流程上，而不是过分地关注于技术。技术只是促进因素，其本身不是解决方案。因此，要成功实施DRPⅡ的第一件事就是要花费时间去研究现有的分销、销售和服务策略，并找出改进方法。

（3）要灵活运用技术。在那些成功的DRPⅡ项目中，技术的选择总是与要改善的特定问题紧密相关。如果物流企业想定时预测市场需求，那么这个企业就应该在DRPⅡ系统中强化需求预测功能。企业在设计DRPⅡ系统时，正确的做法是根据业务流程中存在的问题来选择合适的技术，而不是调整流程来适应技术要求。

（4）组织能力较强的DRPⅡ实施队伍。DRPⅡ的实施队伍应该在两个方面有较强的能力，首先是业务流程重组的能力，其次是对系统进行客户化和集成化的能力，特别对那些打算支持移动用户的物流企业更是如此。

（5）从客户的角度来设计DRPⅡ。可以尝试从以下几个简单易行的方法来关注客户：请未来的DRPⅡ用户参观实实在在的配送管理系统，了解这个系统到底能为DRPⅡ用户带来什么；在 DRPⅡ项目的各个阶段（需求调查、解决方案的选择、目标流程的设计等）都争取最终用户的参与，使得这个项目成为用户负责的项目；在实施的过程中，千方百计地从用户的角度出发，为用户创造方便。

（6）分步实现系统整合。欲速则不达，通过流程分析，可以从识别业务流程重组的一些领域着手，但要确定实施优先级，每次只解决几个最重要的问题，而不是毕其功于一役。

4.2 配送中心的库存管理

4.2.1 库存的重要性

现今越来越多的企业经营者，特别是物流经营者和管理者非常重视库存的作用，有的学者甚至把物流管理定义为静止的或运动的库存管理。库存是一项巨大、昂贵的投资，需要支付巨额的成本。努力减少库存并降低库存成本，甚至追求零库存是库存管理乃至物流管理的中心与终极目标。

库存（Inventory）是指处于储存状态的物品或商品。库存和保管的差别在于前者是从物流管理的角度出发来强调合理化和经济性，后者是从物流作业的角度出发强调效率化。

库存具有整合需求和供给，维持各项活动顺畅进行的功能。当顾客订货后要求收到货物的时间（交纳周期）比企业从采购材料、生产加工到运送货物至顾客手中的时间（供应链周期）要短的情况下，为了弥补这个时间差，就必须预先储存一定数量的商品。

例如，某零售商直接向生产厂家订购了一定数量的商品并要求第二天运送到货，而生产厂家生产该商品需要 5 天时间，运送需要 1 天时间。如果生产厂家预先生产一定数量的这种商品并储存在物流仓库的话，则可立即满足顾客的要求，避免发生缺货或延期交货的现象。

一般来说，企业在销售阶段，为了能及时满足顾客的要求，避免发生缺货或延期交货现象，需要有一定的成品库存。在采购和生产阶段，为了保证生产过程的连续性，需要有一定的原材料、零部件的库存。

但是，库存商品要占用资金，发生库存维持费用，并存在库存积压而产生损失的可能。因此，企业既要防止缺货，避免库存不足，又要防止库存过量，避免发生大量不必要的库存费用。在二者之间寻求最佳的平衡是非常重要的。合理库存对企业的重要性主要体现在以下 5 个方面。

（1）合理库存物流可以实现企业生产经营成本的极大降低，如 JIT 生产方式下的零库存大大地降低了浪费，消除了多余库存。

（2）在现代信息技术的支持下，缩短库存周期，提高库存快速反应能力，可以有效地组织供应链贴近用户，使消费者的满意度得到了很大的提高。

（3）通过即时供应系统、零库存系统、POS 系统等手段，使企业获得了更加长远的战略发展能力。

（4）面对经济全球化的趋势，通过库存物流的全球配置对企业市场的占领和扩张更是具有非常重要的作用。

（5）通过库存物流的合理化，提高了装备和运输系统的利用效能，降低了污染，改善了环境，降低了企业和政府的社会成本。

企业通过其高效、合理的库存物流活动和物流管理行为，不仅能够使企业降低经营成本，而且会为客户提供优质的服务。

4.2.2 库存管理概述

1. 库存的分类

（1）经常库存，是指企业在正常的经营环境下为满足日常的需要而建立的库存。这种库存随着每月的需求量不断减少，当库存量降低到某一水平时（如再订货点），就要进行订货来补充库存。

经常库存的前提是需求和前置期预期是稳定的。例如，如果某产品每天销售20个单位，前置期是10天，则在经常库存之外不再需要额外库存（安全储存）。稳定的需求和前置期预测会减少库存管理的复杂性。

（2）在途库存，是指从一个点到另一个点的路上的货物。即使它们在到达目的地之前不能销售或使用，但它们仍是库存的一部分。

（3）安全或缓冲库存，是指为了防止不确定因素（需求和前置期不确定时，如大量突发性订货、交货期突然延期等）而准备的安全或缓冲库存。

（4）投机库存，是指为满足正常需求之外的某种原因而准备的库存。例如，由于预期价格会上涨或材料匮乏、可能出现的罢工或为了获得批量折扣而购买的多于需求的物质资料。

（5）季节性库存，是投机库存的一种形式，是指某季节开始前进行的库存积累。这种情况经常发生在农产品和季节性产品中，如夏天对空调机的需要。

（6）促销库存，是指为了使企业的促销活动产生预期的销售收益而建立的库存。

（7）呆滞库存，是指那些已储存一段时间且没有需求的商品库存，包括因物品的品质损坏不再有效用的库存或者因没有市场销路而卖不出去的商品库存。

2. 库存管理的目的

库存对企业来说是一项巨大的投资，但作为一切社会再生产中必然的经济现象和物流业务的主要活动，它对于促进国民经济发展和物流的顺利进行具有重要的作用。库存在企业的生产和营销中的目的主要表现在以下几个方面。

（1）使企业达到规模经济。库存是企业达到规模经济的保证，所以企业应意识到采购、运输或制造中的规模经济问题。例如，企业要进行一些大型的建设项目，某些物资需集中消耗，如果靠临时生产显然是不行的，只有靠平时一定量的物资储存才能保证大规模建设的需要。

（2）平衡市场需求和供给的关系，保持物料价格稳定。季节性的供应或需求可能使企业必须持有库存。例如，巧克力的销售在圣诞节、情人节、母亲节均会增加，对生产巧克力的厂家来说，为应付这些销售高峰期而扩建的生产能力所花的成本将会非常大。为满足高峰期市场需求，季节性库存必不可少。另外，有些产品的需求可能在一年之中较为稳定，但原材料只能在一年的某段特定时间获取（例如各种水果罐头和时令蔬菜），这就要求企业在能够获得原材料的时候多生产产品并将其保存。

(3) 调节生产与消费之间的时空差异。库存的实质是由生产与消费之间的时空距离而引起的一种经济行为，库存的首要作用就在于消除这种距离。动态的库存用于弥补空间的距离，静态的库存用于弥补时间的距离。静态、动态的库存用于弥补商品品种、规格、数量之间差异的功能，是任何一种经济活动都不能取代的。

(4) 有效防止企业由于需求和订货周期不确定性所造成的影响。企业持有库存，可防止不确定性因素的影响，也就是说，在需求变动或补货周期变动的情况下防止缺货。例如，延迟送货和意料之外的需求增长都将增加缺货风险。延迟的发生可能是由于气候条件、供应商缺货、质量问题等。

(5) 库存具有调节运输的功能。物流过程中的中转储存可以解决在运输过程中由于运输方式的改变、运输能力与需求之间的矛盾而引起的待运物资的保管问题。

(6) 库存在企业分配渠道中起缓冲的作用。由于库存存在于企业经营过程的各个环节中，即处在采购、生产、销售的不断循环过程中，因此它可以调节各环节之间由于供求品种及质量的不一致而发生的变化，起到润滑剂的作用。

总之，库存虽然是物资的一种停滞状态，从某种意义上是价值的一种"损失"，但库存的功能确定了企业经营中进行存货投资的必要性。库存管理的基本目标就是要帮助企业维持合理的库存数，防止库存积压或者库存不足，保证稳定的物流以支持正常的生产和经营，但又要最低限度地占用资本，提高物流系统的效率，以强化企业的竞争力。

3. 影响库存管理的因素

库存在企业的经营中具有重要的意义，库存管理是物流管理的一个重要组成部分。一般情况下，库存控制系统贯穿于商品的选择、采购、入库、保管直到出库配送等一系列工作之中，所以说库存管理的难易程度与物流的其他环节有紧密的联系，简单地说可以概括为二律背反的关系。库存管理的影响因素主要有以下几个方面。

(1) 配送中心的地址与服务内容。配送中心的地址影响着库存管理的难度，配送中心数目的集约化发展导致库存总量的降低，能大大降低库存成本，但是此情况下配送中心的选址离客户距离远，对单个配送中心而言库存管理要求高。配送的服务对象、配送频率、配送成本等配送服务的内容影响着配送中心的库存水平。

(2) 订货。订货对库存管理的影响包含订货数量和订货次数两个重要因素。调整订货次数和数量可以直接影响到库存管理水平，订货次数增多导致库存数量变少，管理内容也少，客户服务水平提高。

(3) 运输。订货工作完成之后，收交货物均由运输工作来完成。运输能保证订货计划的实施，也便于配送中心更精确地控制库存水平。运输路线、运输车辆的安排、运输频率的规划、运输成本的控制及运输服务水平的确定是整个库存控制系统的核心问题。

（4）信息。信息可以取代库存，信息畅通，才能使库存管理更迅速、更准确。

4. 库存管理的内容

（1）库区管理。此内容是比较细致的工作，相对简单枯燥，但是管理的好坏对其他环节有着重要的影响。当商品达到配送中心之后，通常包括入库管理、在库管理和出库管理三个环节，在这三个环节中，管理的主要内容通常包括存放策略的确定、存放设备的选择、盘点管理方法的确定、拣货策略的确定。

（2）库存控制。此内容是一项非常重要的决策工作，其决策结果的好坏不仅影响到库存成本的高低，还会影响到对配送其他环节要求的高低，对客户满意度的高低也有很大的不同。库存控制内容的重点主要包括与上下游企业关系的确定、企业不同库存的管理决策、订货点的确定及订货量的确定，这些都是库存控制的重点。

4.2.3 库存管理的方法

1. ABC 分类法

1）ABC 分类法概述

ABC 分类法是运用数理统计的方法，对事物、问题分类排队，以抓住事物的主要矛盾的一种定量的科学管理技术。ABC 分类法运用"关键的少数和次要的多数"的原理，将研究对象的构成要素按一定的标准区分为 A、B、C 三部分，根据事物的特点，分别对 A、B、C 给予不同的管理，如重点管理和一般管理等。

1879 年意大利经济学家帕累托（Villefredo Pareto）在研究人口与收入的分配问题时，发现占人口百分比不大的少数人（20%）的收入却占总收入的大部分（80%）；而大多数人（80%）的收入却只占总收入的很少的一部分（20%），即所谓的"关键的少数和次要的多数"的关系，这就是 80/20 法则，也称为帕累托原则（Pareto Principle）。美国通用电气公司董事长迪基通过对公司所属某厂的库存物品调查后发现，上述原理适用于存储管理，库存物品按所占资金的多少也可分成三类，并分别采取不同的管理办法和采购、存储策略，尤其是对重点物品实行 ABC 分析的重点管理的原则。

由于物流配送中心库存具有数量大、品种多、周转快等特点，特别是对于一些大型物流配送中心，每天典型的分拨库存可能包括上千批，甚至几十万批，因此对库存的每个批次施以同等的管理不仅是不必要的，也是不可能的。实际上，物流配送中心一般都采用 ABC 分类技术对库存进行管理。如表 4-4 所示，采用 ABC 分类法将资金占用量多的几种库存物品列为 A 类物品，实行重点管理；对资金占用量比较次要的大多数品种划分为 C 类物品，采用较为简便的方法加以控制管理；而将处于中间状态的 B 类物品进行一般控制管理。

表 4-4 ABC 分类法/%

类别	A	B	C
品种种类所占比例	5～15	20～30	60～80
资金所占比例	60～80	20～30	5～15

有许多指标都可以作为分类的标准，最常见的莫过于所占资金、销售额、利润贡献率、库存价值、使用率和分类对象本身的性质。最典型的做法就是先根据某种指标将产品按顺序排列，然后把特征相似的归在一个组。在某些特殊情况下，可以根据多个指标进行分类。例如，可以将物品的毛利和对客户的重要程度组成一个复合的指标，而不是单纯的根据销售额这一个指标。

当然，将物品分为三类只是理论上的一般做法。在实际应用中，有些企业将库存物品分为四类、五类，甚至更进一步做更精细的划分。

2）ABC 分类法实施的步骤

（1）按分类标准计算出计算周期中各种商品的资金占用额。在确定分类标准（如按库存占用资金、商品的销售额）之后，要统计所有的商品品种总数和每种商品的量（如库存量、销售量），各品种的量可以根据往年的进出货或销售情况预测；然后再调查每种商品的单价（售价），求得每种商品的资金占用额。

（2）按资金占用额的多少依次从大到小进行排序。此过程可以利用计算机快速完成，每个商品的资金占用额为该商品的数量与商品的单价的乘积，如表 4-5 所示的第 5 列。

表 4-5 ABC 分析表

序号	商品编号	数量	单价/元	金额/元	金额累计/元	金额累计百分比	品种累计百分比
1	198 458	3 820	480	1 833 600	1 833 600	40.48	2
2	114 150	1 680	470	789 600	2 623 200	57.92	4
3	132 105	1 060	200	212 000	2 835 200	62.60	6
4	137 511	23 750	8	190 000	3 025 200	66.79	8
5	173 260	6 000	29	174 000	3 199 200	70.63	10
6	139 797	3 820	45	171 900	3 371 100	74.43	12
…	…	…	…	…	…	…	…
13	169 341	4 000	15	60 000	4 012 365	88.59	26
14	109 347	4 880	10.2	49 776	4 062 141	89.69	28
15	154 064	3 721	11.2	41 675	4 103 816	90.61	30
…	…	…	…	…	…	…	…
49	105 852	1 838	1.2	2 206	452 7607	99.96	98
50	195 902	1 606	1.0	1 606	4 529 213	100	100

（3）计算商品的资金占用额累计金额及占全体总资金的百分比。此过程也可以利用计

算机快速完成，按照上一步骤的排序来计算累计百分比。如果企业的核心产品明显，那么累计金额百分比前面几项的增加速度应该非常快。如表4-5所示的第5列和第6列为商品占用金额和累计金额，发现有两类商品占了资金的一半以上。

（4）按上面的排列顺序计算商品的累计品种百分比和累计金额百分比并制成曲线图。计算累计品种百分比也可以利用计算机快速完成，如表4-5所示的第8列。所有数据出来之后，要制成横轴（X）为品种百分比、纵轴（Y）为累计金额百分比的曲线图，如图4-3所示。例如，累计金额百分比为66.79%，品种累计百分比为8%。

（5）按累计栏把商品分为A、B、C类。从图4-3所示的分析图中，可知累计品种占10%的5类商品，其累计金额占70%左右，可定位为A类商品；而累计金额在90%~100%之间的商品，其累计品种占到了30%~100%，也就是说累计金额为10%左右的商品，其品种数达到了70%左右，此类商品可定位为C类商品；中间的为B类商品。

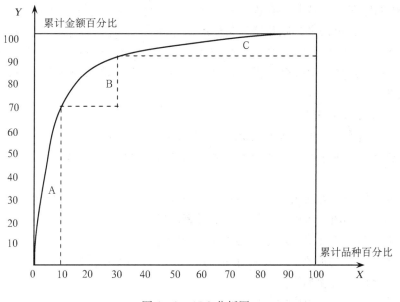

图4-3　ABC分析图

在此，应该注意的是，表4-4所示的ABC分类表中各类的划分界限不是固定值，而是一个范围，这个范围是根据具体企业来具体确定的。同样一类商品，企业的经营不同，其划分的类别可以有稍微的变动。

3）ABC分类法的应用

一个企业的所有商品按照相同的方法管理是不可思议的事情，ABC分类管理就是要针对不同的商品重要性程度采取不同的管理方法，具体管理方法如表4-6所示。

表4-6 ABC分类管理控制表

项目	A	B	C
控制程度	严格	一般	简单
库存量计算	按模型计算	一般计算	简单计算或不计算
进出记录	详细	一般	简单
检查次数	多	一般	少
安全库存量	低	较大	大
订货方法	定期订货法	定量订货法	定量订货法

- A类库存物资

A类库存物资尽管在品种数量上仅占15%左右，但如能管好它们，就等于管好了70%左右消耗金额的库存，这是十分有意义的。从整个企业来说，自然应该千方百计地降低它们的消耗量（对销售人员来说，则是增加它们的销售额）。而对于库存物流管理人员来说，除了应该协助企业降低它们的消耗量（或增加其销售额），而且要在保证供给的条件下尽量降低它们的库存额，减少占用资金，提高资金周转率。为此，应从以下几个方面加强A类库存品种的管理。

（1）每件商品都要编号。

（2）尽可能慎重、正确地预测其需求量的大小。

（3）勤进货而少量采购，尽可能在不影响需求的情况下减少其库存量，并提高其周转速度。

（4）请客户配合，力求出货量平稳化，以减少需求变动，降低安全库存量。

（5）与供应商协调，尽可能缩短订货的前置时间。

（6）采用定期订货方式，对存货必须做定期检查。

（7）严格执行盘点制度，每天或每周盘点一次，提高库存精确度。

（8）对交货期限必须加强控制。

（9）商品应放在容易出库的位置。

（10）恰当选择安全存货量的大小，相对需求量而言，使安全库存量尽可能减少并设立恰当的缺货报警点，当库存量降低到报警点时要立即行动。

（11）采购需要高层主管的审核。

- B类库存物资

B类物资的状况处于A、C类之间，因此其管理方法也介乎A、C类物资的管理方法之间，采用通常的方法管理，或称常规方法管理。B类库存物资的管理主要包括以下几点。

（1）采用定量订货方法，但对前置时间较长或需求量出现季节性变动趋势的商品要采用定期订货方式。

（2）每两三周进行一次盘点。

（3）中量采购。

（4）采购须经中级主管核准。

- C类库存物资

C类物资与A类物资相反，品种众多，而所占的消耗金额却很少。因此，C类物资管理的原则恰好和A类相反，不应投入过多的管理力量，宁肯多储备一些，少报警，以便集中力量管理A类物资。由于所占消耗金额非常少，相对需求而言，多储备并不会增加多少占用金额。C类库存物资的管理细则体现在以下几个方面。

（1）采用非强制性补充供货方式或定量订货方式，以求节省费用。

（2）大量采购，便于在价格上获得优惠。

（3）简化库存管理手段。

（4）安全库存量可以保持较高，以免发生缺货现象。

（5）每月盘点一次。

（6）采购仅需基层主管核准。

ABC分类法不仅应用在库存领域，在客户管理、销售管理等其他领域同样适用。

（1）对大多数企业来说，95%以上的销售额源于不超过50%的商品种类，也就是余下50%左右的商品种类只换回5%的销售额。因此，通常企业可将50%的商品列入企业商品的销售范围之外，可以削减销售费用，而且可以腾出精力对销售额大的商品进行集中管理。

（2）可以分别按销售额和按库存的分类标准进行ABC分类，得出分类结果，并通过库存累计栏和销售额累计栏的对比，可用于发现多少百分比可以保证多少百分比的销售额，发现商品库存管理上的不平衡。如果某类商品按销售额分类计算在A类，而按库存分类计算在C类，说明该种商品的管理不平衡，可能会经常出现缺货现象，采购时间间隔太长，应该加强对该类物资的管理。

2. 经济订货批量

ABC分类法是对企业所有商品的库存管理定位，对单个商品品种而言，其库存控制管理的重点是确定订货时间和订货量，即何时发出采购订单，采购的批量是多少。经济订货批量是确定采购批量的一个最基本的订货模型，它是按照库存总费用最小的原则来决定订货批量的。经济批量订货（Economic Order Quantity，EOQ）模型也称为Harris模型，或Harris-Wilson模型。该模型属单级静态确定型多周期存储模型，适用于整批间隔进货的存储问题，即由于存储策略是使存储总费用最小的经济原则来确定订货批量，故称为经济批量订货模型。

1）经典EOQ模型

- 假设条件

设存储参数如下：

T——存储周期或订货周期（年或月或日）；

D——单位时间需求量（件/年、件/月或件/日），通常设为年需求量；

P——每件产品的进货价格；

Q——每次订货批量（件或个）；

C_1——存储单位物资单位时间的库存保管费［元/(件·年)、元/(件·月)或元/(件·日)］；

C_2——每次订货的订货费（元）；

t——提前订货时间。

模型建立在以下假设之上：

（1）货物需求是连续、均匀的，单位时间的消耗量为 D；

（2）不允许缺货；

（3）瞬间全部到货，即货物存储量减少到零时，可以立即到货；

（4）订货时，存在与订货数量无关的固定订货费用 C_2；

（5）库存保管费用与库存量成正比，单位库存保管费 C_1 不变；

在上述假设下寻求最佳的订货策略，这一问题被称为经典 EOQ 模型，也称为古典 Harris 模型，其示意图如图 4-4 所示。

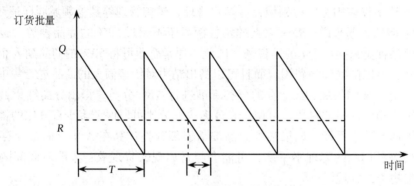

图 4-4　经济订货批量模型示意图

由以上假设可知，经典 EOQ 模型研究的是这样一种存储模式：某种物资单位时间的需求量为常数 D，存储量以单位时间消耗数量 D 的速度逐渐下降，经过时间 T 后，存储量下降到零，此时能瞬时到货，库存量由零上升为最高库存量 Q，然后开始下一个存储周期，形成多周期存储模型。

由于需求量和提前订货时间是确定已知的，因此，只要确定每次订货的数量是多少或进货间隔期为多长时间，就可以做出存储策略。

- 建立模型

该模型建立的条件是使库存总费用最少，而库存总费用通常由三部分组成，即库存总费用 = 进货费用 + 订货费用 + 保管存储费用，它们之间的关系如图 4-5 所示。

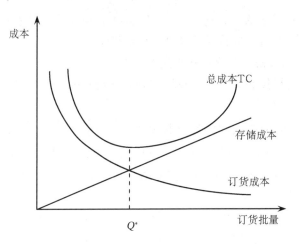

图4-5 库存成本曲线示意图

如用符号表示，即为：

$$TC = D \times P + \frac{D}{Q} \times C_2 + \frac{Q}{2} \times C_1$$

用微分法求 TC 最小时的 Q 的最优解为：

$$Q^* = \sqrt{\frac{2DC_2}{C_1}}$$

2）有数量折扣的 EOQ 模型

所谓数量折扣，是指供应商为了吸引用户一次购买更多的商品，规定了对于购买数量达到或超过某一数量标准时给予用户价格上的优惠。这个事先规定的数量标准称为折扣点。

设货物单价 P 与订货量 Q 之间有以下关系：

$$P = \begin{cases} P_0 & 0 \leq Q < K_1 \\ P_1 & K_1 \leq Q < K_2 \\ \vdots \\ P_n & K_{n-1} \leq Q \leq K_n \end{cases}$$

其中，K_1 为价格折扣点分界点，且满足 $P_0 > P_1 > \cdots > P_n$。

以下分别讨论当前存储保管费用与货物价格无关及存储成本以价格百分比形式表达时的经济订货批量的计算方法。

- 存储保管与价格无关的情形

第一步：不考虑折扣计算经济批量 Q^*，判断 Q^* 落在哪个折扣区间，假定为（K_i，K_{i+1}），并计算此批量下的总费用。

第二步：分别取 Q 等于 K_{i+1}, K_{i+2}, …, K_n，并分别计算其总费用，与 Q^* 下的总费用相比较，其中最低总成本对应的数量便是最优订货批量。

- 存储保管成本以价格百分比形式表达的情形

第一步：计算最后折扣的经济批量 Q_n^*，与第 n 个折扣点 K_n 比较，如果 $Q_n^* \geq K_n$，则令 $Q^* = Q_n^*$，否则继续。

第二步：计算第 t 个折扣区间的经济批量 Q_t^*。如果 $K_t \leq Q_t^* < K_{t+1}$，则计算经济批量 Q_t^* 和折扣点 K_{t+1} 对应的总成本 T_t^* 和 T_{t+1}，并比较大小：如果 $T_t^* \geq T_{t+1}$，令 $Q^* = K_{t+1}$，否则 $Q^* = Q_t^*$；如果 $Q_t^* < K_t$，令 $t = t-1$，重复第二步直到 $t = 0$，其中 $K_0 = 0$。

3）示例

某公司每年采购某零件 1 万个单位，单价为每单位 16 元，每次订货费用为 100 元，假定单位零件的保管成本是单位价格的一半，求此公司的最佳订货批量。如果订货存在批量折扣，一次购买 500 个单位以上打 9 折，购买 800 个单位以上打 8 折，其最佳订货批量又是多少？

解：

（1）无折扣情况下。

$$Q = \sqrt{\frac{2DC_2}{C_1}} = \sqrt{\frac{2 \times 10\,000 \times 100}{8}} = 200 \text{（件）}$$

（2）存在折扣时。

① 计算第 2 折扣点区间的经济批量。

$$Q_2^* = \sqrt{\frac{2DC_2}{C_1}} = \sqrt{\frac{2 \times 10\,000 \times 100}{12.8 \times 0.5}} = 559 < K_2$$

② 计算第 1 折扣区间的经济批量。

$$Q_1^* = \sqrt{\frac{2DC_2}{C_1}} = \sqrt{\frac{2 \times 10\,000 \times 100}{14.4 \times 0.5}} = 527 > K_2$$

$$K_1(500) < Q_1^*(527) < K_2(800)$$

$$T_1^* = D \times P_1 + \frac{D}{Q_1^*} \times C_2 + \frac{Q_1^*}{2} \times C_1 = 147\,794.7 \text{（元）}$$

同理：

$$T_2 = D \times P_2 + \frac{D}{K_2} \times C_2 + \frac{K_2}{2} \times C_1 = 131\,810 \text{（元）}$$

$$T_2 < T_1^*$$

$$Q^* = K_2 = 800 \text{（个）}$$

所以，当没有折扣时，最佳订货批量为 500 个单位；在存在折扣的情况下，最佳订货批量为 800 个单位。

3. 订货点法

库存量随着每日的需要而不断降低。当库存量下降到某个库存水平时，就需要启动订货程序来进行库存补充。因此，达到这一临界点的库存数量就是再订货点，又称为"额定库存量"。再订货点作为存货资源计划的一个重要的决策变量，即何时订货的问题，是控制库存水平的关键因素。

在库存决策理论中，为了避免企业因库存不足而造成缺货损失，在平均订货完成周期内就需要有一定的存货输出量，以满足周期内的存货需求。所以，订货完成周期和每日存货需求速度就成为决定再订货点的关键因素。

1) 订货点法的原理

订货点法也称定量订货技术，是预先确定一个订货点和订货批量，随时监控货物库存，当库存下降到订货点时，就发出订货单进行订货的一种控制技术。定量订货法在操作中有可能随时发生，主要取决于生产企业或市场对该商品的需求情况。订货点法的基本公式为：

$$R = D \times T$$

式中：R——用单位数表示的再订货点；

D——平均日需求量；

T——平均完成周期（发出订货到所订货物运回入库所需的时间，即备货周期或订货提前期）。

毋庸置疑，再订货点不能订得太高，如果太高，库存量过大，就会导致库存费用升高而使库存成本增大；同样，再订货点也不能定得过低，如果过低就会造成缺货损失，妨碍企业经营活动的持续进行。

一般而言，影响再订货点的因素主要有以下两个。

(1) 销售速率（D，对供应商来说是供应速率），即销售速度或供应速度的快慢，用单位时间内的平均销售量或供应量来描述。销售速率或供应速率越高，则再订货点就越高。

(2) 平均完成周期（T，即订货提前期），平均完成周期越长，则再订货点就越高，而T取决于路途的远近和运输工具的快慢。

如果企业的需求或订货提前期存在不确定性，为避免缺货发生，订货点的公式需要引入安全库存 SS（Safety Stock），即：

$$R = D \times T + SS$$

2) 订货点法的特点

● 优点

(1) 控制参数一经确定，则实际操作就变得不困难了。实际中经常采用"双堆"法来处理。将某产品库存分为两堆，一堆为经常库存，另一堆为订货点库存，当它被用完了就开始订货，并使用经常库存，如此不断重复操作的方法就是"双堆"法。这样可以使经常盘点库存的次数得到减少,方便可靠。

(2)当订货量确定之后,商品的验收、入库、保管和出库作业可以利用现有规格化方式进行计算,搬运、包装等方面的作业量可以节约。

(3)经济批量的作用被充分发挥,可降低库存成本、节约费用、提高经济效益。

● 缺点

(1)要随时掌握库存动态,对安全库存和订货点库存进行严格控制占用了一定的人力和物力。

(2)订货模式过于机械,缺乏灵活性。

(3)订货时间不能预先确定,对于人员、资金、工作业务的计划安排具有消极影响。

(4)受单一订货的限制,使用多品种联合订货采用此方法时还需灵活进行处理。

3)订货点法的应用

订货点法主要应用于以下几类物品的订货。

① 单价比较便宜,而且不便于少量订货的物品,如螺栓、螺母等物资。

② 需求预测比较困难的物品(着眼于过去的需求统计数据)。

③ 品种数量多,库存管理事务量大的物品。

④ 消费量计算复杂的物品及通用性强、需求总量比较稳定的物品等。

4. 供应商管理库存(VMI)

长期以来,流通中的库存各自为政。流通环节中的每一个部门都是各自管理自己的库存,零售商、批发商、供应商都有各自的库存,各个供应链环节都有自己的库存控制策略。由于各自的库存控制策略不同,所以不可避免地产生需求的扭曲现象,即所谓的需求放大现象,无法使供应商快速地响应用户的需求。

在供应链管理环境下,供应链的各个环节的活动都应该是同步进行的,而传统的库存控制方法则无法满足这一要求。近年来,在国外出现了一种新的供应链库存管理方法,即供应商管理用户库存(Vendor Managed Inventory, VMI)。这种库存管理策略打破了传统的各自为政的库存管理模式,体现了供应链的集成化管理思想,是一种新兴的有代表性的库存管理思想。

1)VMI 的概念

一般而言,库存设置与管理是由同一组织完成的。而这种库存管理模式并不总是最优的。关于 VMI,有人认为是一种在用户和供应商之间的合作性策略,以对方都是最低的成本来优化产品的可得性,并在一个达成共识的目标框架下由供应商来管理库存。这样的目标框架被经常性监督和修正,以产生一种持续改进的环境。因此,VMI 就是供货方代替用户(需求方)管理库存,库存的管理职能转由供应商负责。

也有人认为,VMI 是一种库存管理方案,是以掌握零售商销售资料和库存量作为市场需求预测和库存补货的解决方法。经由销售资料得到市场消费需求信息,供应商可以更有效地计划、更快速地反映市场变化和消费者的需求。因此,VMI 可以用来作为降低库存量、改善库存周转，进而保持库存水平的最优化，而且供应商和用户分享重要信息，所以双方都可以改善需求预测、补货计划、促销管理和装运计划等。VMI 把由传统通路产生订单作为补货依据改变为以实际的或预测的消费需求作为补货依据。

例如，一个供应商用库存来应付不可预测的或某一用户不稳定的（这里的用户不是指最终用户，而是分销商或批发商）需求，用户也设立库存来应付不稳定的内部需求或供应链的不确定性。虽然供应链中每一个组织独立地寻求保护其各自在供应链的利益不受意外干扰，这是可以理解的，但却是不可取的。因为这样做的结果影响了供应链的优化运行。供应链的各个不同组织根据各自的需要独立运作，会导致重复建立库存，因而无法达到供应链全局的最低成本，整个供应链系统的库存会随着供应链长度的增加而发生需求扭曲。VMI 库存管理系统突破了传统的条块分割的库存管理模式，以系统的、集成的管理思想进行库存管理，使供应链系统能够获得同步化的运作。

2）VMI 策略的实施原则

（1）合作性原则（合作精神）。在实施该策略时，相互信任与信息透明是很重要的，供应商和用户（零售商）都要有较好的合作精神，才能够相互保持较好的合作。

（2）互惠原则（使双方成本最小）。VMI 不是关于成本如何分配或谁来支付的问题，而是通过该策略的实施减少整个供应链上的库存成本，使双方都能获益。

（3）目标一致性原则（框架协议）。双方都明白各自的责任，观念上达成一致的目标。如库存放在哪里，什么时候支付，是否要管理费，要花费多少等问题都要回答，并且体现在框架协议中。

（4）持续改进原则。使供需双方能共享利益和消除浪费。VMI 的主要思想是供应商在用户的允许下设立库存，确定库存水平和补给策略，拥有库存控制权。精心设计与开发的VMI 系统，不仅可以降低供应链的库存水平，降低成本，而且用户还可获得高水平的服务，改善资金流，与供应商共享需求变化的透明性和获得更高的用户信任度。

3）VMI 策略的意义

供应链管理中的成功通常来源于理解和管理好存货成本和消费者服务水平之间的关系。最引人注目的计划是使两方面都得到改进，这就是 VMI 策略的意义。

（1）成本缩减。需求的易变性是大部分供应链面临的主要问题，它既损害了顾客的服务，又减少了产品收入。在过去的零售情况下，管理政策常常使销售的波动状况更糟。由于需求的不确定性、有冲突的执行标准、用户行为的互相孤立、产品短缺造成的订货膨胀等原因，订购的方式可能会更坏。

许多供应商被 VMI 吸引是因为它缓和了需求的不确定性。来自消费组织的少有的大订单迫使生产商维持剩余的能力或超额的成品存货量，这是为确保能响应顾客服务的要求，是一种成本很高的方法。VMI 可以削弱产量的峰值和谷值，允许小规模的生产能力和存货水平。

用户被吸引是因为 VMI 解决了有冲突的执行标准带来的两难状况。比如，月末的存货水平，对于作为零售商的用户是很重要的，但顾客服务水平也是必要的，而这些标准是冲突的。零售商在月初储备货物以保证高水平的顾客服务，然后使存货水平在月末下降以达到库存目标（而不管它对服务水平的影响）。在季末涉及财政报告时，这种不利的影响将更加明显。

在VMI中，补货频率通常由每月提高到每周（甚至每天），这会使双方都受益。供应商在工厂可以看到更流畅的需求信号。由于对生产及运输资源更好的利用，这就降低了成本，也降低了对大容量的作为缓冲的存货的需求。供应商可以做出与需要相协调的补货决定，而且提高了"需求倾向趋势"意识。消费组织从合理的低水平库存流转中受益。即使用户将所有权（物主身份）让渡给供应商，改善了的运输和仓储效率也会产生许多好处。此外，月末或季末的服务水平也会得到提高。

在零售供应链中，不同的用户间的订货很少能相互协调，要变动一个用户为不同的配送中心订货的订单就更少，订单经常同时来，这就使及时实现所有的递送请求变得不可能。在VMI中，更大的协调将支持供应商对平稳生产的需求，而不必牺牲购买者的服务和存储目标。

最后，VMI将使运输成本减少。如果处理得好，这种方法将会增加低成本的满载运输的比例而削减高成本的未满载货的比例。这可以通过供应商去协调补给过程来实现，而不是收到订单时再被动回应。另一个值得注意的方案是更有效的路线规划，例如一辆专用的货车可以在途中停车多次，为某几位邻近的顾客补货。

（2）服务改善。从零售商看来，服务好坏常常由产品的可得性来衡量。这来自于一个很简单的想法，即当顾客走进商店时，想买的产品却没有，这桩买卖就失去了。这样，结果就相当严重，因为失去一桩生意的"成本"可能是失去"信誉"。所以，在计划时零售商希望供应商是可信任的、可靠的。在商品销售计划中，零售商更希望供应商拥有极具吸引力的货架空间。因此，以可靠而著称的供应商可以获得更高的收入。在其他条件相同的情况下，人人都可以从改善的服务中受益。

在VMI中，多用户补货、递送间的协调大大改善了服务水平。一项不重要的递送可以推迟一两天，先来完成主要的递送业务。类似地，相对于小的业务，可以先完成大的补货业务。由于有能力平衡所有合作伙伴的需求，供应商可以改善系统的工作状况而不用使任何的个体顾客冒险。它们向顾客保证顾客最主要的需要将会受到最密切的关注。如果没有VMI，供应商很难有效地安排顾客需求的先后顺序。

如果扩大有效解决现有问题的范围，服务就可以进一步改善。比如说，在缺货的时候，在一个用户的配送中心之间（或多个用户的配送中心之间）平衡存货是十分必要的。没有VMI，通常无法这样做，因为供应商和顾客都看不到整体的存货的配置（分布）。在VMI下，当用户将货物返还给供应商，而供应商可以将其供给另一位用户，这时就实现了存货平衡。这种方法最坏也就是多了一些运输成本而已。

另外的一个好处就是，VMI可以使产品更新更加方便，使更少的旧货在系统中流通，所以可以避免顾客抢购。此外，新产品的上架速度将更快，由于有信息共享，货物更新时不用为推销而着急,而且零售商可以保持"时尚"的好名誉。

4.3 配送中心的运输管理

4.3.1 运输的功能和原理

1. 运输的功能

1) 产品转移

无论物品处于什么形式,是材料、零部件、装配件、在制品,还是制成品,不管是在制造过程中将被移到下一阶段,还是实际上更接近最终的顾客,运输都是必不可少的。运输的主要功能就是产品在价值链中的来回移动。运输利用的是时间资源、财务资源和环境资源,只有当运输确实提高产品价值时,该产品的移动才是重要的。

运输涉及利用时间资源,是因为产品在运输过程中是难以存取的。这种产品还常指转移过程中的存货,是供应链战略,如 JIT 和快速响应等业务所要考虑的一个因素,以减少制造和配送中心的存货。

运输要使用财务资源,是因为运输队所必需的内部开支。这些费用用于司机的劳动报酬、运输工具的运行费用,以及一般杂费和行政管理费用分摊。

运输的主要目的就是要以最低的时间、财务和环境资源成本,将产品从原产地转移到规定地点。产品损坏的费用也必须是最小的,产品转移的方式必须能满足顾客有关交付履行和装运信息可得性的要求。

2) 产品暂存

对产品进行临时存放是一个特殊的运输功能,这个功能在以往并没有被人们关注。将运输车辆临时作为相当昂贵的储存设施,这是因为转移中的产品需要储存但在短时间内(1~3天)又将重新转移,那么该产品在仓库卸下来和再装上车的成本可能高于存放在运输工具中支付的费用。

在仓库有限的时候,利用运输车辆存放也许是一种可行的选择。可以采取的一种方法是,将产品装到运输车辆上去,然后采用迂回或间接线路运往其目的地。对于迂回运输来说,转移时间将大于直接路线,当起始地或目的地仓库的储存能力受到限制时,这样做是合情合理的。在本质上,运输车辆被用作一种临时储存设施,它是移动的,而不是处于闲置状态。

2. 运输的原理

1) 规模经济

规模经济的特点是随着装运规模的增长,使单位重量的运输成本降低,例如整车(TL)的每单位成本低于零担运输(LTL)。也就是说,诸如铁路和水路之类运输能力较大的运输工具,它每单位的费用要低于汽车和飞机等运输能力较小的运输工具。运输规模经济的存在是因为与转移一批货物有关的固定费用可以按整批货物的重量分摊,所以一批同样的货物越重就越能分摊费用。

2) 距离经济

距离经济是指每单位距离的运输成本随距离的增加而减少,如800 km的一次装运成本要低于400 km的二次装运成本。运输的距离经济也指递减原理,因为费率或费用随距离的增加而减少。运输工具装卸所发生的固定费用必须分摊到每单位距离的变动费用,距离越长每单位支付的费用越低。

4.3.2 运输管理概述

1. 运输管理的目的

运输对于企业来说是一个消耗资源、人力和时间最大的环节之一,运输管理同配送其他环节的管理一样,管理目的可以总结为效益背反的两个目的,即降低企业成本和提高客户满意度。只是不同环节想达到这两个目的的衡量标准有差异。运输管理要达到这两个目的的主要衡量指标有以下几个方面。

1) 降低运输成本

通过合理运输的线路管理和配装管理,尽量达到以下的目的来降低运输成本。

(1) 降低总的车辆数。通过合理的运输管理,在满足客户要求的情况下,能使一批配送任务的总车辆数最少。这就要求在配装和配送线路管理时,不仅要考虑客户的位置分布、送货时间的要求,还要考虑客户需求商品的性质、需求量等方面。

(2) 降低总的行驶里程。通过合理的运输管理,能使总的行驶里程降低,这同样要求在配装和配送线路确定时,重点考虑客户的分布、交通网络情况等方面

(3) 提高装载率。

在配装时,通过考虑商品的特征及客户的需求量、需求时间等方面,尽量使车辆满装满载。

除了以上指标之外,降低运输成本的指标还有很多,如实车率和运转率指标。

2) 提高客户满意度

(1) 提高运输的准时性。通过合理的运输管理,提高运输的可靠性,能够在客户要求的到货时间范围内把货物送到,从而降低配送运输的不确定性,提高客户的满意度。

(2) 降低货损率。通过合理的运输管理,提高运输的安全性。在运输过程中,装货、卸货、送货驾驶时要考虑配送运输的商品的特征,避免货物破损、变质,从而提高客户的满意度。

(3) 降低货差率。通过合理的运输管理,提高运输作业人员和管理人员的技术水平。在运输过程中,避免出现货物丢失短缺、货物送错地方、装错货物,从而提高客户的满意度。

2. 影响运输管理的因素

影响运输管理效果的因素很多,既有动态因素,也有静态因素。动态因素包括车流量的

变化、道路施工、配送客户的变动、可供调度量的车辆变动等。静态因素包括配送客户的位置分布、道路交通网络、车辆运行限制等。各种因素相互影响，很容易造成送货不及时、配送路径选择不当、贻误交货时间等。因此，对配送运输的有效管理极为重要，否则不仅影响配送效率和信誉，而且将直接导致配送成本的上升。总的来说，影响运输管理难度高低的因素主要有以下几个方面。

（1）运输方式。对于5种不同的运输方式，配送企业最能控制的是公路运输方式。一般而言，其他4种运输方式因其运输工具不被配送企业拥有，故对其的控制能力较差。所以，配送企业运输管理的内容主要是指公路运输方式的管理，但由于公路运输方式的运输距离短、运输网络复杂，导致其管理的内容多，管理难度大。

（2）客户要求。不同的客户对配送运输的要求不同，有的客户对时间要求较高，而有的客户比较注重运输成本。不同的要求其运输管理的难度不一样，对时间要求较高的客户其管理难度较大，因此其配装和配送线路的选择有一定的难度。

（3）运输批量。就单个客户而言，运输批量越大，其越容易配装，因此配送运输管理会简单得多，其运输线路的确定问题主要是直送式，相对比较简单。

（4）运输网络。运输网络的复杂程度会极大地影响运输管理的难度，包括动态因素和静态因素两部分。例如车流量的不确定性，车流量的变化越小，对于运输管理越容易，否则其管理难度越大。如果运输网络越复杂，支线越多，其线路选择越难，否则会简单得多。

（5）库存管理。库存和运输存在二律背反的关系，如果配送企业库存管理的能力很强，可以弥补运输管理能力不足的问题。

（6）运输距离。运输距离越长，其运输过程中出现的不确定性增强，其管理难度增强，但客户要求相对较低，因此运输距离的长短对运输管理的难度有一定的影响。

3．运输管理的内容

（1）车辆营运管理。车辆营运管理主要是对行车人员的管理、车辆的管理和作业的管理。对行车人员的管理包括如何调动其积极性并进行控制管理、合理分配配送运输任务。对车辆的管理包括对车辆的保养和维修管理方面、对配送任务应选择什么类型的配送车辆来完成。在配送企业的自有车辆有限的情况下，当企业自有车辆无法满足要求时，可使用外雇车辆。在此情况下，应该确定自有车辆和外雇车辆的比例。对作业的管理而言，运输管理过程包括很多作业，故不同的作业的管理有不同的要求。

（2）配装管理。由于配送货物的品种、特性各异，为提高配送效率，确保货物质量，必须首先对特性差异大的货物进行分类。在接到订单后，将货物按特性进行分类，以分别采取不同的配送方式和运输工具，如按冷冻食品、速食食品、散装货物、箱装货物等分类配载。其次，配送货物也有轻重缓急之分，必须初步确定哪些货物可配装于同一辆车，哪些货物不能配装于同一辆车，以做好车辆的初步配装工作。

配装过程中要考虑客户的位置分布情况及到货时间的先后顺序，最终确定货物的装车问题。除了满足客户的要求外，要考虑如何合理配装，即能够有效缩短配送距离，提高装载率,降低配送车辆数,降低成本。

(3)线路管理。知道了配送任务之后,如何以最快的速度完成对这些货物的配送,即如何选择配送距离最短、配送时间短、配送成本低的策略,这需要根据客户的具体位置、沿途的交通情况等做出优先选择和判断。除此之外,还必须考虑有些客户或其所在地点环境对送货时间、车型等方面的特殊要求,如有些客户不在中午或晚上收货,有些道路在某高峰期实行特别的交通管制等。

4.3.3 运输管理的方法

1. 车辆营运管理

只有了解配送中心车辆营运流程,才能确定车辆营运管理的内容。配送中心的车辆营运流程如图4-6所示。

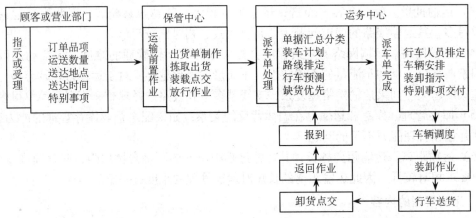

图4-6 配送中心的车辆营运流程

1)车辆营运管理的内容

车辆营运管理的内容可以分为行车人员管理、车辆养护管理和车辆运行作业管理3个部分,如表4-7所示。

表4-7 车辆营运管理的内容

管理项目	主要内容
行车人员管理	行车人员的选用 行车人员的培训 行车人员的管理与控制 车辆肇事及事故的处理
车辆养护管理	车辆种类的选定 车辆保养与维修

续表

管理项目	主要内容
运行作业管理	理单作业 派车作业 装载作业 行驶作业 卸货签收作业 回程载货作业 返回后作业

- 行车人员管理

行车人员可以分为驾驶员和随车送货员,一般称为装卸工。由于行车人员是影响车辆运行品质的关键因素,而且行车在外常常面临许多环境变化的情况,担负着运输商品的安全责任,所以对行车人员的管理有别于对配送中心内部人员的管理。

(1) 行车人员的选用。在要求人性化管理的今天,对于司机和装卸工,应该有符合其作业内涵的称呼,如称司机为理货员、运输工程师、配送服务员等;称装卸工为理货员、服务助理等。这些称谓的选定,可视公司的业务状况及个人的表现来赋予适当的称谓,以提升他们的社会地位,并与物流配送作业的内涵吻合。

在选用司机时,应以具有驾驶执照的优先,最好选用具有高中以上学历、人品端正、反应灵敏的人任职。负责运输的司机因为有时要担负长途驾驶的任务,因此体格健壮、体力充沛也是选用的必要条件。目前司机的流动性较高,给管理带来很多不便,做好司机的管理也不容易。

表4-8为传统货运司机与物流服务司机的工作内容比较,从中可以发现,从事物流服务的司机的工作内容有了很大的变化,更需要管理人员的细致管理。

表4-8 传统货运司机与物流服务司机的工作内容比较

	传统货运司机	物流服务司机
工作项目	驾驶车辆、送货搬运、熟悉路线、简易保养、顾客服务	服务顾客、操作车辆、卸货技巧、创造价值、细心搬运、掌握路况、机械常识、专业知识、遵守法规、社会公益、应变能力、市场开发、公司形象

在选任随车送货员时,因为他们是辅助司机工作的,是司机的助手,所以要注意两者的配合。随车人员应选用高中程度、体格健壮的人员,并鼓励其考取职业驾驶执照,作为储备司机之用。

(2) 行车人员的培训。行车人员培训的目的在于让其了解物流的内涵、各项作业流程、车辆相关的操作与维护知识、搬运装卸要领、紧急事件处理的原则和方法,不过最重要的还是在于强化其遵守交通法规与服务客户的理念。

(3) 行车人员的管理与控制。车辆行驶在外,可以通过车辆通信系统来有效地掌控,这种现代科技的应用,消除了车辆运行管理的盲点。然而,针对行车人员的家庭生活也要多关心,适当做家访、对行车任务的考核与对顾客服务品质的调查等,都可以把意外事故的发生率降到最低。

在实务经验上,对行车人员的有效激励比管理控制更重要,可以通过目标导向的薪资制度、工作绩效竞赛制度、内部创业机会的提供、第二职能的训练等措施来进行。

(4)车辆肇事及事故的处理。车辆运行在外,稍有疏忽就容易发生车祸、货品遗失或损坏等事故,这些都会给企业造成重大的损失,因此应事先制定相关的处理办法来防范,以避免发生此类事故时造成纠纷。

- 车辆养护管理

车辆、人、站场三者是输配送活动中最主要的构成要素,因此车辆维持良好的使用状态,对整个工作的顺利进行起着决定性的作用。配送中心可以将运输配送工作委托货运公司处理,以节省车辆养护的种种麻烦,但存在受制于人、缺少主动性的缺点。

(1)车辆种类的选定。货车车辆种类繁多,要根据用途及所载的货物种类来进行选择。一般常见的分类有根据载重进行分类的小货车(3.5 t以下)、大货车(3.5 t以上),根据车厢的形式分类的柜式车和箱型车,根据燃油分类的汽油车、柴油车等。从消费物流的角度来看,由于其载运的物品大都是生活用品,所以在选用车辆时,可根据距离及运输物品的多少进行选择。

由于市区内车辆多,同时为了维护道路的使用寿命,因此对于进入市区的车辆都有载重的限制,市区内配送一般以小货车为主。

近几年来,由于人力短缺,形成大宗物品栈板化运输趋势,致使长途行驶的车辆逐渐采用联结车或货曳引车等,以节省成本。柜式货车的装载容量虽然较多,装卸货速度快,但需要捆绑覆盖帆布,对物品的保护性低。而箱式货车,虽然载装容量相对少些,但可装载多样品项,不用捆绑,在人力运用及商品维护上都有好处。选用何种车辆,经营者可以根据业务需求量审慎衡量,以免评估错误,造成无形的损失与浪费。

(2)车辆保养与维修。为确保车辆的性能稳定,在车辆行驶一定里程后,定期更换机油、检查底盘、润滑传动构件等工作是非常重要的。为了减少车辆的损坏,确保维修品质,可以根据下列方式来处理。

① 教育行车人员根据操作手册驾驶车辆。

② 要求行驶人员做好行车前、行车中、行车后的检查。

③ 制定车辆保养维修办法。

④ 选择合适的修理厂,零件损坏后应更换正规厂家的产品。

⑤ 车辆达到一定数量时,可以建立维修厂。

⑥ 车辆行驶在外就代表公司,出车前应做好清洁工作,以维护公司形象。

⑦ 主管人员应随时抽查车辆,提醒行车人员根据公司的规定维修车辆。

- 行车作业管理

车辆运行作业主要由理单、派车、装载、行驶、卸货、回程载货、返回作业等项目构成,归纳各项目的管理重点,在于人、物、时、空的有效配合,让顾客交运的物品准确、无误，在要求时间内准时送达，并使每一次的作业成本降至最低。

（1）理单作业。理单作业是根据顾客或营业所下订单的需求，进行整理、分类，作为派车依据。在现代化的配送中心，顾客订单的需求都是通过 EDI 的方式来打印订（送）货单的。配送中心信息部门可以根据配送规划，通过派车决策程序执行派车指令，打印派车单。

排单作业是根据派车单的内容，将订（送）货单挑出整理，连同派车单交给行车人员。

使用人工派车的配送中心，其作业方式刚好与前述相反，先将订货单汇总整理，然后根据区域和客户的需求，判断装载数量后，再完成派车单。

（2）派车作业。派车作业主要是选定合适的人员与车辆进行运配送工作。派车作业管理的重点是公平性问题。由于现代人的价值观的改变，对于工作中所承担的分量会与同事比较，稍有不公平就会发生争执，因此需要靠制度给予公平的规范。调派人员可以每日或每周公布车辆行车状况表，除了表明公平、公开的工作分配外，还有激励的作用。

（3）装载作业。每一次出车都能满载出车是派车的指导原则，但实际上常因客户的时效要求而无法等候其他订货单据打印完成一并出车。配载作业如何衡量，要根据公司的政策来做。在进行装载作业时，应注意下列事项。

① 装载空间的最大利用，可利用装载软件的设计来进行。
② 遵守重物在下、轻物在上的原则，后到的先装，先到的后装。
③ 物品按照包装上的指示堆叠，不要倒置。
④ 核对送货单据，认真点货检查。
⑤ 严禁超载超重，柜式车应捆绑牢靠，箱式车应不留空隙。
⑥ 尽可能利用标准容器装载上车，如梭板、笼车、塑料箱等。
⑦ 利用省力化设备进行装载。

（4）行驶作业。在途作业的车辆常会遇到许多意外情况，如道路堵塞、车辆抛锚、收货人不在、拒收等。当这些情况发生时，需要行车人员进行有效的处理，因此行驶作业的重点就是训练行车人员提高应对这些情况的能力。另外，行车人员面对顾客就是代表公司，他们在礼仪、介绍公司服务项目及随时反应顾客需求方面有很大的作用，因此经常性地对行车人员进行营销方面的训练也是必要的。对在途车辆的掌握控制，可以通过无线通话系统，了解其所在位置、送货状况，并下达回程载货指令。同时，运用行车报表，要求司机仔细填写，也可以作为行车成本控制及行车人员考核的依据。

（5）卸货签收作业。卸货作业是指到达目的地后正确无误地将物品送交顾客。卸货作业应遵守下列原则。

① 向收货人提交送货单，并询问放置地点。
② 车辆停靠指定位置。
③ 核对送货单，并卸下所订货品，小心轻放。
④ 要求顾客查收，并在签单上完成签章。

⑤ 车上所余货品应重新整理捆绑。
⑥ 上车后随即整理好签单，装订妥善。

（6）回程载货作业。回程载货如果是出车前就已经接受指令，行车人员应了解货量的多少，以方便配送途中载货。如果是途中接受了指令，应详细记录地点、电话、接洽人员姓名、货品数量等，必要时还应制作承运单据，以方便收款。

（7）返回后作业。车辆返回后，如果有退货、拒收货、回程载货等情况发生，应立即点交相关人员。顾客签收单据再次核对清楚，整理妥当，如有收款，就需连同行车报表缴回业务管理部门。

2）影响车辆运行绩效的因素

良好的车辆营运管理，除了做好行车人员的培训、选择合适的车辆、落实车辆养护及有效掌握控制车辆运行外，减少因与顾客不协调所带来的派车前置作业的混乱，制定行车作业规范，减少可能出现的不利因素，都是非常重要的。下面是一些常见的影响车辆运行绩效的因素。

- 顾客方面

（1）订单来源不统一。
（2）订单不能一次通报。
（3）指定时间送达。
（4）临时取消订单。
（5）临时要求插单。

- 作业方面

（1）配送时间窗的限制。
（2）商品种类不一。
（3）箱式卡车内部隔间。
（4）配送家数。
（5）不能一车装载订货，进行订单分割。
（6）道路的限制（如时段）。
（7）配送顺序的要求。
（8）车辆间的转运。
（9）拒收与回收。
（10）收货人不在。
（11）行车人员协助促销。
（12）行车人员中途交接。
（13）车辆故障。
（14）道路阻塞。

2. 车辆配装管理

1) 车辆配装模型一

设车辆的额定载重量为 G，可用于配送 n 种不同的货物，货物的重量分别为 w_1，w_2，$\cdots$，w_n。每种货物分别对应于一个价值系数，用 p_1，p_2，$\cdots$，p_n 表示，它表示货物价值、运费等。设 x_k 表示第 k 种货物的装入数量，则配装问题的数学模型可以表示为：

$$\max F = \sum_{k=1}^{n} p_k x_k$$

$$\sum_{k=1}^{n} w_k x_k \leq G$$

$$x_k \geq 0 \ (k=1, 2, \cdots, n) \ 且为整数$$

2) 车辆配装模型二

车辆装载时不仅要考虑载重量的约束，还要考虑体积的约束，所以车辆配装问题的原始问题还可以描述为：有多个客户，其货品体积和质量均小于单车装额定载重量和装载容积，为提高车辆装载效率、降低运输成本，如何采用配装的形式将多个客户的货品装在同一配送车辆上，由一辆车按某指定的路径依次将货品送达客户，同时使装载货品的车辆数尽可能少。配装的每一件货品，其外形尺寸都不能超过车辆的有效容积尺寸要求，于是车辆配载模型可以描述为：

$$\max F = \sum_{i=1}^{n} x_i \tag{4-1}$$

$$\text{s.t.} \sum_{i=1}^{n} v_i x_i \leq v \tag{4-2}$$

$$\sum_{i=1}^{n} w_i x_i \leq w \tag{4-3}$$

$$x_i \in \{0, 1\}, \ i=1, 2, \cdots, n \tag{4-4}$$

$$b_i \leq v_i v / \sum_{j=1}^{n} v_j, \ i=1, 2, \cdots, n \tag{4-5}$$

其中：v_i 表示第 i 个客户的货品体积；v 表示配送车辆的有效容积；w_i 表示第 i 个客户的货品重量；w 表示配送车辆的额定载重量；b_i 表示第 i 个客户货品的外部尺寸；n 表示客户节点个数。

式（4-1）表示配载目标函数，即尽可能多地装入货品；式（4-2）表示装入货品的总体积不超过车辆有效容积；式（4-3）表示装入货品的总质量不超过额定载重量；式（4-4）表示是 0-1 变量，当 $x_i=1$ 时，表示第 i 件货品装载入车，否则未装载；式（4-5）表示装入车内的任何一件货品，其外形尺寸不能超过车辆有效尺寸的 $v_i v / \sum_{j=1}^{n} v_j$。

3) 车辆配载优化

对于第一种模型，可以采用运筹学中的动态规划思想求解，此问题为典型的背包问题，即把每装入一种货物的决策作为一个决策阶段，n 种不同货物的配装可划分 n 个阶段。下面通过一个例子来说明优化过程。

例：载重量为 10 t 的载货汽车，运输 4 种大型设备，其重量和价值系数分别如表 4-9 所示，试问如何配装才能使货车的装载价值系数最大。

表 4-9　配载货物的已知数据

设备编号	重量/t	单件价值/万元
1	3.5	7.5
2	2	4.8
3	4.5	10
4	5	14

解：因为有 4 种变量，所以分成 4 个阶段。设 X_k 表示装第 k 种设备的件数，S_k 表示可分配给第 k 种到第 4 种设备的装载重量，$f_k(S_k)$ 表示装载第 k 种设备到第 4 种设备的最优价值。用逆向递推方法进行，各阶段的结果分别如表 4-10～表 4-13 所示。

表 4-10　第 4 阶段的计算过程

X_4	0	1	2	$f_4(S_4)$	X_4^*
$0 \leqslant S_4 < 5$	0	—	—	0	0
$5 \leqslant S_4 < 10$	0	14	—	14	1
$S_4 = 10$	0	14	28	28	2

表 4-11　第 3 阶段的计算过程

X_3	0	1	2	$f_3(S_3)$	X_3^*
$0 \leqslant S_3 < 4.5$	0+0	—	—	0	0
$4.5 \leqslant S_3 < 5$	0+0	10+0	—	20	1
$5 \leqslant S_3 < 9$	0+14	10+0	—	14	0
$9 \leqslant S_3 < 10$	0+14	10+0	20+0	20	2
$S_3 = 10$	0+28	10+14	20+0	28	0

表 4-12 第 2 阶段的计算过程

X_2	0	1	2	3	4	$f_2(S_2)$	X_2^*
$S_2 = 3$	0 + 0	4.8 + 0	—	—	—	4.8	1
$S_2 = 6.5$	0 + 14	4.8 + 10	9.6 + 0	14.4 + 0	—	14.8	3
$S_2 = 10$	0 + 28	4.8 + 14	9.6 + 14	14.4 + 0	24	28	0

表 4-13 第 1 阶段的计算过程

X_1	0	1	2	$f_1(S_1)$	X_1^*
10	0 + 28	7.5 + 14.8	15 + 4.8	28	0

装载的最大价值为 28 万元,寻找最优解,其次序为反向追踪,为第 1 种到第 3 种设备装载 0 件,第 4 种设备装载 2 件。

3. 配送路线优化

配送活动中涉及许多优化决策问题,配送路线的优化选择就是其中一个,通常可以采用定性和定量优化的方法进行解决,此处主要考虑定量优化方法。在进行配送路线优化时,不仅要考虑运输距离、运输环节,还要考虑运输工具、运输时间和运输费用等因素。因此,配送路线优化实际上是一个多目标决策问题。进行配送路线优化设计时,配送商品的特征、客户的需求不同,引起配送成本变动的关键因素不同,所采用的优化方法有很大差异。配送路线优化按照配送商品特征、客户特征的不同可分为直送式配送线路优化、分送式配送线路优化和配送式配送线路优化 3 种。

1) 直送式配送线路优化

直送式配送运输是指由一个供应点对一个客户的专门送货。从配送优化的角度看,直送式客户的基本条件是其需求量接近于或大于可用车辆的额定载重量,需专门派一辆或多辆车一次或多次送货。因此,在直送情况下,货物配送追求的是多装快跑,选择最短配送线路,以节约时间、费用,提高配送效率。直送问题的配送优化主要是寻找物流网络中的最短线路问题。

目前求解最短线路问题的方法很多,如动态法、标号法(位势法)、破圈法、加边法等。现以位势法为例,介绍如何解决配送网络中的最短线路问题。已知配送网络如图 4-7 所示,各节点(A、B、C、D、E、F)分别表示为 V_1、V_2、V_3、V_4、V_5、V_6,试确定各节点间的最短线路。

- 最短线路算法的步骤

(1) 选择货物供应点为初始节点,并取其位势值为"零",即 $V_i = 0$,并标上永久标号"*"。

(2) 考虑与 i 点直接相连的所有线路节点。设其初始结点的位势值为 V_i,则其终止节点 j 的位势值可按下式确定:

$$V_j = V_i + L_{ij}$$

式中：L_{ij}——i点与j点之间的距离。

（3）从所得到的所有位势值中选出最小者，此值即为从初始节点到该点的最短距离，把该位势值标上永久标号"*"。

（4）重复以上步骤，直到配送网络中所有节点的位势值均达到最小为止。

最终各节点的位势表示从初始节点到该点的最短距离。从初始点到其余节点的最短线路可反向跟踪得到。分别以各点为初始节点，重复上述步骤，即可得各节点之间的最短距离。

- 最短路线法示例

在图4-7所示的配送网络图中，试寻找从供应点A到客户F的最短线路。

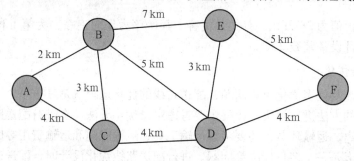

图4-7 配送网络图

解：用表格的方式求解，如表4-14所示。

表4-14 最短线路的计算过程

迭代次数	A	B	C	D	E	F	先行节点
1	0*	∞	∞	∞	∞	∞	
2		2*	4	∞	∞	∞	A
3			4*	7	9	∞	A
4				7*	9	∞	B
5					9*	11	B
6						11*	D

所以，供应点A到客户F的最短线路为11km，最短路径为A→B→D→F。

2）分送式配送线路优化

分送式配送是指由一个供应点对多个客户的共同送货。其基本条件是多个客户的需求量总和不大于一辆车的额定载重量。送货时，由这一辆车装着多个客户的货物，沿着一条精心选择的最佳线路依次将货物送到这些客户手中，这样既保证按时按量将用户需要的货物送到，又可节约车辆，节省费用，缓解交通紧张的压力，并减少运输对环境造成的污染。

● 问题的描述

单车场单车型车辆路径问题一般可描述为：有一个车场（配送中心或仓储中心），拥有容量为 q 的车辆，现在有 n 项货物运输任务需要完成，以 $1, 2, \cdots, n$ 表示；已知任务 i（$1 < i < n$）的货运量为 g_i（$g_i < q$），且对于每一个任务，都有完成任务的时间区间约束，即希望在某一特定的时间段内完成任务；在这些已知条件和约束下，求满足货运需求的费用最小的车辆行驶线路。

在日常生活和生产实际当中，许多类似的问题都可归结为这类问题。如有一个中心货场，需向几个顾客运送货物，每个顾客对货物有一定的需求，运送货物的车辆在货场装满货物后发出，把货物送到各顾客处，完成任务后返回货场，如何确定满足用户需求的费用最小的车辆行驶线路。又如，若干厂家生产一些产品，需要运到中心仓库，车辆从仓库出发，到各厂家去装货，装满后返回，在满足厂家发货要求的情况下，按什么线路行驶，可使总费用最少。

在实际问题中，车辆和任务都可能存在各种约束条件。对车辆而言，有载重约束、体积约束、行驶最大距离约束、行驶最长时间约束、道路约束（比如在城市中，在某些时间段内某些道路不允许车辆通过）等。对任务而言，最主要的约束条件是顾客对任务送达时间的要求，通常希望任务在某个时间段内完成，或者某个时间段内不允许配送。单车场单车型问题可用图 4-8 来形象地说明。

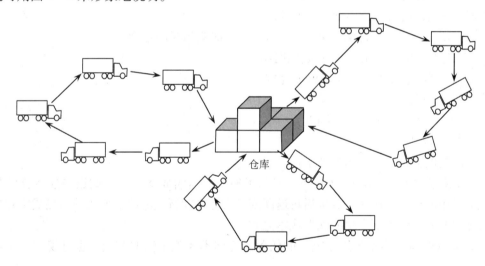

图 4-8 单车场单车型问题示意图

车辆装载货物从配送中心（或仓库）出发，完成若干客户订单的配送，然后返回车场，继续下一组订单的配送。在货物量较少的情况下，用一辆车完成一项任务时，车辆不能满载，这样车辆的利用率较低，因此可考虑用一辆车完成多项任务。目前，有两大类方法可以求解这类问题。

(1) 构造型算法是最先求解这类问题的算法,如节约法、最邻近法、插入法等。这类算法的时间性能较差,是求解旅行商问题(TSP)的常用算法,其中最常用的是节约法。

(2) 改进型搜索算法是求解 TSP 的另一种启发式方法,由于构造型算法的时间性能较差,人们已开发出了许多性能较好的改进型搜索算法,如 n-opt 法、模拟退火算法(SA)、遗传算法(GA)、禁忌搜索算法(TS)等。它应用邻域搜索的概念,算法从一个初始解出发,然后利用状态发生器持续地在解的邻域中搜索比它更好的解,若能够找到这样的解,就用它代替初始解,然后重复该过程;否则结束搜索过程,以当前解作为最终解。

- 模型的建立

为了解决上述动态车辆调度问题,建立其数学模型,首先定义下列参数和变量。

n:代表客户点的数目,只考虑一个配送中心,设配送中心为 0。

q:代表车辆的容量上限,也可代表车辆规定的最大载重量。

l:代表车辆规定的最小载重量。

c 为车辆每 km 行驶费用。

g_i:代表客户点 i 的货物需求量。

$P(t_i)$ 为车辆完成客户点 i 的惩罚成本。

d_{ij}:代表点 i 和 j 之间的距离,也可代表经过两者之间所花费的费用。

s_i 和 e_i:指到达客户点 i 的时间和离开时间。

$T_i = e_i - s_i$ 表示在客户点 i 的卸货时间。

$[ET_i, LT_i]$:代表 s_i 即满足客户 i 需求的开始时刻的时间范围。

t_{ij}:代表车辆从点 i 到点 j 所花费的时间。

$$y_{ik} = \begin{cases} 1 & \text{客户点 } i \text{ 的需求由车辆 } k \text{ 完成。} \\ 0 & \text{否则。} \end{cases}$$

$$x_{ijk} = \begin{cases} 1 & \text{车辆 } k \text{ 从点 } i \text{ 行驶到点 } j\text{。} \\ 0 & \text{否则。} \end{cases}$$

则该问题的数学模型可描述如下。

(1) 该模型中的目标函数(4-6)是为了使总的运输成本最少,此运输成本指的是各车辆从配送中心出发完成客户需求后再返回配送中心期间行驶路线所发生的运输成本和送货时违反客户时间窗约束所发生的惩罚成本之和。

(2) 式(4-7)表示分给车辆 k 的任务量之和不大于车辆的容量,也可规定一个最大载重量。

(3) 式(4-8)表示分给车辆 k 的任务量之和不应少于规定的最小载重量 l,这样使车辆的载重量保持一种均衡状态。

(4) 式(4-9)表示每一个客户点必须位于某一条优化线路上,即每一个客户点仅由一辆车来负责配送,而且必须被服务一次。

(5) 式(4-10)是一种流量守恒限制式,表示进入某点 j 的车辆,一定会由该点 j 离开。

(6) 式 (4-11) 和式 (4-12) 表示如果有一车辆 k 指派到一条配送路线,则必存在一条由配送中心出发后再返回配送中心的配送路线。

(7) 式 (4-13) 是一种用来消除不应该存在的支路,避免车辆被指定到一种没有经过配送中心的路线循环。该约束的产生是根据观察得知每一个不包括配送中心的支路,所包含的路线数目必等于点数目,如果将路线数目减少一条,则必可消除该支路。因此,如果将这种消除支路的不等式都列出,则必可保证所产生的优化路径一定会经过配送中心,而且这些配送路线能够经过所有的客户点,解决货品配送的问题。

(8) 式 (4-14) 表示所有的客户需求均有一定的时间窗要求,规定了车辆到达客户点的最早时间和最晚时间,如果违反该时间窗配送中心应支付的惩罚成本,其中 f_{ia}、f_{ib} 代表车辆在客户 i 处早到或晚到的最低成本惩罚值,α_{ia}、α_{ib} 代表成本惩罚系数。

(9) 式 (4-15) 和式 (4-16) 是迫使决策变量的值为 0 或 1 的取值约束。

(10) 式 (4-17) 表示一条线路上两项邻接任务存在的条件,其中式 (4-14) 和式 (4-17) 不能同时成立,这两式分别代表软时间窗和硬时间窗约束。

$$\begin{cases} \min Z = \sum_i \sum_j \sum_k cd_{ij}x_{ijk} + \sum_i P(i) & (4-6) \\ \sum_i g_i y_{ik} \leq q & \forall k & (4-7) \\ \sum_i g_i y_{ik} \geq l & \forall k & (4-8) \\ \sum_k y_{ik} = 1 & i=1,\cdots,n & (4-9) \\ \sum_i x_{ijk} - \sum_i = 0 & j=0,\cdots,n;\forall k & (4-10) \\ \sum_i x_{ijk} = y_{ik} & j=0,\cdots,n;\forall k & (4-11) \\ \sum_j x_{ijk} = y_{ik} & j=0,\cdots,n;\forall k & (4-12) \\ \sum_{i\in S}\sum_{j\in S} x_{ijk} \leq |S|-1 & S\in\{0,\cdots,n\},2\leq|S|\leq n-1;\forall k & (4-13) \\ p(i) = \begin{cases} f_{ia}+\alpha_{ia}([(ET_i-s_i)\times 2+1]/2) & s_i < ET_i \\ 0 & ET_i \leq s_i \leq LT_i;i=1,\cdots,n \\ f_{ib}+\alpha_{ib}([(s_i-LT_i)\times 2+1]/2) & s_i < LT_i \end{cases} & (4-14) \\ y_{ik}=0\ 或\ 1 & i=0,\cdots,n;\forall k & (4-15) \\ x_{ijk}=0\ 或\ 1 & i,j=0,\cdots,n;\forall k & (4-16) \\ x_{ijk}=1 \Rightarrow e_i+t_{ij} \leq s_j & i,j=1,\cdots,n;\forall k & (4-17) \end{cases}$$

(1) 硬时间窗问题。在有时间窗约束的车辆路径问题中,如果每项任务必须在要求的时间范围内达到,那么该问题称为硬时间窗车辆路径问题。超出这个时间范围,则得到的解为不可行解。

(2) 软时间窗问题。如果某项任务不能在要求的时间范围内完成,则给予一定的惩罚。一般若车辆在 ET_j 之前到达点 j,则车辆在此任务点需要等待,可能发生机会成本损失;若车辆在 LT_j 之后到达点 j,则服务被延迟,须支付一定的罚金。

- 带硬时间窗约束模型的算法设计

首先,我们来讨论带硬时间窗约束车辆路径问题的算法。所谓硬时间窗约束,就是完成任务的时间必须在客户要求的时间窗之内,可以用启发式方法求解,如里程节约法就是有代表性的一种算法。

■ 里程节约法的基本规定

利用里程节约法确定配送线路的主要出发点是根据配送方的运输能力、到客户之间的距离及各客户之间的相对距离制订使配送车辆总周转量达到或接近最小的配送方案。为方便介绍,我们做以下假设。

(1) 配送的是同一种或相类似的货物。
(2) 各客户的位置及需求量已知。
(3) 配送方有足够的运输能力。

利用里程节约法制订的配送方案除了使总的周转量最小外,还应满足以下条件。
(1) 方案能满足所有用户的到货时间要求。
(2) 不使车辆超载。
(3) 每辆车每天的总运行时间及里程满足规定的要求。

■ 里程节约法的基本思想

如图 4-9 所示,设 P_0 为配送中心,分别向客户 P_i 和 P_j 送货。P_0 到 P_i 和 P_j 的距离分别为 d_{0i} 和 d_{0j},两个客户 P_i 和 P_j 之间的距离为 d_{ij}。送货方案只有两种,即配送中心 P_0 向客户 P_i 和 P_j 分别送货和配送中心 P_0 向客户 P_i 和 P_j 同时送货,如图 4-9 (a) 和图 4-9 (b) 所示。

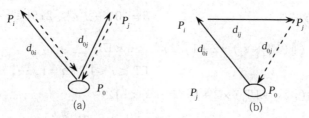

图 4-9 里程节约法示意图

方案 (a) 的配送线路为: $P_0—P_i—P_0—P_j—P_0$,配送距离为 $d_a = 2d_{0i} + 2d_{0j}$。
方案 (b) 的配送线路为: $P_0—P_i—P_j—P_0$,配送距离为 $d_b = d_{0i} + d_{0j} + d_{ij}$。
显然,d_a 不等于 d_b,我们用 S_{ij} 表示里程节约量,即方案 (b) 比方案 (a) 节约的配送

里程为:

$$S_{ij} = d_{0i} + d_{0j} - d_{ij}$$

根据里程节约法的基本思想,如果一个配送中心 P_0 分别向 n 个客户 P_j ($j = 1, 2, \cdots, n$) 配送货物,在汽车载重能力允许的前提下,每辆汽车的配送线路上经过的客户个数越多,里程节约量越大,配送线路越合理。

由于各项任务要求在一定的时间范围内完成,按费用节约值 $S(i, j)$ 连接点 i 和点 j 时,可能会使 j 后面的任务的执行不满足时间要求。当连接点 i 和点 j 所在线路时,若车辆到达 j 点的时间比原线路上 j 点任务的开始时间提前,则车辆在 j 后面的任务有可能需要等待;若连接后到达 j 点的时间比原线路上 j 点任务的开始时间推迟,则 j 后面的任务在执行时可能会发生延迟。

以 EF_j 表示连接点 i 和点 j 所在的线路后车辆到达 j 点的时间比原线路上车辆到达 j 点时间的推迟(或提前量),S_i 表示 i 点到达时刻,T_i 表示 i 点停顿时间,t_{ij} 表示从 i 点到 j 点的运输时间,S_j 表示 j 点的到达时刻,则 EF_j 可按以下的公式得到:

$$EF_j = S_i + T_i + t_{ij} - S_j$$

显然,$EF_j < 0$ 时,车辆到达 j 点任务的时间提前;$EF_j = 0$ 时,到达时间不变;$EF_j > 0$ 时,到达时间推迟。

为说明问题方便,定义参数如下。

Δ_j^- ——车辆在线路上 j 点后面的各任务处均不需要等待的 j 点的到达时间的最大允许提前量。

Δ_j^+ ——线路上 j 点后面的任务不违反时间窗约束的 j 点的到达时间的最大允许推迟量。

Δ_j^- 和 Δ_j^+ 可分别按以下公式计算:

$$\Delta_j^- = \min_{r \geq j} \{s_r - ET_r\}$$

$$\Delta_j^+ = \min_{r \geq j} \{LT_r - S_r\}$$

当考虑连接点 i 和点 j 所在的线路时,需检查是否违反时间窗约束。

(1) 当 $EF_j < 0$ 时,若有 $|EF_j| \leq \Delta_j^-$,车辆在 j 后面的任务不需要等待,否则要等待;

(2) 当 $EF_j > 0$ 时,若有 $EF_j \leq \Delta_j^+$,则 j 后面任务的执行不会延迟,否则要延迟进行。

■ 里程节约法的求解步骤

根据前述求解思路,具体的求解步骤如下。

步骤 1:计算 $S(i, j)$,令 $M = \{S(i, j) \mid S(i, j) > 0\}$。

步骤 2:在 M 内按 $S(i, j)$ 从大到小的顺序排列。

步骤 3:若 $M = \emptyset$,则终止,否则考察排序后的第一项 $S(i, j)$,它若满足下述 3 个条件中之一,则转步骤 4,如若不然,则转步骤 7。

(1) 点 i 和点 j 均不在已构成的线路上。

(2) 点 i 或点 j 在已构成的线路上，但不是线路的内点（即不与配送中心直接相连）。

(3) 点 i 和点 j 位于已构成的不同线路上，均不是内点，即均与配送中心相连。

步骤 4：考察点 i 和点 j 连接后的线路上总货运量 Q，若 $Q<q$，则转下一步，否则转步骤 7。

步骤 5：计算 EF_j。

(1) 若 $EF_j=0$，则转步骤 6。

(2) 若 $EF_j<0$，则计算 Δ_j^-，当 $|EF_j|\leq\Delta_j^-$，则转步骤 6，否则转步骤 7。

(3) 若 $EF_j>0$，则计算 Δ_j^+，当 $EF_j\leq\Delta_j^+$，则转步骤 6，否则转步骤 7。

步骤 6：连接点 i 和点 j，转步骤 7。

步骤 7：令 $M=M-S(i,j)$，转步骤 3。

■ 算法的进一步讨论

在实际配送过程中，都有车辆早到或晚到的情况。对于早到情况，对公司而言，可能会造成损失，因为至少浪费了时间。对于晚到情况，对公司和客户都可能带来损失。对公司而言，至少降低了对客户的服务水平，在信誉上会造成一定的损失。对此，在设计问题的求解时，要考虑车辆的等待损失费用和延迟罚款，这样时间窗约束就变为了软时间窗约束。这时可对原费用节约值 $S(i,j)$ 进行修正，即若某任务不能在时间范围内完成，需将费用节约值减去相应的损失费用。

● 示例

P 是配送中心所在地，A～J 是 P 的 10 个配送点。它们之间的距离如图 4-10 所示，括号内的数字是配送量。现在可以利用的配送车辆是装载量为 2 t 和 4 t 的两种厢式货车，并限制车辆一次运行距离不超过 30 km。为了尽量缩短配送距离，必须求出最佳配送路线。

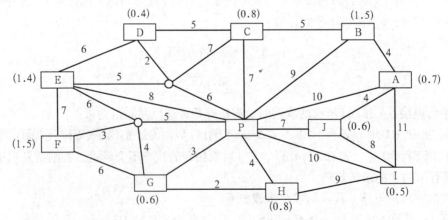

图 4-10 配送中心配送交通网络图

(1) 首先算出相互之间最短距离。根据图 4-10 中配送中心与各用户之间、用户与用户之间的距离，得出配送路线最短的距离矩阵，如图 4-11 所示。

	P									
A	10	A								
B	9	4	B							
C	7	9	5	C						
D	8	14	10	5	D					
E	8	18	14	9	6	E				
F	8	18	17	15	13	7	F			
G	3	13	12	10	11	10	6	G		
H	4	14	13	11	12	12	8	2	H	
I	10	11	15	17	18	18	17	11	9	I
J	7	4	8	13	15	15	15	10	11	8

图 4-11　客户和配送中心之间及客户之间的最短路线矩阵

（2）从最短路线矩阵图中计算出各用户之间的里程节约值，如图 4-12 所示。

	A								
B	15	B							
C	8	11	C						
D	4	7	10	D					
E	0	3	3	10	E				
F	0	0	0	3	9	F			
G	0	0	0	0	1	5	G		
H	0	0	0	0	0	4	5	H	
I	9	4	0	0	0	1	2	5	I
J	13	8	1	0	0	0	0	0	9

图 4-12　两客户之间的里程节约值

（3）对里程节约值按大小顺序进行排列，如表 4-15 所示。

表 4-15　里程节约值排序表

序号	连接点	里程节约	序号	连接点	里程节约
1	A—B	15	13	F—G	5
2	A—J	13	13	G—H	5
3	B—C	11	13	H—I	5

续表

序号	连接点	里程节约	序号	连接点	里程节约
4	C—D	10	16	A—D	4
4	D—E	10	16	B—I	4
6	A—I	9	16	F—H	4
6	E—F	9	19	B—E	3
6	I—J	9	19	D—F	3
9	A—C	8	21	G—I	2
9	B—J	8	22	C—J	1
11	B—D	7	22	E—G	1
12	C—E	6	22	F—I	1

（4）按照里程节约顺序表，组合成配送线路图。

① 初始解。从配送中心向各配送点配送。配送线路 10 条，总运行距离 148 km，如图 4-13 所示。

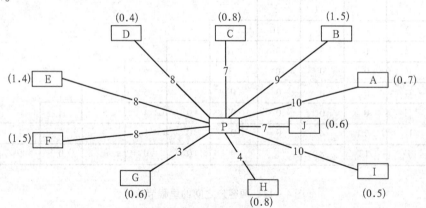

图 4-13 初始解

② 二次解。按照里程节约的顺序大小，连接 A—B、A—J 和 B—C，组成配送路线 1，该路线装载量为 3.6 t，运行里程为 27 km。此时总配送路线为 7 条，总运行距离为 109 km，需要 2 t 车 6 辆，4 t 车 1 辆，如图 4-14 所示。

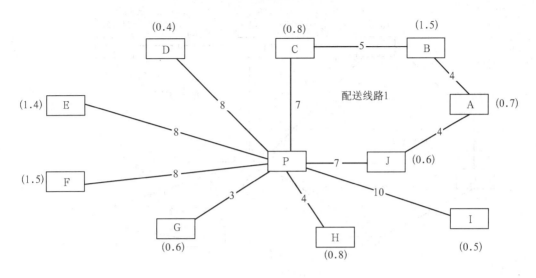

图 4-14 二次解

③ 三次解。按照里程节约的顺序大小，C—D 和 D—E 都有可能连接到二次解的配送路线 1 中，但由于受车辆装载量和每次运行距离这两个条件的限制，配送路线 2 不能再增加配送点，为此不再连接 C、D，只连接 D、E，组成配送路线 2。该路线装载量为 1.8 t，运行里程为 22 km。此时总的配送路线为 6 条，总运行距离为 99 km，需要 2 t 汽车 5 辆，4 t 汽车 1 辆。

④ 四次解。接下来的顺序是 A—I 和 E—F，由于配送路线 1 不能再增加配送点，为此不再连接 A、I，连接 E、F 并入配送路线 2 中。此时配送路线 2 装载量为 3.3 t，运行里程为 29 km。此时总的配送路线为 5 条，总运行距离为 90 km，需要 2 t 汽车 3 辆，4 t 汽车 2 辆。

⑤ 五次解。接下来的顺序是 I—J、A—C、B—J、B—D 和 C—E，但这些连接均已包括在已组合的配送路线中，不能再组成新的增加路线，为此不再连接。接下来可以将 F—G 并入配送路线 2 中，这样配送路线 2 装载量为 3.9 t，运行里程为 30 km。此时总的配送路线为 4 条，总运行距离为 85 km，需要 2 t 汽车 2 辆，4 t 汽车 2 辆。

⑥ 最终解。接下来的顺序是 G—H，由于受车辆装载量和每次运行距离这两个条件的限制，G—H 不能组合到配送路线 2 中，所以不再连接。连接 H、I 组成新的配送路线 3。

至此完成了全部配送路线的规划。总的配送路线一共有 3 条，运行距离为 80 km，需要 2 t 汽车 1 辆，4 t 汽车 2 辆。其中配送路线 1 的装载量为 3.6 t，运行里程为 27 km，需用 4 t 汽车 1 辆；配送路线 2 的装载量为 3.9 t，运行里程为 30 km，需用 4 t 汽车 1 辆；配送路线 3 的装载量为 1.3 t，运行里程为 23 km，需用 2 t 汽车 1 辆，如图 4-15 所示。

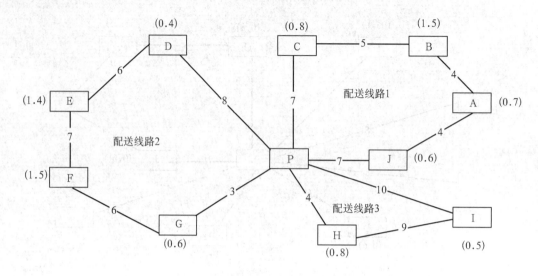

图 4-15 配送线路最终优化结果

3) 配送式配送线路优化

配送式配送运输是指由多个供应向多个客户的送货运输,它的宗旨是将货物从多个供应点分别送到多个客户手中,即满足客户对货物的配送需要,又满足各供应点存出货要求,并最终做到费用最省。

此类问题可根据问题的性质不同有不同的求解方法,通常有图上作业法、表上作业法、单纯形法等,下面通过实例来说明这类问题的求解方法。

- 图上作业法

图上作业法是指将货物供需方的地理位置、交通情况、供货量、需求量绘制成环线状流向图,根据就近分送的原则,进行简便计算的货物运输规划方法。如果交通网络图为环状线路,则要简化为线状线路。下面以环状线路来说明求解方法。

■ 求解步骤

步骤1:按各发运点、收货点的地理位置、交通情况画出环状线路,并将各点相应的发货量、运输量和距离标上。通常,发货点用框表示,收货点用圈表示。

步骤2:甩掉里程最长的一段,使环状线路变成线状线路。

步骤3:按线状线路的办法安排调运,即按照已有线路进行就近分送,并在图中用虚线表示,虚线通常画在道路右侧。

步骤4:计算配送行走线路的里圈长和外圈长,如果里圈长和外圈长均小于线路半圈长,则该配送线路为最优线路,否则不合理,要进行调整,调整思路为甩掉现有圈中运量较小的一段,补上原先甩掉的那段,返回到步骤3。

■ 示例

有3个发货点A、B、C和5个收货点D、E、F、G、H。其发货量、收货量和交通网络如图 4-16 所示，用图上作业法求解配送线路。

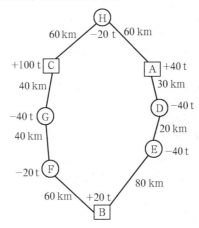

图 4-16　发货点、收货点的已知数据

解：

(1) 求初始解。甩掉里程最长的一段 B—E，得线状线路，按照就近分送的原则得到初始解，如图 4-17 所示。

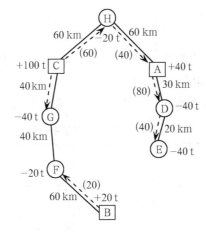

图 4-17　初始解

(2) 解的检验。

半圈长：$L/2 = (30 + 20 + 80 + 60 + 40 + 40 + 60 + 60)/2 = 195$ km。

里圈长：$30 + 20 + 60 + 60 + 60 = 230$ km > 195 km。

外圈长：40 km < 195 km。

所以，初始解不合理，需要调整。

(3) 恢复 B—E 线路，甩掉运量最小的线路 B—F，按就近分送的原则得到二次解，如

图4-18所示。

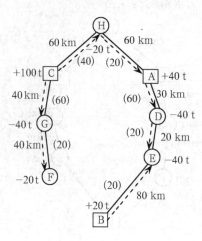

图4-18 二次解

(4) 解的检验。

里圈长:$30+20+60+60=170$ km<195 km。

外圈长:$80+40+40=160$ km<195 km。

则已得最优解。

- 表上作业法

某部门有3个生产同类产品的工厂(产地),生产的产品由3个销售点(销地)出售,各工厂的生产量、各销售点的销售量(单位:万t)及各工厂到各销售点的单位运价(万元/万t)如表4-16所示,要求研究产品如何调运才能使总运量最小。

表4-16 各销售点和各工厂的相关信息

产地＼销地	B1	B2	B3	产量
A1	5	9	3	15
A2	1	7	4	18
A3	8	2	6	17
销量	18	12	16	

解:该问题为产销不平衡问题,因此应虚设一个销售点B4变为产销平衡问题。

(1) 求初始解。求初始解的方法通常有西北角法、最小元素法和沃格尔法。此处用沃格尔法求初始解,如表4-17所示。

沃格尔法的原理:计算出每一行及每一列中单位运价最小和次小的两个元素之间的差值(称行罚数或列罚数),再从差值最大的行或列中找出单位运价最小者,优先满足其供销关系,填一个数字用圈圈起来表示为基变量,并划去满足供销要求的行或列,直到所有供销关系均满足,即所有格均画有线,基变量的个数为行和列数减去 1。

表 4-17 初时解

	B1		B2		B3		B4		产量
A1		5		9	⑮	3		0	15
A2	⑱	1		3	⓪	4		0	18
A3		8	⑫	2	①	6	④	0	17
销量	18		12		16		4		

(2)解的检验。解的检验方法通常有闭回路法和位势法(也称对偶变量法)两种,目的都是求出表中每个非基变量格(对应一个决策变量)的检验数,如果所有检验数全大于等于 0,则为最优调运方案,否则要调整。在此用位势法进行检验,如表 4-18 所示。

位势法的原理:是利用线性规划问题的对偶问题之间的关系求解的一种方法,该表的每一行和每一列都对应运输问题一个约束条件,则每行或每列对应其对偶问题的一个变量,称为行位势和列位势;对初始调运方案而言,每个基变量(即有数字圈的位置)对应的检验数为 0,即该位置的运价为对应行位势和列位势之和,显然基变量的个数比位势的个数少一个,则位势的值有无穷多个解,可令其中任意一个为 0,求出其他位势,再根据每个格运价减去对应的行位势和列位势即为检验数。

表 4-18 最优性检验表

	B1		B2		B3		B4		行位势
A1	5	5	10	9	⑮	3	3	0	0
A2	⑱	1	3	3	⓪	4	2	0	1
A3	5	8	⑫	2	①	6	④	0	3
列位势	0		-1		3		-3		

因为所有非基变量检验数全大于 0,则已得最优解。运输方案为:A1 产地运往 B3 销地 15 万 t;A2 产地运往 B1 销地 18 万 t;A3 产地运往 B2 销地 12 万 t,运往 B3 销地 1 万 t,总运费为 93 万元。

如果初始解检验不是最优解,则可用闭回路法进行解的调整,基本思路为:找出检验数小于零的最小的那个变量格,设为 X_{lk},以 X_{lk} 和基变量为顶点找一个闭回路,以 X_{lk} 开始分别标号"+"、"-"、……、"+"、"-";标号为"-"的最小的运量为调整量,在闭回路上进行调整运量,"+"的加,"-"的减,当存在运量 X_{sf} 为 0 时,该变量格为换出变量,得一新的基可行解,再转第 2 步。

4.4 配送中心的成本管理

4.4.1 配送成本概述

1. 配送成本的含义

配送成本是指在配送活动的备货、储存、分拣及配货、配装、送货、送达服务及配送加工等环节所发生的各项费用的总和,是配送过程中所消耗的各种活劳动和物化劳动的货币表现。

配送费用包括人工费用、作业消耗、物品损耗、利息支出、管理费用等,将其按一定对象进行汇集就构成了配送成本。配送成本的高低直接关系到配送中心的利润,进而影响企业利润的高低。因此,如何以最少的配送成本"在适当的时间将适当的产品送到适当的地方",是摆在企业面前的一个重要的问题,对配送成本进行控制变得十分重要。

对配送成本进行归集时要做的第一个工作是必须明确归集的范围。配送成本的范围一般是由 3 方面因素决定的。

(1) 成本的计算范围如何确定的问题。配送过程中涉及不同的配送对象,如不同的送货对象、不同的配送产品,此时如按不同对象进行成本归集,计算结果有明显的差别。

(2) 在备货、储存、配货、送货等各种配送物流活动中,以哪几种活动作为计算对象的问题。选择不同活动进行成本归集计算出来的配送成本自然是有差别的。

(3) 把哪几种费用列入配送成本的问题。运费、保管费、人工费、折旧费等,取其中哪一部分列入配送成本进行计算直接影响到配送成本的大小。

企业配送成本的大小,无疑取决于上述 3 个方面的因素。确定不同的前提条件,会引起截然不同的结果。各企业应根据各自不同的情况及管理需要来决定本企业配送成本的计算范围。

2. 配送成本的特征

(1) 配送成本的隐蔽性。如同物流成本冰山理论指出的一样,要想直接从企业的财会业务中完整地提取出企业发生的配送成本难以办到。通常的财务会计不能完全掌握配送成本,通过"销售费用"、"管理费用"科目只能看出部分配送费用情况。但这些科目反映的费用仅仅只是全部配送成本的一部分,即企业对外支付的配送费用,并且这一部分费用往往是混同在其他有关费用中,而并不是单独设立"配送费用"科目进行独立核算。

具体来讲,像连锁店之间进行配送所发生的费用是计算在销售费用中的;同样,备货时支付的费用最终也会归入销售费用中;而配送中发生的人工费用与其他部门的人工费用一起分别列入管理费用和销售费用;与配送有关的利息和企业内的其他利息一起计入营业外费用。这样企业支出的有关配送费用实际上就隐藏在了各种财务会计科目中,管理人员很难意识到配送管理的重要性之所在。

（2）配送成本的削减具有乘数效应。假定销售额为 1 000 元，配送成本为 100 元，如果配送成本降低 10%，就可能得到 10 元的利润。这种配送成本削减的乘数效应是不言自明的。假如企业的销售利润率为 2%，则创造 10 元利润，需要增加 500 元的销售额，即降低 10% 的配送成本所起的作用相当于销售额增加 50%。由此可见，配送成本的下降会产生极大的效益。

（3）配送成本的"二律背反"。所谓二律背反，是指同一资源的两个方面处于相互矛盾的关系之中，要达到一个目的必然要损失一部分另一个目的；要追求一方，必然舍弃另一方的一种状态。这种状态在配送诸活动之间也是存在的。譬如，尽量减少库存据点及库存量必然引起库存补充频繁，从而增加运输次数；同时，仓库的减少会导致配送距离变长，运输费用进一步增大。此时一方成本降低，另一方成本增大，产生成本二律背反状态。如果运输费的增加超过保管费的降低部分，总的成本反而会增加，这样减少库存据点及库存量变得毫无意义。例如，简化包装可降低包装作业强度，进而降低包装成本。但与此同时却导致仓库里货物堆放不能过高，降低了保管效率。而且，由于包装简化，在装卸和运输过程中容易出现包装破损，导致搬运效率降低，破损率增加。

上述二律背反的情况在许多企业是常见的。由于配送活动各环节之间密切相关而且在多数场合处于成本的二律背反状态，所以在对配送活动进行成本管理时必须把相关成本拿到同一场所用"总成本"来评价其损益，从而实现整体配送活动的合理化。

企业经营者在对配送成本进行核算及控制管理时必须把握住配送成本的以上特征。

3. 计算配送成本的意义

（1）把握正确的物流实际成本。配送是企业物流环节之一，配送成本的计算分析是企业整个物流成本计算分析的一部分，把握了配送成本就能对企业的物流总成本有一个清晰而全面的认识。

（2）有利于改善企业物流管理。以时间为基础进行比较，如与上月的配送成本比较、去年同月比较、同一企业相同时间内不同配送成本的比较，可以发现物流配送管理存在的问题，以便发现不合理的物流活动，以图改进。

（3）有利于分清成本发生的责任归属，促进物流管理一体化。物流配送成本的核算，可以分析配送成本上升的原因，同时也可以发现企业存在哪些不合理的物流活动，进而可以明确企业各部门物流管理的责任。

许多企业都把物流合理化看成是物流部门或配送部门的事，这似乎变成了一种常识。然而这是错误的。事实上物流费用过高、活动不合理的大部分责任不仅仅在物流配送部门。由于物流系统是一个综合的概念，实际物流运作部门都有物流活动的发生，因此物流费用涉及企业的大多数部门，如生产、销售等部门。

物流成本责任清晰化有利于唤起和劝导其他部门重视物流管理工作，重视物流活动合理化，实现企业物流管理一体化。

例如，销售物流系统的设计一般取决于销售政策，由销售部门决定。具体来讲，包括与交货期有关的问题，如"订货后几天内配送"；与库存量有关的问题，如"一定商品的周转率下的库存是多少"；与订货条件有关的问题，如"接受订货的最小批量是多少"，等等。其实这些问题都是关于"顾客服务水平"的，只有先确定了这种服务水平，才能确定物流系统的应有状态。物流系统状态一旦决定，物流成本也就基本上确定了。也就是说，这部分被确定下来的内容，除非以后要改变顾客服务水平和销售政策，否则是不变的。作为物流部门来讲，即便知道这种顾客服务水平从物流的角度来看是不合理的，但种种原因使得物流部门无法干预。

通过物流配送成本分析核算，就可以反映销售物流设计的不合理，从而促进销售部门改进物流系统结构，实现企业物流管理一体化。

对于物流部门来说，其他部门对物流系统的要求，有时会与物流部门对物流系统的要求相冲突，因为其他部门只是从本部门的利益考虑，而不顾及物流能力是否能达到，或在物流总成本上是否合理。所以，物流部门所能办到的只是从物流合理化的观点出发去劝说，至于做不做是销售部门决定的事情。那么，物流部门起什么作用呢？一是提供能满足要求的所有前提条件；二是研究开发最合理的物流系统，并维持该系统的经济效益，即负责以最低的总成本维持一定程度的顾客服务水平。图4-19就是对物流成本形成的组织分工。

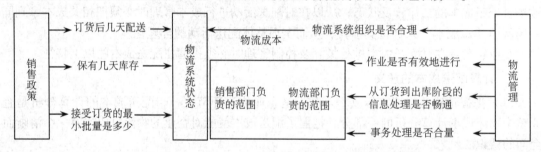

图4-19 物流成本形成的组织分工

这种物流成本形成的组织分工，可以说是物流部门自我防卫所必备的知识。销售部门向物流部门推卸诸如物流合理化没得到系统的发展之类的责任，其原因就是因为物流部门缺少上述知识所致。举例来说，销售政策发生变化，把原来的订货后第三天配送改为订货后第二天配送时，物流成本要相应地增大，这种成本上升已经超越了物流部门的责任范围，但现在却算是物流部门的责任。这个例子很能说明理解上述物流成本的责任范围是何等重要。

（4）为企业管理提供物流管理方面的数据和绩效考核依据。为企业提供物流管理数据和绩效考核依据表现为两个方面：一是为企业物流活动计划、执行、控制提供数据计算和绩效考核依据，特别是为企业高层管理人员提供正确的分析数据与报告，可以加强整个企业对物流重要性的认识，促成物流革新的决心。二是可以通过物流配送成本的测算，评价物流配送部门对企业经营绩效的贡献度。

（5）促进物流合理化。物流合理化不单单是物流配送部门的事情，也是生产、销售等发生物流的部门所应该负责的领域。所以，在物流合理化实施阶段，有必要明确了解物流合理化的责任范围有多大，是扩大到生产、销售等部门，还是局限在物流配送部门本身范围之内。前者是从企业物流一体化这种观点出发来改变销售结构的一种想法，即所谓的后勤思想，通过物流系统化这一目的去寻求合理的物流形式。后者的主导思想是不触及销售结构，把这些部门看作是客观给出的条件，通过对作业方法、合同运费标准、运输工具的利用、事务处理方法、信息流通手段等活动的评价研究，力求把物流合理地组织起来。两种做法是明显不同的，实施的程序和方法等也有很大差别。从合理化效果这一点来说，前者的成果远比后者大，这是毫无疑问的。但是，从我国企业存在的销售优先和物流靠后这种企业内部的传统观念来看，其困难程度之大，也是不能否认的。因此，现实的做法是物流部门先自己推进物流合理化，等到了极限阶段，再扩大到销售等领域中去也不迟。实际上，从我国企业物流合理化的进展情况来看，现在正停留于物流部门单独合理化上。要想彻底实现物流合理化，不扩大到其他领域中去是不行的，物流一体化可以说是企业物流管理的重大课题之一。

4.4.2 配送成本的核算方法

为有效地控制企业配送成本，就必须掌握配送成本的核算方法。这里主要在配送成本费用不同分类的基础上重点阐述配送成本核算的步骤与控制措施。

1. 配送成本的分类方法

1）按支付形态分类

按支付形态不同来进行配送成本的分类主要是以财务会计中发生的费用为基础，通过乘以一定的比率来加以核算。此时配送成本可分为以下几类。

（1）材料费：指因物料消耗而发生的费用，由物资材料费、燃料费、消耗性工具、低值易耗品摊销及其他物料消耗费组成。

（2）人工费：指因人力劳务的消耗而发生的费用，包括工资、奖金、福利费、医药费、劳保费及职工教育培训费和其他一切用于职工的费用。

（3）公益费：指向电力、煤气、自来水等提供公益服务的部门支付的费用。

（4）维护费：指土地、建筑物、机械设备、车辆、搬运工具等固定资产的使用、运转和维修保养所产生的费用，包括维修保养费、折旧费、房产税、土地、车船使用税、租赁费、保险费等。

（5）一般经费：指差旅费、交通费、资料费、零星购进费、邮电费、城建税、能源建设税及其他税款，还包括商品损耗费、事故处理费及其他杂费等一切一般支出。

（6）特别经费：指采用不同于财务会计的计算方法计算出来的配送费用，包括按实际使用年限计算的折旧费和企业内利息等。

（7）对外委托费：指企业对外支付的包装费、运费、保管费、出入库装卸费、手续费等业务费用。

(8) 其他企业支付费用：在配送成本中还应包括向其他企业支付的费用，比如，商品购进采用送货制时包含在购买价格中的运费和商品销售采用提货制时因顾客自己取货而从销售价格中扣除的运费。在这些情况下，虽然实际上本企业内并未发生配送活动，但却发生了相关费用，故也应将其作为配送成本计算在内。

此分类方法具有一定的优点，如便于检查配送成本在各项目日常支出中的数额和所占比例，有利于评价各项费用水平的变化情况，评价、分析各物流活动的绩效，也适用于生产企业物流部门的配送成本控制。

但是，如果一个企业想了解在各个客户上的配送成本，却没有办法准确将生产要素分摊到各个客户上，因而也没有办法把握各个客户的配送成本，对于配送费用很难控制，也找不到改善的地方；如果配送企业发现本年度配送成本比上年度增加 10% 以上，没法查找原因及进行改善。

2）按功能分类

按功能分类就是指通过观察配送费用是由配送的哪种功能产生的所进行的分类。把配送成本分别按订货费、运费、保管费、包装材料费、管理费等计算，就可以计算出配送成本的总额。这样可以了解花费最多的功能环节，从而确定管理中的重点。

按前面所述的支付形态进行配送成本分析，虽然可以得出总额，但还不能充分说明配送的重要性。若想降低配送费用，就应把这个总额按照其实现的功能进行详细区分，以便掌握配送的实际状态，了解在哪个功能环节上有浪费，从而达到有针对性的成本控制。按照配送功能进行分类，配送成本大体可分为物品流通费、信息流通费和配送管理费三大类。

(1) 物品流通费是指为了完成配送过程中商品、物资的物理性流动而发生的费用，可进一步细分为以下几种。

① 备货费：指进行备货工作时需要的费用，包括筹集货源、订货、集货、进货及进行有关的质量检验、结算、交接等发生的费用。

② 保管费：指一定时期内因保管商品而需要的费用，除了包租或委托储存的仓储费外，还包括企业在自有仓库储存时的保管费。

③ 分拣及配货：指在分拣、配货作业中发生的人力、物力的消耗。

④ 装卸费：指伴随商品包装、运输、保管、运到之后的移交而发生的商品在一定范围内进行水平或垂直移动所需要的费用。在企业内，一般都未单独计算过装卸费，而是根据其发生的时间将其计入相关的运杂费、保管费、进货费中。如果在实务中进行分离很困难，也可将装卸费分别计算在相应的费用中。

⑤ 短途运输费：指把商品从配送中心转移到顾客指定的送货地点所需要的运输费用。除了委托运输费外，还包括由本企业自有的运输工具进行送货的费用，但要将伴随运输的装卸费用除外。

⑥ 配送加工费：指根据用户要求进行加工而发生的费用。

（2）信息流通费是指因处理、传输有关配送信息而产生的费用，包括与储存管理、订货处理、顾客服务有关的费用。在企业内处理、传输的信息中，要把与配送有关的信息与其他信息的处理、传输区分开来往往极为困难，但是这种区分在核算配送成本时却是十分必要的。

（3）配送管理费是指进行配送计划、调整、控制所需要的费用，包括作业现场的管理费和企业有关管理部门的管理费。

该分类方法除具有第一种方法的优点外，其送货费用也可以按不同的客户加以区分，能够知道花费最多的功能环节，从而确定管理的重点，较有效控制配送成本的总额；但因企业很难将保管、装卸搬运等费用按不同的客户加以分解，因而同样没有办法准确把握各个客户的配送成本，对于配送费用很难控制，也找不到改善的地方。

3）按适用对象分类

按不同的功能来计算配送成本可实现对配送成本的控制，但作为管理者还希望能分别掌握对不同的产品、地区、顾客产生的配送成本以便进行未来发展的决策，这就需要按适用对象来计算配送成本。按适用对象分类就是把配送服务分解为各种活动，然后计算各种活动成本的方法，称为 ABC 方法（Activity-based Costing，基于活动的成本控制方法），也称为作业成本法。把握不同服务的成本，关键是把配送服务的差异换算成配送成本的差异。通过按不同对象归集，配送成本可以分析出产生不同配送成本的不同对象，进而帮助企业确定不同的销售策略。

（1）按分店或营业所计算配送成本：就是要算出各营业单位配送成本与销售金额或毛收入的比例，用来了解各营业单位配送中存在的问题，以便加强管理。

（2）按顾客计算配送成本：可分为按标准单价计算和按实际单价计算两种计算方式。按顾客计算配送成本可以作为确定目标顾客、确定服务水平等营销战略的参考。

（3）按商品计算配送成本：把按功能计算出来的成本，以各自不同的基准，分配给各类商品，以此计算配送成本。这种方法可用来分析各类商品的盈亏，进而为确定企业的产品策略提供参考。在实际应用中，要考虑进货和出货差额的毛收入与商品周转率之间的交叉比率。

该分类方法能避免前两种方法的问题，能了解在不同客户上的配送成本，重要的是把握不同配送服务的费用，如挑选、检验、包装、订货次数等服务。但是该方法前期的工作量大，正确确定活动单价比较困难。

2．ABC 成本分析法

1）ABC 成本分析法的计算步骤

（1）成本计算目的明确化。

（2）现状调查。

（3）活动项目的确定。

（4）调查计划的制订。

(5) 财务、资源实际使用情况调查。
(6) 活动项目在一定期间成本的计算。
(7) 成本控制调查。
(8) 活动项目单价的算出。
(9) 物流成本 = $\sum$（作业单价×作业量）。单价的确定要经过多次试验求出，使之真正可行。由公式可知：
① 对"单价"负责的应是物流部门；
② "作业量"是通过生产、营销及采购活动体现的，因此这两个部门应对此负责。

例如，如果物流成本增加了，而单价控制很好，那变动产生在营销或采购环节，如果是销售量增加的结果，那对应毛利的物流成本的比率应是下降的；反之，如果不是因为销量的增加，而是由于零散出货增多及退货量增加引起的，那么责任应该在营销部门或生产部门，这样能够做到物流成本责任的区分明确化。显然，作业成本法的计算意义体现在以下几个方面。

① 指明成本发生的途径，用成本来平衡物流同生产、采购、销售之间的关系。
② 能明确成本责任，提供控制物流成本的途径。
③ 为不同客户的物流服务成本的计算提供依据。

2）ABC 成本分析法示例

有 3 个顾客甲、乙、丙订购同一种商品各 100 个，甲按 5 次订购，乙按 4 次订购，丙按 10 次订购，订购商品分散货订购和整箱订货，每箱有商品 20 个，甲订购 5 箱，乙订购 4 箱，其余按散货订购。散货的挑选单位成本为 10 元/个，每箱的挑选成本为 15 元/箱，每次送货成本为 50 元，求 3 个顾客的配送成本。求解结果见表 4 – 19。

表 4 – 19 ABC 成本计算过程

	甲	乙	丙
散货挑选成本	0	20×10	100×10
箱挑选成本	5×15	4×15	0
送货成本	5×50	50×4	10×50
配送成本	325	460	1 500

由此可见，虽然甲、乙、丙 3 个顾客订购的商品一样，数量也一样，但订购方式却不一样，导致分拣、运输费用均有很大区别，最终甲顾客花费的配送成本为 325 元，乙顾客花费的配送成本为 460 元，丙顾客花费的配送成本为 1 500 元。

3. 配送成本的控制

进行配送成本核算的最终目的是为了实现对配送成本的控制，一般对配送成本的控制应从以下几个方面进行。

（1）加强配送的计划性。在配送活动中，临时配送、紧急配送或无计划的随时配送都会大幅度增加配送成本，因为这些配送降低了车辆使用效率。为了加强配送的计划性，需要建立客户的配送计划申报制度。在实践中，物流配送部门应和销售部门一起，针对商品的特性，制订不同的配送计划和配送制度。

（2）确定合理的配送路线。采用科学的方法确定合理的配送路线，可以有效提高配送效率，降低配送费用。确定配送路线的方法很多，既可以采用方案评价法进行定性分析，也可以采用数学模型进行定量分析，但无论采用何种方法，都必须考虑以下条件。

① 满足所有客户对商品品种、规格和数量的要求。
② 满足所有客户对货物发到时间的要求。
③ 在交通管理部门允许通行的时间内送货。
④ 各配送路线的商品量不得超过车辆容积及载重量。
⑤ 在配送中心现有运力及可支配运力的范围之内配送。

（3）进行合理的车辆配载。各客户的需求情况不同，订货也就不大一致，一次配送的货物可能有多个品种。这些商品不仅包装形态、储运性质不一，而且密度差别较大。密度大的商品往往达到了车辆的载重量，但体积空余很大，密度小的商品虽然达到车辆的最大体积，但达不到载重量。实行轻重配装，既能使车辆满载，又能充分利用车辆的有效体积，大大降低运输费用。

（4）量力而行，建立计算机管理系统。在配送活动中，分拣、配货要占全部劳动的60%，而且容易发生错误。如果在拣货、配货中运用计算机管理系统，应用条形码技术，就可以使拣货快速、准确，配货简单、高效，从而提高生产效率，节省劳动力，降低物流费用。

4.4.3 配送服务与配送成本

降低配送成本和提高配送服务水平是配送管理肩负的两大使命，正确处理和协调两者的关系是配送管理的重要内容。

1. 配送服务与成本之间的二律背反

过去曾有人提出把"在任何时间、任何地点、任何数量上都满足顾客的要求"作为一般服务标准，这样的服务标准确实很高，但只能在不考虑成本的前提下才办得到。从管理的观点来看，这是一种"无原则"的服务标准，既不现实，又不可取。而另一个提法则是不管生产和购销的要求，一味追求最低成本，比如为了大批量集中进行送货以降低运输费用，而不考虑顾客的需要，延长送货时间，结果造成缺货损失，影响企业信誉。这种以牺牲企业以后的利益而换来的低成本同样毫无意义，是管理上的本末倒置。如图4-20所示。

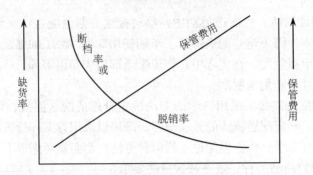

图4-20 断档库存量与仓储费用二律背反

如前所述,配送的各项活动之间存在二律背反。其实,在配送成本与配送服务之间也存在二律背反问题。

(1) 一般来说,提高配送服务,配送成本即上升,成本与服务之间受收益递减法则的支配。

(2) 处于高水平的配送服务时,成本增加而配送服务水平不能按比例相应提高,如图4-21所示。

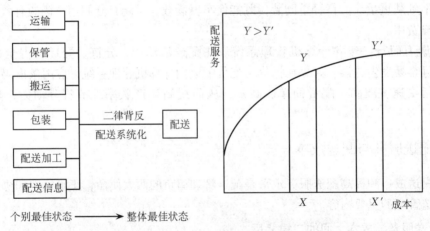

图4-21 配送系统与其他物流系统的效益背反及配送服务与配送成本的效益背反

那么,在管理中如何正确处理和协调这两者之间的关系呢?管理者在抉择时应注意权衡利弊,用综合的方法来求得两者之间的平衡。此时,可以通过考察配送系统的投入产出比,来对配送系统的经济效益进行衡量和评价。配送系统中的投入就是我们所说的配送成本,而配送系统的产出就是配送服务。以最低的配送成本达到所要求的配送服务水平,这样的配送系统就是一个有效率的系统。

2. 配送成本与配送服务的分析

1) 配送系统的产出

配送作为物流系统的终端，直接面对服务对象，其服务水平的高低直接决定了整个物流系统的效益。

理想的配送服务水平要求达到6R，即适当的质量（Right Quality）、适当的数量（Right Quantity）、适当的时间（Right Time）、适当的地点（Right Place）、好的印象（Right Impression）、适当的价格（Right Price）。衡量服务水平的具体标准由以下若干因素组成。

（1）服务的可靠性。可靠的服务内容包括：商品品种齐全、数量充足，保证供应；接到客户订货后，按照要求的内容迅速提供商品；在规定的时间内把商品送到需要的地点；商品运到时，保证数量准确，质量完好。

（2）缺货比率。

（3）订货周期的长短。

（4）运输工具及运输方式的选择。

（5）特殊服务项目的提供。

（6）免费服务。

配送活动通过提供高水平、高标准的服务，可以满足企业销售的需要，争取更多的顾客，从而扩大企业的销售，但同时也产生了较高的成本。

2) 配送服务与配送成本的关系

前面已经介绍过，配送服务水平与配送成本之间存在着二律背反的关系。配送服务水平与销售额及配送费用之间的关系可用图4-22来表示。与此同时，客户的要求又是多种多样和不断变化的，比如有的客户要求订货后立即送货，有的客户要求很小的送货批量，有的客户要求送货的批量既小频率又高。如果完全按照这些要求来运作，从成本的角度来考虑是很不经济的。

图4-22 配送服务水平与企业销售额及配送成本之间的关系

企业在实施配送战略的改变时，可采取下面4种方法。

（1）在配送服务不变的前提下，考虑降低成本。不改变配送服务水平，通过改变配送系统来降低配送成本,这是一种在企业竞争较小的情况下追求效益的办法,如图 4-23 所示。

(2) 在成本不变的前提下提高服务质量。这是一种存在企业竞争的情况下追求效益的办法,也是一种有效地利用配送成本特性的办法,如图 4-24 所示。

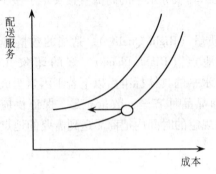

图 4-23 配送服务一定,配送成本下降

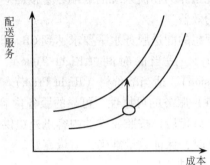

图 4-24 配送服务提高,配送成本一定

(3) 为提高配送服务,不惜增加成本。这是企业在特定顾客或其特定商品面临较大竞争时所采取的具有战略意义的做法,如图 4-25 所示。

(4) 用较低的配送成本,实现较高的配送服务。这是增加销售、增加效益、具有战略意义的办法,通常是企业发展到最佳配送规模的条件下可能实现的,因此需要经历较长的时间才能实现,如图 4-26 所示。

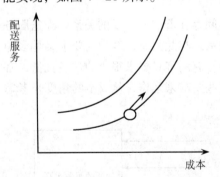

图 4-25 配送成本增加,配送服务提高

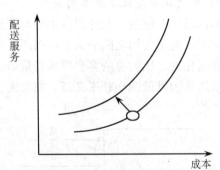

图 4-26 配送成本降低,配送服务提高

企业在决策中究竟应如何做出选择和取舍呢?我们可以先看一个家用电器行业的例子。日本的家用电器行业在第一次石油危机以前的高速增长时期,每天向销售店配送 2~3 次货物,接近"不管什么时候,都马上送达",这是一种相当高的服务水平。可是,石油危机后,由于燃料价格高涨,原来的这种高水平服务无法继续进行下去。于是,征得销售店同意后,改为每天送货一次。结果,配送卡车装载率从过去的 50% 左右一举增至 80% 以上,从而使配送费用下降近 30%。仅服务水平这一点点改变,就引起了配送效率的巨大变化。从这一点看,企业在决定配送服务水平时必须慎重。

在服务和成本之间，首先应该肯定服务是第一位的，是前提条件。因为就物流配送的职能来讲，就是要提供满足购销活动所需要的服务。使服务达到一定水平，这是配送管理的第一使命。与此同时，以尽可能低的配送成本达到这种服务水平，则是配送管理的第二使命，所以"首先是服务，其次是成本"。既然服务是第一位，企业该如何确定其适当的服务水平呢？

相对于前述"无原则"的服务标准，企业要确定的是有原则的服务标准。例如，订货是任何时间内都接受呢，还是只在规定的时间内接受；订货数量，是一件也订，还是规定最低订货数量。此外，还有当天订货限定什么时间交货，送货服务达到什么程度，等等。总之，在制定服务标准时必须站在客户的角度，了解客户真正需要的是什么。另外，制定的服务标准要明确可行，有些客户是需要教育的，服务标准应由企业经营总目标所决定。

一般来说，企业用来确定配送服务水平的方法主要有以下 3 种。

（1）采用销售竞争所需要的服务水平。根据竞争需要确定适宜的服务水平，既可以采用竞争对手所确定的服务水平或略高于竞争对手的服务水平，也可以根据实际需要以比竞争对手高得多的服务水平去竞争，以牺牲眼前利益为代价去获取长远利益。

（2）在增加成本与销售额之间进行权衡抉择，抉择的原则是保证最大限度的利润。配送服务水平的提高对企业的影响是双方面的，即增加销售收入的同时提高了配送成本。这种服务水平的提高对于企业是否适宜，评价的方法是将由此增长的销售额与增加的成本相比，考察企业的盈利状况。

（3）随着配送服务水平的提高，配送成本中有一部分随着上升，也有一部分不受服务水平提高的影响。如果后一部分成本的降低额不小于因服务水平提高而增加的成本额，这种服务水平的确定或调整就是适宜的。

3．配送服务与成本合理化的策略

如前所述，通过配送能最终使物流活动得以实现，而且配送活动增加了产品价值，还有助于提高企业的竞争力。但完成配送活动是需要付出代价的，即需要配送成本。对配送的管理就是在满足一定的顾客服务水平与配送成本之间寻求平衡，在一定的配送成本下尽量提高顾客服务水平，或在一定的顾客服务水平下使配送成本最小。一般来说，要想在一定的顾客服务水平下使配送成本最小，可考虑以下策略。

1）混合策略

混合策略是指配送业务一部分由企业自身完成。这种策略的基本思想是，尽管采用纯策略（即配送活动要么全部由企业自身完成，要么完全外包给第三方物流完成）易形成一定的规模经济，并使管理简化，但由于产品品种多变、规格不一、销量不等等情况，采用纯策略的配送方式超出一定程度不仅不能取得现模效益，反而还会造成规模不经济。而采用混合策略，合理安排企业自身完成的配送和外包给第三方物流完成的配送，能使配送成本最低。例如，美国一家干货生产企业为满足遍及全美的 11 家连锁店的配送需要，建造了 6 座仓库，并拥有自己的车队。随着经营的发展，企业决定扩大配送系统，计划在芝加哥投资 700 万美元再建一座新仓库，并配以新型的物料处理系统。该计划提交董事会讨论时，却发现这样做不仅成本较高，而且就算仓库建起来也还是满足不了需要。于是，企业把目光投向租赁公共仓库。结果发现，如果企业在附近租用公共仓库，增加一些必要的设备，再加上原有的仓储设施，企业所需的仓储空间就足够了，且总投资只需20万美元的设备购置费、10万美元的外包运费，再加上租金，也远没有700万美元之多。

2）差异化策略

差异化策略的指导思想是：产品特征不同，顾客服务水平也不同。差异化势必降低配送资源的利用效率，提高配送成本。因此，当企业拥有多种产品线时，不能对所有产品都按同一标准的顾客服务水平来配送，而应按产品的特点、销售水平来设置不同的库存、不同的运输方式及不同的储存地点。企业应采用ABC分类法，将产品分为三类：A类产品的销售量占总销售量的70%以上，B类产品占20%左右，C类产品则为10%左右。对于A类产品，在各销售网点都应备有库存；对于B类产品，只在地区分销中心备有库存而在各销售网点不备有库存；对于C类产品连地区分销中心都不设库存，仅在工厂的仓库才有存货。这样，通过区分产品重要性来分别进行配送管理。

3）合并策略

合并策略包含两个层次，一个是配送方法上的合并，另一个则是共同配送。

（1）配送方法上的合并。配送成本形成的一个原因在于配货时由于货物的体积、重量、包装、储运性能及目的地各不相同导致一定的车辆空载率。一辆车上如果只装容重大的货物，往往是达到了载重量，但容积空余很多；只装容重小的货物则相反，看起来车装得满，实际上并未达到车辆载重量。这两种情况实际上都造成了浪费。实行合理的轻重配装、容积大小不同的货物搭配装车，就可以不但在载重方面达到满载，而且也可以充分利用车辆的有效容积。要想取得最优效果，最好是借助计算机计算货物配车的最优解。

（2）共同配送。共同配送是一种产权层次上的共享，也称集中协作配送。它是几个企业联合，集小量为大量，共同利用同一配送设施的配送方式。其标准运作形式是：在中心机构的统一指挥和调度下，各配送主体以经营活动（或以资产为纽带）联合行动，在较大的地域内协调运作，共同对某一个或某几个客户提供系列化的配送服务。这种配送有两种情况：一是中小生产、零售企业之间分工合作实行共同配送，即在同一行业或同一地区的中小型生产、零售企业单独进行配送的运输量少、效率低的情况下进行联合配送，不仅可减少企业的配送费用，使配送能力得到互补，而且有利于缓和城市交通拥挤，提高配送车辆的利用率；第二种是几个中小型配送中心之间的联合，共同协作制订配送计划，共同组织车辆设备，对某一地区用户进行配送。具体执行时，由于共同使用配送车辆，提高了车辆实载率，提高了配送效率，有利于降低配送成本。

4）延迟策略

在传统的配送计划安排中，大多数的库存是按照对未来市场需求的预测量设置的，这样就存在着预测风险。当预测量与实际需求量不符时，就出现库存过多或过少的情况，从而增加配送成本。延迟策略的基本思想就是对产品的外观、形状及其生产、组装、配送应尽可能推迟到接到顾客订单后再确定。一旦接到订单就要快速反应,因此采用延迟策略的一个基本前提是信息传递要非常快。一般说来,实施延迟策略的企业应具备以下几个基本条件。

(1) 产品特征:模块化程度高,产品价值密度大,有特定的外形,产品特征易于表述,订制后可改变产品的容积或重量。

(2) 生产技术特征:模块化产品设计、设备智能化程度高、订制工艺与基本工艺差别不大。

(3) 市场特征:产品生命周期短、销售波动性大、价格竞争激烈、市场变化大、产品的提前期短。

实施延迟策略常采用两种方式:生产延迟(或称形成延迟)和物流延迟(或称时间延迟)。由于配送中往往存在加工活动,所以实施配送延迟策略既可采用形成延迟方式,也可采用时间延迟方式。具体操作时,延迟策略常常发生在诸如贴标签(形成延迟)、包装(形成延迟)、装配(形成延迟)和发送(时间延迟)等领域。

美国一家生产金枪鱼罐头的企业就通过采用延迟策略改变配送方式,降低了库存水平。历史上,这家企业为提高市场占有率曾针对不同的市场设计了几种标签,产品生产出来后运到各地的分销仓库储存起来。由于顾客偏好不一,几种品牌的同一产品经常出现某种品牌因畅销而缺货,而另一些品牌却滞销压仓。为了解决这个问题,该企业改变以往的做法,在产品出厂时都不贴标签就运到各分销中心储存,当接到各销售网点的具体订货要求后,才按各网点指定的品牌标志贴上相应的标签,这样就有效地解决了此缺彼涨的矛盾,从而降低了库存。

5) 标准化策略

标准化策略就是尽量减少因品种多变而导致附加配送成本,尽可能多地采用标准部件、模块化产品。例如,服装制造商按统一规格生产服装,直到顾客购买时才按顾客的身材调整尺寸大小。采用标准化策略要求厂家从产品设计开始就要站在消费者的立场去考虑怎样节省配送成本,而不是要等到产品定型生产出来了才考虑采用什么技巧降低配送成本。

思考与案例分析

1. 思考题

(1) 配送线路的选择有哪些方法,各适用什么样的情况?
(2) 简述里程节约法的思想。
(3) 试述 DRP 的原理及如何应用其制订配送采购计划。
(4) DRP 和 MRP 处理的需求有什么不同?
(5) ABC 分类法的分类方法是什么?如何管理?
(6) EOQ 使用的前提条件是什么?有折扣情况下的经济订货批量应如何计算?
(7) 订货点法的适用范围是什么?
(8) 运输的基本原则是什么?

（9）试述环状线路的图上作业法。
（10）配送成本的特征是什么？
（11）试述三种配送成本计算方法的异同。
（12）降低配送成本的策略有哪些？

2．案例分析题

案例分析题 1：詹姆（JAM）电子寻找有效的库存管理策略

1．背景介绍

詹姆（JAM）电子是一家生产诸如工业继电器等产品的韩国制造商企业。公司在远东地区 5 个国家拥有 5 家制造工厂，公司总部在汉城。

美国詹姆公司是詹姆电子的一个子公司，专门为美国国内提供配送和服务功能。公司在芝加哥设有一个中心仓库，为两类顾客提供服务，即分销商和原始设备制造商。分销商一般持有詹姆公司产品的库存，根据顾客需要供应产品。原始设备制造商使用詹姆公司的产品来生产各种类型的产品，如自动化车库的开门装置。

2．实例

詹姆电子大约生产 2 500 种不同的产品，所有这些产品都是在远东制造的，产成品储存在韩国的一个中心仓库，然后从这里运往不同的国家。在美国销售的产品是通过海运运到芝加哥仓库的。

近年来，美国詹姆公司已经感到竞争大大加剧了，并感受到来自于顾客要求提高服务水平和降低成本的巨大压力。不幸的是，正如库存经理艾尔所说："目前的服务水平处于历史最低水平，只有大约 70% 的订单能够准时交货。另外，很多没有需求的产品占用了大量的库存。"

在最近一次与美国詹姆公司总裁和总经理及韩国总部代表的会议中，艾尔指出了服务水平低下的几个原因。

（1）预测顾客需求存在很大的困难。

（2）供应链存在很长的提前期。美国仓库发出的订单一般要 6～7 周后才能交货。存在这么长的提前期主要因为：一是韩国的中央配送中心需要 1 周的时间来处理订单；二是海上运输时间比较长。

（3）公司有大量的库存。如前所述，美国詹姆公司要向顾客配送 2 500 种不同的产品。

（4）总部给予美国子公司较低的优先权。美国的订单的提前期一般要比其他地方的订单早 1 周左右。

为了说明预测顾客需求的难度，艾尔向大家提供了某种产品的月需求量信息。但是，总经理很不同意艾尔的观点。他指出，可以通过空运的方式来缩短提前期。这样，运输成本肯定会提高，但是，怎样进行成本节约呢？

最终，公司决定建立一个特别小组解决这个问题。

分析与讨论题

(1) 美国詹姆公司如何针对这种变动较大的顾客需求进行预测？

(2) 提前期和提前期的变动对库存有什么影响？美国詹姆公司该怎么处理？

(3) 对美国詹姆公司来讲，什么是有效的库存管理策略？

案例分析题2：东风汽车公司改善物流运输的方法

1. 背景介绍

东风汽车公司建厂之初，委托铁道部第四设计院进行工厂运输设计，当时制定的厂际运输设计原则是厂际（总成厂与总装配厂及总成厂与总成厂之间）间大总成（车身、车架、车桥、车轮、发动机、变速箱等）的运输、大宗物料的运入及商品汽车的发送采用铁路运输，其余中小总成及零部件采用汽车运输。根据这一设计原则，大总成采用铁路运输是在厂区内需要建设74 km铁路和7个进行铁路车辆接发及编组作业的车站。同时，为满足汽车生产的需要，在相应的专业生产厂建设很大的零件仓库，并铺设铁路专用线。这样一来，大总成的供应由生产厂装上火车，经铁路送到总装配厂的仓库卸下后再送装配线，不仅物流作业复杂、过程长，而且储量大、费时、成本高。

东风汽车公司经过三十多年的发展现在已经形成了四大生产基地，即十堰、襄樊、武汉、广州四地，为不断提高车辆使用效率，降低运营成本，针对东风汽车公司十堰和襄樊两基地之间的双向物流特点，对十堰和襄樊两地的货物和车辆实行统筹安排，使得两基地间的回空车辆得到较好的利用。

2. 实例

铁路运输的特点是运量大，周期长，作业环节多，难以做到门到门的运输。而汽车生产需要快捷、准确、及时，铁路运输很难做到。为此，公司果断做出决策，大总成的厂际运输改为汽车运输，大宗原材料（钢材、型砂、生铁等）的运入及商品汽车的发送依然采用铁路运输，从而明确了厂际间主要物料运入运出的运输方式。

(1) 驾驶室总成。工厂投产初期，车身厂生产的驾驶室总成送总装配厂进行整车装配，采用4 t载货车每次装运两台，载重量约为1 t，装载效率仅为25%，运力浪费很大。为提高效率，将载重车进行改装，加长车厢底板，这样使每台车可以装3台驾驶室，装载效率提高到37.5%。运力的浪费仍然很大。为此选择3 t轻型载重车并加长车厢底板，装3台驾驶室，装载效率达到50%。

(2) 车轮总成。东风汽车公司生产的每辆5 t载重车需8个车轮，由车轮厂生产供应，由于数量较大，往返于工厂之间的运输车次也多，装卸频率相当高，劳动强度大，装卸时间长。为此，公司改善了装卸吊具，一次吊 20 个车轮，装入经改装加长的专用汽车上，每车装 60 个车轮仅需 15 分钟，既减轻了劳动强度，又提高了工作效率。

（3）发动机总成。按 10 万辆的生产计划，发动机厂生产的发动机总成每天必须将 400 余台总成准时送到总装配线，需要 80 多个车次。由于装车时采取散装形式，不仅造成磕碰，而且效率不高。两个工厂之间的距离 10 多 km，因此采用了改装车的办法，即将 5 t 载重车加长车厢底板装 9 台发动机，同时加装固定装置，避免总成之间的磕碰。这样既提高了效率，又保证了运输质量。

（4）合理组织运输，充分利用回空车辆，提高运输效率。东风汽车公司柴油发动机厂（襄樊）每天向总装配厂（十堰）运送康明斯发动机需要 10 台运输车辆，通常是重车去空车回，只有很少车辆返回时将空集装器具带回襄樊，而其他车辆都是空车返回，车辆运力浪费很大。通过合理组织，把其中 5 台车辆用来运输返空的集装器具，其余 5 台用来承担车轮公司（十堰）向轻型车厂（襄樊）运送车轮总成的任务，这样就相当于节约了 5 台运输车辆，使车辆利用率达到了 100%。

利用车身厂（十堰）向轻型车厂发送驾驶室的返空车辆承担了轻型车厂（襄樊）向车架厂（十堰）运送车架纵梁和老河口创普公司向特装厂（十堰）运送零件的任务，因此节约运输车辆 6 辆。

分析与讨论题

（1）东风汽车公司的运输方式有哪些？各有什么特点？改善物流运输做了什么改变，节约了哪些成本？

（2）东风汽车公司在整合运输方面具体采用了哪些方法来提高装载率和实车率指标？这些指标的具体含义是什么？还可以从哪些方面着手改善运输效率？

（3）东风汽车公司的改善过程还涉及了哪些环节？

第 5 章 流通加工

5.1 包装概述

5.1.1 包装在物流中的地位和作用

1. 包装在物流中的地位

在社会再生产过程中,包装处于生产过程的末尾和物流过程的开头,既是生产的终点,又是物流的始点。作为生产的终点,产品生产工艺的最后一道工序是包装。因此,包装对生产而言,标志着生产的完成。从这个意义讲,包装必须根据产品性质、形状和生产工艺来进行,必须满足生产的要求。作为物流的始点,包装完成之后,包装了的产品便具有了物流的能力,在整个物流过程中,包装便可发挥对产品保护的作用和进行物流的作用,最后实现销售。从这个意义来讲,包装对物流有决定性的作用。

在现代物流观念形成以前,包装被天经地义地看成生产的终点,因而一直是生产领域的活动。包装的设计往往主要从生产终结的要求出发,常常不能满足流通的要求。物流的研究者认为,包装与物流的关系,比之与生产的关系要密切得多,其作为物流始点的意义比之作为生产终点的意义要大得多。因此,包装应进入物流系统之中,这是现代物流的一个新观念。

2. 包装在物流中的作用

1) 包装在运输中的作用
(1) 防护作用。保证商品在复杂的运输环境中的安全,保证其质量和数量不受损害。
(2) 方便作用。提高运输工具的装载能力,减小运输难度,提高运输效率。

2) 包装在装卸搬运中的作用
(1) 有利于采用机械化、自动化装卸搬运作业,减轻劳动强度和难度,加快装卸搬运速度。
(2) 在装卸搬运中使商品能够承受一定的机械冲击力,达到保护商品、提高工效的目的。

3) 包装在储存中的作用
(1) 方便计数。
(2) 方便交接验收。

(3) 缩短接收、发放时间，提高速度及效率。
(4) 便于商品堆、码、叠放。
(5) 节省仓库空间，进而节省仓容。
(6) 良好的包装可以抵御储存环境对商品的侵害。

5.1.2 包装的定义和功能

1. 包装的定义

包装的概念是随着包装的发展而发展的。早期的观点认为，包装是容纳物品的器具或是对物品进行盛装、捆扎以对容纳物施予保护的材料。这种观点是从静态的角度来看待包装的，即包装是一种手段。现代的包装定义是从整个物流环节中用动态的观点来表达的。

我国国家标准 GB 4122—83《包装通用术语》中对包装是这样定义的：包装是在流通过程中保护产品、方便储运、促进销售，按一定技术方法而采用的容器、材料及辅助物等的总体名称；也指为了达到上述目的而采用容器、材料和辅助物的过程中，施加一定技术方法等的操作活动。

这一定义除了说明包装是一种技术和方法外，进一步强调包装在商品流通中的作用，明确指出包装是一个过程，它可以使商品处于稳定状态，使商品在运输、保管、装卸搬运时保持完好无损并便于销售。

国外的包装定义主要强调的是包装的目的及包装的构成。在美国，包装的概念为：包装是使用适当的材料、容器并应用一定的技术以便能使产品安全到达目的地，即在产品输送过程中的每一阶段，不论遇到怎样的外来影响，都能保护其内容物而不影响其价值。在日本，包装是指在运输及保管物品时，为保护其价值和状态，以适当的材料和容器，施加于物品的技术和施加于包装后的包装状态。由此可见，我国的包装定义与国外的包装定义基本一致，只是强调了包装有促进销售的作用，这与现代包装的发展方向相一致。

2. 包装的功能

包装有三大特性，即保护性、单位集中性及便利性，这三大特性决定了包装具有保护商品、方便物流、方便消费、促进销售等功能。

1) 保护功能

包装的首要功能是保护商品，这是确定包装方式和包装形态时必须抓住的主要矛盾。只有有效的保护，才能使商品不受损失地完成流通过程，实现所有权的转移。在实际流通过程中，由于包装的不合格，未能有效地保护商品，导致商品破损变形、发生化学变化的事例屡有发生，如计算机主机运到时凹凸不平、显示器屏幕破碎、书籍受潮等。而一旦发生以上情况，商品虽然也从生产者转到消费者手中，却已部分降低或完全丧失了其使用价值。包装在保护商品自身的同时，也相应地保护运输工具或同一运输工具上的其他商品。例如，油漆等商品包装不当而污染了车厢及其他物品，鲜活畜类包装不当粪便污染了飞机等案例也时有发生。因此，保护功能是包装最基本的功能。包装的保护作用体现在以下几个方面。

（1）防止商品破损变形。这就要求包装能承受在装卸、运输、保管过程中各种力的作用，如冲击、振动、颠簸、压缩等，形成对外力破坏的防护作用。

（2）防止商品发生化学变化，即防止商品吸潮发霉、变质、生锈。这就要求包装能在一定程度上起到阻隔水分、溶液、潮气、光线、空气中酸性气体的作用，起到不受环境、气象影响的保护作用。

（3）防止腐朽霉变、鼠咬虫食。这就要求包装有阻隔霉菌、虫、鼠侵入的能力，形成对生物侵入的防护作用。

（4）对于那些具有易燃性、爆炸性、腐蚀性、有毒性、感染性和放射性的危险品，应采取特殊包装，并打上危险品标志以实现安全储运。

此外，包装还有防止异物混入、污物污染、防止丢失、散失、盗失等作用。

2）方便功能

（1）方便生产、装填及储运。良好的包装能够起到方便流通、提高效率的作用，如在物资的储存、搬运、装卸、运输、出入库、保管、验收等过程中，包装的规格尺寸、重量、形态、标志都有直接影响作用。特别是运输途中，如果包装尺寸与车辆、船只、飞机等运输工具的箱、仓库容积相吻合，就会大大方便运输，提高运输效率。

（2）方便陈列与销售。包装有将商品以某种单位集中的功能，即单元化功能。例如，可挂式包装、系列包装、手提式包装等都是方便销售的包装形式。包装成多大的单位为好，这不能一概而论，要视商品生产情况、消费情况及商品的种类、特征，还有物流方式和条件而定。一般来讲，包装的单元化主要应达到两个目的：方便物流和方便商业交易。

（3）方便开启与使用。例如，带有缝纫线开启口的运输纸箱、用胶带封口的纸箱和易拉罐等包装形式可以非常方便地开启和使用。

（4）方便处理。这是指使用过的包装材料能够重复使用、改作其他用途或丢弃时不会对环境造成污染，如一些设计精巧的酒瓶使用后可用作花瓶，一些大型包装盒使用后可以重复使用，等等。

3）促进销售

与商流有关的包装功能是促进销售。在商业交易中，促进销售的手段很多，包装在其中占有重要的地位。恰当的包装能够唤起人们的购买欲望。包装外部的形态、装模和广告说明一样，是很好的宣传品，对顾客的购买起到说服作用。这样看来，适当的包装可以推动商品销售，有很大的经济意义。对于包装的这个功能，有许多描述，比如"包装是不会讲话的推销员"、"精美的包装胜过一千个推销员"等都形象地说明了包装的这一功能。

5.1.3 包装的种类

1. 按照包装在流通中的作用分类

1）商业包装

商业包装又称促销包装,是以促进销售为主要目的的包装。这种包装的特点是外形美观,有必要的装饰,包装单位适于顾客的购买量及商店陈设的要求。商品包装的基本要求如下。

（1）包装的外形要美观大方、醒目新颖,要突出商品的形象和特点,并选择符合市场习惯和用户心理因素的造型、图案和色彩,以增强商品的感染力和吸引力。

（2）突出商标。商标是消费者选购商品的主要依据之一,商标应设计在包装容器最显眼的位置,并且要简单明了,便于用户识别商品。

（3）要有简单和必要的文字说明,如实地介绍商品的性能和使用方法,方便用户携带和使用。

（4）根据生产资料商品的特点,如生活用品更应注意经济实用,在包装材料的选用及包装设计上要尽量降低包装成本,减轻用户负担。

2）运输包装

运输包装又称工业包装或外包装,它是以强化运输、保护产品为主要目的的包装。具有保障产品的安全、方便储运装卸、加速交接点验收等作用。物资的销售量较大,因此采用适合于大批量高效率的运输包装是十分必要的,运输包装的主要特点是在满足物流要求的基础上使包装费用降至最低。

为此,企业必须在包装费用和物流损失两者之间寻找最优的平衡。随着包装费用的降低,包装的防护性也往往随之降低,物品的流通损失就必然增加,这样就会降低经济效果；相反,如果加强包装,包装费用必然增加,就可能存在所谓的"过剩包装",物流费用、包装费用都会大大增加,由此带来的支出增加会大于不存在过剩包装时的损失。对运输包装的基本要求如下。

（1）确保商品运输安全。运输包装的外径尺寸和外部结构必须具有抵抗外界因素损害的能力,因此一般采用瓦楞纸箱、木箱、托盘、集装箱等容器。

（2）要有明确的包装标志。运输包装的外形上一般都标有"小心轻放"、"切勿倒置"等储运标志及易燃易爆等危险品标志,同时还标有如发运地、到达地及商品品名、规格、件数、号码、重量、体积、生产厂家等标志,便于商品的识别,加速流转,使商品准确无误地运往目的地。

（3）运输包装要采用先进的包装技术和包装材料。随着新技术、新材料的不断出现,运输包装必须进行革新,逐步实现包装的标准化、规格化。特别是要大力开展集装箱运输,提高运输效率,节约流通费用。

2. 按包装的针对性分类

1) 专用包装

专用包装是指根据被包装物的特点进行专门设计、专门制造，只适用于某种专门产品的包装，如水泥袋、蛋糕盒、可口可乐瓶等。

2) 通用包装

通用包装是指不进行专门设计制造，而根据标准系列尺寸制造的包装，用以包装各种无特殊要求或标准尺寸的产品。

3. 按包装容器分类

根据包装容器的不同性质，又可将包装细分为以下类型。

（1）按包装容器的抗变形能力分为硬包装和软包装两类。硬包装又称刚性包装，包装体有固定形状和一定强度；软包装又称柔性包装，包装体可有一定程度变形，且有弹性。

（2）按包装容器的形状分为包装袋、包装箱、包装盒、包装瓶、包装罐等。

（3）按包装容器的结构形式分为固定式包装和可拆卸折叠式包装两类。固定式包装的尺寸、外形固定不变，可拆卸折叠式包装可通过折叠拆卸来缩减容积以利于包装容器的管理及返运。

（4）按包装容器的使用次数分为一次性包装和多次周转包装两类。一次性包装在拆装后，包装容器受到破坏不能按原包装再次使用，只能回收处理或另做他用；多次周转包装可反复使用，此类包装在建立一定回收渠道后，就可周转使用。

4. 按包装形态层次分类

1) 单包装

单包装是指直接对单个商品进行包装。它是为提高商品的价值，或者为保护商品，把适当的材料、容器等添加在商品上的状态或为此实施的技术。单件包装还能在商品上起到表示特色等信息的传媒作用。

2) 内包装

内包装指对包装商品的内部进行包装。它是为避免商品受水分、湿气、光、热、撞击等因素的影响，把适当的材料、容器等添加在商品上的状态或为此实施的技术。对于内包装商品，若不需再将被包装商品放入箱子、袋子、桶等容器里，则包装就此结束。

3) 外包装

外包装指对包装商品的外部进行包装。它是把商品或包装商品放到箱子、袋子、罐、桶等容器里进行的再一层包装并在容器上添加记号、指示箭头或为此实施的技术。

有时单件包装兼具内包装和外包装的双重功能。

5. 按包装材料分类

包装材料是用于制造包装容器，进行包装装潢、包装印刷、包装运输的材料及包装辅助材料的总称。它既包括纸、木材、金属和塑料等主要包装材料，又包括缓冲材料、涂料、粘合剂、装潢与印刷材料和其他辅助材料。常用的包装材料有以下若干类。

1) 纸及纸板

纸及纸板是一种广泛使用的包装材料，具有透气、生态热绝缘、化学稳定、无毒和重量轻等优良性能，且具有折叠灵活、价格低廉、手感好、容易打开，可实现自动化大量生产，包装纸回收后还可再利用，并可以与其他包装材料进行复合以克服本身不足的特点。但由于纸本身的抗压、防潮、防火性能较差，常制成纸板或复合材料用于包装。在包装上，纸主要用作包装商品、制作纸袋等；纸板则主要用于生产纸箱、纸盒等包装容器，常用的包装纸板是瓦楞纸板。

2) 塑料及塑料制品

随着塑料工业的发展，塑料在包装中的应用范围不断扩大，除本身可大量直接用于包装外，还可与纸、玻璃、铝等复合在一起用于包装，为包装技术的进步做出了极大的贡献。塑料作为包装材料有优越的抗拉、抗压、抗弯曲等力学性能及良好的电绝缘性能，并有可塑性、防潮性、密闭性、化学稳定性好等特点，因此其具有广泛的适用性。而且，塑料的经济价值及易加工性又为它的大量生产与使用提供了条件。但塑料废弃物对环境与空气的污染，是今后应重视并着重解决的问题。常用于包装材料的塑料有聚乙烯、聚丙烯、聚氯乙烯、聚苯乙烯、酚醛树脂及氨基塑料等。聚乙烯又分为高压聚乙烯、中压聚乙烯和低压聚乙烯3种。其中，高压聚乙烯制成的薄膜，因透气性好、透明结实，适用于蔬菜、水果的保鲜包装。聚丙烯的优点是无毒，可制成薄膜、瓶子、盖子，用于食品和药品包装。聚苯乙烯可用来制作罐、盒、盘等包装容器和热缩性薄膜。发泡聚苯乙烯塑料大都用来做包装衬垫和内装防震材料。聚氯乙烯可以用来制作周转塑料箱和硬质泡沫塑料，但在高温下可能分解出氯化氢气体，具有腐蚀性。钙塑材料可用来制造钙塑瓦楞纸板、钙塑包装桶和包装盒等。

3) 木材与人造板材

几乎所有木材都可以作包装材料，特别是外包装材料。它具有分布面广、易就地取材、重量轻、有较好的强度和抗冲击能力、易于加工、价格低、不生锈、不易腐蚀及可以回收复用等优点，因此目前仍是大型、重型商品和某些化学药剂的重要包装材料。但作为包装材料，木材易受温湿度影响吸收或蒸发水分，产生箱体变形或裂缝，且易燃、易被虫蛀，特别是我国木材资源不足，因此不宜多用。近年来，人们大量采用竹材制品和人造板材替代木材作包装材料，主要有胶合板、纤维板、颗粒板、木塑材料及复合木材等。

4) 金属

金属包装材料主要是把金属压延成片用于包装。它有光泽，延伸均匀，有较强的可塑性与韧性，具有良好的机械强度和抗冲击能力，因此不易破损，但由于它导电、导热且价格较高，某些金属材料制造工艺要求较高，在包装中应用不是很广泛。饮料、煤气、天然气等液体和气体一般用金属片和金属板作包装材料。其中，镀锡薄钢板（俗称马口铁）和金属箔两大品种用量较大。马口铁坚固、耐腐蚀，容易进行加工，而且防水、防潮、防摔，应用十分广泛；金属箔，即金属压成的薄片，适合奶油、乳制品、糖果和肉类食品的包装。

5）玻璃与陶瓷

玻璃与陶瓷都能加工成各种形状，且造价便宜，无毒无味，严密不漏，有一定的防光辐射能力和良好的绝缘性。陶瓷还耐酸、耐碱，因此广泛用于酒类、化工原料类、液态物品等的包装。用玻璃或陶瓷材料制成瓶、罐、坛子，用来盛装食品、饮料、酒类、药品等十分适宜。玻璃和陶瓷不仅耐腐蚀、强度高，而且能进行装潢和装饰，有利于促进销售。但玻璃与陶瓷容易破碎，且重量大，给搬运带来不便，因此使用范围受到限制。

6）复合材料

所谓复合包装材料，就是将两种以上的、具有不同特性的材料复合在一起，形成在性能上相互取长补短的一种包装材料。它是包装材料中的新生力量，有广阔的应用发展前景。常见的复合材料有几十种，广泛采用的有塑料与塑料复合、塑料与玻璃复合、金属箔与塑料复合、纸张与塑料复合及金属箔、塑料、玻璃复合等。

5.1.4 包装标记与包装标志

1．商品包装标记

1）商品包装标记的概念

商品包装标记是根据商品本身的特征文字和阿拉伯数字等在包装上注明规定的记号。

2）商品包装标记的种类

（1）一般描述性标记。一般描述性标记也称包装基本标记，它是用来说明商品实体基本情况的，包括商品名称、规格、型号、计量单位、数量、重量（毛重、净重、皮重）、尺寸、出厂日期、地址等。对于使用实效性较强的商品，还要写明成分、储存期或保质期。

（2）表示商品收发货地点和单位的标记。通常也称唛头，这是用来表明商品起运、到达地点和收发货单位等的文字记号。对于进出口商品。这种标记是政府部门统一编制的向国外订货的代号。这种标记主要有3个作用。

① 加强保密性，有利于物流中商品的安全。

② 减少签订合同和运输过程中的翻译工作。

③ 作为运输中的导向作用，可以减少错发、错运等事故。

（3）牌号标记。它是用来专门说明商品名称的标记。一般牌号标记不提供有关商品的其他信息，只说明名称，牌号标记应写在包装的显著位置。

（4）等级标记。它是用来说明商品质量等级的记号，常用"一等品"、"二等品"、"优质产品"、"获××奖产品"等字样。

2．商品包装标志

1）商品包装标志的概念

商品包装标志是用来说明被包装商品的性质及物流活动安全和理货分运需要的文字和图像说明。

2）商品包装标志的种类

（1）商品包装指示标志。也称包装储运图示标志、安全标志或注意标志，主要是针对商品的某些特性提出的运输和保管过程中应注意的事项，包括小心轻放、禁用手钩、向上、怕热、由此吊起、怕湿、重心点、禁止滚翻、堆码极限、湿度极限等。其标志图形、颜色、形式、位置、尺寸等在《包装储运图示标志》（GB 191—85）中有明确规定。

（2）商品包装警告性标志。也称危险货物包装标志，主要指包装上用图形和文字表示化学危险品的标志。这类标志为能引起人们特别警惕，采用特殊的色彩或黑白菱形图案。危险货物包装标志必须指出危险货物的类别及危险等级，主要有爆炸品、易燃气体、易压缩气体、有毒气体、易燃液体、易燃固体、自燃物品、遇湿危险、氧化剂、有机过氧化物、腐蚀性物品、有毒感染性物品、剧毒品、放射性物品等。

这些标志的图形、颜色、标志形式、位置、尺寸等在国家标准《危险货物标志》（GB 190—85）中均有明确的规定。

（3）国际通用装卸货指示标志和国际海运危险品标志。联合国政府海事协商组织对国际海运货物规定了国际通用装卸货指示标志和国际海运危险品标志。我国出口商品的包装可以同时使用两套标志。

3. 对包装标记和包装标志的要求

（1）商品包装标记和包装标志所使用的文字、符号、图形等必须按国家有关部门的规定办理，不能随意改动。

（2）必须简明清晰，易于辨认。

（3）涂刷、拴挂、粘贴标记和标志的部位要适当。

（4）要选用明显的颜色做标记和标志。

（5）拴挂的标志要选择合适的规格尺寸。

5.2　包装合理化

5.2.1　合理选择包装技法的原则

商品包装技法是指在包装作业过程中所采用的技术和方法。通过包装技法，才能将运输包装体和销售包装件组成一个有机的整体。

由于商品种类繁多，性能与包装要求各异，因此，在包装设计与作业中，必须根据商品的类别、性能及其形态选择相适应的技术和方法，从而以最便宜的包装方式，保障商品在物流作业中的安全性，并能够以最低消耗、费用将商品完好地送到用户手中。同时，包装技法涉及技术、艺术、经济、贸易等各个方面，属于跨行业的综合应用技术。所以，选择包装技法时应遵循科学、经济、牢固、美观和适用的原则。具体来讲，合理选择包装技法，除了要发挥包装的保护功能、方便功能、促销功能外，还应遵循以下原则。

1）标准化原则

包装标准化是指对商品包装的类型、规格、容量、使用的包装材料、包装容器的结构造型、印刷标志及商品的盛放、衬垫、封装方式、名词术语、检验要求等加以统一规定，并贯彻实施相关的政策和技术措施。包装标准包括包装基础标准和方法标准、工农业产品包装标准、包装工业的产品标准等三类。

包装与物流的各个方面都存在密切的联系。包装标准化是适应运输、保管、装卸搬运等物流作业的要求，提高效率、减少商品损失的有效手段，还是运输器具和运输机械标准的基础。在机械化、自动化、系列化的社会化大生产中，只有包装标准化才能适应大规模、大批量的生产要求。包装标准化正成为各国（地区）共同关注的问题。

2）经济性原则

选择包装技法时，要辩证地来看待经济性问题。包装与物流的其他各项活动之间存在"效益背反"，即对于同一资源，成本的两个方面处于相互矛盾的关系之中，想要较多地达到其中一个方面的目的，必然使另一方面的目的受到部分损失。如果简化包装，直接用在包装方面的费用是降低了，但因包装强度降低，仓库里的商品就不能堆放过高，这就降低了保管效率，而且在装卸和运输过程中容易出现破损，以致搬运效率下降，破损率增多。这样用于其他方面的费用就会增多，就物流全过程来看，费用反而可能增加了。为了降低装卸、保管、运输等方面的费用，就会反过来增加用于包装上的直接费用。在选择包装技法时，要综合考虑物流全过程的费用，选择能够使全过程的费用最低的包装技法。

3）绿色化原则

包装的寿命很短，多数到达目的地后便废弃了。但随着物流量的增大及人们对"资源有限"认识的加深，因商品包装而引起的资源消耗、垃圾公害、环境污染，甚至可能给消费带来一定的有害物等问题被提上议事日程，包装回收利用和再生利用受到了重视。因此，在选择包装技法时，应遵循绿色化原则，推行绿色包装。

绿色包装也称环保包装，通常是指包装节省资源，用后可回收利用，焚烧时无毒害气体产生，填埋时少占耕地并能生物降解和分解的包装。国外有人形象地把绿色包装归纳为下面的4R。

(1) Reduce：减少包装材料的消耗量。

(2) Refill：大型容器可再次填充使用。

(3) Recycle：可循环使用。

(4) Recovery：可回收使用。

5.2.2　物流包装技法的分类

1．一般包装技法

这是针对产品的不同形态采用的包装技法，是多数产品都需要考虑采用的技术和方法，通常包括以下几项。

（1）对内装物的合理置放、固定和加固。在运输包装体中装进形态各异的产品，需要具备一定的技巧，只有对产品进行合理置放、固定和加固，才能达到缩小体积、节省材料、减少损失的目的。例如，对于外形规则的产品，要注意套装；对于薄弱的部件，要注意加固；包装内重量要注意均匀；产品与产品之间要注意隔离和固定。

（2）对松泡产品体积进行压缩。对于一些松泡产品，包装时所占用容器的容积太大，相应地也就多占用了运输空间和储存空间，增加了运输储存费用，所以对于松泡产品要压缩体积，一般采用真空包装技法。

（3）外包装形状尺寸的合理选择。有的商品运输包装件还需要装入集装箱，这就存在包装件与集装箱之间的尺寸配合问题。如果配合得好，就能在装箱时不出现空隙，有效地利用箱容，并有效地保护商品。包装尺寸的合理配合主要指容器底面尺寸的配合，即应采用包装模数系列。至于外包装高度的选择，则应由商品的特点来决定，松泡商品可选高一些，沉重的商品可选低一些。包装件装入集装箱只能平放，不能立放或侧放。在外包装形状尺寸的选择中，要注意避免过高、过扁、过大、过重包装。过高的包装会重心不稳，不易堆码；过扁的包装则给标志刷字和标志的辨认带来困难；过大的包装量太多，不易销售，而且体积大也给流通带来困难；过重的包装则使纸箱容易破损。

（4）对内包装形状尺寸进行合理选择。在选择内包装形状尺寸时，要与外包装形状尺寸相配合，即内包装的底面尺寸必须与包装模数相协调。当然，内包装主要是作为销售包装，更重要的考虑是要有利于商品的销售，有利于商品的展示、装潢、购买和携带。

（5）对外包装进行捆扎。外包装捆扎对包装起着重要的作用，有时还能起到关键性的作用。捆扎的直接目的是将单个物件或数个物件捆紧，以便于运输、储存和装卸。此外，捆扎还能防止失窃而保护内装物，能压缩容积而减少保管费和运输费，能加固容器，一般合理捆扎能使容器的强度增加20%～40%。捆扎的方法有多种，一般根据包装物形态、运输方式、容器强度、内装物重量等不同情况，分别采用井字、十字、双十字和平行捆等不同方法。对于体积不大的普通包装，捆扎一般在打包机上进行，而对于集合包装，用普通捆扎方法费工费力，一般采用收缩薄膜包装技术和拉伸薄膜包装技术。

2. 特殊包装技法

这是针对产品的不同物性而采用的包装技法，是为了满足产品的特殊需要而采用的包装技术和方法。由于产品的特性不同，在流通过程中受到内外各种因素的影响，其物性会发生人们所不需要的变化，即变质，有的受潮变质，有的受振动冲击而损坏，所以需要采用一些特殊的技术和方法来保护产品免受流通环境中各种因素的作用。因此，此类技术和方法也称特殊包装技法。它所包括的范围极为广泛，有缓冲、保鲜、防潮、防锈、脱氧、充气、灭菌等。

3. 集合包装技法

集合包装就是将运输包装货件成组化，集装为具有一定体积、重量和形态的货物装载单元。集合包装包括初始兴起和近代开发的托盘包装、滑板包装、无托盘（无滑板）包装。集合包装是以托盘、滑板为包装货件群体的基座垫板，或者利用包装货件堆垛形式，以收缩、拉伸薄膜紧固，构成具有采用机械作业叉孔的货物载荷单元。由于集合包装可以集装运输乃至货架陈列，所以可以销售具备单件运输包装的货物。将品种繁多、形状不一、体积各异、重量不等的单件包装货物的箱、桶、袋、包等，一件件用托盘或滑板组成集合装载单元，并采用各种材料和技术措施，使包装货件固定于垫板上，将垫板连同其所集装的包装货物载荷单元，牢固地组合成集合包装整体，可以用叉车等机械进行装卸、搬运和实现集装单元化"门对门"运输，从而使包装方式与物流方式融合为一体，达到物流领域集合包装与集装单元化输送方式的统一。

集合包装的体积一般为 1 m^3 以上，重量在 500 kg 至 2 t。有些货物，如木材、钢材等，集合包装的重量达 5 t 以上。

集合包装是以集装箱、托盘、桶、袋、捆、包乃至筐、篓对具备单件运输包装的货物进行包装，包括食品、日用品、文教用品、药品、工业品、家用电器及仪器、仪表、易碎品、危险品等各种货物。集合包装是现代化的包装方法，是包装货件物流合理化、科学化、现代化的方式之一。发展集合包装是世界各国包装货物运输的共同发展趋势。

5.2.3 包装技法与包装机械

1. 包装容器技术

包装容器是指为运输、储存或销售而使用的盛装被包装物的容器。包装物的盛装与保护功能主要是通过包装容器来实现的。包装容器是包装技术和包装方法的承担者，也是商品信息的载体。常用的包装容器有 3 大类：第一类是包装袋，如塑料袋、麻袋、草袋和纸袋、集装袋等；第二类是包装盒、包装罐、包装瓶和包装筒等；第三类是包装箱，如木箱、框板箱、纸箱、塑料箱、框架箱和集装箱。

1）包装袋

包装袋是柔性包装中的重要技术。包装袋是管状的挠性容器，其材料是挠性材料，有较高的韧性、抗拉强度和耐磨性。包装袋本身重量轻、占空间小、易回收再用，为粉粒状物料较理想的包装容器，广泛适用于运输包装、商业包装、内装及外装。近年来发展起来的复塑、编织、镀膜工艺，使包装袋在强度、耐破、耐撕、抗折及伸长等方面有了较大的提高。包装袋按盛装重量可分为集装袋、一般运输包装袋和小型包装袋。

（1）集装袋。这是一种大容积的运输包装袋，盛装重量在 1 t 以上。集装袋的顶部一般装有金属吊架或吊环等，便于铲车或起重机的吊装、搬运。卸货时可打开袋底的卸货孔，即行卸货，非常方便，适于装运颗粒状、粉状的货物。集装袋一般多用聚丙烯、聚乙烯等聚酯纤维纺织而成。由于集装袋装卸货物、搬运都很方便，流通效率明显提高，近年来发展很快。

（2）一般运输包装袋。这类包装袋的盛装重量是 0.5 kg～100 kg，大部分是由植物纤维或合成树脂纤维纺织而成的织物袋，或者是由几层挠性材料构成的多层材料包装袋，例如麻袋、草袋等，主要包装粉状、粒状和个体小的货物。

（3）小型包装袋（或称普通包装袋）。这类包装袋盛装重量较小，大多是单层材料或双层材料制成的纸袋和塑料袋。某些具有特殊要求的包装袋也有用多层不同材料复合而成的。其包装范围较广，液状、粉状、块状和异形物等可采用这种包装袋。

在上述几种包装袋中，集装袋适于运输包装，一般运输包装袋适于外包装及运输包装，小型包装袋适于内装、个装及商业包装。

2）包装盒

包装盒是介于刚性包装和柔性包装两者之间的包装技术。包装材料有一定挠性，不易变形，有较高的抗压强度，刚性高于袋装材料。其包装结构是规则几何形状的立方体，也可裁制成其他形状，如圆盒状、尖角状。包装盒容量较小，有开闭装置，一般可分为固定包装盒，即外形固定不能折叠的包装盒；折叠包装盒，即在未盛装物品时可以折叠变形的包装盒。包装盒中以折叠包装盒用量最大。包装盒的包装操作一般采用码入或装填，然后将开闭装置闭合。包装盒整体强度不大，包装量也不大，不适合作运输包装，适合作商业包装、内包装，适合包装块状及各种异形物品。

3）包装箱

包装箱是刚性包装技术中重要的一类。包装材料为刚性或半刚性材料，有较高的强度且不易变形。其包装结构和包装盒相同，只是容积、外形都大于包装盒，两者通常以 10 L 为分界。包装箱的包装操作主要为码放，然后将开闭装置闭合或将一端固定封死。包装箱整体强度较高，抗变形能力强，包装量也较大，适合作运输包装、外包装。包装箱的包装范围较广，主要用于固体杂货包装。

从材料上分，最常用的包装箱有瓦楞纸箱、木箱、塑料箱和集装箱；从结构上分，包装箱有框板箱、框架箱两类。

（1）瓦楞纸箱。瓦楞纸箱是用瓦楞纸板制成的箱形容器。按瓦楞纸箱的外形结构可将其分为折叠式瓦楞纸箱、固定式瓦楞纸箱和异形瓦楞纸箱 3 种。按构成瓦楞纸箱箱体的材料来分类，则有瓦楞纸箱和钙塑瓦楞箱。

（2）木箱。木箱是流通领域中常用的一种包装容器，其用量仅次于瓦楞箱。木箱主要有木板箱、框板箱和框架箱 3 种。

① 木板箱。木板箱一般用作小型运输包装容器，能装载多种性质不同的物品。木板箱作为运输包装容器具有很多优点，例如有抗碰裂、溃散、戳穿的性能，有较大的耐压强度，能承受较大负荷，制作方便等。但木板箱的箱体较重，体积也较大，其本身没有防水性。

② 框板箱。框板箱是先由条木与人造板材制成箱框板，再经钉合装配而成。

③ 框架箱。框架箱是由一定截面的条木构成箱体的骨架，根据需要也可在骨架外面加木板覆盖。这类框架箱有两种形式，无木板覆盖的称为敞开式框架箱，有木板覆盖的称为覆

盖式框架箱。框架箱由于有坚固的骨架结构，因此具有较好的抗震和抗扭力，有较大的耐压能力，而且其装载量大。

（3）塑料箱。塑料箱一般用作小型运输包装容器，其优点是自重轻，耐蚀性好，可装载多种商品，整体性强。其强度和耐用性能满足反复使用的要求，可制成多种色彩以对装载物分类，手握搬运方便，没有木刺，不易伤手。

（4）集装箱。集装箱是由钢材或铝材制成的大容积物流装运设备。从包装的角度看，集装箱也属一种大型包装箱，可归属于运输包装的类别之中，也是大型反复使用的周转型包装。

4）包装瓶

包装瓶是瓶颈尺寸有较大差别的小型容器，是刚性包装中的一种。包装材料有较高的抗变形能力，刚性、韧性要求一般也较高，个别包装瓶介于刚性与柔性材料之间。包装瓶的形状在受外力时虽可发生一定程度变形，外力一旦撤除，仍可恢复原来的形状。包装瓶瓶颈口径远小于瓶身，且在瓶颈顶部开口。包装瓶的包装操作是填灌操作，然后将瓶口用瓶盖封闭。包装瓶的包装量一般不大，适合美化装潢，主要做商业包装、内包装使用，主要包装液体、粉状货。包装瓶最常见的有瓷瓶、玻璃瓶及塑料瓶。包装瓶按外形可分为圆瓶、方瓶、高瓶、矮瓶和异形瓶等。瓶口与瓶盖的封盖方式有螺纹式、凸耳式、齿冠式和包封式等。

5）包装罐（筒）

包装罐是一种各处横截面基本相同的桶状容器，是刚性包装的一种。包装罐的包装材料强度较高，罐体抗变形能力强，一般有良好的密封性能，常用于盛装液体及粉粒状固体。包装罐的包装操作是装填操作，然后将罐口封闭。包装罐可做运输包装、外包装，也可做商业包装、内包装。包装罐（筒）主要有以下3种类型。

（1）小型包装罐。这是典型的罐体，可用金属材料或非金属材料制造，容量不大。小型包装罐一般是做销售包装、内包装，罐体可采用各种方式装饰美化。

（2）中型包装罐。中型包装罐的外形也是典型罐体，容量较大，一般做化工原材料、土特产的外包装，起运输包装作用。

（3）集装罐。这是一种大型罐体，外形有圆柱形、圆球形和椭圆球形等，卧式、立式的都有。集装罐往往是罐体大而罐颈小，采取灌填式作业，灌装作业和排出作业往往不在同一罐口进行。集装罐另设卸货出口。集装罐是典型的运输包装，适合包装液状、粉状及颗粒状货物。

2．包装保护技术

1）防震保护技术

防震包装又称缓冲包装，在各种包装方法中占有重要的地位。产品从生产出来到开始使用要经过一系列的运输、保管、堆码和装卸过程，置于一定的环境之中。在任何环境中都会有力作用在产品之上，并使产品发生机械性损坏。为了防止产品遭受损坏，就要设法减小外力的影响。所谓防震包装，就是指为减缓内装物受到冲击和振动，使其免受损坏所采取的一定防护措施的包装。防震包装主要有以下 3 种方法。

（1）全面防震包装方法。这是指内装物和外包装之间全部用防震材料填满进行防震的包装方法。

（2）部分防震包装方法。对于整体性好的产品或有内装容器的产品，仅在产品或内包装的拐角或局部使用防震材料进行衬垫即可。所用包装材料主要有泡沫塑料防震垫、充气型塑料薄膜防震垫和橡胶弹簧等。

（3）悬浮式防震包装方法。对于某些贵重易损的物品，为了有效地保证在流通过程中不被损坏，外包装容器比较坚固，然后用绳、带、弹簧等将被装物悬吊在包装容器内。在物流中，无论哪个操作环节，内装物都应被稳定悬吊而不与包装容器发生碰撞，从而减少损坏。

2）防破损保护技术

缓冲包装有较强的防破损能力，因而是防破损包装技术中有效的一类。此外，还可以采取以下几种防破损保护技术。

（1）捆扎及裹紧技术。捆扎及裹紧技术的作用是使杂货、散货形成一个牢固的整体，以增加整体性，以便于处理及防止散堆，减少破损。

（2）集装技术。利用集装技术，可减少与货体的接触，从而防止破损。

（3）选择高强保护材料，即通过外包装材料的高强度来防止内装物因受外力作用而破损。

3）防锈包装技术

常见的防锈包装技术有以下两种。

（1）防锈油防锈蚀包装技术。大气锈蚀是空气中的氧、水蒸气及其他有害气体等作用于金属表面引起电化学反应的结果。如果使金属表面与引起大气锈蚀的各种因素隔绝（即将金属表面保护起来），就可以达到防止金属大气锈蚀的目的。

防锈油防锈蚀包装技术就是根据这一原理将金属涂封而防止锈蚀的。用防锈油封装金属制品，要求油层要有一定厚度，油层的连续性要好，涂层要完整。不同类型的防锈油要采用不同的方法进行涂敷。

（2）气相防锈包装技术。气相防锈包装技术就是用气相缓蚀剂（挥发性缓蚀剂），在密封包装容器中对金属制品进行防锈处理的技术。气相缓蚀剂是一种能减慢或完全停止金属在侵蚀性介质中的破坏过程的物质，它在常温下即具有挥发性；它在密封包装容器中，在很短的时间内挥发或升华出的缓蚀气体就能充满整个包装容器内的每个角落和缝隙，同时吸附在金属制品的表面上，从而起到抑制大气对金属锈蚀的作用。

4）防霉腐包装技术

在运输包装内装运食品和其他有机碳水化合物货物时，货物表面可能生长霉菌，在流通过程中如遇潮湿，霉菌生长繁殖极快，甚至伸延至货物内部，使其腐烂、发霉、变质，因此要采取特别防护措施。

包装的防霉防腐，通常是采用冷冻包装、真空包装或高温灭菌方法。冷冻包装的原理是减慢细菌活动和化学变化的过程，以延长储存期，但不能完全消除食品的变质；高温杀菌法可消灭引起食品腐烂的微生物，可在包装过程中用高温处理防霉。有些经干燥处理的食品包装，应防止水汽浸入，以防霉腐，可选择防水汽和气密性好的包装材料，采取真空和充气包装。真空包装法也称减压包装法或排气包装法。这种包装可阻挡外界的水汽进入包装容器内，也可防止在密闭的防潮包装内部存有潮湿空气，在气温下降时结露。采用真空包装法，要注意避免过高的真空度，以防损伤包装材料。

防止运输包装内货物发霉，还可使用防霉剂。防霉剂的种类甚多，用于食品的必须选用无毒防霉剂。机电产品的大型封闭箱，可酌情采用开设通风孔或通风窗等相应的防霉措施。

5）防虫包装技术

防虫包装技术常用的是驱虫剂，即在包装中放入有一定毒性和臭味的药物，利用药物在包装中挥发气体杀灭和驱除各种害虫。常用的驱虫剂有苯、二氯化苯和樟脑精等。此外，也可采用真空包装、充气包装和脱氧包装等技术，使害虫无生存环境，从而防止虫害。

6）保鲜包装技术

保鲜剂包装是采用固体保鲜剂（由佛石、膨润土、活性炭、氢氧化钙等原料按一定比例组成）和液体保鲜剂（如以椰子油为主体的保鲜剂，用碳酸氢钠、过氧乙酸溶液、亚硫酸与酸性亚硫酸钙、复方卵磷脂和中草药提炼的 CM 保鲜剂等）进行果实、蔬菜的保鲜。固体保鲜剂法是将保鲜剂装入透气小袋封口后再装入内包装，以吸附鲜果、鲜菜散发的气体而延缓后熟过程。液体保鲜剂法是将需保鲜的鲜果或鲜菜在保鲜液中浸后取出，表面形成一层极薄的可食用的保鲜膜，既可堵塞果皮表层呼吸气孔，又可起到防止微生物侵入和隔温、保水的作用。硅气窗转运箱保鲜包装是采用塑料密封箱加盖硅气筒储运鲜果、鲜菜、鲜蛋的保鲜方法。硅气窗又称人造气窗，在塑料箱、袋上开气窗，可以有效地调节氧气和二氧化碳的浓度，抑制鲜菜、鲜果和鲜蛋的呼吸作用，延长储存期。

7）防潮包装技术

防潮包装是为了防止潮气侵入包装件，影响内装物质量而采取的一定防范措施的包装。防潮包装设计就是防止水蒸气通过，或将水蒸气的通过减少至最低限度。一定厚度和密度的包装材料可以阻隔水蒸气的透入，其中金属和玻璃的阻隔性最佳，防潮性能较好；纸板结构松弛，阻隔性较差，但若在表面涂上防潮材料，就会具有一定的防潮性能；塑料薄膜有一定的防潮性能，但它多由无间隙、均匀连续的孔穴组成，并在孔隙中扩散造成其透湿特性，透湿强弱与塑料材料有关，特别是加工工艺、密度和厚度的不同，其差异性较大。为了提高包装的防潮性能，可采用涂布法、涂油法、涂蜡法、涂塑法等方法。涂布法，就是在容器内壁和外表加涂各种涂料，如在布袋、塑料编织袋内涂树脂涂料，纸袋内涂沥青等；涂油法，如为增强瓦楞纸板的防潮能力，在其表面涂上光油、清漆或虫胶漆等；涂蜡法，即在瓦楞纸板表面涂蜡或楞芯渗蜡；涂塑法，即在纸箱上涂以聚乙烯醇丁醛（PVB）等。此外，还可以在包装容器内盛放干燥剂（如硅胶、泡沸石、铝凝胶）等；对易受潮和透油的包装内衬一层或多层防湿材料（如牛皮纸、柏油纸、邮封纸、上蜡纸、防油纸、铝箔和塑料薄膜等），或者用一层或多层防潮材料直接包裹商品。上述方法既可单独使用，又可几种方法一起使用。

8）危险品包装技术

危险品有上千种，按其危险性质、交通运输及公安消防部门规定分为 10 大类，即爆炸性物品、氧化剂、压缩气体和液化气体、自燃物品、遇水燃烧物品、易燃液体、易燃固体、毒害品、腐蚀性物品和放射性物品等。有些物品同时具有两种以上危险性能。对有毒商品的包装要明显标明有毒标志。防毒的主要措施是包装严密不漏、不透气。例如，重铬酸钾（红矾钾）和重铬酸钠（红矾钠）为红色带透明结晶，有毒，应用坚固铁桶包装，桶口要严密不漏，制桶的铁板厚度不能小于 1.2 mm。对有机农药一类的商品，应装入沥青麻袋，缝口严密不漏，如用塑料袋或沥青纸袋包装，外面应再用麻袋或布袋包装。用作杀鼠剂的磷化锌有剧毒，应用塑料袋严封后再装入木箱中，箱内用两层牛皮纸、防潮纸或塑料薄膜衬垫，使其与外界隔绝。

对有腐蚀性的商品，要注意商品和包装容器的材质发生化学变化。对于金属类的包装容器，要在容器壁涂上涂料，防止腐蚀性商品对容器的腐蚀。例如，包装合成脂肪酸的铁桶内壁要涂上耐酸保护层，防止铁桶被商品腐蚀，从而商品也随之变质。再如，氢氟酸是无机酸性腐蚀物品，有剧毒，能腐蚀玻璃，所以不能用玻璃瓶作包装容器，应装入金属桶或塑料桶，然后再装入木箱。甲酸易挥发，其气体有腐蚀性，应装入良好的耐酸坛、玻璃瓶或塑料桶中，严密封口，再装入坚固的木箱或金属桶中。

对黄磷等易自燃商品的包装，宜将其装入壁厚不小于 1 mm 的铁桶中，桶内壁须涂耐酸保护层，桶内盛水，并使水面浸没商品，桶口严密封闭，每桶净重不超过 50 kg。再如遇水会引起燃烧的物品，如碳化钙，遇水即分解并产生易燃乙炔气，对其应用坚固的铁桶包装，桶内充入氮气。如果桶内不充氮气，则应装有放气活塞。对于易燃、易爆商品，例如有强烈氧化性的、遇有微量不纯物或受热即急剧分解引起爆炸的产品，防爆炸包装的有效方法是采用塑料桶包装，然后将塑料桶装入铁桶或木箱中，每件净重不超过 50 kg，并应有自动放气的安全阀，当桶内达到一定气体压力时，能自动放气。

9）特种包装技术

(1) 充气包装。充气包装是采用二氧化碳气体或氮气等不活泼气体置换包装容器中空气的一种包装方法，因此也称为气体置换包装。这种包装方法是根据好氧性微生物需氧代谢的特性，在密封的包装容器中改变气体的组成成分，降低氧气的浓度，抑制微生物的生理活动、酶的活性和鲜活商品的呼吸强度，达到防霉、防腐和保鲜的目的。

(2) 真空包装。真空包装是将物品装入气密性容器后，在容器封口之前抽成真空，使密封后的容器内基本没有空气的一种包装方法。

一般的肉类商品、谷物加工商品及某些容易氧化变质的商品都可以采用真空包装，真空包装不但可以避免或减少脂肪氧化，而且抑制了某些霉菌和细菌的生长。同时，在对其进行加热杀菌时，由于容器内部气体已排除，因此加速了热量的传导，提高了高温杀菌效果，也避免了加热杀菌时由于气体的膨胀而使包装容器破裂。

（3）收缩包装。收缩包装就是用收缩薄膜裹包物品（或内包装件），然后对薄膜进行适当加热处理，使薄膜收缩而紧贴于物品（或内包装件）的包装方法。

收缩薄膜是一种经过特殊拉伸和冷却处理的聚乙烯薄膜。由于薄膜在定向拉伸时产生残余收缩应力，这种应力受到一定热量后便会消除，从而使其横向和纵向均发生急剧收缩，同时使薄膜的厚度增加。收缩薄膜的收缩率通常为30%～70%，收缩力在冷却阶段达到最大值，并能长期保持。

（4）拉伸包装。拉伸包装是20世纪70年代开始采用的一种新包装技术，它是由收缩包装发展而来的。拉伸包装是依靠机械装置在常温下将弹性薄膜围绕被包装件拉伸、紧裹，并在其末端进行封合的一种包装方法。由于拉伸包装不需进行加热，所以消耗的能量只有收缩包装的1/20。拉伸包装可以捆包单件物品，也可用于托盘包装之类的集合包装。

（5）脱氧包装。脱氧包装是继真空包装和充气包装之后出现的一种新型除氧包装方法。脱氧包装是在密封的包装容器中，使用能与氧气起化学作用的脱氧剂与之反应，从而除去包装容器中的氧气，以达到保护内装物的目的。脱氧包装方法适用于某些对氧气特别敏感的物品。

3. 包装机械

包装机械是指能够完成全部或部分产品和商品包装过程的机械，是实现包装的主要手段。包装机械有多种分类方法，按功能可分为单功能包装机和多功能包装机；按使用目的可分为内包装机和外包装机；按包装品种又可分为专用包装机和通用包装机；按自动化水平分为半自动机和全自动机；按包装的功能可分为填充机、装箱机、液体灌装机、裹包机、封口机、捆扎机、标签机、清洗机、干燥机、杀菌机等。

随着技术的进步，包装机械在流通领域中正起着越来越大的作用。随之而来的是包装机械的全面性更新换代，大量采用民用和军用工业的各种现代化高精技术、电子技术、微电子技术，进一步加速提高包装机械装备和生产线的可靠性、安全性、无人作业性等自动化水平，智能化将进入整个包装机械装备和生产线领域。这种发展趋势表明，包装机械装备、生产线愈来愈向标准化、系列化、综合化、组装化、联机化的模式发展。

物流配送中心根据其不同的功能和处理的产品类型，会采用不同的包装机械。常用的包装机械有装箱机、裹包机、捆扎机等。

在物流配送中心内，装箱机一般用于完成运输包装，它将包装成品按一定排列方式和定量装入箱中，并把箱的开口部分闭合或封固。图5-1是全自动装箱机的实例图。其实现的功能包括容器成形（或打开容器）、计量、装入、封口等。

裹包机是用包装材料进行全部或局部裹包产品的包装机械。裹包机按裹包成品的形式分为全裹式裹包机、半裹式裹包机；按裹包方式可分为折叠式裹包机、接缝式裹包机、覆盖式裹包机、扭结式裹包机、缠绕式裹包机、拉伸式裹包机等。图5-2是全自动裹包机的实例图。裹包机械适用于对具有一定刚度的块状物品进行包装。

图 5-1　全自动装箱机　　　　　图 5-2　全自动裹包机

捆扎机是用于捆扎封闭包装容器的包装机械。捆扎机械用带状、绳状捆扎材料将一个或多个包件扎紧。捆扎机按自动化程度分为自动捆扎机、半自动捆扎机、手提式捆扎机；按捆扎材料分为塑料带、钢带、聚酯带、纸带捆扎机和塑料绳捆扎机。一个标准的捆扎机如图5-3 所示。

图 5-3　标准的捆扎机

5.2.4　包装管理

1. 包装标准化管理

包装标准是围绕着具体实现包装的科学化、合理化而制定的各类标准，包装标准化是以包装为对象开展标准化活动的全过程。探求包装标准化是商品包装使用价值研究的目标之一，也是商品包装经营管理规范化的一个重要标志。

1) 包装标准的范围

（1）包装综合基础标准。包装综合基础标准是指整个包装行业都应共同遵守的法规，同时在一些跨行业的、与包装有关的经济技术和科学活动中也应遵守。包装综合基础标准也是制定其他包装标准的前提，具体包括包装术语、包装标志、包装系列尺寸、包装件基本试验方法、包装技术、包装管理等标准。

(2) 包装专业基础标准。包装专业基础标准是针对包装专业的某个方面制定的标准，在整个包装专业范围内涉及时均应遵守，如包装材料、包装容器等标准。

(3) 产品包装标准。产品包装标准是针对某种产品包装的科学合理化而制定的标准，它是整个包装标准化为之奋斗的最终目标。所包括的专业范围是极为广泛的，大致包括农业、水产、食品、医药、建材、化工、纺织、轻工、电子、仪器、兵器、机械、邮电等24大类的标准。

产品包装标准是为了使同类和同种的包装通用化、系列化，并在产品生产、运输、装卸、储存、销售、消费等各个方面取得产品包装的最佳效果，依据包装科学技术和实践经验及产品形态与性能，对产品的销售包装和应用包装的各个方面做出统一的规定。

产品包装标准是产品和包装的结合体标准，往往是包装标准化中各种包装标准贯彻实施的结果，整个包装标准化效果大部分是通过产品包装标准化来取得的。

2) 包装标准化的作用

(1) 便于生产和提高包装的生产效率。包装统一标准制定前，商品包装是商品生产厂自行设计的，其包装形状、规格、标志、图案、质量等各行其是，给包装生产带来很多困难，浪费了人力、物力、财力。实行统一标准后，减少了箱型规格等，同类产品可以通用。在纸箱生产过程中，就大大减少更换规格尺寸和印刷标志的工序，从而提高了工效，节省了工时费用，使包装生产厂由零星分散小批量生产改为大批量生产，为生产机械化提供了条件。

(2) 便于用户使用。实行统一标准，简化包装容器的规格，在使用时易于识别，易于计量。

(3) 有利于降低商品包装成本。商品包装经过科学设计，统一包装规格，这就为节约原材料、降低包装成本创造了条件。另外，由于包装体积缩小，箱型整齐，可以大大提高仓容量和运载量。

(4) 有利于商品安全。如果包装缺乏标准，箱型繁多，规格长短不齐、高低不一，装载和储存码垛参差不齐，存放不牢靠，搬运不方便，商品就易受损。实行包装标准化，设计合理、规格统一、搬运方便、码垛合理、便于运输，提高了仓库利用率，商品安全性也大大提高。

(5) 提高包装物的回收利用率。统一包装标准，各企业的包装容器可以通用，这就便于就地组织回收，就地复用，并节省了空包装容器在地区之间往返调用的费用。

(6) 有利于我国参与国际间的物流活动。随着我国外贸事业的发展及国际间物资交流的逐步扩大，对包装标准化、国际化的要求已显得越来越重要。

2．包装费用管理

1) 包装费用的构成

(1) 包装材料费用。包装材料费用是指内包装和外包装的材料费用。包装材料通常分为主要材料和辅助材料。主要材料是指构成包装的主体材料，如纸、塑料、金属、玻璃等。辅助材料是指起到填充、缓冲、固定、防水等作用的材料，如泡沫塑料等。这些包装材料的功能不同，成本相差也很大。

(2) 包装机械费用。现代包装发展的重要标志之一是包装机械的广泛应用，包装机械费用主要以折旧方式转移到包装成本中去。

(3) 包装人工费用。包装人工费用是指从事包装工作的工人和其他有关人员的工资、奖金、补贴等费用的总和。

(4) 包装技术费用。包装技术是指包装采用的技术措施，如缓冲包装技术、防潮包装技术、防锈包装技术等。这些技术的设计、实施所支出的费用统称为包装技术费用。

(5) 包装辅助费用。包装辅助费用是指如包装标记、包装标志的印刷、拴挂物费用的支出等。

(6) 包装管理费用。包装管理费用是指商品的包装设计、包装设计前的调查研究、试验的费用及包装研究方面的费用。

2) 降低包装费用的方法

商品包装费用的管理主要是在保证包装质量的前提下，尽力降低商品包装费用，以获得最大的经济效益。降低包装费用的方法，一般有以下几种方法。

(1) 运用价值分析法和成本核算方法降低包装费用。价值分析法是有组织地进行独创性的周密研究的方法。其目的是从品质、使用、耐用性、外观和消费者等多方面考虑降低成本的可能性，做到效果好、费用少。因此，这种方法从寻找到有代替性的廉价材料开始，有步骤地正确使用新的包装工艺，发挥专业技术人员的作用，进行调查分析，把各种包装的优点集中起来，使之产生一种实用、廉价、合理的新包装构想，并在生产中进一步结合包装的材料、造型、技法、标志和装潢等要素，深入地对比分析效果与费用，以达到多方面降低包装费用的目的。

(2) 通过机械化降低包装费用。从人力包装转向机械化包装，从半自动包装转向全自动包装，这是整个包装行业发展的大趋势。包装机械化降低包装费用的关键在于两个方面：其一，可大大缩减劳动工资费用；其二，可提高劳动生产率，从而有利于降低包装费用。

(3) 通过包装规格化降低包装费用。包装的规格化是指包装的重量、尺寸、容积、体积及包装材料和包装方法等实行统一的规定和规则。实行商品包装标准化，促进包装规格化，要求包装尺寸、外形与运输工具、装卸机械相配合，这有利于商品堆码、装卸、储存，会降低商品的运输费、装卸费和管理费，而且有利于机械化生产，节省包装材料。

(4) 通过包装物的回收和利用降低包装费用。商品包装回收是将使用过的商品包装和其他辅助包装材料，通过各种渠道和各种方法收集起来，然后由有关部门进行修复处理。旧包装的利用，则是将收上来的旧包装经修复、改制，再次进行使用的过程。包装物的回收使用可以节约包装材料，节约包装加工劳动，节约因包装而造成的能源、人力等的耗费。

(5) 实行预算控制以降低包装费用。在降低包装费用的各种方法中，如价值分析、机械化和规格化等,只是确立了降低费用的方法,或是确立了包装改进的计划,至于计划能否实现,费用能否降低,还要受到预算的制约。实现预算控制,关键是要编制包装费用预算,实行目标管理,对材料费用、人工费用和管理费用进行目标控制,通过各种途径把包装费用控制在预算范围内,有计划地降低包装成本。

5.2.5 包装合理化概述

1. 包装合理化的概念

包装合理化是物流合理化的组成部分。从现代物流观点来看,包装合理化不单是包装本身是否合理的问题,而是整个物流合理化前提下的包装合理化。

包装合理化一方面包括总体的合理化,这种合理化往往用整体物流效益与微观包装效益的统一来衡量,另一方面也包括包装材料、包装技术、包装方式的合理组合及运用。

2. 包装合理化的三要素

1) 包装费用

包装费用的多少是直接影响企业成本高低的因素,因此包装费用是包装合理化考虑的一个关键因素。企业总是希望尽量以低的包装费用完成包装目的,而包装费用与包装目的在很大程度上存在效益背反关系,所以在考虑包装费用时,要注意避免包装费用过多或过少。

(1) 防止包装不足。

① 包装强度不足。这样会使包装防护性不足,造成被包装物的损失。

② 包装材料水平不足。由于选择不当,包装材料不能很好地承担运输防护及促进销售的作用。

③ 包装容器的层次及容积不足。缺少必要层次与所需体积不足造成损失。

④ 包装成本过低。这样不能保证有效地进行包装。

由于包装不足,造成的主要问题是在流通过程中的损失及降低促销能力。

(2) 防止包装过剩。

① 包装物强度设计过高,如包装材料截面过大、包装方式大大超过强度要求等,从而使包装防护性过高。

② 包装材料选择不当,如可以用纸板而采用镀锌、镀锡材料等。

③ 包装技术过高。包装层次过多,包装体积过大。

④ 包装成本过高。一方面,可能使包装成本支出大大超过减少损失可能获得的效益;另一方面,包装成本在商品成本中比重过高,损害了消费者的利益。

包装过剩的浪费不可忽视。对于消费者而言,购买的主要目的是内装物的使用价值,包装物大多作为废物丢弃,因而会形成浪费。此外过重、过大的包装有时适得其反,反而会降低促销能力,所以也不可取。根据日本的调查,目前发达国家包装过剩的问题很严重,约在20%以上。

在网络经济时代，由于现代物流技术，尤其是集装箱技术的广泛采用，包装不足问题已经不是主要问题，未来的主要问题是包装过剩问题，主要的缺点是占用了过多的物流成本。

2）保管

从物流管理的角度，用科学的方法确定最优包装。由于物流诸因素是可变的，因此包装也是不断发生变化的。确定包装形式及选择包装方法都要与物流诸因素的变化相适应。

对包装产生影响的第二个因素是保管。在确定包装时，必须对保管的条件和方式有所了解。例如，采用高垛，就要求包装有很高的强度，否则就会被压坏；如果采用低垛或料架保管，包装的强度就可以相应降低，以节约资源和费用。

3）运输

对包装产生影响的第三个因素是运输。运输工具的类型、运输距离的长短、道路的情况都对包装有影响。例如，道路情况比较好的短距离汽车运输，就可以采用轻便的包装；同一种产品，如果进行长距离的车船联运，就要求严密厚实的包装。

3. 包装合理化的途径

（1）包装的轻薄化。由于包装只起保护作用，对产品使用价值没有任何意义，因此在强度、寿命、成本相同的条件下，更轻、更薄、更短、更小的包装可以提高装卸搬运的效率。而且，轻薄短小的包装一般价格比较便宜，如果是一次性包装也可以减少废弃包装材料的数量。

（2）包装的单纯化。为了提高包装作业的效率，包装材料及规格应力求单纯化。此外，包装规格还应标准化，包装形状和种类也应单纯化。

（3）包装标准化。包装的规格和托盘、集装箱关系密切，也应考虑与运输车辆、搬运机械的匹配，因此应从系统的观点出发制定包装的尺寸标准。

（4）包装的机械化。为了提高作业效率和包装现代化水平，各种包装机械的开发和应用是很重要的。

（5）包装的绿色化。绿色包装是指无害少污染的符合环保要求的各类包装，主要包括纸包装、可降解塑料包装、生物包装和可食性包装等。它们是包装经营发展的主流。

5.3　流通加工概述

5.3.1　流通加工的概念

商品流通是以货币为媒介的商品交换，它的重要职能是将生产和消费（或再生产）联系起来，起"桥梁和纽带"作用，完成商品所有权和实物形态的转移。因此，流通与流通对象的关系一般不是改变其形态而创造价值，而是保持流通对象的已有形态，完成空间的位移，实现其"时间效用"及"场所效用"。

流通加工与商品流通有较大的区别，它是流通中的一种特殊形式。总的来讲，流通加工在流通中仍然和流通总体一样起"桥梁和纽带"作用。但是，它却不是通过"保护"流通对象的原有形态而实现这一作用，而是和生产一样，通过改变或完善流通对象的形态来实现"桥梁和纽带"作用。

流通加工是为了提高物流速度和物品的利用率，在物品进入流通领域后，按客户的要求进行的加工活动。在中华人民共和国国家标准《物流术语》（GB/T 18354—2001）中，流通加工的定义是：物品在从生产地到使用地的过程中，根据需要施加包装、分割、计量、分拣、组装、价格贴附、商品检验等简单作业的总称。即在物品从厂商到消费者的物流过程中，为了促进销售、维护产品质量、实现物流作业高效率所采用的使物品发生物理或化学变化的加工活动。

流通加工和一般的生产型加工在加工方法、加工组织、生产管理方面并无显著区别，但在加工对象、加工程度方面差别较大。其主要差别表现在以下 5 个方面。

（1）加工对象的区别。流通加工的对象是进入流通过程的商品，具有商品的属性，是最终产品，而生产加工的对象不是最终产品，而是原材料、零配件、半成品。

（2）加工程度的区别。流通加工的程度大多数是简单加工。一般来讲，如果必须进行复杂加工才能形成所需的商品，那么这种复杂加工应专设生产加工过程，且生产过程应该完成大部分加工活动，流通加工对生产加工则是一种辅助或补充，但是流通加工绝不是对生产加工的取消或代替。

（3）附加价值的区别。从价值的观点看，生产加工的目的在于创造价值和使用价值，而流通加工则在于完善其使用价值并在不做大改变的情况下提高附加价值。

（4）加工责任人的区别。流通加工的组织者是从事流通加工的人，他能够密切结合流通的需要进行这种加工活动。从加工单位来看，流通加工由商业或物资流通企业完成，而生产加工则由生产企业完成。

（5）加工目的的区别。商品生产是为了交换和消费，流通加工的一个重要目的就是为了方便消费（或再生产）而进行的加工，这一点和商品生产有共同之处。但是，流通加工有时候是以自身流通为目的，纯粹是为流通创造条件，这种为流通所进行的加工与直接为消费进行的加工从目的来讲是有区别的，这又是流通加工不同于一般生产加工的特殊之处。

5.3.2 流通加工的地位和作用

1. 流通加工的地位

（1）流通加工有效完善了流通。流通加工在实现时间效用与场所效用这两个重要功能方面，确实不能与运输和储存相比，因而流通加工不是物流的主要功能要素。另外，流通加工的普遍性也不能与运输、储存相比，流通加工不是对所有物流都是必需的，但这绝不是说流通加工不重要，实际上它是不可轻视的，它起着补充、完善、提高与增强的作用，能起到运输、储存等其他功能要素无法起到的作用。所以，流通加工帮助提高物流水平，促进流通向现代化发展。

（2）流通加工是物流的重要利润来源。流通加工是低投入高产出的加工方式，往往以小加工解决大问题。在实践中，有的流通加工通过改变商品包装，使商品的档次提高而充分实现其价值；有的流通加工使产品利用率一下子提高20%～50%，这是采用一般方法提高生产效率所难以企及的。从一些流通企业的实践来看，流通加工的成效并不亚于从运输和储存中获得的利润，因此流通加工是物流业的重要利润来源。

（3）流通加工在国民经济中也是重要的加工形式。在整个国民经济的组织和运行方面，流通加工是其中一种重要的加工形态，对推动国民经济的发展和完善国民经济的产业结构和生产分工具有一定的意义。

2. 流通加工的作用

流通加工是现代物流系统框架中的重要结构之一。在现代物流系统中，流通加工担负的主要任务是提高物流系统对用户的服务水平。此外，流通加工对于物流系统而言还有提高物流效率和使物流活动增值的作用。为了满足促进销售、维护产品质量、实现物流作业高效率等不同的目的和作用，流通加工的形式非常多样化。总体上讲，物流过程中的流通加工功能主要有以下一些作用。

（1）促进销售，满足客户的多样化需求。客户对产品的需求是多样化的，而在生产过程中生产部门为了实现高效率、大批量生产，客户的需求往往得不到很好的满足。这就需要在流通环节对产品进行进一步的改制加工，使产品符合客户的个性化需求，让客户感到更加方便、省力、省时。例如，对钢材卷板的舒展、剪切加工；平板玻璃按需要规格的开片加工；木材改制成枕木、方材、板材等的加工。

（2）维护产品的质量。这种流通加工的目的是使产品的使用价值得到妥善的保存，例如水产品、肉产品、蔬菜等要求保鲜、保值的产品的冷冻加工、防腐加工、保鲜加工等，丝、棉、麻等织品的防虫加工、防腐加工，木材的防腐朽、防干裂加工，金属的防锈蚀加工，水泥的防潮、防湿加工等。

（3）实现物流作业的高效率。在物流作业过程中，有些物品由于自身的特殊形式，在运输和装卸时效率较低。为了提高这类物品的物流作业效率，需要对其进行适当的流通加工。例如，自行车整车运输效率低、物流资源利用率低，因此在自行车销售时进行整车装配加工，避免整车运输的低效率。类似的还有家居类产品的"平板包装"，造纸用木材磨成木屑后运输等。通过此类流通加工，可达到提高运输效率和降低运输成本的目的。

（4）提高产品利用率，提高加工效率。流通加工是集中的加工，其加工效率要比分散加工高得多。在分散加工的情况下，加工的水平、加工的熟练程度、加工设备的利用率等都无法与专业化集中的流通加工相比。流通加工提供的是社会化的专业化服务，加工的对象和加工的数量相对较大，能形成规模加工的优势，容易达到提高加工效率、降低成本的目的。同时，由于集中加工可以提高物品的利用率，从而可减少原材料的消耗，提高加工质量。

流通加工设备是完成流通加工任务的专用机械设备。流通加工设备通过对物流中的商品进行加工，改变或完善商品的原有形态来实现生产与消费的"桥梁和纽带"作用。流通加工设备根据其加工方式不同可分为包装设备、分割设备、分选设备、组装设备、冷冻设备、精制加工设备等；根据加工的物品可分为金属加工设备、木材加工设备、玻璃加工设备、煤炭加工设备、混凝土加工设备等。

5.3.3 流通加工的产生

流通加工的出现，不但反映了人们对流通理论及观念的改变，更主要的是生产力发展的结果。流通加工产生的原因主要表现在以下几个方面。

（1）流通加工的出现与现代生产方式有关。现代化生产的发展趋势之一是生产规模大型化、专业化，依靠单品种、大批量的生产方法，降低生产成本获取经济的高效益，这样就出现了生产相对集中的趋势。这种规模的大型化、生产的专业化程度越高，生产相对集中的程度也越高。生产的集中化进一步引起产需之间的分离，即生产与消费在时间上不能同步，存在着一定的时间差。另外，生产者的产品供给成千上万人的消费，而消费者的商品并不是来自一个生产者，二者之间纵横交错。弥补上述分离的手段是运输、储存及交换。而现代生产引起的产需在产品功能（规格、品种、性能）上的分离，其弥补方法就是流通加工。所以，流通加工的诞生实际上是现代生产发展的一种必然结果。

（2）流通加工的出现与消费的个性化有关。消费的个性化和产品的标准化之间存在着一定的矛盾，使本来就存在的产需分离变得更为严重。本来，弥补这种分离可以采取增加一道生产工序或由消费单位进行加工改制的方法，但是个性化问题十分突出之后，采取弥补措施将会使生产及生产管理的复杂性及难度增加。按个性化生产的产品难以组织高效率、大批量的流通，所以在出现了消费个性化的新形势及新观念之后，就为流通加工开辟了道路。

（3）流通加工的出现与人们对流通的作用的观念转变有关。在社会生产向大规模生产、专业化生产转变之后，社会生产越来越复杂，生产的标准化和消费的个性化出现，生产过程中的加工制造常常难以满足消费的要求；由于流通的复杂化，生产过程中的加工制造也不能满足流通的要求。于是，加工活动开始部分地由生产及再生产过程向流通过程转移。

流通加工的出现使流通过程明显具有了某些"生产性"，改变了长期以来形成的"价值及使用价值转移"的旧观念，这就从理论上明确了流通过程从价值观念来看是可以主动创造价值及使用价值的，而不单是被动地"保持"和"转移"的过程。在流通过程中以较小的代价提高商品的价值和使用价值，引起了流通过程从观念到方法的巨大变化。

（4）效益观念的树立也是促进流通加工形式得以发展的重要原因。20世纪60年代后，效益问题逐渐引起人们的重视，过去人们盲目追求高技术引起了燃料、材料投入的大幅度上升，结果新技术、新设备虽然采用了，但往往得不偿失。20世纪70年代初，第一次石油危机的发生证实了效益的重要性，使人们牢牢树立了效益观念。流通加工以少量的投入获得很大的效果，是高效益的加工方法，自然会获得快速的发展。所以，流通加工从技术上来讲，可能不需要采用什么高科技，但这种方式是现代观念的反映，在现代的社会再生产过程中起着重要的作用。

5.3.4 流通加工的类型

随着流通加工对物流服务功能的增强，流通加工可分为以下几种类型。

（1）为弥补生产领域加工不足所进行的深加工。有许多产品在生产领域的加工只能达到一定程度，这是由于存在许多限制因素限制生产领域不能完全实现最终的加工。例如，钢铁厂的大规模生产只能按标准规定的规格生产，使产品有较强的通用性，使生产能有较高的效率和效益；木材如果在产地制成木制品，就会造成运输的极大困难，所以在产地只能加工到圆木、板材这个程度，进一步的下料、切裁、处理等加工则由流通加工来完成。这种流通加工实际是生产的延续，是生产加工的深化，对弥补生产领域加工不足有重要意义。

（2）为满足需求多样化所进行的服务性加工。从需求的角度看，需求存在着多样化的特点。为满足这种要求，经常是用户自己设置加工环节。例如，生产消费型用户的再生产往往是从原材料初级处理开始的。

就用户来讲，现代生产的要求是生产型用户尽量减少流程，尽量集中力量从事较复杂的技术性较强的劳动，而不愿意将大量初级加工包揽下来。这种初级加工带有服务性，可由流通加工来完成，于是生产型用户便可以缩短自己的生产流程，使生产技术密集程度提高。

对一般消费者而言，则可省去烦琐的预处置工作，集中精力从事较高级的、能直接满足需求的劳动。

（3）为保护产品所进行的加工。在物流过程中，直到用户投入使用前都存在对产品的保护问题。与前两种加工不同，这种加工并不改变进入流通领域的"物"的外形及性质。这种加工主要采取稳固、改装、冷冻、保鲜、涂油等方式。

（4）为提高物流效率、方便物流所进行的加工。一些产品的形态难以进行物流操作，如鲜鱼的装卸、储存操作困难，过大设备搬运、装卸困难，气体物运输、装卸困难等。进行流通加工，可以使物流各环节易于操作，如鲜鱼冷冻、过大设备解体、气体液化等。这种加工往往改变"物"的物理形态，但并不改变其化学特性，最终还能恢复原有物理形态。

（5）为促进销售所进行的流通加工。流通加工可以从若干方面起到促进销售的作用，如将过大包装或散装物（这是提高物流效率所要求的）分装成适合一次销售的小包装的分装加工；将原以保护产品为主的运输包装改换成以促进销售为主的装潢性包装，以起到吸引消费者、指导消费的作用；将零配件组装成用具、车辆以便于直接销售；将蔬菜、肉类洗净切块以满足消费者要求等。这种流通加工不改变"物"的本体，只进行简单的改装加工，也有组装、分块等深加工。

（6）为提高加工效率所进行的流通加工。许多生产企业的初级加工由于数量有限而加工效率不高，因此也难以投入先进的设备和科学技术。流通加工能够以集中加工形式，解决单个企业加工效率不高的弊病，如以一家流通加工企业代替若干生产企业的初级加工工序，从而提高加工效率。

（7）为提高原材料利用率所进行的流通加工。流通加工利用其综合性强、用户多的特点，可以实行合理规划、合理套裁、集中下料的加工方法，这样能有效提高原材料的利用率，减少损失浪费。

（8）为衔接不同运输方式、使物流合理化所进行的流通加工。在干线运输及支线运输的结点设置流通加工环节，可以有效地解决大批量、低成本、长距离干线运输和多品种、少批量、多批次末端运输及集货运输之间的衔接问题。在流通加工点与大生产企业形成大批量、定点运输的渠道，并以流通加工中心为核心，可组织对多用户的配送，也可在流通加工点将运输包装转换成销售包装，从而有效衔接不同目的的运输方式。

（9）以提高经济效益、追求企业利润为目的的流通加工。流通加工的一系列优点可以形成一种"利润中心"的经营形态，这种类型的流通加工是经营的一环，在满足生产和消费要求的基础上取得利润，同时在市场和利润的引导下使流通加工在各个领域中有效地发展。

（10）为实现生产流通一体化所进行的流通加工。依靠生产企业与流通企业的联合，或者生产企业涉足流通领域，或者流通企业涉足生产领域，形成对生产加工和流通加工进行合理分工、合理规划、合理组织，统筹进行生产加工与流通加工的安排，这就是生产流通一体化的流通加工形式。这种形式可以促进产品结构及产业结构的调整，充分发挥企业集团的经济技术优势，是目前流通加工领域的新形式。

5.3.5 流通加工的目的和内容

1. 流通加工的目的

（1）适应多样化的客户需求。
（2）在食品方面，可以通过流通加工来保持并提高其保存机能。
（3）提高商品的附加值。
（4）可以规避风险，推进物流系统化。

2. 流通加工的内容

1）食品的流通加工

进行流通加工最多的是食品行业。为了便于保存，提高流通效率，食品的流通加工是不可缺少的。常见的食品加工项目有以下几种。

（1）鱼、肉、禽类的冷冻。
（2）生奶酪的冷藏。
（3）将冷冻的鱼肉磨碎及蛋品加工。
（4）生鲜食品及蔬菜的速冻包装、真空包装。
（5）粮谷类的自动包装。

（6）鲜牛奶的灭菌和摇匀。

2）消费资料的流通加工

消费资料的流通加工是以服务客户、促进销售为目的，大多加工方法简单易行，一般由配送中心或销售单位完成，如衣料品的标识和印记商标、粘贴标价、安装做广告用的幕墙、家用电器的安装、家具的组装及地毯剪切等。

3）生产资料的流通加工

生产资料的流通加工主要是以提高生产资料的利用率、提高加工效率为目的的加工方式，如钢铁的加工、玻璃加工、水泥加工等。

5.4 流通加工合理化

5.4.1 流通加工的方法

1．水泥熟料的流通加工

在需要长途运入水泥的地区，变运入成品水泥为运进熟料这种半成品，在该地区的流通加工点（磨细工厂）磨细，并根据当地资源和需要的情况掺入混合材料及外加剂，制成不同品种及标号的水泥供应给当地用户，这是水泥流通加工的重要形式之一。在国外这种物流形式已被广泛采用。

在需要经过长距离输送供应的情况下，以熟料形态代替传统的粉状水泥有以下优点。

（1）可以大大降低运费、节省运力。运输普通水泥和矿渣水泥平均约有30%以上的运力消耗在矿渣及其他各种加入物上。在我国水泥需用量较大的地区，工业基础大都较好，当地又有大量工业废渣，如果在使用地区对熟料进行粉碎，可以根据当地的资源条件选择混合材料的种类，这样就节约了消耗在混合材料上的运力和运费。同时水泥输送的吨位也大大减少，有利于缓和铁路运输的紧张状态。

（2）可按照当地的实际需要大量掺加混合材料。生产廉价的低标号水泥，发展低标号水泥的品种，可以在现有生产能力的基础上更大限度地满足需要。我国大、中型水泥厂生产的水泥平均标号逐年提高，但是目前我国使用水泥的部门大量需要较低标号的水泥，而且大部分施工部门没有在现场加入混合材料来降低水泥标号的技术力量和设备，因此只能使用标号较高的水泥，从而造成了很大的浪费。如果以熟料为长距离输送的形态，在使用地区加工粉碎，就可以按实际需要生产各种标号的水泥，尤其可以大量生产低标号水泥，减少水泥长距离输送的数量。

（3）容易以较低的成本实现大批量、高效率的输送。从国家的整体利益来看，在铁路输送中运力利用率比较低的输送方式显然不是发展方向。如果采用输送熟料的流通加工形式，既可以充分利用站、场、仓库等现有的装卸设备，又可以用普通车皮装运，从而比散装水泥方式具有更好的技术经济效果，且更适合于我国的国情。

（4）可以大大降低水泥的输送损失。水泥的水硬性是在充分磨细之后才表现出来的，而未磨细的熟料抗潮湿的稳定性很强，所以输送熟料也可以基本防止由于受潮而造成的损失。另外，颗粒状的熟料也不像粉状水泥那样易于散失。

（5）能更好地衔接产需、方便用户。从物流管理的角度看，如果长距离输送是定点直达的渠道，这对于加强计划性、简化手续、保证供应等方面都有利。

采用长途输送熟料的方式，水泥厂就可以和有限的熟料粉碎工厂之间形成固定的直达渠道，能实现经济效果较优的物流。需要水泥的用户也可以不出本地区而直接向当地的熟料粉碎工厂订货，因而更容易沟通产需关系，具有明显的优越性。

2. 集中搅拌供应商品混凝土

改变以粉状水泥供给用户、由用户在建筑工地现制现拌混凝土的习惯使用方法，而将粉状水泥输送到使用地区的流通加工点（集中搅拌混凝土工厂或称商品混凝土工厂），在那里搅拌成商品混凝土，然后供给各个工地或小型构件厂使用，这是水泥流通加工的另一种重要方式。这种方式具有和直接供应或购买水泥在工地现制混凝土相同的技术经济效果，因此受到许多工业发达国家的重视。这种流通加工的形式有以下几个优点。

（1）这种流通加工方式把水泥的使用从小规模的分散形态改变为大规模的集中加工形态，从而可以充分应用现代管理科学技术组织现代化的大生产，可以发挥现代设备和现代化管理方法的优势，大幅度地提高生产效率和混凝土的质量。

集中搅拌，可以采取准确的计量手段和选择最佳的工艺；可以综合考虑外加剂及混合材料的影响，根据不同需要，大量使用混合材料拌制不同性能的混凝土；可以有效控制原料质量和混凝土的离散程度；可以提高混凝土质量、节约水泥、提高生产率，例如制造每立方米混凝土的水泥使用量，采用集中搅拌一般能比分散搅拌减少20～30公斤。

（2）与分散搅拌相比较，集中搅拌的设备在吨位、设备投资、管理费用、人力及电力消耗等方面都能大幅度降低。由于生产量大，可以采取措施回收利用废水，防止各分散搅拌点排放洗机废水造成的污染，有利于环境保护。由于设备固定不动，还可以避免因经常拆建造成的设备损坏，延长设备的使用寿命。

（3）采用集中搅拌的流通加工方式可以使水泥的物流更加合理。这是因为在集中搅拌站（厂）与水泥厂（或水泥库）之间可以形成固定的供应渠道，这些渠道的数目大大少于分散使用水泥的渠道数目。在这些有限的供应渠道之间，可以比较容易地采用高效率、大批量的输送形态，有利于提高水泥的散装率。在集中搅拌场所内还可以附设熟料粉碎设备，直接使用熟料，从而实现熟料粉碎及拌制商品混凝土两种流通加工形式的结合。

另外，采用集中搅拌混凝土的方式，也有利于新技术的推广应用，大大简化了工地材料的管理。

3. 钢板剪板及下料加工

热炼轧钢板和钢带、热轧厚钢板等板材的最大交货长度可达7～12 m，有的甚至是成卷交货，因此对于大、中型企业来说，由于消耗批量大，可设专门的剪板及下料加工设备，按生产需要进行剪板、下料加工。但是，对于使用量不大的企业和大多数中、小型企业来说，单独设置剪板、下料的设备具有设备闲置时间长、人员浪费大、不容易采用先进方法的缺点，钢板的集中剪板及下料加工可以有效地解决上述这些不足。

剪板加工是指在固定地点设置剪板机进行下料加工或设置各种切割设备将大规格钢板裁小或裁切成毛坯，从而降低销售起点，便利用户。我国原在北京大兴设置的剪板厂，就是专门对进口卷板进行剪板加工，然后将小规格钢板进行销售的流通加工形式。集中下料加工目前专设于流通部门的还不是很多，主要是大型企业集中安装设备时才进行此项工作。钢板剪板及下料的流通加工有以下几个优点。

（1）由于可以选择加工方式，加工后钢材的晶相组织较少发生变化，可保证原来的交货状态，因而有利于进行高质量加工。

（2）加工精度高，可减少废料、边角料，也可减少再进行机械加工的切削量，因此既可提高再加工效率，又有利于减少消耗。

（3）由于集中加工可保证批量及生产的连续性，可以专门研究此项技术并采用先进的设备，从而可以大幅度提高效率和降低成本。

（4）使用户能简化生产环节，提高生产水平。

和钢板的流通加工类似，还有圆钢、型钢、线材的集中下料及线材冷拉加工等。

4. 木材的流通加工

（1）磨制木屑、压缩输送。这是一种为了实现高效率流通的加工。有些木材是容重轻的物资，在运输时占有相当大的容积，往往使车船满装但不能满载，同时装车、捆扎也比较困难。从林区外送的原木中有相当一部分是造纸材，美国采取在林木生产地就地将原木磨成木屑，然后采取压缩方法使之成为容重较大、容易装运的形状，之后再运至靠近消费地的造纸厂。根据美国的经验，采取这种办法比直接运送原木可以节约一半的运费。

（2）集中开木下料。在流通加工点将原木锯截成各种规格的板材，同时将碎木、碎屑集中加工成各种规格板，甚至还可进行打眼、凿孔等初级加工。以前用户直接使用原木，不但加工复杂、加工场地大、加工设备多，而且严重浪费资源，致使木材平均利用率不到50%，平均出材率不到40%。实行集中下料按用户要求供应规格料后，可以使原木利用率提高到95%，出材率提高到72%左右。

5. 煤炭及其他燃料的流通加工

（1）除矸加工。除矸加工是以提高煤炭纯度为目的的加工形式。一般煤炭中混入矸石有一定发热量，因此混入一些矸石是允许的，也是较经济的。但是，有时则不允许煤炭中混入矸石。在运力十分紧张的地区要求充分利用动力，多运"纯物质"，少运矸石。在这种情况下，可以采用除矸的流通加工排除矸石。

（2）为管道输送煤浆进行的煤浆加工。煤炭的运输主要采用运输工具载运方法，运输中损失浪费较大,又容易发生火灾。采用管道运输是近代兴起的一种先进技术,目前一些发达国家已开始投入运行,有些企业内部也采用这种方法进行燃料输送。这种方法在流通的起始环节将煤炭磨成细粉,再用水调和成浆状使其具备流动性,从而可以像其他液体一样进行管道输送。这种输送方式连续、稳定、快速,是一种经济的运输方法。

(3) 配煤加工。在使用地区设置集中加工点,将各种煤及一些其他发热物质按不同配方进行掺配加工,生产出各种不同发热量的燃料,称作配煤加工。这种加工方式可以按需要发热量进行生产和供应燃料,防止热能浪费、"大材小用",也可避免发热量过小、不能满足使用要求的情况出现。

工业用煤经过配煤加工还可以起到方便计量控制、稳定生产过程的作用,在经济及技术方面都很有价值。

(4) 天然气、石油气等气体的液化加工。由于气体输送、保存都比较困难,天然气及石油气往往只好就地使用。如果当地资源充足而使用不完,就地燃烧会造成很大的浪费和污染。两气的输送可以采用管道,但因投资大、输送距离有限,也受到制约。在产出地将天然气或石油气压缩到临界压力之上,使之由气体变成液体,就可以用容器装运,使用时机动性也较强。这种流通加工方式是目前采用较多的方式。

6. 平板玻璃的流通加工

平板玻璃的"集中套裁,开片供应"是重要的流通加工方式。这种方式是在城镇中设立若干个玻璃套裁中心,负责按用户提供的图纸统一套裁开片,向用户供应成品,用户可以将其直接安装到采光面上。在此基础上可以逐渐形成从工厂到套裁中心的稳定的、高效率的、大规模的平板玻璃"干线输送",以及从套裁中心到用户的小批量、多用户的"二次输送"的现代物流模式。这种方式的优点表现为以下几个方面。

(1) 平板玻璃的利用率可由不实行套裁时的62%～65%提高到90%以上。

(2) 可以促进平板玻璃包装方式的改革。从工厂向套裁中心运输平板玻璃如果能形成固定渠道便可以进行大规模集装,这样不但节约了大量包装用木材,而且可防止流通中的破损。

(3) 套裁中心按用户的需要裁制,有利于玻璃生产厂简化规格,进行单品种大批量生产,这不但能提高工厂生产率,而且可以简化工厂切裁、包装等工序,使工厂能集中力量解决生产问题。

(4) 现场切裁玻璃劳动强度大,废料也难于处理,而集中套裁可以广泛采用专用设备进行裁制,废玻璃相对数量少,并且易于集中处理。

7. 生鲜食品的流通加工

(1) 冷冻加工。为解决鲜肉、鲜鱼在流通中保鲜及搬运装卸的问题,可以采取低温冻结的方式进行加工。这种方式也用于某些液体商品、药品等。

(2) 分选加工。农副产品规格、质量离散情况较大,为获得一定规格的产品,采取人工或机械分选的方式进行加工称为分选加工。这种加工广泛用于果类、瓜类、谷物、棉毛原料等。

（3）精制加工。农、牧、副、渔等产品的精制加工是在产地或销售地设置加工点，去除无用部分，甚至可以进行切分、洗净、分装等加工。这种加工不但大大方便了购买者，而且还可以对加工的淘汰物进行综合利用。比如，鱼类的精制加工所剔除的内脏可以制成某些药物或饲料，鱼鳞可以制高级粘合剂，头尾可以制鱼粉等；蔬菜加工的剩余物可以制成饲料、肥料等。

（4）分装加工。许多生鲜食品零售起点较小，为了保证高效输送出厂，包装则较大，也有一些是采用集装运输方式运达销售地区。为了便于销售，在销售地区按所要求的零售起点进行新的包装，即大包装改小包装、散装改小包装、运输包装改销售包装。这种方式称为分装加工。

8．机械产品及零配件的流通加工

（1）组装加工。多年以来自行车及机电设备储运困难较大，主要原因是不易进行包装，如进行防护包装，包装成本过大，并且运输装载困难，装载效率低，流通损失严重。但是，这些货物有一个共同特点，即装配较简单，装配技术要求不高，主要功能已在生产中形成，装配后不需进行复杂检测及调试，所以为解决储运问题，降低储运费用，采用半成品（部件）高容量包装出厂、在消费地拆箱组装的方式。组装一般由流通部门在所设置的流通加工点进行，组装之后随即进行销售。这种流通加工方式近年来已在我国广泛采用。

（2）石棉橡胶板的开张成型加工。石棉橡胶板是机械装备、热力装备、化工装备中经常使用的一种密封材料，单张厚度3 mm左右，单张尺寸有的达4 m，不但难以运输，而且在储运过程中极易发生折角等损失，尤其是用户单张购买时更容易发生这种损失。此外，许多用户所需的垫塞圈，规格比较单一，不可能安排不同尺寸垫圈的套裁，利用率也很低。

石棉橡胶板开张成型加工是按用户所需垫塞物体的尺寸裁制好进行供应，不但方便用户使用和储运，而且可以安排套裁，提高利用率，减少边角余料损失，降低成本。这种流通加工套裁的地点一般设在使用地区，由供应部门组织。

5.4.2 流通加工的管理

流通加工的管理，从本质来说和生产领域的生产管理一样，是在流通领域中的生产加工作业管理，所不同的是流通加工管理既要有重视生产的一面，又要有着眼于销售的一面，因后者是它加工的目的。流通加工的管理工作可分为计划管理、加工过程管理、成本管理和销售管理。

1) 计划管理

计划管理就是对流通加工的产品，必须事先制订计划，如对加工产品的数量、质量、规格、包装要求等，都要按用户的需求，做出具体计划，按计划进行加工生产。

要实现现代加工的计划管理，首先要改变管理意识，将加工部门的管理工作从过去仅重视成品生产量导入到重视物料管理、重视生产计划交货期和掌握库存控制技术、搞好质量管理和现场管理的意识上来。

其次，应规范加工计划制度，下大力度推行年度计划和季度计划，落实月加工计划。

再次，应实施各项管理制度。车间实行加工计划管理和物料管理制度，并建立管理规范和操作规范，要求加工系统管理人员随时监控计算机里的数据正确与否，同时又要求制定可行的订货原则、安全库存量、物料消耗指标、加工能力指标等管理数据，使各车间的加工处于受控制的状态。

2）加工过程管理

加工过程管理主要是对加工过程中的工艺管理，如加工厂房、车间的设计，加工工艺流程的安排，原材料的储存供应，产成品的包装、入库等一系列的工艺流程设计是否科学、合理与现代化。

加工过程管理的制度化、程序化和标准化是科学管理的基础。只有在合理的管理体制、完善的规章制度、稳定的加工程序、一整套科学管理方法和完整、准确的原始数据的基础上，才能使加工过程管理产生新的飞跃，并为计算机管理奠定良好的基础。

3）成本管理

在流通加工中，成本管理也是一项非常重要的内容。一方面，加工是为了方便用户，创造社会效益；另一方面，加工也是为了扩大销售，增加企业效益，所以必须详细计算成本，不能进行亏本的加工。

成本计算必然涉及流通加工费用。流通加工费用包括流通加工设备费用、流通加工材料费用、流通加工劳务费用及流通加工其他费用。对流通加工费用的管理，必须注意以下几点。

（1）合理确定流通加工的方式。流通企业应根据服务对象，选择适当的加工方法和加工深度，因为不同的加工方法和加工深度的费用支出是不同的。

（2）合理确定流通加工的能力。流通加工费用与加工的批量、加工数量存在着正比关系，应根据物流需要和加工者的实际能力确定加工批量和数量，避免出现加工能力不足或加工能力过剩的现象。

（3）流通加工费用的单独核算。为了检查和分析流通加工费用的使用、支出情况，分析流通加工的经济效益，要求对流通加工费用单独管理，进行单独核算。

（4）制定反映流通加工特征的经济指标。例如，反映流通加工后单位产品增值程度的增值率，反映流通加工在材料利用方面的材料出材率、利用率等指标，以便更好地反映流通加工的经济效益。

4）销售管理

流通部门的主要职能是销售，加工也应该主要为此目的服务。因此，在加工之前，要对市场情况进行充分的分析调查。只有广大顾客需要的，加工之后有销路的产品，才能组织加工，否则，顾客不需要或销路不好的，就不能进行徒劳的加工。

5.4.3 不合理流通加工的形式

流通加工是在流通领域中对生产的辅助性加工。从某种意义来说，它不仅是生产过程的延续，而且还是生产本身或生产工艺在流通领域的延续。这个延续可能有正、反两方面的作用，即一方面可能有效地起到补充完善的作用，但是也必须估计到另一个可能性，即对整个过程的负效应。各种不合理的流通加工都会产生抵消效益的负效应。以下是几种不合理流通加工形式。

（1）流通加工地点设置的不合理。流通加工地点的设置（即布局状况）是整个流通加工是否有效的重要因素。一般而言，为衔接单品种大批量生产与多样化需求的流通加工，加工地设置在需求地区才能实现大批量的干线运输与多品种末端配送的物流优势。

如果将流通加工地设置在生产地区，其不合理之处有以下两个方面。

① 多样化需求的产品，多品种、小批量由产地向需求地的长距离运输会出现不合理；

② 在生产地增加了一个加工环节，同时增加了近距离运输、装卸、储存等一系列物流活动。

所以，在这种情况下，不如由原生产单位完成这种加工而无需设置专门的流通加工环节。

一般而言，为方便物流的流通加工环节应设在产出地，设置在进入社会物流之前。如果将其设置在物流之后，即设置在消费地，则不但不能解决物流问题，而且还在流通中增加了一个中转环节，因而也是不合理的。

即使是产出地或需求地设置流通加工的选择是正确的，还有流通加工在小地域范围内的正确选址问题，如果处理不善，仍然会出现不合理。这种不合理主要表现在交通不便、流通加工与生产企业或用户之间距离较远、流通加工点的投资过高（如受选址的地价影响）、加工点周围社会环境条件不良等。

（2）流通加工方式选择不当。流通加工方式包括流通加工对象、流通加工工艺、流通加工技术、流通加工程度等。流通加工方式的确定实际上是与生产加工的合理分工。本来应由生产加工完成的却错误地由流通加工来完成，本来应由流通加工完成的却错误地由生产过程去完成，都会造成不合理性。

流通加工不是对生产加工的代替，而是一种补充和完善。所以，一般而言，如果工艺复杂、技术装备要求较高，或加工可以由生产过程延续或轻易解决的都不宜再设置流通加工环节，尤其是不宜与生产过程争夺技术要求较高、效益较高的最终生产环节，更不宜利用一个时期市场的压迫使生产者进行初级加工或前期加工，而流通企业完成装配或最终形成产品的加工。如果流通加工方式选择不当，就会出现与生产夺利的恶果。

（3）流通加工作用不大，形成多余环节。有的流通加工过于简单或对生产及消费者作用不大，有时甚至是盲目的。这种流通加工不但不能解决品种、规格、质量、包装等问题，相反却增加了环节，这也是流通加工不合理的重要形式。

（4）流通加工成本过高，效益不好。流通加工之所以能够有生命力，原因之一是有较大的投入产出比，因而有效地起着补充完善的作用。如果流通加工成本过高，则不能实现以较低投入实现更高使用价值的目的。

5.4.4 流通加工合理化概述

流通加工合理化的含义是实现流通加工的最优配置，不仅避免各种不合理现象，而且要做出最优的选择。为避免各种不合理现象，对是否设置流通加工环节、在什么地点设置、选择什么类型的加工、采用什么样的技术装备等需要做出正确的选择。目前，国内在进行这方面合理化的考虑中已积累了一些经验，取得了一定成果。实现流通加工合理化主要考虑以下几个方面。

（1）加工和配送结合。这是将流通加工设置在配送点中，一方面按配送地需要进行加工，另一方面加工又是配送业务流程中分货、拣货、配货中的一个环节，加工后的产品直接投入配货作业，这就不需要单独设置一个加工的中间环节，使流通加工有别于独立的生产，而使流通加工与中转流通巧妙结合在一起。同时，由于配送之前有加工，可使配送服务水平大大提高，这是当前对流通加工合理选择的重要形式，在煤炭、水泥等产品的流通中已表现出较大的优势。

（2）加工和配套结合。在对配套要求较高的流通中，配套的主体来自各个生产单位，但是完成配套有时无法全部依赖现有的生产单位。进行适当的流通加工，可以有效地促成配套，大大提高流通加工"桥梁与纽带"的能力。

（3）加工和合理运输结合。流通加工能有效衔接干线运输与支线运输，促进两种运输形式的合理化。利用流通加工，在支线运输转干线运输或干线运输转支线运输这一本来就必须停顿的环节，不进行一般的支线转干线或干线转支线，而是按干线或支线运输合理的要求进行适当加工，从而大大提高了运输及运输的转载水平。

（4）加工和合理商流相结合。通过加工能有效地促进销售，从而使商流合理化，这也是流通加工合理化的考虑方向之一。通过加工，提高了配送水平，强化了销售，是加工与合理商流相结合的一个成功的例证。此外，通过简单地改变包装加工，形成方便的购买量；通过组装加工解除用户使用前进行组装、调试的困难，都是有效促进商流的例子。

（5）加工和节约相结合。节约能源、节约设备、节约人力、节约耗费是流通加工合理化重要的考虑因素，也是目前我国设置流通加工、考虑其合理化的较普遍的形式。

对于流通加工合理化的最终判断，是看其是否能实现社会和企业本身两个效益，而且是否取得了最优效益。对流通加工企业而言，与一般生产企业一个重要的不同之处是：流通加工企业更应树立社会效益第一的观念，只有在以补充完善为己任的前提下才有生存的价值。如果只是追求企业的微观效益，进行不适当加工，甚至与生产企业争利，这就有违于流通加工的初衷，或者其本身已不属于流通加工的范畴了。

思考与案例分析

1. 思考题

（1）简述包装的基本功能。
（2）简述不同包装材料的选用。
（3）在包装容器技术中，适合作为商业包装的有哪些？
（4）简述防震包装技术可采用的方法。
（5）包装合理化的三要素是什么？
（6）流通加工与生产加工有什么区别？
（7）流通加工能弥补现代生产引起的产需之间哪些方面的分离？
（8）流通加工不合理主要表现在哪些方面？
（9）混凝土集中搅拌具有什么优点？

2. 案例分析题

案例分析题 1：我国某食品企业包装的发展与现状

1. 背景介绍

某食品企业是一家生产调味食品的民营企业。在 1998 年收购乡镇集体企业后，决策者对经营性亏损的原因排查后发现，包装管理列在市场营销管理之后，成为亏损的第二大原因。其表现为：一是包装成本高，二是包装价值低，三是缺乏包装管理。

2. 包装实例

决策者在深入分析后认为，包装管理已成为制约企业发展的"瓶颈"。于是，经营者下定决心狠抓企业的包装管理，采取了 5 个主要措施：

（1）建立专门的组织体系，统一企业的包装管理；
（2）制定明确规范的包装管理制度；
（3）进行包装装潢的招标设计，提升产品包装价值；
（4）采取包装采购联审方法，不断降低包装采购成本；
（5）针对不同包装需要，进行包装分类管理。

企业在强化包装管理的过程中，创造了包装的新价值，有力地推动了企业的发展。该企业总结经验，不断完善企业的包装管理，提高包装的技术含量；引进现代先进技术和设备，调整企业产品包装以玻璃瓶为唯一包装的结构，把玻璃瓶、塑料瓶、复合纸盒、陶瓷等材质用于产品包装；提出发展和应用绿色包装，设计新的运销模式，逐步减少和不用包装（包装集成化）进行销售；积极运用现代信息技术，完善企业包装管理运作体系，提高运作效率。

分析与讨论题

（1）就我国的商品包装而言，物流中的保护性包装主要是解决包装材料的有效使用，即保证商品安全前提下的成本最低，以及包装材料的环保问题。而销售中的包装，则有两种值得注意的不良倾向：一是商品与包装不等值；二是劣质材料制作包装物，损害消费者利益。本案例的销售包装要解决的问题是什么？

（2）不同的企业有不同的包装和包装要求，但包装仍然必须走标准化发展之路，企业应如何解决包装标准化与包装特色发展的关系？

（3）如何处理好包装环节与物流其他环节运作和管理的关系？

（4）企业应如何通过包装实现产品的价值增值？保护性包装与促销包装在实现产品价值增值中的作用有何不同？

（5）企业包装管理中最核心的内容应该是什么？怎样做好包装管理的规划和组织？包装管理在新的环境下会呈现什么样的发展趋势？

案例分析题2：某灯罩公司的包装合理化

1. 背景介绍

美国威斯康星麦迪逊的灯罩公司多年来专门设计和定制装配灯罩和灯泡。在20世纪80年代中期，一批在斯普里·格林附近的富兰克·劳埃德·怀特公司做过研究的设计师被派到公司负责亚洲地区的几个大型公共建筑物的设计工作。这几个大型公共建筑物需要安装的灯具为5 400个，灯罩公司希望竞标这项工程。货物直接送到外国港口，购买者可以在那里购买。

2. 包装实例

运输费用可能是个棘手的问题。在最初的设计中，灯罩是圆柱形的，高12 in、直径为11 in，包装在12 in × 12 in 的盒子中。每个灯罩的包装成本为60美分，重量为1磅。我们把这种灯罩称为A型灯罩。每个灯罩的生产成本为4美元，每个重为9磅，包装后重量为10磅。

它们将被运到奥克兰港。到达奥克兰的公路运费按每40 ft的一个集装箱收费为1 000美元，费用与重量无关，因为每个集装箱装载的重量不会超过44 000磅，不受高速公路载重量的限制。联运集装箱的内部结构为宽8 ft、高8.5 ft、长40 ft。

从奥克兰运往海外港口的海运运费为每吨22美元（2 000磅），保险费约为准备运往奥克兰的所有货运价值的2%。

因为订货量较大，灯罩公司意识到可以定制设计形状类似锥形，而不是纯圆柱形的灯罩，这样可以把灯罩套放在一起，在灯罩之间加一些垫料，而且套放的灯罩可以相互起到保护作用。当然，制成锥形的灯罩会裁去一些材料导致一些浪费，因此生产成本会上升。为此提出了其他两种锥形的灯罩设计方案，分别为 B 型灯罩和 C 型灯罩。

每个 B 型灯罩的生产成本为 5 美元。可以套放 6 个进行运输。包装的规格是 12 in × 12 in × 48 in，装有 6 个灯罩的包装的重量为 62 磅，每个包装费为 2 美元，这其中包括了灯罩之间的垫料。

每个 C 型灯罩的生产成本为 6 美元。可以套放 10 个进行运输。包装的规格是 12 in × 12 in × 50 in，装有 10 个灯罩的包装的重量为 101 磅，每个包装费为 3 美元，这其中包括了灯罩之间的垫料。

注：1 ft = 12 in　1 磅 = 0.45 kg。

分析与讨论题

(1) 一个联运集装箱中可以装载多少个 A 型灯罩？如果是 B 型或 C 型灯罩，则各可以装多少个？
(2) 考虑生产成本和物流成本，将 A 型灯罩运往一个进口港的总成本是多少？如果是 B 型或 C 型灯罩，其总成本各是多少？
(3) 你建议采用哪种灯罩？设计的目标是什么？试说明理由。

案例分析题 3：阿迪达斯的流通加工

1. 背景介绍

在运动用品的世界中，阿迪达斯一直代表着一种特别的地位象征，而阿迪达斯这种象征有人称之为"胜利的三条线"。自 1948 年创立至今，阿迪达斯帮助过无数的运动选手缔造佳绩，成就了不少丰功伟业。在全世界运动品牌的排名中，阿迪达斯排名第二，耐克排名第一。但在 20 世纪 80 年代之前，阿迪达斯在消费者心目中具有非凡的品牌地位，一项当时的调查表明：有一半以上的美国人曾穿过阿迪达斯的运动鞋。穿阿迪达斯参加纽约马拉松比赛的选手从 1970 年的 150 人增加到 1979 年的 5 000 人。然而，在 20 世纪七八十年代，阿迪达斯却忽视了慢跑运动在美国这个全球最大的运动产品市场的兴起。根据美国的相关统计数据显示，到 20 世纪 70 年代末，在美国有 2 500 万到 3 000 万人坚持散步，另有 1 000 万人则不管是在家还是上街都穿跑鞋。当时已经拥有 40 多年制鞋历史的阿迪达斯并未对这个呈几何级数增长的市场信息加以重视，结果错失良机，让新秀耐克抓住时机并获得了成功，超越了自己。

虽然现今在运动品牌中排名世界第二，但无论是过去的还是现在的阿迪达斯，可以说是集合了众人信赖及尊敬的最佳典范。本案例就是要走进阿迪达斯，了解它的流通加工与"量足定做"商业化革命。

2. 流通加工实例

1) 实例1

在流通加工方面，阿迪达斯的出色成效真称得上是运动服装品牌行业的典范。据资料显示，阿迪达斯曾在美国有一家超级市场，设立了组合式鞋店，摆放的不是做好了的鞋，而是做鞋用的半成品，款式花色多样，有6种鞋跟、8种鞋底，均为塑料制造的，鞋面的颜色以黑、白为主，搭带的颜色有80种，款式有百余种，顾客进来可任意挑选自己所喜欢的各个部位，交给职员当场进行组合。只要10分钟，一双崭新的鞋便唾手可得。这家鞋店昼夜营业，职员技术熟练，鞋子的售价与成批制造的价格差不多，有的还稍便宜些，所以顾客络绎不绝，销售金额比邻近的鞋店多10倍。

2) 实例2

阿迪达斯全球最大的旗舰店在法国巴黎香榭丽舍大街向公众开放。这家店里最引人注目的就是一台高科技机器——世界上第一台可以满足顾客各种个性化设计要求的"量足制鞋机"。

一进店门，就可以看到这部被称为"微型革新中心"的仪器，它由一个一人多高的立方体和智能感应跑道组成。想要定制运动鞋的顾客，会由经过特别培训的导购员带领，先到旁边的一台量足机上测定双脚的长度和宽度，之后走上装有智能感应装置的模拟跑道，以自然步态走走跑跑。这条三米来长的跑道被称作"双脚扫描仪"，里面配备的感应装置可以根据每个着力点的压力准确探测出双脚乃至整个身体的情况。足底偏平还是偏弓，重心靠前还是靠后，这些细节都会被一一记录在案。根据收集来的这些"情报"，"微型革新中心"会制定出最符合顾客身体和脚部情况的运动鞋基本结构框架。之后进行的是鞋型和外观的个性化设计。虽然可供选择的只有阿迪达斯的4种经典类型：跑鞋、足球鞋、网球鞋和室内运动鞋，但顾客可以随个人喜好任意搭配鞋子的各个配件：足垫有薄厚，鞋舌有长短，连气垫都可以随意增减。在"微型革新中心"仪器的一侧，是处理外观设计的红外线触感视屏，可以根据收集的信息和顾客的选择，把一双运动鞋的立体视图呈现出来。顾客可以对颜色、装饰等细节进行操作。在这里，顾客不仅可以选择鞋体各个部分的颜色，还可以在鞋身、鞋底安插国旗图案，甚至可以选择在适当位置嵌入不超过10个的字母和数字。

设计完毕后，导购员会拿来一双大小相当的样鞋让顾客试穿，顾客会把具体的感觉详细地告诉导购员，比如左脚有些顶、后跟有点紧等。每个导购员手上都持有一个控制板，用来记录和输入顾客在每一个步骤的要求。在最后一个步骤，导购员会把这些记录传输给"微型革新中心"。这时，当顾客脚穿样鞋走近仪器背面的"虚拟镜子"，在里面看到的就是自己刚刚设计的运动鞋。虽然只是模拟版，但镜中的鞋与镜外的人同动同停，像真的一样。顾客如果满意，就可以直接通过"微型革新中心"的传输系统订货了。在三到四个星期后，顾客就可以收到完全适合自己脚形并经过自己个性化设计的运动鞋。

这样一双运动鞋一般要比同种型号的普通版贵65～75欧元（合人民币约650～750元）。从现场的情况来看，大多数消费者认为这一价位比较合理。据店员提供的信息，从10

月底开业后的一个月时间内,已有100余名顾客应用这项新技术定制了自己的鞋,其中寻求舒适感和追求个性者各占大约50%,而且越来越多的运动员也加入到客户群中。

阿迪达斯法国公关部负责人表示,这种技术其实一直存在,但只是用来给高水平的运动员"量足制鞋",从未进行商业化普及。现在,"个性化"成为时尚领域的新趋势,"唯我独有"的服饰用品越来越多。于是,他们率先把这一技术商业化,并计划在其他国家的专卖店也安置"微型革新中心"。也许在不久的将来,中国的体育迷们也能亲自设计完全适合自己的运动鞋了。

分析与讨论题

(1) 阿迪达斯的流通加工具有什么作用,可以减少哪些费用?

(2) 阿迪达斯的流通加工属于哪种类型?其实施的前提条件是什么?

(3) 比较阿迪达斯流通加工的实例1和实例2,说明它们各具有什么特点和适用范围。从流通加工合理化的角度来说,哪一种方式更受欢迎,为什么?

第6章 配送信息技术

配送信息技术是配送现代化极为重要的领域之一，计算机网络技术的应用使配送信息技术达到了新的水平。配送信息技术是配送现代化的重要标志。

配送信息技术也是配送技术中发展最快的领域，从数据采集的条码系统、仓储管理系统到办公自动化系统中的微机、各种终端设备等硬件、软件等都在日新月异地发展并得到了广泛的应用。

根据配送的功能及特点，配送信息技术包括计算机技术、网络技术、信息分类编码技术、条码技术、射频识别技术、电子数据交换技术、全球定位系统（GPS）、地理信息系统（GIS）等。

同时，随着信息技术的不断发展，产生了一系列新的物流理念和新的物流经营方式，推进了物流的变革。在供应链管理方面，配送信息技术的发展也改变了企业应用供应链管理获得竞争优势的方式。成功的企业通过应用信息技术来支持其经营战略并选择其经营业务，并通过利用信息技术来提高供应链活动的效率性，增强整个供应链的经营决策能力。

6.1 自动识别技术

物流管理中数据的采集和输入是一项基础而又相当重要的工作。为了避免数据人工采集及键盘输入的人力成本和错误率高的弊端，自动识别技术一经应用便迅速普及。

6.1.1 条形码技术

条形码技术是在计算机应用和实践中产生并发展起来的一种广泛应用于商业、邮政、图书管理、仓储、工业生产过程控制、交通等领域的自动识别技术，具有输入速度快、准确度高、成本低、可靠性强等优点，在当今的自动识别技术中占有重要的地位。条形码是迄今为止最经济、最实用的一种自动识别技术。

条形码技术为人们提供了一种对物流中的货物进行标识和描述的方法。条形码是实现POS系统、EDI、电子商务、供应链管理的技术基础，是物流管理现代化、提高企业管理水平和竞争能力的重要技术手段。

1. 条形码概述

条形码（Bar Code）是由美国的 N. T. Woodland 在 1949 年首先提出的。近年来，随着计算机应用的不断普及，条形码的应用得到了很大的发展。条形码可以标出商品的生产国、制造厂、商品名称、生产日期、图书分类号、邮件起止地点、类别、日期等信息，因而在商品流通、图书管理、邮电管理、银行系统等许多领域都得到了广泛的应用。

条形码是由一组按一定编码规则排列的条、空符号，用以表示一定的字符、数字及符号组成的信息。常见的条形码是由反射率相差很大的黑条（简称条）和白条（简称空）组成。

条码系统（Bar Code System）是由条码符号设计、制作及扫描阅读组成的自动识别系统。它由光电扫描设备识读完成对条形码数据的自动采集和光电信号的自动转换。进一步而言，它利用光学系统读取条形码符号，由光电转换器将光信号转换为电信号，通过电路系统对电信号进行放大和整形，最后以二进制信号输出给译码器进行译码。

条形码技术借助自动识别技术、POS 系统、EDI 系统等现代技术手段，使企业可以随时了解有关产品在供应链上的位置，并及时做出反应。当今在欧美等发达国家兴起的有效顾客反应（ECR）、快速反应（QR）、自动连续补货（ACEP）等供应链管理策略，都离不开条形码技术的应用。

条形码技术是实现自动化管理的有力武器，有利于进货、销售和仓储管理一体化；是实现 EDI、节约资源的基础；是及时沟通产、供、销的纽带和桥梁；是提高市场竞争力的工具；可以节省消费者的购物时间，扩大商品的销售额。

2. 条形码的分类

1）按码制分类

（1）UPC 码。1973 年，美国率先在国内的商业系统中应用 UPC（Universal Product Code）码之后，加拿大也在商业系统中采用 UPC 码。由于其广泛应用，UPC 码又称为万用条码。UPC 码是最早大规模应用的条码，是一种长度固定的连续型数字式码制，其字符集为数字 0～9。它采用 4 种元素宽度，每个条或空是 1、2、3 或 4 倍单位元素宽度。UPC 码有 A、B、C、D、E 5 种类型，分别表示通用商品、医药卫生、产业部门、仓库批发、商品短码的相关信息，其中最常用的是 UPC 标准码（UPC-A 码，如图 6-1 所示）和 UPC 缩短码（UPC-E 码，如图 6-1 所示）。

（2）EAN 码。EAN 码的全名为欧洲商品条码（European Article Number），源于 1977 年，是由欧洲 12 个工业国家所共同发展出来的一种条码，目前已成为一种国际性的条码系统。EAN 条码系统的管理是由国际商品条码总会（International Article Numbering Association）负责各会员国的国家代表号码的分配与授权，再由各会员国的商品条码专责机构对其国内的制造商、批发商、零售商等授予厂商代表号码。EAN 码与 UPC 码兼容，而且两者具有相同的符号体系。EAN 码的字符编号结构与 UPC 码相同，也是长度固定的、连续型的数字式码制,其字符集是数字 0~9。EAN 码采用 4 种元素宽度,每个条或空是 1、2、3 或 4 倍单位元素宽度。EAN 码有两种类型,即 EAN-13 码(见图 6-1)和 EAN-8 码(见图 6-1)。

① EAN-13 码。EAN-13 码由 13 个数字组成,为 EAN 的标准编码型式,又称 EAN 标准码;EAN-13 码由国家代码 3 位数(我国的国家代码为 690~692)、厂商代码 4 位数、产品代码 5 位数及检查码 1 位数组成。

② EAN-8 码。EAN-8 码由 8 个数字组成,属 EAN 的简易编码型式,又称 EAN 缩短码;EAN-8 码由国别码 2 位、产品代码 5 位及检查码 1 位组成。当包装面积小于 120 cm^2 而无法使用标准码时,可以申请使用缩短码。

图 6-1　UPC 码和 EAN 码的结构示意图

(3) 交叉 25 码。交叉 25 码(见图 6-2)是一种长度可变的连续型自校验数字式码制,其字符集为数字 0~9。交叉 25 码采用两种元素宽度,每个条和空是宽或窄元素。编码字符个数为偶数,所有奇数位置上的数据以条编码,偶数位置上的数据以空编码。如果为奇数个数据编码,则在数据前补一位 0,以使数据为偶数个数位。交叉 25 码主要应用于批发、仓库、生产、包装识别、运输及国际航空系统的机票顺序编码等。

(4) 39 码。39 码(见图 6-3)是第一个字母数字式码制。1975 年由 Intermec 公司推出。它是长度可变的离散型自校验字母数字式码制。它可表示数字 0~9、英文字母 A~Z 及 -、.、/、+、%、$、Space 和 * 共 44 个符号,其中"*"仅作为起始符和终止符。每个字符由 9 个单元组成,其中有 5 个条(2 个宽条,3 个窄条)和 4 个空(1 个宽空,3 个窄空),是一种离散码,编码容量为 C(19,3)=84。39 码是一种可供使用者双向扫描的分散式条码,故应用较一般一维条码广泛,目前主要应用于工业产品、商业资料及医院用的保健资料。它的最大优点是码数没有强制的限定,可用大写英文字母码,且检查码可忽略不计。标准的 39 码由起始安全空间、起始码、资料码、可忽略不计的检查码、终止安全空间及终止码构成。

图 6-2　交叉 25 码结构示意图　　　　图 6-3　39 码结构示意图

(5) 库德巴码。库德巴码（Code Bar，见图 6-4）出现于 1972 年，是一种长度可变的连续型自校验数字式码制。库德巴码常用于仓库、血库和航空快递包裹中。1977 年美国输血协会将库德巴条码规定为血袋标识标准条码。

在一个库德巴条码符号中，每一个字符由 7 个单元构成，其中两个或三个是宽单元，其余是窄单元。库德巴码的编码容量为 $C(7,2)+C(7,3)=56$，而它的字符集中仅有 20 个字符：数字 0～9、字母 a、b、c、d，特殊字符 $、-、:、/、.、+。库德巴条码具有双向可读性，在阅读库德巴条码符号时，扫描方向的判定是通过终止符和起始符来实现的。库德巴条码是一种具有强自校验功能的条码。

(6) 128 码。128 码（见图 6-5）出现于 1981 年，是一种长度可变的连续型自校验数字式码制。与其他一维条码比较起来，128 码是较为复杂的条码系统可表示从 ASCII 0 到 ASCII 127 共 128 个字符，故称 128 码。其所能支持的字符相对地比其他一维条码来得多，又有不同的编码方式可供交互运用，因此其应用弹性也较大。它采用 4 种元素宽度，每个字符有 3 个条和 3 个空，共 11 个单元元素宽度，又称（11,3）码。它有 106 个不同的条形码字符，每个条形码字符有 3 种含义不同的编码方式，分别为 A、B、C。它使用这 3 个交替的编码方式可将 128 个 ASCII 码编码。128 码的内容大致亦分为起始码、资料码、终止码、检查码等 4 部分，其中检查码是可有可无的。

图 6-4　库德巴码结构示意图　　　　图 6-5　128 码结构示意图

(7) 93 码。93 码（见图 6-6）于 1982 年推出，是一种密度很高的条码符号。39 码有许多优点，但其密度不是很高，这是由其编码方法决定的，所以有些应用 39 码的场合，出现了印刷面积不足的问题，93 码的设计正是为了解决这一问题。93 码与 39 码兼容，主要表现在它们具有相同的数据字符集。93 码是一种长度可变的连续型字母数字式码制。其字符集成为数字 0～9、26 个大写字母和 7 个特殊字符（-、.、Space、/、+、%、$）及 4 个控制字符。每个字符有 3 个条和 3 个空，共 9 个元素宽度。

图 6-6　93 码结构示意图

（8）49 码。1987 年美国人 David Allairs 博士提出 49 码，49 码是一种多行的连续型、长度可变的字母数字式码制，主要用于小物品标签上的符号。49 码采用多种元素宽度，其字符集为数字 0～9、26 个大写字母、7 个特殊字符（-、.、Space、/、+、%、$）、3 个功能键（F1、F2、F3）和 3 个变换字符，共 49 个字符。

（9）其他码制。除上述条码外，还有其他的码制，例如 25 码出现于 1977 年，主要用于电子元器件标签；矩阵 25 码是我国邮政快件和挂号信函上面使用的一种条形码来源。

2）按维数分类

（1）普通的一维条码。普通的一维条码自问世以来，很快得到了普及并广泛应用。一维条形码只是在一个方向（一般是水平方向）表达信息，而在垂直方向则不表达任何信息，其一定的高度通常是为了便于阅读器的对准。因此，一维条码的信息容量很小，更多的描述商品的信息只能依赖数据库的支持，离开了预先建立的数据库，这种条码就变成了无源之水、无本之木，因而条码的应用范围受到了一定的限制。一维条形码的应用可以提高信息录入的速度，减少差错率，但是一维条形码也存在一些不足之处。

① 数据容量较小，仅 30 个字符左右。
② 只能包含字母和数字。
③ 条形码尺寸相对较大（空间利用率较低）。
④ 条形码遭到损坏后便不能阅读。

（2）二维条码。在水平和垂直方向的二维空间内存储信息的条形码称为二维条形码（2-dimensional Bar Code）。与一维条形码一样，二维条形码也有许多不同的编码方法，或称码制。就这些码制的编码原理而言，通常可分为以下 3 种类型。

① 线性堆叠式二维码：是在一维条形码编码原理的基础上，将多个一维码在纵向堆叠而产生的，典型的码制如 Code 16K、Code 49、PDF417 等。
② 矩阵式二维码：在一个矩形空间通过黑、白像素在矩阵中的不同分布进行编码，典型的码制如 Aztec、Maxi Code、QR Code、Data Matrix 等。
③ 邮政码：通过不同长度的条进行编码，主要用于邮件编码，如 Postnet、BP04-State。

在许多种类的二维条形码中，常用的码制有 QR Code、PDF417、Data Matrix、Maxi Code、Vericode、Aztec、Ultracode、Code 49、Code 16K 等，如图 6-7 所示。

① PDF417 取自英文"Portable Data File"三个单词的首字母的缩写，意为"便携数据文件"。PDF417 是 1992 年由 Symbol 公司的王寅君博士发明的，因为组成条形码的每一符号

字符都是由4个条和4个空构成,如果将组成条形码的最窄条或空称为一个模块,则上述的4个条和4个空的总模块数一定为17,所以称417码或PDF417码。PDF417在运输行业、身份识别、资产跟踪等领域有广泛的应用。

② Data Matrix 主要用于电子行业小零件的标识,如 Intel 的奔腾处理器的背面就印制了这种码。

③ Maxi Code 是由美国联合包裹服务(UPS)公司研制的,用于包裹的分拣和跟踪。

④ Aztec 是由美国韦林(Welch Allyn)公司推出的,最多可容纳3 832个数字、3 067个字母或1 914个字节的数据。

Data Matrix　　　　　　PDF417　　　　　　QR Code

图6-7 常见的二维码

进入20世纪80年代以来,人们围绕如何提高条形码符号的信息密度进行了研究工作。

二维条形码作为一种新的信息存储和传递技术,从诞生之时就受到了国际社会的广泛关注。经过几年的努力,现已应用在国防、公共安全、交通运输、医疗保险、工业、商业、金融、海关及政府管理等多个领域。

二维条形码依靠其庞大的信息携带量,能够将过去使用一维条形码时存储于后台数据库中的信息包含在条形码中,可以直接通过阅读条形码得到相应的信息。而且,二维条形码还有错误修正技术及防伪功能,增加了数据的安全性。

二维条形码可把照片、指纹编制于其中,可有效地解决证件的可读和防伪问题。因此,二维条形码可广泛应用于护照、身份证、行车证、军人证、健康证、保险卡等。

3) 按条形码的应用领域分类

(1) 商品条形码。目前世界上常用的码制有 ENA 条形码、UPC 条形码、25 条形码、交叉25 条形码、库德巴条形码、39 条形码和128 条形码等,而商品上最常使用的就是 EAN 商品条形码。EAN 商品条形码亦称通用商品条形码,由国际物品编码协会制定,通用于世界各地,是目前国际上使用最广泛的一种商品条形码。我国目前在国内推行使用的也是这种商品条形码。EAN 商品条形码分为 EAN-13(标准版)和 EAN-8(缩短版)两种。

(2) 物流条形码。国际上通用的和公认的物流条码码制只有3种(如图6-8所示):ITF-14 条码、UCC/EAN-128 条码及 EAN-13 条码。ITF(Interleaved Two of Five)是在交叉25 条码的基础上扩展形成的一种用于储运包装上的条码。选用条码时,要根据货物的不同和商品包装的不同,采用不同的条码码制。单个大件商品,如电视机、电冰箱、洗衣机等商品的包装箱往往采用 EAN-13 条码。储运包装箱常常采用 ITF-14 条码或 UCC/EAN-128 应用标识条码,包装箱内可以是单一商品,也可以是由不同的商品或多件商品的小包装构成。UCC/EAN-128 条码是由国际物品编码协会（EAN）、美国统一代码委员会（UCC）和自动识别制造商协会（AIM）共同设计而成的，是为了进一步表示商品的有关信息，需要对 EAN/UPC 代码增加一个补充代码。

EAN-13 表示的 6901234000054

ITF-14 表示的 6901234000054

UCC/EAN-128 表示的 6901234000054

图 6-8　常用物流条形码结构示意图

3. 条形码技术在物流领域的应用

条形码技术已经成为物流现代化的一个重要组成部分。同时，它还有力地促进了物流体系各环节作业的机械化、自动化，对物流各环节的计算机管理起着基础性作用。条形码在现代化物流管理中起着直接、高效的信息媒体作用，它使现代化的管理和现代化的技术互相结合。以条形码技术的应用为基础的信息流将是未来信息技术的重要特征。控制了信息流就控制了物流。信息技术的现代化必然促进配送技术和管理的现代化。

1）条形码在流通企业中的应用

货物的条形码是建立整个供应链的最基本的条件，它是实现仓储自动化的第一步，也是 POS 系统快速准确收集销售数据的手段。借助条形码，POS 系统可以实现商品从订购、送货、内部配送、销售、盘货等零售业循环的一元化管理，使商业的管理模式实现 3 个转变：

（1）从传统的依靠经验管理转变为依靠精确的数字分析管理；

（2）从事后管理（隔一段时间进行结算、盘点）转变为"实时"管理（对每一商品项目，如品种、规格、包装样式等细账的管理）；

（3）销售商可随时掌握商品早晚销售情况，以调整进货计划，组织适销货源，从而减少脱销、滞销带来的损失，并可以加速资金周转，有利于货架安排的合理化，提高销售额。

2）条形码在加工制造业中的应用

加工制造业范围很广，这里仅以汽车制造业为例来说明。汽车制造是通过流水作业线来完成的。一辆汽车要由成千上万个零件装配而成，根据汽车型号不同，所需要的零部件的品种和数量也不同。有的要空调，有的要后备箱，有的要机械换挡变速箱，有的要液压变速箱，等等。为了能按订单生产，在先进的工业化国家，不同型号的汽车是要在同一生产线上装配的。为了避免差错，在零部件进入装配线前，要用扫描器识别零部件的条形码，确认它与所要装配的汽车匹配。在汽车装配完毕后还要识别整车上的条形码，一方面对生产完成情况做一个记录；另一方面，不同型号的车辆要通过不同的试验程序。试验机可以根据整车的条形码信息来自动完成所需要的试验项目。

3) 条形码在物流业中的应用

条形码的物流应用包括配送中心的订货、进货、存放、拣货、出库。

(1) 以便利店订货簿的方式订货。连锁总部定期将订货簿发给各便利店，订货簿上有商品名称、商品货号、商品条形码、订货点、订货单位、订货量等，工作人员拿着订货簿巡视各商品以确认所剩陈列数，记入订货量；或到办公室后，用条形码扫描器扫描预定商品的条形码并输入订货量，再用调制器传出订货数据。

(2) 配送中心的进货验收作业。对整箱进货的商品，其包装箱上有条形码，放在输送带上经过固定式条形码扫描器的自动识别，可接受指令传送到存放位置附近。对整个托盘进货的商品，叉车驾驶员用手持式条形码扫描器扫描外包装箱上的条形码标签，利用计算机与射频数据通信系统，可将存放指令下载到叉车的终端机上。

(3) 补货作业。基于条形码进行补货，可确保补货作业的正确性。有些拣货错误源于前项的补货作业错误。商品进货验收后，移到保管区，需适时、适量地补货到捡货区；避免补货错误，可在储位卡上印上商品条形码与储位码的条形码，当商品移动到位后，以手持式条形码扫描器读取商品条形码和储位码条形码，由计算机核对是否正确，这样便可保证补货作业的正确。

(4) 拣货作业。拣货有两种方式：一种是按客户进行拣取的摘取式拣货；另一种是先将所有客户对各商品的订货汇总，一次拣出，再按客户分配商品量，即整批拣取，二次分拣，称为播种式拣货。对于摘取式拣货作业，在拣取后用条形码扫描器读取刚拣取商品上的条形码，即可确认拣货的正确性。对于播种式拣货作业，可使用自动分货机，当商品在输送带上移动时，用固定条形码扫描器判别商品货号，指示移动路线与位置。

(5) 交货时的交点作业。交货时的交点作业通常分为两种形式，一种是由配送中心出货前即复点数量，另一种是交由客户当面或事后确认。对于配送中心出货前的复点式作业，由于在拣货的同时已经以条形码确认过，就无需进行此复点作业了。对于客户的当面或事后确认，由于拣货时已用条形码确认过，无需交货时双方逐一核对。

(6) 仓储配送作业。其实商品的自动辨识方法还可以采用磁卡、IC 卡等其他方式来达成。但以物流仓储配送作业而言，由于大多数的储存货品都具备有条形码，所以用条形码进行自动识别与资料收集是最便宜、最方便的方式。商品条形码上的资料经条形码读取设备读取后，可迅速、正确、简单地将商品资料自动输入，从而达到自动化登录、控制、传递、沟通的目的。其在储存管理上的效益有以下几个方面。

① 登录快速，节省人力。

② 提高物流作业效率。
③ 减少管理成本。
④ 降低错误率，提高作业质量。
⑤ 更精确地控制储位的指派与货品的拣取。
⑥ 可方便有效地盘点货品，准确地掌握库存，控制存货。
⑦ 可做到实时数据收集，实时显示，并经计算机快速处理而达到实施分析与实施控制的目的。

6.1.2 射频识别技术

1．射频识别技术概述

1）射频识别技术的概念

射频识别技术（Radio Frequency Identification，RFID）是20世纪90年代开始兴起的一种自动识别技术，是一项利用射频信号通过空间耦合（交变磁场或电磁场）实现无接触信息传递并通过所传递的信息达到识别目的的技术。该系统的优点是不局限于视线，识别距离比光学系统远。射频识别卡具有读写能力，可携带大量数据，难以伪造，具有智能，与其他识别技术相比具有明显的优点，如表6-1所示。RFID 适用于物料跟踪、运载工具和货架识别等要求非接触数据采集和交换的场合。由于 RFID 标签具有可读写能力，对于需要频繁改变数据内容的场合尤为适用。

表6-1 不同识别系统的比较

	数据量	污染影响	受方向性影响	磨损	工作费用	阅读速度	最大读取距离	自动化程度
RFID	32 KB～2 MB	无	较小	无	一般	很快	10 m	高
IC 卡	16 KB～64 KB	可能	单方向	触点	一般	一般	接触	低
条形码	1 B～100 B	严重	单方向	严重	很小	慢	10 cm	低

RFID 系统至少包含电子标签（TAG）和阅读器（Reader）两部分。电子标签是射频识别系统的数据载体，电子标签由标签天线和标签专用芯片组成。RFID 的工作原理是：标签进入磁场后，如果接收到阅读器发出的特殊射频信号，就能凭借感应电流所获得的能量发送出存储在芯片中的产品信息（即 Passive Tag，无源标签或被动标签），或者主动发送某一频率的信号（即 Active Tag，有源标签或主动标签），阅读器读取信息并解码后，送至中央信息系统进行有关的数据处理。

2）射频识别系统的组成

RFID 系统在具体的应用过程中，根据不同的应用目的和应用环境，系统的组成会有所不同，但从 RFID 系统的工作原理来看，系统一般都由信号发射机、信号接收机、发射接收天线几部分组成。

(1) 信号发射机。在 RFID 系统中，信号发射机为了不同的应用目的，会以不同的形式存在，其典型的形式是电子标签（TAG）。电子标签相当于条码技术中的条码符号，用来存储需要识别传输的信息。另外，与条码不同的是，标签必须能够自动或在外力的作用下，把存储的信息主动发射出去。

(2) 信号接收机。在 RFID 系统中，信号接收机一般叫作阅读器。根据支持的标签类型不同与完成的功能不同，阅读器的复杂程度是显著不同的。阅读器基本的功能就是提供与标签进行数据传输的途径。另外，阅读器还提供相当复杂的信号状态控制、奇偶错误校验与更正功能等。标签中除了存储需要传输的信息外，还必须含有一定的附加信息，如错误校验信息等。识别数据信息和附加信息按照一定的结构编制在一起，并按照特定的顺序向外发送。阅读器通过接收到的附加信息来控制数据流的发送。一旦到达阅读器的信息被正确地接收和译解后，阅读器通过特定的算法决定是否需要发射机对发送的信号重发一次，或者直到发射器停止发信号，这就是"命令响应协议"。使用这种协议，即便在很短的时间、很小的空间内阅读多个标签，也可以有效地防止"欺骗问题"的产生。

(3) 编程器。只有可读可写标签系统才需要编程器。编程器是向标签写入数据的装置。编程器写入数据一般来说是离线（Off-Line）完成的，也就是预先在标签中写入数据，等到开始应用时直接把标签黏附在被标识项目上。也有一些 RFID 应用系统，写数据是在线（On-Line）完成的，尤其是在生产环境中作为交互式便携数据文件来处理时。

(4) 天线。天线是指标签与阅读器之间传输数据的发射、接收装置。在实际应用中，除了系统功率，天线的形状和相对位置也会影响数据的发射和接收，所以需要专业人员对系统的天线进行设计、安装。

2. 射频识别技术的分类

根据电子标签的工作方式不同，有能够主动发射数据给阅读器的主动式和只能由阅读器发出查询信号进行识别的被动式两类。按照电子标签读写方式的不同，可以分成只读型和读写型两类。读写型标签的信息，不但可以被阅读器读出，还可以由阅读器写入。按照电子标签的能源，有不带能源的标签和带能源的标签两类。

从应用概念来说，电子标签的工作频率也就是无线射频识别系统的工作频率，是其最重要的特点之一。电子标签的工作频率不仅决定着无线射频识别系统的工作原理（电感耦合，还是电磁耦合）、识别距离，还决定着电子标签及阅读器实现的难易程度和设备的成本。工作在不同频段或频点上的电子标签具有不同的特点。无线射频识别应用占据的频段或频点在国际上有公认的划分，即位于 ISM 波段之中。典型的工作频率有：125 kHz、133 kHz、13.56 MHz、27.12 MHz、433 MHz、902 MHz～928 MHz、2.45 GHz、5.8 GHz 等。按标签工作频率的不同，有低频（LF）、高频（HF）、微波（UHF）3 种标签。

1) 低频段电子标签

低频段电子标签简称为低频标签，其工作频率范围为 30 kHz～300 kHz，典型的工作频率有 125 kHz、133 kHz（也有接近的其他频率，如 TI 使用 134.2 kHz）。低频标签一般为无源标签，其工作能量通过电感耦合方式从阅读器耦合线圈的辐射近场中获得。低频标签与阅读器之间传送数据时，低频标签需位于阅读器天线辐射的近场区内。低频标签的阅读距离一般情况下小于 1 m。

低频标签的典型应用有动物识别、容器识别、工具识别、电子闭锁防盗（带有内置应答器的汽车钥匙）等。与低频标签相关的国际标准有 ISO 11784/11785（用于动物识别）、ISO 18000-2（125 kHz～135 kHz）。低频标签有多种外观形式，应用于动物识别的低频标签外观有项圈式、耳牌式、注射式、药丸式等。

低频标签的主要优势体现在：标签芯片一般采用普通的 CMOS 工艺，具有省电、廉价的特点；工作频率不受无线电频率管制约束；可以穿透水、有机组织、木材等；非常适合近距离的、低速度的、数据量要求较少的识别应用（例如动物识别）等。

低频标签的劣势主要体现在：标签存储数据量较少；只能适合低速、近距离识别应用；与高频标签相比，低频标签天线匝数更多，成本更高一些。

2）中高频段电子标签

中高频段电子标签的工作频率一般为 3 MHz～30 MHz，典型的工作频率为 13.56 MHz。该频段的电子标签，从无线射频识别应用的角度来说，因其工作原理与低频标签完全相同，即采用电感耦合方式工作，所以宜将其归为低频标签类中。另一方面，根据无线电频率的一般划分，其工作频段又称为高频，所以也常将其称为高频标签。

高频电子标签一般也采用无源方式，其工作能量同低频标签一样，也是通过电感（磁）耦合方式从阅读器耦合线圈的辐射近场中获得。标签与阅读器进行数据交换时，标签必须位于阅读器天线辐射的近场区内。中频标签的阅读距离一般情况下也小于 1 m（最大读取距离为 1.5 m）。

高频标签由于可方便地做成卡状，典型的应用包括电子车票、电子身份证、电子闭锁防盗（电子遥控门锁控制器）等。相关的国际标准有 ISO 14443、ISO 15693、ISO 18000-3（13.56 MHz）等。

高频标签的基本特点与低频标签相似，由于其工作频率的提高，可以选用较高的数据传输速率。高频标签的天线设计相对简单，标签一般制成标准卡片形状。

3）超高频与微波标签

超高频与微波频段的电子标签简称为微波电子标签，其典型的工作频率为：433.92 MHz、862（902）MHz～928 MHz、2.45 GHz、5.8 GHz。微波电子标签可分为有源标签与无源标签两类。工作时，电子标签位于阅读器天线辐射场的远区场内，标签与阅读器之间的耦合方式为电磁耦合方式。阅读器天线辐射场为无源标签提供射频能量，将有源标签唤醒。相应的无线射频识别系统阅读距离一般大于 1 m，典型情况为 4～7 m，最大可达 10 m 以上。阅读器天线一般均为定向天线，只有在阅读器天线定向波束范围内的电子标签可被读写。

由于阅读距离的增加，应用中有可能在阅读区域中同时出现多个电子标签的情况，从而提出了多标签同时读取的需求，进而这种需求发展成为一种潮流。目前，先进的无线射频识别系统均将多标签识读问题作为系统的一个重要特征。

以目前的技术水平来说，无源微波电子标签比较成功的产品相对集中在 902 MHz ~ 928 MHz 工作频段上。2.45 GHz 和 5.8 GHz 无线射频识别系统多以半无源微波电子标签产品面世。半无源电子标签一般采用纽扣电池供电，具有较远的阅读距离。

微波电子标签的典型特点主要集中在是否无源、无线读写距离、是否支持多标签读写、是否适合高速识别应用、阅读器的发射功率容限、电子标签及阅读器的价格等方面。对于可无线读写的电子标签而言，通常情况下，写入距离要小于识读距离，其原因在于写入要求更大的能量。

微波电子标签的数据存储容量一般限定在 2 KB 以内，再大的存储容量似乎没有太大的意义。从技术及应用的角度来说，微波电子标签并不适合作为大量数据的载体，其主要功能在于标识物品并完成无接触的识别过程。典型的数据容量指标有 1 KB、128 B、64 B 等。微波电子标签的典型应用包括移动车辆识别、电子身份证、仓储物流应用、电子闭锁防盗（电子遥控门锁控制器）等。

根据以上叙述，电子标签不同工作频率的应用如表 6-2 所示。

表 6-2 不同工作频率电子标签的应用特征

工作频率	协议	最大读写距离	受方向影响	芯片价格	数据传输速率	目前的使用情况
125 kHz	ISO 11784/11785 ISO 18000-2	10 cm	无	一般	慢	大量使用
13.56 kHz	ISO/IEC 14443	10 cm	无	一般	较慢	大量使用
	ISO/IEC 15693	单向 180 cm 全向 100 cm	无	低	较快	大量使用
860 MHz ~ 930 MHz	ISO/IEC 18000-6/EPCx	10 m	一般	一般	读写较慢	大量使用
2.45 GHz	ISO/IEC 18001-3	10 m	一般	较高	较快	可能大量使用
5.8 GHz	ISO/IEC 18001-5	10 m 以上	一般	较高	较快	可能大量使用

3. 射频识别技术的应用

一套完整的 RFID 系统解决方案包括标签设计及制作工艺、天线设计、系统中间件研发、系统可靠性研究、阅读器设计和示范应用演示 6 部分。射频识别技术可以广泛应用于工业自动化、商业自动化、交通运输控制管理和身份认证等多个领域，而在仓储物流管理、生产过程制造管理、智能交通、网络家电控制等方面更是引起了众多厂商的关注。其典型的应用领域如表 6-3 所示。

表 6-3 RFID 典型应用领域

典型的应用领域	具体应用
车辆自动识别管理	铁路车号自动识别是射频识别技术最普遍的应用
高速公路收费及智能交通系统	高速公路自动收费系统是射频识别技术最成功的应用之一，它充分体现了非接触识别的优势。在车辆高速通过收费站的同时完成缴费，解决了交通的瓶颈问题，提高了车行速度，避免了拥堵，提高了收费结算效率
货物的跟踪、管理及监控	射频识别技术为货物的跟踪、管理及监控提供了快捷、准确、自动化的手段。以射频识别技术为核心的集装箱自动识别成为全球范围最大的货物跟踪管理应用
仓储、配送等物流环节	射频识别技术目前在仓储、配送等物流环节已有许多成功的应用。随着射频识别技术在开放的物流环节统一标准的研究开发，物流业将成为射频识别技术最大的受益行业
电子钱包、电子票证	射频识别卡是射频识别技术的一个主要应用。射频识别卡的功能相当于电子钱包，可实现非现金结算，目前主要的应用在交通方面
生产线产品加工过程自动控制	主要应用在大型工厂的自动化流水作业线上，实现自动控制、监视，提高生产效率，节约成本
动物跟踪及管理	射频识别技术可用于动物跟踪。在大型养殖厂，可通过采用射频识别技术建立饲养档案、预防接种档案等，达到高效、自动化管理牲畜的目的，同时为食品安全提供了保障。射频识别技术还可用于信鸽比赛、赛马识别等，以准确测定到达时间

通常，RFID 的产品按其使用功能可以分为身份识别 ID 卡、消费 IC 卡、物流标记卡、远距离识别卡等。目前各家厂商的 RFID 产品在功能上各有侧重：瑞士 EM 公司的 ID 卡主要用于身份识别，荷兰 Philips 公司的 Mifare One 卡主要用于消费，美国 TI 公司的标签卡主要用于物流，瑞典 TagMaster 公司的远距离卡主要用于停车人员物资远距离识别等。

根据 RFID 系统完成的功能不同，可以粗略地把 RFID 系统分成 4 种类型：EAS 系统、便携式数据采集系统、物流控制系统、定位系统。

(1) EAS 系统。EAS（Electronic Article Surveillance，EAS）系统是一种设置在需要控制物品出入的门口的 RFID 技术。这种技术的典型应用场合是商店、图书馆、数据中心等，当未被授权的人从这些地方非法取走物品时，EAS 系统会发出警告。在应用 EAS 技术时，首先在物品上黏附 EAS 标签，当物品被正常购买或者合法移出时，在结算处通过一定的装置使 EAS 标签失活，物品就可以被取走。物品经过装有 EAS 系统的门口时，EAS 装置能自动检测标签的活动性，发现活动性标签 EAS 系统会发出警告。EAS 技术的应用可以有效防止物品的被盗，不管是大件的商品，还是很小的物品。应用 EAS 技术，物品不用再锁在玻璃橱柜里，可以让顾客自由地观看、检查商品，这在自选日益流行的今天有着非常重要的现实意义。典型的 EAS 系统一般由 3 部分组成：① 附着在商品上的电子标签，即电子传感器；② 电子标签灭活装置，以便授权商品能正常出入；③ 监视器，在出口造成一定区域的监视空间。

EAS 系统的工作原理是：在监视区，发射器以一定的频率向接收器发射信号；发射器与接受器一般安装在零售店、图书馆的出入口，形成一定的监视空间；当具有特殊特征的标签进入该区域时，会对发射器发出的信号产生干扰，这种干扰信号也会被接收器接收，再经过微处理器的分析判断，就会控制警报器的鸣响。根据发射器所发出的信号不同及标签对信号干扰原理的不同，EAS 可以分成许多种类型。关于 EAS 技术最新的研究方向是标签的制作，人们正在讨论 EAS 标签能不能像条码一样，在产品的制作或包装过程中加进产品，成为产品的一部分。

(2) 便携式数据采集系统。便携式数据采集系统是指使用带有 RFID 阅读器的手持式数据采集器采集 RFID 标签上的数据。这种系统具有比较大的灵活性，适用于不宜安装固定式 RFID 系统的应用环境。手持式阅读器（数据输入终端）可以在读取数据的同时，通过无线电波数据传输方式（RFDC）实时地向主计算机系统传输数据，也可以暂时将数据存储在阅读器中，然后再一批一批地向主计算机系统传输数据。

(3) 物流控制系统。在物流控制系统中，固定布置的 RFID 阅读器分散布置在给定的区域，并且阅读器直接与数据管理信息系统相连，信号发射机是移动的，一般安装在移动的物体、人上面。当物体、人流经阅读器时，阅读器会自动扫描标签上的信息并把数据信息输入数据管理信息系统存储、分析、处理，达到控制物流的目的。

(4) 定位系统。定位系统用于自动化加工系统中的定位及对车辆、轮船等进行运行定位。阅读器放置在移动的车辆、轮船上或者自动化流水线中移动的物料、半成品、成品上，信号发射机嵌入到操作环境的地表下面。信号发射机上存储有位置识别信息，阅读器一般通过无线的方式或者有线的方式连接到主信息管理系统。

6.2 自动跟踪和监控技术

要实现自动跟踪和监控功能，必须同时具备 3 个系统：一个系统具备完成自动跟踪的定位功能，即全球定位系统，能够实时得到跟踪车辆的三维坐标；但是如何把三维坐标标注到相应的街道地图上，必须依赖第二个系统，即地理信息系统，该系统能把坐标信息显示在电子地图上进行监控；要想用户和监控中心都能及时得到这些信息并做出合理决策和调整，还有第三个系统，即全球移动通信系统。下面简要阐述这 3 个系统的主要结构或功能。

6.2.1 全球定位系统

1. GPS 概述

GPS 是英文"Global Positioning System"的字头缩写词，其含义是：利用导航卫星进行测时和测距，由具有全球性、全能性、全天候优势的导航定位、定时测速系统构成的全球定位系统。GPS 是美国于 20 世纪 70 年代初推出的，是建立在无线电定位系统、导航系统和定时系统基础上的空间导航系统。它以距离为基本观测量，通过同时对多颗卫星进行伪距测量来计算接收机的位置。由于测距是在短时间内完成的，故可实现动态测量。而且，用户只需购买 GPS 接收机，就可享受免费的导航、授时和定位服务。

整个 GPS 定位系统由 3 部分组成，即 GPS 卫星组成的空间部分、由 9 个地面站组成的地面监控系统和以接收机为主体的用户部分。三者是有机配合而又有各自的功能和作用的整体系统。它们的关系如图 6-9 所示。

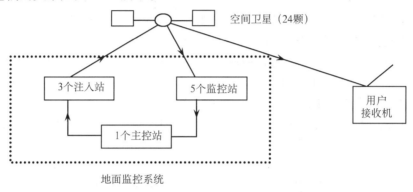

图 6-9　GPS 的系统组成

（1）空间部分。空间部分由 21 颗工作卫星和 3 颗备用卫星组成。工作卫星分布在 6 个轨道面内，每个轨道平面配置 3 颗卫星，每隔一条轨道平面配备一颗备用卫星。这样同时位于地平线上的卫星数目最少为 4 颗，最多为 11 颗。这样的空间配置保证在全球各处可以随时观测到至少 4 颗卫星。卫星上装备了无线收发两用机、计算机、铯原子钟及其他设备。每颗卫星上发射载波无线电信号，载波上还调制了数据导航电文，内容有卫星星历、状态信息、时间信息和星钟偏差等。

（2）地面监控系统。由图 6-9 可知，地面监控部分包括 5 个监控站、1 个主控站、3 个注入站。监控站是数据自动采集中心，主要为主控站提供各种观测数据；主控站是系统管理和数据处理的中心，其主要任务是用监控站和本站提供的观测数据计算卫星星历、卫星钟差和大气延迟修正系数，提供全球定位系统时间基准，并将这些数据传到注入站，调整卫星运行轨道，启动备用卫星等；注入站将主控站推算出的卫星星历、卫星钟差、导航电文等控制指令注入到相应卫星的存储系统，并监测注入信息的正确性。

（3）用户部分。GPS 卫星发送的导航定位信号是一种可供无数用户共享的信息资源。对于陆地、海洋和空间的广大用户，只要用户拥有能够接收、跟踪、变换和测量 GPS 信号的接收设备，即 GPS 接收机，就可以在任何时候用 GPS 信号进行导航定位测量。接收机的任务是：能够捕获到按一定卫星高度截止角所选择的待测卫星的信号，并跟踪这些卫星的运行，对所接收到的 GPS 信号进行变换、放大和处理，以便测出 GPS 信号从卫星到接收机天线的传播时间，解译出 GPS 卫星发送的导航电文，实时地计算出测站的三维位置、速度和时间。

2. GPS 在物流配送中的应用

（1）车辆导航。GPS 应用于公路车辆导航将成为未来 GPS 应用的主要领域之一。我国已有数十家公司在开发和销售车载导航系统。中远、中外运等大型国际物流服务企业均建立了装载 GPS 的车队。

（2）用于内河及远洋船队最佳航程和安全航线的测定，航向的实时调度、监测及水上救援。在我国，GPS 最先使用于远洋运输的航舶导航。我国跨世纪的三峡工程也已规划利用 GPS 来改善航运条件，提高航运能力。

（3）用于空中交通管理、精密进场着陆、航路导航和监视。国际民航组织提出，在 21 世纪将用未来导航系统取代现行航行系统，它是一个以卫星技术为基础的航空通信系统，它利用全球导航卫星系统（GNSS）实现飞机航路、终端和进场导航。

（4）用于铁路运输管理。我国铁路开发了基于 GPS 的计算机管理系统，可以通过 GPS 和计算机网络实时收集全路列车、机车、车辆、集装箱及所运货物的动态信息，可实现列车、货物追踪管理。只要知道货车的车种、车型、车号，就可以立即从近 10 万 km 的铁路网上流动着的几十万辆货车中找到该货车，还能得知这辆货车现在何处运行或停在何处，大大提高了其路网及运营的透明度，为货主提供更高质量的服务。

6.2.2 地理信息系统

1. GIS 概述

地理信息学是计算机科学、地理学、测量学和地图学等多门学科的交叉，是一门多学科综合的边缘学科，但其核心是计算机科学，基本技术是数据库、地图可视化及空间分析。地理信息系统（Geographic Information System，GIS）是处理地理信息的系统。地理信息是指直接或间接与地球上的空间位置有关的信息，又常称为空间信息。因此，GIS 是一类获取、处理、分析、表示并在不同系统、不同地点和不同用户之间传输空间数据的计算机应用系统。它作为计算机信息系统的一类，属于计算机软件的范畴。

GIS 的基本特征是以计算机为运行平台，空间数据参与运算，为各类应用目的服务。因此，GIS 可以用来作为一个以空间信息为主线，将其他各种与空间位置有关的信息结合在一起为应用服务的集成框架。由于世界上大多数信息都与其产生、代表、包含的地点有关，所以 GIS 的用途十分广泛，不仅涉及国民经济的许多领域，如交通、能源、农林、水利、测绘、地矿、环境、航空、土地资源综合利用等，而且与国际安全密切相关。

2. GIS 的组成

地理信息系统主要由 4 部分组成，即计算机硬件系统、计算机软件系统、空间数据及系统的组织和使用维护人员（即用户）。其核心内容是计算机硬件和软件，空间数据反映了应用地理信息系统的信息内容，用户决定了系统的工作方式。

1）计算机硬件系统

计算机硬件系统是计算机系统中实际物理设备的总称，主要包括计算机主机、输入设备、存储设备和输出设备。

2）计算机软件系统

计算机软件系统是地理信息系统运行时所必需的各种程序，具体包括以下几个方面。

（1）计算机系统软件。这些软件通常由计算机生产厂家提供。

（2）地理信息系统软件及其支撑软件，包括地理信息系统工具或地理信息系统实用软件程序，以完成空间数据的输入、存储、转换、输出及其用户接口功能等。

（3）应用程序。这是根据专题分析模型编制的特定应用任务的程序，是地理信息系统功能的扩充和延伸。一个优秀的地理信息系统工具对应用程序的开发应是透明的。应用程序作用于专题数据上，构成专题地理信息系统的基本内容。

3）空间数据

空间数据是地理信息系统的重要组成部分，是系统分析加工的对象，是地理信息系统表达现实世界的经过抽象的实质性内容。它一般包括3个方面的内容，即空间位置坐标数据，地理实体之间的空间拓扑关系及相对于空间位置的属性数据。通常，它们以一定的逻辑结构存放在空间数据库中，空间数据来源比较复杂，随着研究对象不同、范围不同、类型不同，可采用不同的空间数据结构和编码方法，其目的就是为了更好地管理和分析空间数据。

4）系统的组织和使用维护人员

地理信息系统是一个复杂的系统，仅有计算机硬件、软件及数据还不能构成一个完整的系统，必须要有系统的使用管理人员，其中包括具有地理信息系统知识和专业知识的高级应用人才、具有计算机知识和专业知识的软件应用人才及具有较强实际操作能力的硬软件维护人才。

3. GIS 在物流配送中的应用

地理信息系统在最近的30多年内取得了惊人的发展，广泛应用于资源调查、环境评估、灾害预测、国土管理、城市规划、邮电通信、交通运输、军事公安、水利电力、公共设施管理、农林牧业、统计、商业金融等几乎所有领域。地理信息系统的主要应用有以下几方面。

（1）电子地图。借助于计算机和数据库应用，电子地图可以比一般地图有几百、几千倍的信息容量。通过电子地图可以提供一种新的按地理位置进行搜索的方法，以获取相关的社会、经济、文化等各方面的信息，更好地对相关资源进行合理管理。

（2）辅助规划。地理信息系统可以辅助仓库、站场等基础设施的规划。它可以用地理坐标、图标方式，直观地反映这些基础设施的基本情况和布局情况，以进一步分析布局是否合理，从而对规划起到支持的作用。

（3）交通管理。与全球卫星定位系统相结合，可以及时反映车辆运行情况、交通路段情况、交通设施运行情况等，从而支持有效的交通管理。

(4) 军事应用。地理信息系统对于军事后勤仓库的分布、库存物资的分布、仓库物资的调用、储备的分布规划等领域的决策都有提供信息、进行分析和辅助决策的作用。

6.2.3 全球移动通信系统

由于 GPS 定位系统是一个单程导航系统，用户接收机只接收信号，但并不回传给卫星，而在具体应用中，一般都需要把利用 GPS 测出的信息传送到监控中心，因此需要用通信手段来实现。而且，只有实现监控中心和车辆的相互通信，才能真正达到车辆监控和跟踪系统的预期效果。

全球移动通信系统（Global System for Mobile Communications，GSM）俗称"全球通"，是一种起源于欧洲的移动通信技术标准，由欧洲电信标准学会（ETSI）于 1990 年正式公布。通过 GSM 技术和系统，可以提供无线通信下的电话和紧急业务、短信息业务（SMS）及数据业务。

我国于 20 世纪 90 年代初引进并采用此项技术标准，此前一直是采用蜂窝模拟移动技术，即第一代 GSM 技术（2001 年 12 月 31 日我国关闭了模拟移动网络）。目前，中国移动、中国联通各拥有一个 GSM 网络，为世界最大的移动通信网络。GSM 系统包括 GSM900（900 MHz）、GSM1800（1800 MHz）及 GSM1900（1900 MHz）等几个频段。GSM 是一种广泛应用于欧洲及世界其他地方的数字移动电话系统。GSM 使用的是时分多址的变体，并且它是目前 3 种数字无线电话技术（TDMA、GSM 和 CDMA）中使用最为广泛的一种。GSM 将资料数字化，并将数据进行压缩，然后与其他的两个用户数据流一起从信道发送出去，另外的两个用户数据流都有各自的时隙。

GSM 主要由移动交换子系统（MSS）、基站子系统（BSS）和移动台（MS）三大部分组成。基站子系统（BSS）由基站收发台（BTS）和基站控制器（BSC）组成；移动交换子系统由移动交换中心（MSC）和操作维护中心（OMC）及原地位置寄存器（HLR）、访问位置寄存器（VLR）、鉴权中心（AUC）和设备标志寄存器（EIR）等组成。其中 MSS 与 BSS 之间的接口为 A 接口，BSS 与 MS 之间的接口为 Um 接口。GSM 规范对系统的 A 接口和 Um 接口都有明确的规定，也就是说，A 接口和 Um 接口是开放的接口。

目前我国自动跟踪和监控系统采用的信息传输方式，主要有 VHF/UHF 单信道呼叫网、集群移动通信网、GSM 移动数字通信网 3 种方式。早期的 GPS 跟踪和监控系统常用的通信方案主要是前两种方式。但这两种方式各有缺点，VHF/UHF 单信道呼叫网属于早期的移动方式，实现自动跟踪和监控可采用时分多路（TDMA）方式来避免不同车辆之间的相互干扰，保证移动车辆与监控中心之间的正常通信，各移动车辆按照事先规定好的时隙向监控中心发送定位信息，监控中心再在某一固定的时间将监控命令发送给移动台。这样，该方式限制了监控系统的容量，而且不能保证实时动态传输信息。集群移动通信网属于专用监控通信系统，是共享频率、信道资源、分担费用、多用途、高效能的无线通信系统。专用移动通信网、集群移动通信网的覆盖范围和容量同样较小，而且要搭建整个通信网，其前期的费用投入非常大。而且，无论是 VHF/UHF 单信道呼叫网，还是集群移动通信网，都是调频制式的模拟通信系统，主要是为话音通信而设计的，若传送 GPS 信息首先要通过音频调制解调器把数字信号转换为模拟音频信号，再加到音频车载电台上进行传输（有些数字电台只不过是将调制解调部分放到电台里）。同样，在监控中心接受 GPS 信息也要经过这一系列转换，这势必不能满足高效工作的需要，因此，目前这两种通信网运用都较少。所以，在自动跟踪和监控系统中可采用 GSM 网来传输车辆定位信息。

6.3 自动补货订货技术

6.3.1 电子数据交换系统

电子数据交换（Electronic Data Interchange，EDI）系统最初的构想来自美国运输业。美国运输业 1968 年成立了运输数据协调委员会（Transportation Data Coordination Committee，TDCC）研究开发电子通信标准的可行性，并于 1975 年 TDCC 发布了第一个 EDI 标准。1978 年，美国成立了全国性 EDI 委员会——X12 委员会，该委员会于 1985 年制定了 ANSIX.12 标准。欧洲紧随其后，于 1986 年推出了《用于行政管理、商业和运输的电子数据互换》标准——EDIFACT。后来在联合国的协调和主持下制定了联合国 EDI 标准，即 UN/EDIFACT，作为国际通用标准。1990 年 3 月正式推出的 UN/EDIFACT 标准被国际标准化组织正式接收为国际标准 ISO 9735。自此，EDI 终于在标准上实现了全球化的统一。此后 EDI 在国际贸易、海关等相关领域迅速普及和推广，是无纸化贸易最早的模式。

1. EDI 概述

1）EDI 的定义

电子数据交换是一种在公司之间传输订单、发票等作业文件的电子化手段。又由于使用 EDI 可以减少甚至消除贸易过程中的纸面文件，因此 EDI 又被人们通俗地称为"无纸贸易"。

EDI 通过计算机通信网络将贸易、运输、保险、银行和海关等行业信息，用一种国际公认的标准格式，实现各有关部门或企业与企业之间的数据交换与处理，并完成以贸易为中心的全部过程。它是 20 世纪 80 年代发展起来的一种新颖的电子化贸易工具，是计算机、通信和现代管理技术相结合的产物。国际标准化组织（ISO）将 EDI 描述成"将贸易（商业）或行政事务处理按照一个公认的标准变成结构化的事务处理或信息数据格式，从计算机到计算机的电子传输"。而 ITU－T（原 CCITT）将 EDI 定义为"从计算机到计算机之间的结构化的事务数据交换"。

国际标准化组织电工委员会在 ISO/IEC 14662《信息技术——开放式 EDI 参考模型》国际标准（Information Technology—Open-EDI Reference Model Standard）中对 EDI 的定义为：

"在两个或两个以上的组织的信息系统之间,为实现业务目的而进行的预定义和结构化数据的自动交换。"对开放式 EDI 的定义为:"为完成明确的共同业务目标而在多个自治组织之间,根据开放式 EDI 标准进行的电子数据交换。"这也是我国国家标准有关 EDI 与开放式 EDI 的标准定义。

2) EDI 的特点

EDI 用于电子计算机之间商业信息的传递,包括日常咨询、计划、采购、到货通知、询价、付款、财政报告等,还用于安全、行政、贸易伙伴、规格、合同、生产分销等信息交换。目前人们正在开发适用于政府、保险、教育、娱乐、司法、保健和银行抵押业务等领域的 EDI 标准。由此可见,EDI 的应用远不止贸易事务,它可以广泛地应用到各个经济、行政等部门,仅仅把 EDI 认为是"无纸贸易"是一种片面的理解。

近年来,EDI 在物流中被广泛应用,称为物流 EDI。所谓的物流 EDI,是指货主、承运业主及其他的相关单位之间,通过 EDI 系统进行物流数据交换,并以此为基础实施物流作业活动的方法。物流 EDI 的参与对象有货主(如生产厂家、贸易商、批发商、零售商等)、承运业主(如独立的物流承运企业等)、实际运送货物的交通运输企业、协助单位(政府有关部门、金融企业等)和其他的物流相关单位(如仓库业者、配送中心等)。

EDI 是电子商业贸易的一种工具,将商业文件,如订单、发票、货运单、报关单和进出口许可证,按统一的标准编制成计算机能识别和处理的数据格式,在计算机之间进行传输。由此可知,EDI 具有以下特点。

(1) EDI 的使用对象是不同的组织之间,EDI 传输的企业间的报文是企业间信息交流的一种方式。

(2) EDI 所传送的资料是一般业务资料,如发票、订单等,而不是指一般性的通知。

(3) EDI 传输的报文是格式化的,是符合国际标准的,这是计算机能够自动处理报文的基本前提。

(4) EDI 使用的数据通信网络一般是增值网、专用网。

(5) 数据传输由收送双方的计算机系统直接传送、交换资料,不需要人工介入操作。

(6) EDI 与传真或电子邮件的区别是:传真与电子邮件需要人工的阅读判断处理才能进入计算机系统。人工将资料重复输入计算机系统中,既浪费人力资源,也容易发生错误,而 EDI 不需要再将有关资料人工重复输入系统。

3) 物流 EDI 的优势

物流信息由有关企业作业的实时数据组成,包括进口物料流程、生产状态、产品库存、顾客装运及新来的订货等。从外界的角度看,企业需要与卖主或供应商、金融机构、运输承运人和顾客交流有关订货、装运和开单的信息,而内部功能则可用于交换有关生产计划和控制等的数据。

操作人员首先使用打印机将企业 MIS 数据库中存放的数据打印出来,形成贸易单证。然后通过邮件或传真的方式发给贸易伙伴。贸易伙伴收到单证后,再由录入人员手工录入到数据库中，以便各个部门共享。数据库中的数据通过一个翻译器转换成字符型的标准贸易单证，然后通过网络传递给贸易伙伴的计算机。该计算机再通过一个数据翻译器将标准贸易单证转化成本企业内部的数据格式，存入数据库。

由此比较，不难看出使用 EDI 的好处。EDI 的直接利益包括以下几个方面。

（1）提高内部生产率。
（2）改善渠道关系。
（3）提高外部生产率。
（4）提高国际竞争力。
（5）降低作业成本。

EDI 通过更快的信息传输及减少信息登录的冗杂工作来改善生产率，通过减少数据登录的次数和个体数来提高精确性。EDI 是通过以下几个方面对物流作业的成本产生影响的。

（1）降低与印刷、邮寄及处理书面交易有关的劳动和物料成本。
（2）减少电话、传真及电传的通信费用。
（3）减少抄写成本。
（4）可及时利用运输资源，降低运输成本和减少时间浪费。

2. EDI 的组成要素

从 EDI 的定义不难看出，EDI 系统的构成包含了 3 个方面的内容，即计算机应用（EDI 软件和硬件）、通信、网络和数据标准化。其中计算机应用是 EDI 的条件，一个部门或企业要实现 EDI，首先必须有一套计算机数据处理系统；通信是 EDI 应用的基础，通信的优劣也是关系到 EDI 成败的重要因素之一；标准化是 EDI 的特征，为使本企业内部数据比较容易地转换为 EDI 标准格式，必须采用 EDI 标准。这 3 方面相互衔接、相互依存，构成 EDI 的基础框架。

EDI 标准是整个 EDI 最关键的部分，由于 EDI 是以实现商定的报文格式形式进行数据传输和信息交换，因此制定统一的 EDI 标准至关重要。EDI 标准主要分为以下几个方面：基础标准、代码标准、报文标准、单证标准、管理标准、应用标准、通信标准、安全保密标准等。

1）EDI 软件和硬件

计算机应用是实现 EDI 的内部条件。EDI 不是简单地通过计算机网络传送标准数据文件，它还要求对接收和发送的文件进行自动识别和处理。因此，EDI 用户必须具有完善的计算机处理系统。

从 EDI 的角度看，一个用户的计算机系统可以划分为两大部分：一部分是与 EDI 密切相关的 EDI 子系统，包括报文处理、通信接口等功能；另一部分则是企业内部的计算机信息处理系统，一般称之为 EDP（Electronic Data Processing）。

构成 EDI 软件系统的软件按其所实现的功能可分为用户接口模块、内部接口模块、报文生成及处理模块、格式转换模块和通信模块 5 个模块。

这5个模块是一个层次结构，其中用户接口模块离用户最近，通信模块离网络系统最近。从网络上收到的标准和报文是通过层层解析最终到达用户那里，变成用户熟悉的样式。

在所有模块中，都应包含安全功能，执行不同层次的数据安全和加密解密工作。例如，在用户接口模块中，必须具备用户身份识别功能，防止非授权用户任意操作或使用EDI系统，以免受到意外的破坏或损失。在报文生成及处理模块与金融系统交换EDI报文时，必须使用电子签名的加密方法保证传送的数据不会被篡改、抵赖或窃取。另外，所有模块都应具备身份验证和终端确认等功能。事实上，由于通信技术的发展，利用EDI交换商业金融数据，要比用人工传递有形凭证更为安全可靠。

5个模块构成了EDI的软件支持，它们之间相互协作着共同完成EDI的系统功能。例如，一个国家的零售商和另一个国家的生产厂家建立了EDI网络，零售商每卖出一件商品，通过条形码阅读器传给商店库存订货信息系统，当商品库存到达下限时，订货系统自动启动本单位EDI系统向生产厂家发出订单。这一过程用到了两个模块，内部接口模块和用户接口模块。内部接口模块同本单位的库存订货信息系统连接在一起，以库存数据的下限为触发启动条件，再通过用户接口模块产生订单。生产厂家接到EDI订单后，EDI系统自动处理该订单，检查其合法性和完备性，回复确认订单，通知本单位的生产管理系统或CIM系统，以便安排生产，并同时向供应商发出EDI订单订购原材料或零件，向交通运输单位发出预订货物运输集装箱EDI订单，向海关、商检等有关部门申请出口的EDI证书，向收货方（零售商）开出EDI交货通知单和发票，通知银行结算等。以上单证都是由报文生成及处理模块完成的。对于不同国家的制造商和零售商，以及不同行业之间EDI单证的传递，通信双方所用的通信网络及计算机的文件格式不尽相同，需要通过格式转换模块将各自的EDI报文转换成统一的标准格式。在报文传递的过程中，自然离不开通信模块与网络系统。在该例子中，零售商和生产厂家都是计算机应用程度比较高的单位，很多工作都可以自动处理，这更能体现使用EDI的优点。在实际使用中，EDI系统不一定都是高度的自动化，允许存在不同程度的人工干预。所以，用户接口模块的作用显得尤为重要，它不仅要有一个漂亮的界面，还要有强大和灵活的与用户交互的能力。

构成EDI系统所需的硬件设备大致有计算机、调制解调器（Modem）及电话线。

2）通信

数据通信网是实现EDI的技术基础。为了传递文件，必须有一个覆盖面广、高效安全的数据通信网作为其技术支撑环境。由于EDI传输的是具有标准格式的商业或行政有价文件，因此除了要求通信网具有一般的数据传输和交换功能之外，还必须具有格式校验、确认、跟踪、防篡改、防被盗、电子签名、文件归档等一系列安全保密功能，并且在用户间出现法律纠纷时，能够提供法律证据。

消息处理系统（MHS）为实现EDI提供了最理想的通信环境。为了在MHS中实现EDI，ITU-T根据EDI国际标准EDIFACT的要求，于1990年提出了EDI的通信标准X.435，使EDI成为MHS通信平台的一项业务。

3）网络和数据标准化

标准化是实现 EDI 的关键。EDI 是为了实现商业文件、单证的互通和自动处理，这不同于人机对话方式的交互式处理，而是计算机之间的自动应答和自动处理，因此文件结构、格式、语法规则等方面的标准化是实现 EDI 的关键。

从 EDI 的国际标准发展情况来看，UN/EDIFACT 标准已经成为 EDI 标准的主流。但是仅有国际标准是不够的，为了适应国内情况，各国还应制定本国的 EDI 标准。因此，实现 EDI 标准化是一项十分繁重和复杂的工作。同时，采用 EDI 之后，一些公章和纸面单证将会被取消，管理方式将从计划管理型向进程型转变。所有这些都将引起一系列的社会变革，故人们又把 EDI 称为"一场结构性的商业革命"。

EDI 的使用必将引起贸易方式和行政方式的变革，也必将产生一系列的法律问题，例如电子单证和电子签名的法律效力问题、发生纠纷时的法律证据及仲裁问题等。因此，为了全面推行 EDI，必须制定相关的法律法规。只有如此，才能为 EDI 的全面使用创造良好的社会环境和法律保障。

然而，制定法律常常是一个漫长的过程。在 EDI 法律正式颁布之前国外先进发达国家一般的做法是，在使用 EDI 之前，EDI 贸易伙伴各方共同签订一个协议，以保证 EDI 的使用，如美国律师协会的"贸易伙伴 EDI 协议"等。

3. EDI 的分类

1）根据接入方式分类

（1）普通用户接入方式。该类用户通常没有自己的计算机应用系统，当使用 EDI 与其贸易伙伴进行业务数据传递时，可通过浏览器到 EDI 交换中心的 Web 服务器上使用各种服务。

（2）具有单一计算机应用系统的用户接入方式。用户通过连接电话交换网的调制解调器直接接入 EDI 中心，该计算机应用系统中需要安装 EDI 系统的专用通信软件及相应的映射和翻译软件。

（3）具有多个计算机应用系统的用户接入方式。多个计算机应用系统（如销售系统、采购系统、财务系统等）采用联网方式将各个应用系统首先接入负责与 EDI 中心交换信息的服务器中，再由该服务器接入 EDI 交换平台。该服务器不仅负责各个应用系统与 EDI 中心的统一通信，还承担 EDI 标准格式的翻译、企业各部门 EDI 的记账。

（4）EDI 系统的 Internet 化。采用 Internet 技术建立的企业内部专用网络 Intranet 的出现，对企业信息部门具有巨大的冲击力和吸引力。由于 Intranet 以 Web 为核心，平台统一、管理方便、培训简单，所以建造企业内部 Intranet 已成为一种时尚和必然趋势。外联网 Extranet 概念的提出，使 Intranet 由企业内部走向外部。Extranet 通过向一些主要的贸易伙伴添加外部连接来扩充内联网 Intranet。

企业内联网和外联网的 Internet 化，必然会促使以企业间交换信息为主要功能的 EDI 系统 Internet 化。目前，在很多 EDI 系统中，用户已经可以使用浏览器通过 EDI 中心的 Web 服务器访问 EDI 系统。

2）根据功能分类

（1）订货信息系统。订货信息系统是最基本的、最知名的 EDI 系统，又可称为贸易数据交换系统（Trade Data Interchange，TDI）。它用电子数据文件来传输订单、发货票和各类通知。

（2）电子金融汇兑系统。电子金融汇兑系统（Electronic Fund Transfer，EFT）是常用的 EDI 系统，即在银行和其他组织之间实行电子费用汇兑。EFT 已使用多年，但它仍在不断的改进中，其中最大的改进是同订货信息系统联系起来，形成一个自动化水平更高的系统。

（3）交互式应答系统（Interactive Query Response，IQR）。它可应用在旅行社或航空公司作为机票预订系统。这种 EDI 在应用时要询问到达某一目的地的航班，要求显示航班的时间、票价或其他信息，然后根据旅客的要求确定所订的航班并打印机票。

（4）带有图形资料自动传输的 EDI：最常见的是计算机辅助设计（Computer Aided Design，CAD）图形的自动传输。比如，设计公司完成一个厂房的平面布置图，将其平面布置图传输给厂房的主人，请主人提出修改意见。一旦该设计被认可，系统将自动输出订单，发出购买建筑材料的报告。在收到这些建筑材料后，自动开出收据。例如，美国一个厨房用品制造公司——Kraft Maid 公司在 PC 机上以 CAD 设计厨房的平面布置图，再用 EDI 传输设计图纸、订货、收据等。

4. EDI 系统在物流领域的应用

在零库存作业中使用 EDI，使运作效率有了很大的提高；在零售供应链中使用 EDI，可以减少交易费用并降低存货；在处理海关单据时使用 EDI，使承运人、货运代理和跨国的产品流受益。EDI 可以为市场设计一些附加超值服务，例如通过监控客户存货而自动追加订货、收集即时市场信息为决策提供灵活性和反应能力。EDI 对于组织供应链的意义表现在两个方面。一方面，在不必连续接触的情况下，EDI 能够加强组织间的协调。供应链问题的最根本的解决方法是将供应链变成一个管道，或者设计更新供应链所有层次的系统，或者将供应链中各个层次连接起来形成具有快速反应的系统，使其对当前的要求具有接受、处理和传递到供应链下一层的能力。另一方面，表现在数据能够提供自动化控制功能。EDI 为信息到达所有作业层次提供了通道，并鼓励基层做出决策。

1）物流公司的 EDI 应用

物流公司是供应商与客户之间的桥梁，它对调节产品供需、缩短流通渠道、解决不经济的流通规模及降低流通成本有极大的作用。

（1）引进 EDI 是为了数据传输。如果配送中心引进 EDI 是为了传输数据，则可以低成本引入出货单的接收。

（2）引入 EDI 的目的是改善作业流程。如果希望通过引入 EDI 改善作业流程，可依次引入各单证，并与企业内部信息系统集成，逐步改善提单、配送、催款的作业流程。

① 引入出货单。对物流公司来说，出货单是客户发出的出货指示。物流公司引入 EDI

出货单后可与自己的拣货系统集成，生成拣货单，这样就可以加快内部作业速度，缩短配货时间；在出货完成后，可将出货结果用 EDI 通知客户，使客户及时知道出货情况，也可尽快处理缺货情况。

② 引入催款对账单。对每月的出货生成对账单，减轻财务部门每月对账的工作量，降低对账的错误率，节省业务部门的催款人力。

③ 以 EDI 为工具进行企业再造。除数据传输及改善作业流程外，企业可以以 EDI 为工具进行企业再造。

2) 制造商的 EDI 应用

制造商与其交易伙伴之间的商业行为大致可分为接单、出货、催款及收款作业，其间往来的单据包括采购进货单、出货单、催款账单及付款凭证等。

(1) 引入 EDI 的目的是数据传输。制造商引入 EDI 是为数据传输时，可选择低成本的方式，引入采购进货单，接收客户传来的 EDI 订购单报文，将其转换成企业内部的订单形式。其优点是：

① 不需要为配合不同供应商而使用不同的电子订货系统；

② 不需要重新输入订单数据，节省人力和时间，同时减少人为错误。

(2) 引入 EDI 的目的是改善作业流程。如果应用 EDI 的目的是为了改善作业流程，则可以同客户合作，依次引入采购进货单、出货单及催款对账单，并与企业内部的信息系统集成，逐渐改善接单、出货、对账及收款作业。

① 引入采购进货单。采购进货单是整个交易流程的开始，接到 EDI 订单就不需要重新输入，从而节省订单输入的人力，同时保证了数据的正确；开发核查程序，核查收到的订单是否与客户的交易条件相符，从而节省核查订单的人力，同时可降低核查的错误率；与库存系统、拣货系统集成，自动生成拣货单，加快拣货与出货速度，提高服务质量。

② 引入出货单。在出货前事先用 EDI 发送出货单，通知客户出货的货品及数量，以便客户事先打印验货单并安排仓位，从而加快验收速度，节省双方交货、收货时间；EDI 出货单也可供客户与内部订购数据进行比较，缩短客户验收后人工确认计算机数据的时间，减少日后对账的困难；客户可用出货单验货，使出货单成为日后双方催款对账的凭证。

③ 引入催款对账单。引入催款对账单，开发对账系统，并与出货系统集成，从而减轻财务部门每月对账的工作量，降低对账错误率，节省业务部门催款的人力和时间。

④ 引入转账系统。实现了与客户的对账系统后，可考虑引入与银行的 EDI 转账系统，由银行直接接收 EDI 汇款再转入制造商的账户内，这样可加快收款作业，提高资金运用的效率。转账系统与对账系统、会计系统集成后，除实现自动转账外，还可将后续的会计作业自动化，从而节省人力。

企业为改善作业流程而引入 EDI 时，必须有相关业务主管积极参与，才可能获得成果。例如，对制造商来说，退货处理非常麻烦，退货原因可能是因商品瑕疵或商品下架。对有瑕疵的商品，退货只会增加处理成本；对下架商品，如果处理及时，还有机会再次销售。因此,引入EDI退货单,并与客户重新拟定退货策略,对双方都有好处。

3) 批发商的EDI应用

根据批发商的交易特性,其相关业务包括向客户提供产品及向厂商采购商品。

(1) 引入EDI的目的是数据传输。批发商如果是为了数据传输而引入EDI,可选择低成本方式,可根据交易对象的性质,引入EDI采购进货单。

若是厂商,可引入EDI采购进货单的传送,将采购进货单转换成EDI报文传给供应商。其优点是:

① 不需要为配合不同厂商而使用不同的电子订货系统;

② 使厂商提早收到订单及时处理,加快送货速度。

若是客户,可引入EDI采购进货单的接收,接收传送过来的EDI采购进货单报文,将其转换成企业内部用的订单。其优点是:

① 不需要为配合不同客户而使用不同的电子订货系统;

② 不需重新输入订单数据,节省人力和时间,同时降低人为错误。

(2) 引入EDI的目的是改善作业流程。

若为改善作业流程而引入EDI,可逐步引入各项单证,并与企业内部信息系统集成,逐步改善接单、出货、催款的作业流程,或订购、验收、对账、付款的作业流程。

① 对旨在改善订购、验收、对账、付款流程的企业来说,可依次引入采购进货单、验收单、催款对账单及付款明细表,并与企业内部的订购、验收、对联及转账系统集成。其做法与零售商的做法类似。

② 对旨在改善接单、出货、催款作业流程的企业来说,可依次引入采购进货单、出货单及催款对账单,并与企业内部的接单、出货及催款系统集成。其做法与制造商的做法类似。

4) 运输商的EDI应用

运输商以其强大的运输工具和遍布各地的营业点而在流通业中扮演了重要的角色。

(1) 引入EDI的目的是数据通信。企业为数据通信而引入EDI,可选择低成本方式,先引入托运单,接收托运人传来的报文,将其转换成企业内部托运单的格式。其优点是:

① 事先得知托运货物的详情,包括箱数、重量等,以便调配车辆;

② 不需重新输入托运单据,节省人力和时间,减少人为错误。

(2) 引入EDI的目的是改善作业流程。

若引入EDI是为改善作业流程,可逐步引入各项单证,且与企业内部信息系统集成,逐步改善托运收货、送货回报、对账、收款等作业流程。

① 托运收货作业。事先得知托运货物的详情,可调配车辆前往收货。托运人传来的EDI托运数据可与发送系统集成,自动生成发送明细单。

② 送货回报作业。托运数据可与送货的回报作业集成,将送货结果及早回报给托运人,提高客户服务质量。此外,对已经完成送货的交易,也可回报运费,供客户及早核对。

③ 对账作业。可用回报作业通知每笔托运交易的费用，同时运用 EDI 催款对账单向客户催款。

④ 收款作业。对托运量大且频繁的托运客户，可与其建立 EDI 转账作业，通过银行进行 EDI 转账。

6.3.2 销售时点系统

1. POS 概述

销售时点（Point of Sale，POS）系统，在欧洲又简称为 EPOS（Electronics at the Point of Sale），是一种广泛应用在零售业界的电子设备，主要功能在于统计商品的销售、库存及顾客购买行为。零售业界可以通过此系统有效地提升经营效率，因此它可以说是现代零售业界经营上不可或缺的必要工具。

POS 系统是指利用光学式自动读取设备在销售商品时，按照单品类别读取商品销售、进货、配送等阶段发生的各种信息，通过通信网络送入计算机系统，然后按照各个部门的使用目的对上述信息进行处理、加工和传送的系统。

POS 系统最早应用于零售业，以后逐渐扩展至金融、旅馆等服务性行业，从企业内部扩展到整个供应链。

它包含前台 POS 系统和后台 MIS 系统（Management Information System）两大基本部分。

（1）前台 POS 系统指通过自动读取设备（如收银机）在销售商品时直接读取商品销售信息（如商品名称、单价、销售数量、销售时间、销售店铺、购买顾客等），实现前台销售业务的自动化，对商品交易进行实时服务管理，并通过通信网络和计算机系统传送至后台。

（2）后台 MIS 系统负责整个商场进、销、调、存系统的管理及财务管理、库存管理、考勤管理等。它可根据商品进货信息对厂商进行管理，又可根据前台 POS 系统提供的销售数据来控制进货数量，合理周转资金；还可以分析统计各种销售报表，快速准确地计算成本与毛利；也可对售货员、收款员的业绩进行考核，是职工分配工资、奖金的客观依据。

随着计算机系统的进步，零售业界开始尝试使用计算机来管理店面的商品。在 20 世纪 70 年代，商品的条形码规格确立，制造商在商品出厂时直接印制条形码，而店家便可以利用此条形码来管理商品，这便是 POS 系统的主要功能。

POS 系统除了计算机软件外，通常要具备下列硬件设备：收款机、计算机主机、条形码扫描仪、打印机。此外，不同的零售业者为了管理的方便也会个别采用许多不同的装置，例如 PDA 或是其他特殊规格的手持式装置，通常也需要具备网络以随时传输信息至企业总部。

当顾客结账时，商家通过扫描仪阅读条形码，此数据可以为收款机提供商品信息，通过此信息收款机可以计算价格，而计算机主机便可统计商品的销售状况。有些零售业者还会顺便要求职员输入顾客的信息，例如年龄、性别等，也可以结合信用卡、会员卡等来管理顾客信息，从而可以了解顾客的行为，提供经营上的信息。

POS 系统通常与电子订货系统、电子数据交换系统、计算机会计系统相结合，可以给零售业者带来莫大的效益。

2. POS 系统的运行过程

以零售业为例，POS 系统的运行有以下 5 个步骤。

（1）适用 POS 系统的商品的包装上印刷有商品标准条形码。

（2）在购买商品时，利用自动读取设备读取商品条形码信息。

（3）读取的商品信息通过通信网络传送给店内的主机，计算机系统瞬时将商品的价格、销售额合计等信息传送给收款台，用以形成缴款单据。

（4）店内搜集的销售信息通过通信网络传送给总部和流通中心。

（5）本部、流通中心、店铺在这些信息的基础上，做出库存调整、补充订货、配送管理等方面的快速而准确的决策。

最早的 POS 系统的功能主要是利用条形码提供一种快速结账的方式，以减少店员以人工登录商品价格造成的错误，但是，通过计算机快速地统计商品的销售，再加上与电子订货系统的结合，POS 系统便可以快速为零售业务者提供各种商品的销售状况、库存状况，甚至可以提供不同顾客群的购买行为分析，从而可以让零售业者更有效率地了解顾客的消费倾向，有效排除滞销的商品，提供作为未来商品开发的参考。

以日本便利商店业者来说，管理者可以轻易地通过 POS 系统了解过去各商品每日甚至每小时的销售状况，甚至不用实际清点数量便可以知道店内商品的库存数。POS 系统甚至还可以提供来自公司总部的各种商品的最新信息，管理者可以通过手持式的装置或是计算机得到这些信息，分析与预测未来可能的销售状况，作为订货的参考。如此不仅可以减轻不必要的库存压力，也可以有效地掌握顾客动向，进而提高销售额。同时，POS 系统所收集的顾客消费信息可结合顾客关系管理系统（CRM），进一步达到一对一的销售服务。

由于 POS 系统功能的多样化，除了零售商，一般餐饮业者甚至旅馆业者也纷纷导入使用。

3. POS 系统的作用

（1）单品管理、职工管理和顾客管理。

① 单品管理：即时准确地反映了单个商品的销售信息，高效率。

② 职工管理：依据每个职工的出勤状况、销售状况进行考核管理。

③ 顾客管理：通过读取零售商发行的顾客 ID 卡或顾客信用卡，来把握每个顾客的购买品种和购买额，从而对顾客进行分类管理。

（2）自动读取销售时点的信息。销售商品的同时获得实时（Real Time）的销售信息。

（3）信息的集中管理。在各个 POS 终端机获得的销售时点信息汇总到企业总部，可与其他部门的信息一起加以集中并进行分析加工。

（4）连接供应链的有力工具。供应链的参与各方可以利用销售时点信息并结合其他的信息来制订企业的经营计划和市场营销计划。

（5）应用 POS 的效果。

① 营业额及利润增长。

② 节约大量的人力、物力。

③ 有效库存增加，资金流动周期缩短。

④ 提高企业的经营管理水平。

6.3.3　电子订货系统

电子订货系统（Electronic Ordering System，EOS）是指将批发、零售商场所发生的订货数据输入计算机，即刻通过计算机通信网络连接的方式将资料传送至总公司、批发商、商品供应商或制造商处。因此，EOS 能处理从新商品资料的说明直到会计结算等所有商品交易过程中的作业，可以说 EOS 涵盖了整个商流。在寸土寸金的情况下，零售业已没有许多空间用于存放货物，在要求供应商及时补足售出商品的数量且不能有缺货的前提下，更必须采用 EOS 系统。EOS 因包括了许多先进的管理手段，因此在国际上使用非常广泛，并且越来越受到业界的青睐。

1. EOS 系统的工作流程

EOS 系统并非是单个的零售店与单个的批发商组成的系统，而是许多零售店和批发商组成的大系统的整体运作方式。EOS 系统基本上是在零售店的终端利用条码阅读器获取准备采购的商品条码，并在终端机上输入订货材料；利用电话线通过调制解调器传到批发商的计算机中；批发商开出提货传票，并根据传票同时开出拣货单，实施拣货，然后依据送货传票进行商品发货；送货传票上的资料便成为零售商的应付账款资料及批发商的应收账款资料，并接到应收账款的系统中去；零售商对送到货物进行检验后，便可以陈列与销售了。

从商流的角度来看电子订货系统，不难得到批发、零售商场，供货商，商业增值网络中心在商流中的角色和作用。

（1）批发、零售商场。采购人员根据 MIS 系统提供的功能，收集并汇总各机构要货的商品名称、数量，根据供货商的可供商品货源、供货价格、交货期限、供货商的信誉等资料，向指定的供货商下达采购指令。采购指令按照商业增值网络中心的标准格式进行填写，经商业增值网络中心提供的 EDI 格式转换系统而成为标准的 EDI 单证，经由通信界面将订货资料发送至商业增值网络中心，然后等待供货商发回有关的信息。

（2）商业增值网络中心（Value Added Network，VAN）。商业增值网络中心不参与交易双方的交易活动，只提供用户连接界面，每当接收到用户发来的 EDI 单证时，自动进行 EOS 交易伙伴关系的核查，只有互有伙伴关系的双方才能进行交易，否则视为无效交易；确定有效交易关系后还必须进行 EDI 单证格式检查，只有交易双方均认可的单证格式，才能进行单证传递；对每一笔交易进行长期保存，供用户今后查询，或在交易双方发生贸易纠纷时，将商业增值网络中心所储存的单证内容作为司法证据。

(3) 供货商。根据商业增值网络中心转来的 EDI 单证，经商业增值网络中心提供的通信界面和 EDI 格式转换系统而成为一张标准的商品订单，根据订单内容和供货商的 MIS 系统提供的相关信息，供货商可及时安排出货，并将出货信息通过 EDI 传递给相应的批发、零售商场，从而完成一次基本的订货作业。当然，交易双方交换的信息不仅仅是订单和交货通知，还包括订单更改、订单回复、变价通知、提单、对账通知、发票、退换货等许多信息。

商业增值网络中心是共同的情报中心，它是通过通信网络让不同机种的计算机或各种连线终端相通，促进情报的收发更加便利的一种共同情报中心。实际上，在这个流通网络中，VAN 也发挥了莫大的功能。VAN 不单单是负责资料或情报的转换工作，也可与国内外其他地域的 VAN 相连并交换情报，从而扩大客户资料交换的范围。

2. EOS 系统的应用

EOS 系统的效益可以从给零售业和批发业带来的好处中明显地看出。

1) 给零售业带来的好处

(1) 压低库存量。零售业可以通过 EOS 系统将商店所陈列的商品数量缩小到最小的限度，以便使有限的空间能陈列更多种类的商品，即使是销量较大的商品也无需很大的库房存放，可压低库存量，甚至做到无库存。商店工作人员在固定时间巡视陈列架，将需补足的商品以最小的数量订购，在当天或隔天即可到货，不必一次订购很多。

(2) 减少交货失误。EOS 系统订货是根据通用商品条码来订货的，可做到准确无误。批发商将详细的订购资料用计算机处理，可以减少交货失误，迅速补充库存。若能避免交错商品或数量不足，那么把对商品的检验由交货者来完成是十分可取的，零售商店只作抽样检验即可。

(3) 改善订货业务。由于实施 EOS 系统，使得操作十分方便，无论任何人都可正确迅速地完成订货业务，并根据 EOS 系统获得大量的有用信息，例如订购的控制、批发订购的趋势、紧俏商品的趋势、其他信息等。若能将订货业务管理规范化，再根据 EOS 系统就可以更加迅速准确地完成订货业务。

(4) 建立商店综合管理系统。以 EOS 系统为中心确立商店的商品管理文件、商品货架系统管理、商品货架位置管理、进货价格管理等，便可实施商店综合管理系统。例如，将所订购的商品信息存入计算机，再依据交货单修正订购与实际交货的出入部分，进行进货管理分析，可确定应付账款的管理系统；而批发业运用零售商店中商品的货架标签来发送商品，提供商品咨询等，可大大改善交货体系。

2) 给批发业带来的好处

(1) 提高服务质量。EOS 系统满足了顾客对某种商品少量、多次的要求，缩短了交货时间，能迅速、准确和廉价地出货、交货。EOS 系统能够提供准确无误的订货，因此减少了交错商品，减少了退货。计算机的库存管理系统可以正确、及时地将订单输入，并因出货资料的输入而达到正确的管理,从而减少了缺货现象的出现,增加商品品种,为顾客提供商品咨询。共同使用 EOS 系统,使得零售业和批发业建立了良好的关系,做到业务上相互支持。

(2) 建立高效的物流体系。EOS 系统的责任制避免了退货、缺货现象,缩短了交货时的检验时间,可大幅度提高送货派车的效率,降低物流成本。同时,EOS 系统可使批发业内部的各种管理系统化、规范化,大幅度降低批发业的成本。

(3) 提高工作效率。实施 EOS 系统可以减轻体力劳动,减少事务性工作,减少以前专门派人去收订购单、登记、汇总等繁杂的手工劳动,以前 3 h 至半天的手工工作量,在实施 EOS 系统后,10 min 即可完成。通常,退货处理要比一般订货处理多花 5 倍的工时,实施 EOS 系统后,避免了退货,减少了繁杂的事务性工作。

(4) 销售管理系统化。EOS 系统使得销售管理系统化、一体化,大大提高了企业的经济效益。

思考与案例分析

1. 思考题

(1) 比较自动识别技术中条形码系统与射频识别系统的异同。
(2) 要实现电子订货需要引入的信息技术有哪些?其业务流程是怎样的?
(3) 配送车辆自动跟踪系统涉及的主要信息技术是什么?各承担什么职能?
(4) 简述电子数据交换的应用领域及实施条件。
(5) 举例说明实际配送过程中配送信息技术的应用情况。

2. 案例分析题

案例分析题 1:基于 RFID 技术的现代烟草物流应用

1. 背景介绍

(1) 加快烟草供应链信息化进程,增强供应链的可视性。在烟草供应链全过程中使用 RFID 技术,从卷烟商品的生产完成到商业企业配送到零售户,直至销售到消费者手中,卷烟商品在整个烟草供应链上的分布及商品本身的信息都完全可以实时、准确地反映在烟草行业的信息系统中。对管理者来说,整个烟草供应链成为可视的、完全透明的管理体系,快速、实时、准确、共享程度高的信息及高质量的数据交流水平,使得烟草企业乃至整个烟草供应链能够大幅度提高快速反应的能力,满足我国烟草行业实现"大市场、大企业、大品牌"的发展目标的要求。

(2) 提升烟草库存自动化水平和管理水平。在烟草仓库中采用 RFID 技术,可利用其批量识别的功能对成垛卷烟进行标识，存储成垛卷烟中的箱烟条码信息，实现烟厂以垛为单位进行出厂扫描，卷烟商业企业以垛为单位进行到货扫描，可大大减轻工人的劳动强度，简化操作流程，提高物流工作效率。与数据库、局域网技术结合，可以实现卷烟托盘货位管理和库存商品的批次管理。当一批货物入库时，系统自动记录其入库时间、存放货位等信息；当进行出库操作时，系统会自动按照进货时间实现卷烟的先进先出库存管理，从而提升烟草仓库的自动化管理水平。例如，在白沙集团自动化立体仓库中，托盘上安置了射频标签，提高了出库扫码和商业入库扫码的准确性和效率，解决了拆、装托盘带来的高劳动力成本、效率低下的问题，大大提高了管理的自动化和精细化程度。

（3）提高烟草生产物流管理控制水平。在卷烟生产过程中采用 RFID 技术，可以实现卷烟原料批次管理、原料跟踪，制造过程中容器的跟踪，实现对卷烟生产数据的快速收集和实时分析及数据的全面共享，加强烟草生产物流控制，最终实现高水平的产品质量管理。例如，杭州卷烟厂 RFID 项目完成后，由原来的需人工扫码 30 次改进为只需要一次性扫描即可完成，大大地节约了成品出入库的时间，极大地提高了数据采集的速度和效率。

（4）促进卷烟配送。基于 RFID 技术建立的零售户数据采集平台，每日定时采集零售户卷烟的进、销、存数据，根据客户订单，按照零售户所处的地理位置、订货数量和送货车容载量，生成卷烟分拣配货策略，并按照路线和送货顺序分配车辆；卷烟仓库按分拣配货策略指导配货流水线自动分拣，并生成一份送货单据给送货员。RFID 技术可对卷烟和送货车辆进行跟踪、监控，加强卷烟配送管理，提高零售户的满意度。

（5）增强烟草企业资产的可控性。使用 RFID 技术对烟草企业的资产进行管理，对叉车、运输车辆等物流和生产设备的使用过程都可以通过标签化的方式进行实时的追踪，实现对企业资产的可视化管理，有利于卷烟企业对其整体资产进行合理的规划应用。

（6）促进烟草企业信息化进程。RFID 技术在烟草供应链的全程使用，将大大促进烟草企业信息化的进程。其快速的数据采集能力和广泛的数据共享使烟草市场真实的市场销售数据及动态的库存数据能及时为工、商管理层所掌握，把卷烟订单供货、库存预警、市场需求、到货计划预测等环节无缝连接，实现工商协同，打造"工商一体"的供应链，使其能对市场及时做出反应，大大提高决策能力。

（7）促使烟草物流企业的"第三方"化。RFID 技术可以实现从卷烟企业生产线甚至卷烟原料就开始一直到卷烟零售环节的物料和卷烟商品的追踪，自动记录供应链中每个环节的真实情况。烟草物流企业掌握着一个完整的烟草供应链系统中从原料生产到卷烟零售所有环节的物流信息，这些信息可以通过计算机网络系统为国家的宏观调控和决策指挥提供全面、详细、准确、及时的决策依据，因此有可能会使其功能更加专业化，成为相对独立于卷烟生产企业和卷烟商业企业的"第三方"。

2. 应用实例

1）国外烟草对 RFID 的应用

2007 年初，印度最大的烟草出口商 ITC 引进了 RFID 系统用于控制烟草湿度。RFID 系统改变了烟草样本数据记录的方式,大大简化了湿度监测的操作流程,使生产操作员的人工工时减少了40%,节省了收集样本的时间,并且烟草的湿度控制更精确、更可靠。

Tricon公司是RFID解决方案的最大供应商,它向烟草业提供的一些应用技术包括:烟叶追踪管理(烟捆、烟桶及烟箱)、按类别(纸筒、黏合剂、薄膜等)对非烟草材料进行追踪、NTM货盘(醋酸盐纤维、印刷材料、三醋酸甘油酯等)的追踪管理、过滤盘及纸箱跟踪、卷烟运装运盒ID,用于物流、符合法律要求的产品鉴定。

Altria是世界最大的香烟制造商,集团每年的销售额达970亿美元。Altria目前对很多RFID技术和相关应用进行尝试,大型货盘/货箱级的实验项目超过12个,Altria现在有一个项目是将RFID应用在香烟盒上。尽管Altria并不直接将香烟销给销售商,但是根据EU的规定,Altria必须对销售所得税负责,这样RFID对其来说会是一个非常有用的技术。

为了打击香烟走私和造假活动,英国政府在2007年9月底公布一项计划:在英国销售的每一包香烟中嵌入一个RFID芯片。通过RFID技术,英国税务及海关总署的官员们可以采用手持设备检测某一包香烟的真伪,还可以判断其是否付过关税。

2) 我国烟草行业RFID技术的应用现状

近年来,国家正在逐步落实通过信息化手段规范烟草流通市场,按照"一号工程(卷烟生产经营决策管理系统)"的要求,烟草生产企业要根据分配的标码对每一箱烟进行标识,并按照生产计划组织生产。通过对烟草终端箱烟信息的收集和管理,提高整个烟草行业的信息化水平,达到有效控制卷烟的生产流通、成品的销售经营和市场规范的目的。

目前,杭州卷烟厂的成品托盘出库电子标签应用系统已经达到了国内领先水平,真正实现了烟草物流的全程透明和有效管理。杭州卷烟厂的RFID技术应用在托盘上。不用再拆垛、拆包便可实现对成垛卷烟进行识别,省时省力,提高了出库扫码和商业入库扫码的速度、准确性和物流的运行效率,同时也防止了因成品被搬运而导致的损坏,降低了劳动力成本。

昆明烟草公司配送中心采用RFID物流管理配送系统,利用RFID技术的信息集成与跟踪功能,通过扫描将所有箱烟的信息快速集中汇总到一起,优化了卷烟配送中心的业务流程,使卷烟出货时间缩短了1个多小时。

2006年重庆烟草公司与维深科技合作,采用RFID技术建立了数字化仓库管理系统,通过数字化管理系统,对仓库的管理进行总体整合,满足了现代烟草物流的"大配送"的要求。

为进一步贯彻落实"二打三扫"工作的要求,提高物流作业效率,完整采集卷烟进销存信息,上海海烟物流也实施了RFID无线射频扫描识别技术项目。

3) RFID在我国现代烟草物流中的应用前景

(1) 物流追踪和财产管理。使用RFID技术对卷烟原料的采购、运输、入库进行跟踪管理控制,对卷烟生产过程的监控和生产、物流设备的使用进行跟踪管理,对卷烟配送过程的货物及车辆进行跟踪,从而达到提高物流设备使用效率、提高卷烟物流管理水平的目的。

(2) 卷烟防伪和配送管理的融合。卷烟上的电子标签使卷烟的防伪性大大增强，而卷烟的编号、产地、生产日期、序列号、出厂时间、实物流向、运输过程、最终到货的时间都能被实时追踪，同时零售户的库存也能很容易地被查询，使用专业仪器，客户经理和专卖人员就能现场快速鉴别"三种烟"，有利于卷烟配送和专卖工作的共同开展。

(3) 实现卷烟配送和零售的电子支付。由非接触式射频识别（RFID）及互联互通技术整合演变而来的 NFC（Near Field Communication）是一种非常简单易用的近距离无线通信技术。该技术可以进行银行卡支付及票务等非接触式交易。利用 NFC，卷烟零售客户可以实现卷烟进货的电子支付和卷烟零售的实时电子支付。

分析与讨论题

(1) 结合理论和案例，比较 RFID 技术和条形码技术的异同。
(2) 请分析 RFID 技术在烟草物流的不同领域中如何扮演角色。
(3) 请分析 RFID 技术在烟草物流的不同领域中发挥作用还涉及哪些信息技术的支持。
(4) RFID 技术的主要组成部分和工作原理是什么？
(5) 请举例说明 RFID 技术还可以应用到哪些行业。

案例分析题 2：POS 系统在医药连锁经销中的应用

广义的 POS 系统是指销售点信息管理系统。以中文释义的 POS 系统有零售 POS、收银 POS、移动 POS。

零售 POS 启用的前提条件是将零售商品进行编码，即商品标识管理基础。经过近 20 年的不懈努力，中国物品编码中心的各级分支机构对我国各行业的商品生产实施赋码管理，给商品零售环节启用零售 POS 提供了基础条件。移动 POS 在医药连锁销售管理中的应用就是在这一基础条件下诞生的。移动医药 POS 就是通过移动 POS 信息终端对医药连锁销售各环节进行数据采集、业务处理。一般的医药连锁经销有物流集散批发出入库、自营店销售、OTC 店销售 3 个物流信息数据采集环节。

1. **背景介绍**

目前我国医药零售企业有十几万家（据 2004 年中国医药市场研究报告），近 10 年来销售收入每年均以两位数字增长，但是大多医药连锁经销企业没有实现系统的零售 POS 管理。

移动医药 POS 应用需要两个前提条件方能达到连锁医药销售管理比较理想的目标。一是商品的标识（数字化）管理。目前在国内生产和销售的西药品大部分已有商品条码，但批次信息需要加载到每个西药品中，这是西药品标识管理中的一大问题；另一个问题是中药品的标识管理没有一套好的办法在推行。这两个问题严重制约药品连锁销售移动 POS 的应用，也制约整个药品零售行业信息化管理的发展。二是整个医药连锁销售的信息化发展程度差异较大，数据接口复杂。

2. 应用实例

移动医药 POS 系统在北京的一家连锁企业实施后取得了较理想的效果。该企业于 1998 年在医药连锁销售管理中启用医药 MIS。但是对于当时启用客户端操作系统的自营店和无法使用客户端的 OTC 店来说，销售时点信息还是不能及时上传，数据差错也不可避免。总库房的出入库数据仍然依赖于纸制单据、报表形式完成。其自营店的业务数据使用每天上报一次数据的方式将当天的销售、出入库等数据汇总到总部系统。而对于 OTC 店，其数据需要每个月将数据上报一次。这使企业无法实时掌握各个销售点的销售等信息，数据上报时间滞后，导致企业管理滞后。

应用移动医药 POS 后则可以实时掌握企业各个业务点的数据，从而使管理更加有效。同时，在一些业务上也替代了人工方式，使业务操作变得更加简单，数据变得更准确。

1) 自营店

其店面完全是自己管理，有自己的收银系统、局域网络，在实施移动 POS 系统时所使用的移动手持终端可以扫描条码，同时具有 WIFI 无线局域网络数据传输的功能，对自营店的销售、出入库、调拨、盘点等业务进行管理。例如销售环节，客户来店内买药，首先终端自动生成针对该客户的流水单号，在客户每次选择完一种药品后，由业务员使用移动终端扫描药品条码，终端自动显示该药品的信息，然后在终端选择该药品的批号（该药品批号已经自动通过 WIFI 无线网络下载到手持终端机内），输入购买数量，然后保存。待该客户选择完要购买的全部药品后，去收银台结账时业务员将已经保存的数据，通过无线网络发送到收银系统内，收银员输入该客户流水单号，收银系统自动显示该客户购买的全部药品，并自动计算出价格，确定收银后，该客户的销售数据也自动发送到后台系统中，后台系统便可实时掌握各个店的销售情况。

2) OTC 店

由于其店面是在其他企业卖场内，并不是自己企业管理，没有自己的收银系统、局域网络等条件，在实施移动 POS 系统时所使用的移动手持终端采用可以扫描条码，同时具有 GPRS（General Packet Radio Service，通用无线分组业务）无线传输的功能，来对 OTC 店的销售等业务进行管理。例如销售环节，客户在 OTC 店柜台买药，业务员开单后客户在收银台结账，然后凭结账小票来取药；业务员使用手持移动终端，扫描所销售药品的条码并选择批号（批号已经通过 GPRS 无线传输到终端内），然后输入数量等信息后，通过 GPRS 上传数据到后台系统内，后台系统便可实时掌握该 OTC 店的销售情况，同时后台系统也可根据期初数据结合其销售等数据自动核算出当前该 OTC 店的库存。

3) 总库房（药品物流配送中心）

库房完全是自己企业管理的，有自己的局域网络，在实施移动 POS 系统时，所使用的移动手持终端可以扫描条码，同时具有 WIFI 无线局域网络传输的功能，来对库房的频繁的出入库等业务进行管理。例如入库环节，当有某供应商到货需要入库时，库房人员使用移动终端来扫描入库的药品，选择批号，输入数量，然后上传到后台系统。整批药品全部扫描完成后在后台系统已经自动生成了未审核的入库单，工作人员只需确认该单据的明细记录是否正确即可。通过实施移动医药 POS 和企业 MIS 结合，使该企业实时了解药品在自营店、OTC 店的销售情况，了解总库房、自营店和 OTC 店的存货情况。有了这些信息，该企业的物流效率提升数倍，价格战略更加有效，销售状况稳定提高。

移动医药 POS 系统是我国连锁医药零售管理方法中不可或缺的手段之一。只要政府、医药企业、消费者按照明确的规划目标坚持不懈地努力下去，移动医药 POS 系统将会得到广泛的应用。

推广移动医药 POS 必备的基础条件有以下几个方面。

（1）企业方面：

① 医药连锁经销企业充分理解和高度重视启用移动医药 POS 系统的重要性；

② 科学规划、建立与整合原有的企业信息化平台，提供符合国际统一标准的信息共享接口程序；

③ 在基于 GS1 标准的商品标识条件下，加载批次信息；

④ 设计物流配送及销售环节数据采集标准；

⑤ 启用具有网络功能的收银 POS 系统和移动 POS 系统等。

（2）政府行业方面：

① 需要政府有关部门提供医药连锁经销平台建设标准要求；

② 中国物品编码中心的各分支机构，提供商品条码注册标识服务，特别是对药品批次引入和中药标识标准方法制定等方面的服务尤其需要加强；

③ 政府出面大力宣传，调动社会消费群体的标识确认和公开检索消费习惯，提升在医药销售环节的制约能力。

分析与讨论题

（1）POS 系统在医药连锁经销中的作用有哪些方面？

（2）POS 系统实施时应该具备有哪些条件？

（3）POS 系统实施时应该涉及哪些信息技术的支持？

（4）请举例说明 POS 系统还有哪些应用领域。

参考文献

[1] 葛光明. 配送与流通加工. 北京：中国财政经济出版社，2002.

[2] 汝宜红，宋伯惠. 配送管理. 北京：机械工业出版社，2004.

[3] 汝宜红，田源，徐杰. 配送中心规划. 北京：北京交通大学出版社，2005.

[4] 孙晓. 物流配送. 北京：化学工业出版社，2007.

[5] 李於红，郑立梅. 物流信息管理. 北京：人民交通出版社，2007.

[6] 刘昌祺. 物流配送中心设计. 北京：机械工业出版社，2002.

[7] 刘凯. 现代物流技术基础. 北京：北京交通大学出版社，2004.

[8] 孙明贵. 库存物流管理. 北京：中国社会科学出版社，2005.

[9] 孙焰. 现代物流管理技术. 上海：同济大学出版社，2004.

[10] 王燕，蒋笑梅. 配送中心全程规划. 北京：机械工业出版社，2005.

[11] 宾厚，贺嵘. 配送实务. 长沙：湖南人民出版社，2007.

[12] 郑玲. 配送中心管理与运作. 北京：机械工业出版社，2004.

[13] 祈洪祥. 配送管理. 南京：东南大学出版社，2006.

[14] 白世贞，言木. 现代配送管理. 北京：中国物资出版社，2005.

[15] 刘斌. 物流配送营运与管理. 上海：立信会计出版社，2006.

[16] 姚城. 物流配送中心规划与运作管理. 广州：广东经济出版社，2004.

[17] 丁立言. 物流配送. 北京：清华大学出版社，2000.

[18] 王清. 回眸伊藤洋华堂. 中国商贸，2001（22）：68－71.

[19] 黄宇红. 基于 RFID 技术的现代烟草物流应用研究. 湖南烟草，2008（5）．

[20] 刘锋，张铁，刘波，高威. 移动 POS 在医药连锁经销中的应用. 中国自动识别技术，2008（10）．

[21] 韦琦. 华联 VS 伊藤洋华堂：物流精英的碰撞. 连锁与特许，2004（8）：28－30.

[22] 亚太博宇. 宅急送的成功秘诀. 中国物流与采购，2003（14）：19.

[23] 项勇，卢永琴，李海凌. 城市商品砂浆配送中心选址研究. 西华大学学报：自然科学版，2008（7）．